客家研究
Hakka Studies

叢書主編：蕭新煌 教授

本書為客家委員會補助「全球客家研究聯盟2023-2025年度工作計畫」之經費出版。

世界客家的在地化與全球化
全球客家研究聯盟（GHAS）論文集 II

周錦宏、張翰璧、蕭新煌 主編

國家圖書館出版品預行編目（CIP）資料

世界客家的在地化與全球化：全球客家研究聯盟(GHAS)論文集.II / 洪馨蘭，鄭春發，吳貞儀，湯晏甄，楊沛縈，范瑞玲，馮祥勇，張婷媛，賴維凱，徐富美，Budi Kurniawan（韓江安），Alpin Gadman Markali（李智彬），Seong Lin Ding（陳湘琳），傅柏維，黃子明，林德順，鄒世娟，Kathleen López（羅凱娣），Mitzi Espinosa Luis（呂美枝），Douglas Kammen, Jonathan Chen 作；周錦宏，張翰璧，蕭新煌主編. -- 初版. -- 高雄市：巨流圖書股份有限公司, 2025.07
　面；　公分
ISBN 978-957-732-742-0（平裝）
1.CST: 客家 2.CST: 民族文化 3.CST: 區域研究 4.CST: 文集
536.21107　　114009129

世界客家的在地化與全球化：全球客家研究聯盟（GHAS）論文集 II

主　　　編	周錦宏、張翰璧、蕭新煌
作　　　者	洪馨蘭、鄭春發、吳貞儀、湯晏甄、楊沛縈、范瑞玲、馮祥勇、張婷媛、賴維凱、徐富美、Budi Kurniawan（韓江安）、Alpin Gadman Markali（李智彬）、Seong Lin Ding（陳湘琳）、傅柏維、黃子明、林德順、鄒世娟、Kathleen López（羅凱娣）、Mitzi Espinosa Luis（呂美枝）、Douglas Kammen、Jonathan Chen
發 行 人	楊曉華
編　　　輯	邱仕弘
封 面 藝 術	李宇香（Yu-Hyang Lee）
封 面 設 計	毛湘萍
出 版 者	巨流圖書股份有限公司
	802019 高雄市苓雅區五福一路 57 號 2 樓之 2
	電話：07-2265267
	傳真：07-2233073
	購書專線：07-2265267 轉 236
	E-mail：order@liwen.com.tw
	LINE ID：@sxs1780d
	線上購書：https://www.chuliu.com.tw/
臺北分公司	100003 臺北市中正區重慶南路一段 57 號 10 樓之 12
	電話：02-29222396
	傳真：02-29220464
法 律 顧 問	林廷隆律師
	電話：02-29658212
刷　　　次	初版一刷・2025 年 7 月
定　　　價	580 元
I S B N	978-957-732-742-0（平裝）

版權所有，翻印必究
本書如有破損、缺頁或倒裝，請寄回更換

作者群簡介（按章次排序）

洪馨蘭
國立高雄師範大學客家文化研究所教授。研究專長為客家社會與文化、客家文獻研究、客家民俗研究、田野調查與民族誌寫作、族群關係研究、客家族群與經濟研究、社會文化人類學。

鄭春發
國立屏東科技大學客家文化產業研究所教授。研究專長為客家區域研究、客家產業創新、地理資訊、客庄營造創生。

吳貞儀
國立高雄師範大學地理系博士生。

湯晏甄
國立東華大學公共行政學系專案助理教授。研究專長為客家政治與政策、選舉研究、統計、民意調查、新住民研究、公共政策、人工智慧偵測心理情緒。

楊沛縈
國立臺北教育大學第一屆幼教系畢業學生，國立聯合大學客家語言及傳播研究所碩士。獲選111學年臺中市績優教保服務人員，目前於臺中市和平區擔任區立幼兒園園長。

范瑞玲
國立聯合大學客家語言與傳播研究所副教授兼所長。美國夏威夷大學語言學博士。研究專長領域包括：句法學、語言習得、語言教學、語言與文化。

馮祥勇
國立聯合大學客家研究學院院長、文化觀光產業學系教授。國立臺灣大學農業推廣學系（鄉村社會學組）博士。研究興趣及專長為：以「休閒農業」、「鄉村旅遊」之經營管理為基礎，尤其著重客庄文化及產業之發展，並期待在經營與服務的過程中，應用新興科技的創新思維，融入「地方文化」、「社區營造」的跨域整合，來推動地方產業及其文化活動的經營與永續發展。近期更關心客家族群之語言、文化及產業之傳承與推廣，並加強海外客家之互動與交流。

張婷媛
臺南市政府經濟發展局局長。國立成功大學創意產業設計研究所博士。研究興趣及專長為：以「AI 智慧」、「農業」、「科技」、「旅遊」、「綠能」應用為基礎，尤其著重科技、人文及產業之創新，重視應用新興科技結合農業、人文、旅遊等跨領域之區域整合，及科技應用與環境永續發展議題。

賴維凱
國立中央大學客家學院客家語文暨社會科學學系助理教授。研究專長為客家方言比較、客語文教學、客語與少數民族語言關係。

徐富美
元智大學中國語文學系副教授。研究專長為漢語語言學、臺灣語文、越南客家。

Budi Kurniawan（韓江安）
印尼泗水彼得拉基督大學（Petra Christian University）中文系教師，從事印尼華人文化與身分認同相關研究，並於印華研究中心積極參與學術活動。此外，亦活躍於中文教育推廣，協助舉辦 HSK 考試，並參與多項中文社區教學活動。目前也為印尼東爪哇華文教育統籌機構積極貢獻心力。

Alpin Gadman Markali（李智彬）

印尼泗水彼得拉基督大學（Petra Christian University）中文系教師，南京大學中國新聞學研究中心博士生。主要研究方向為印尼華文文學、東南亞華人研究及海外華人歷史文化。

Seong Lin Ding（陳湘琳）

馬來亞大學語言暨語言學學院副教授。研究方向為社會語言學（傳承語研究；移民群體研究）。

傅柏維

國立聯合大學客家語言與傳播研究所約聘助理教授。研究興趣為客語教學、語文教育、泰國華文教育、社會語言學。

黃子明

本科畢業於新加坡國立大學中文系及語言學學科，後遠赴德國布蘭登堡理工大學修讀文化遺產學碩士與博士，博士論文探討多元文化社會的無形文化資產保育與跨文化對話議題。著有《優影振天聲：牛車水百年文化歷程》一書，追述新加坡市民自晚清時期以來的會館、華校等文化記憶，並探討戲曲文化及方言文化的傳承問題。

林德順

現任馬來亞大學中國研究所高級講師兼副所長。研究興趣包括馬中關係、馬來西亞的一帶一路倡議、馬來西亞福建社群及班達馬蘭新村研究。曾發表論文〈馬來知識界的中國知識〉、〈一帶一路下的中馬兩國雙園〉、〈2019年馬來西亞外交關係發展〉、〈畢利斯計劃試錯：以武吉曾江和峇東新村為案例〉等。

鄒世娟

馬來亞大學中文系碩士，電郵：shikien0119@gmail.com 。

Kathleen López（羅凱娣）

Kathleen López is Associate Professor with a joint appointment in the Department of Latino and Caribbean Studies and Department of History at Rutgers, The State University of New Jersey (USA). She is the author of *Chinese Cubans: A Transnational History* (2013) and multiple articles on the Chinese diaspora in Latin America and the Caribbean. She participates in the New York Hakka Conference.

Mitzi Espinosa Luis（呂美枝）

Mitzi Espinosa Luis is a descendant of a Chinese migrant in Cuba. She is trained in library and archival science, and she researches the history and culture of the Chinese community in Cuba. She has presented papers at international conferences, and she is editor of the book *Huellas de China en este lado de Atlántico* [Footprints from China on this Side of the Atlantic]. She is member of the Min Chih Tang in Cuba and Ghee Kung Tong, Supreme Lodge of Chinese Freemasons of the World in San Francisco, and she participates in the New York Hakka Conference.

Douglas Kammen

Associate Professor in the Department of Southeast Asian Studies, National University of Singapore. His research interests include labour and social movements, military politics, collective action and human rights.

Jonathan Chen

Jonathan Chen is a PhD Candidate in the Comparative Asian Studies (CAS) Programme in the National University of Singapore (NUS), where he is writing a dissertation on the history of the Chinese-Burmese borderlands between 1890 and 1942. He has an abiding interest in the Chinese diaspora in Southeast Asia.

主編序

2023年8月至10月，臺灣首次舉辦以客家族群為主題的國際大型博覽會——「2023世界客家博覽會」。世界客家博覽會分成「世界館」與「臺灣館」兩個主題展館，「世界館」透過「離鄉」、「融合」、「獨特」三大單元，呈現客家人跨國遷徙、在地適應及文化建構之歷程；「臺灣館」則聚焦於「適應」、「豐富」、「共享」三部曲，展現客家文化於臺灣各地的多樣表現。此一盛會除了展現客家族群在全球多元發展的樣貌外，更是藉此機會向國際社會強調臺灣已成為世界客家研究的中心。「全球客家研究聯盟」（Consortium of Global Hakka Studies, GHAS）為呼應世界客家博覽會所揭櫫「展現客家與在地社會關係」之意旨，於2023年9月22-23日舉辦「世界客家研究大會暨全球客家研究聯盟2023國際雙年學術研討會」，企盼透過跨國、跨領域的學術對話，建立全球客家研究之學術論述和網絡。

「世界客家研究大會暨全球客家研究聯盟2023國際雙年學術研討會」以「客家的在地、全球與多樣」為主題，除邀請GHAS國內外成員機構的學者外，也邀請來自臺灣及海外致力於客家研究的專家學者共同參與。兩日會議共發表了48篇論文，議題涵蓋語言接觸、客語學習、移民社會、客家社群、族群關係、認同建構、客庄產業、文化再現……等面向，描繪了世界各地的客家人與在地社會的互動，及其發展出的多樣性客家面貌。會議結束後部分論文已投稿至國內外學術期刊外，最終經學術審查後精選了14篇論文彙編成本書。

本書《世界客家的在地化與全球化：全球客家研究聯盟論文集II》收錄的14篇論文，依研究區域可區分為三部分：第一篇「臺灣客家」，有6篇論文、

9 位作者，分別聚焦在臺灣客家地區的地方知識傳播、客家人口推估、客家選民行為、客語教學策略、客語學習效能和客語重疊結構等主題。第二篇「東南亞客家」也有 6 篇論文、8 位作者，分別從族群認同、社群組織、宗教實踐、語言變遷等視角，進行越南、印尼、馬來西亞、新加坡與泰國等地客家社會的研究。第三篇的「客家研究的新區域」，則是客家研究過去較少關注的地區，共有 2 篇論文、4 位作者，分別討論古巴與東帝汶的客家族群的遷徙與記憶。這三大區域的研究展現了客家族群在不同區域移動的歷史、與在地社會交織的故事，以及客家文化與社群再現與轉變的多元樣態。

本書的出版，不僅累積臺灣及世界各地豐富且多元的客家研究成果與文化實踐經驗，更有助於深化國內外客家學術社群之間的對話與合作，逐步實踐全球客家研究聯盟，作為國際客家研究網絡節點的使命。最後，本書能順利付梓，首先要感謝客家委員會楊長鎮前主任委員和現任古秀妃主任委員對 GHAS 的支持，以及 GHAS 機構成員和關心全球客家研究學者們的認定與努力。同時也要感謝所有參與本書撰稿和審稿的所有學者，以及 GHAS 執行祕書賴韻竹小姐的行政與編校協助。

周錦宏、張翰璧、蕭新煌

2025.06.10

目錄

作者群簡介 ... i

主編序／周錦宏、張翰璧、蕭新煌 ... v

第一篇　臺灣客家 ... 001

第 1 章
禮儀知識的異地傳承與在地化處境：以屏東市頭分埔北客社群為例／洪馨蘭 ... 003

第 2 章
大數據資料應用於客家人口推估與預測——一個手機信令資料取向／鄭春發、吳貞儀 ... 023

第 3 章
初探客家族群的分裂投票：以 2016 年總統暨立委選舉為例／湯晏甄 ... 053

第 4 章
幼兒園客語沉浸式教學策略與成效——以東勢一所幼兒園為例／楊沛縈、范瑞玲 ... 087

第 5 章
初探語言環境、客語學習經驗和學習動機的關係——二所大專校院學生的比較／馮祥勇、張婷媛 ... 121

第 6 章
從認知角度分析四縣客語重疊結構 AAAA 式／賴維凱 ... 143

第二篇　東南亞客家　　　　　　　　　　　　　　　　　　　165

第 7 章
越南族群認同上的四類「客家人」／徐富美　　　　　　　　167

第 8 章
泗水客家青年與惠潮嘉會館的相遇：參與障礙與突破策略
／Budi Kurniawan（韓江安）, Alpin Gadman Markali（李智彬）　　189

第 9 章
看得見與看不見的「客家」：語言景觀研究
／Seong Lin Ding（陳湘琳）　　　　　　　　　　　　　　205

第 10 章
清萊舊市區客家家庭客語使用現況初探／傅柏維　　　　　229

第 11 章
新加坡客家方言群的山歌復興現象：語言傳承與身分認同問題
／黃子明　　　　　　　　　　　　　　　　　　　　　259

第 12 章
馬來西亞黃老仙師慈教研究：彭亨明加叻黃老仙師慈德廟為案例／林德順、鄒世娟　　　　　　　　　　　　　　　　279

第三篇　客家研究的新區域　　　　　　　　　　　　　　307

第 13 章
Hakka Imprints in Cuba
／Kathleen López（羅凱娣）, Mitzi Espinosa Luis（呂美枝）　309

第 14 章
The Hakka of Timor-Leste: A Short History through Community Buildings ／Douglas Kammen, Jonathan Chen　　　345

第一篇

臺灣客家

第1章
禮儀知識的異地傳承與在地化處境：
以屏東市頭分埔北客社群為例[*]

洪馨蘭

壹、前言

　　筆者近年來持續關注如何透過家族文書，深入思考家族與地方發展的關聯。2015 至 2017 年間，曾主持高雄市歷史博物館「高雄舊文書彙編：美濃嘗簿、會份簿與族譜」計畫，接觸到美國人類學家孔邁隆（Myron L. Cohen）長期於臺灣南部傳統六堆地區蒐集的家族文書，並藉此對應他的相關研究，看到這些收藏於家族內的文書，對於理解家族與地區發展史具有重要性。

　　此外亦完成了一項針對臺灣稀有姓氏——來自閩西汀州武平縣的練氏家族，進行客家族譜與地方社會的探討。此研究包含研讀族譜瞭解該家族在面對閩西原鄉與在地化的態度趨向，同時解讀數份家族文書中的分家與周邊關係，如分家書、收養和繼承協議等，並已出版研究專書《臺灣北海岸客家阿里磅練氏族譜與地方社會》（見洪馨蘭，2022）。

　　本文的研究動機，源自於筆者在近年重返 2013 至 2015 年間執行中研院客家研究計畫的田野地，希望延續該次研究成果（見洪馨蘭、徐孝晴，2015；洪馨蘭，2021a, 2021b）的未竟之處。我對於當時發現收藏於屏東市北客社群後代家中、有著百年歷史的手抄禮儀筆記和醫藥筆記，產生了新的思考點。於是這次希望能從禮儀化的角度，探討這些私人筆記如何反映出當時的北客知識，如何在家族與社群中進行異地傳承；也記錄當地北客社群青年，透過參酌私人

---

[*] 本文為 109 年度客家委員會客家知識體系發展獎勵補助計畫客家學術研究計畫（個別型專題研究計畫）「一世紀前私人筆記裡的客家地方知識：屏東市南遷北客的祭儀、禮俗與醫學書寫」之部分研究成果。感謝研究參與者徐孝晴提供收藏與協助。

筆記內的客家祭儀流程，使得這個隱藏於福佬都市一隅的北客群體，在當代展現出禮儀知識的再現。

貳、文獻回顧

　　家族或村落典藏文書的研究，對於理解清代至日治時期之臺灣客家社會，具有重要性（吳學明、黃卓權，2012）。就北部客家研究而言，莊英章和陳運棟（1982；1986）曾依據家族文書，深入考證苗栗縣頭份地區之早期家族歷史與地方墾殖的關聯，並從家族契約文書中進一步探討新竹北埔姜家的墾拓事業。黃朝進（1995）更透過對照家族文書的記載與地方發展史，得出結論：一個地域化家族若欲成為地方望族，必須在經濟、政治與文化等面向同時取得優勢或優越的條件與地位。

　　連瑞枝等（2010）對苗栗縣三灣鄉陳姓家族的研究也指出，提升經濟與文化影響力是家族爭取政治地位的常見策略。簡美玲與劉塗中（2011）對苗栗縣頭份鎮陳姓家族的研究則發現，移民關鍵人物因身兼多重身分（農人、地主、商人、書院創立者、堪輿師），得以累積豐厚的文化與經濟資本，進而促成「士紳化」過程，透過開辦書院和擇日館，他們更進一步取得了介入頭份街庄的機會與勢力。

　　針對臺灣南部六堆客家家族進行研究的學者，同樣也注意到蒐集與考據家族文書的內容，對於理解地方社會、或分析家族文化資本累積的重要性。例如，孔邁隆（Cohen, 2005）透過分析六堆客家契約，指出六堆客家社會在19世紀透過家族主義，早在清代時期就已是活躍的商業性格社會。莊英章與趙樹岡（2012）則以屏東縣高樹鄉劉氏家族為例，從其保留的家族文書中，分析家族關鍵人物如何透過土地投資與累積財富，並藉由提供民間信仰相關的傳統知識（如卜卦、開藥帖、堪輿風水），將家族的文化資本轉化為社會影響力。

　　十年前，筆者即開始關注屏東商業區內隱藏的北客社群，並對其客家意識與認同進行深入研究。早先的研究已揭示，邱宏基作為日治時期南遷屏東的第

一代北客，不僅在經濟與政治上取得成功，更積極參與地方信仰事務，對當地社群發展產生深遠影響。然而，隨著研究的深入，研究參與者意外發現了一份長期塵封在家中的長輩私人筆記，其內容涉及邱宏基之兄邱炳基的禮儀與醫藥知識。基於此一新材料，筆者再度回到田野，探究邱炳基如何將北部客家的傳統知識帶入屏東新居地，並分析這些知識如何與地方信仰和客家家戶結合，形塑出頭分埔北客獨特的混成文化面貌。

「混成」一詞援引自人類學家詹姆斯‧克里夫德（James Clifford）的理論，用以描述文化認同的複雜多樣性。此概念強調文化元素並非靜態且單一，而是隨著時間與環境的變遷而持續演化。文化混成並非單純的文化元素融合，而是在不同文化互動中產生出獨特的新文化形式，反映出當代社會的多元性與複雜性（Clifford, 1998）。本文可視為筆者先前針對屏東市北客社群文化「混成」研究的延伸，並討論個人書寫、族群知識與移民群體文化之間的關聯。

過去對於島內客家二次移民或再移民的研究，通常強調外遷北客群往往是因為招佃需求，而進行島內流動的政策移民或自由移民（吳秀靜，2006；曾純純、黎鴻彥，2007；吳中杰，2009；林秀昭，2011）。然而，屏東市頭分埔的北客社群，其早期移民並非全因招佃而南遷，而是以尋求土地機會為主要目的的自由移民。

在這些早期移民中，較早離開原籍地往南尋求移民機會的弟弟邱宏基，其遷徙路徑頗具代表性，和許多移民相仿，都是隨著偶然的機會而輾轉遷移。他從苗栗縣公館鄉館中村離開之後，曾短暫寄籍於彰化二林、大樹姑婆寮，[1]最終選擇落腳於阿緱城外的一片荒埔地。值得注意的是，這片荒埔地夾在海豐庄和長興庄之間。海豐庄的鄭氏家族來自廣東省惠州府海豐縣福佬語區，曾捐資六堆忠義亭，與六堆有著深厚的淵源（陳麗華，2013），因此海豐庄也被視為六堆前堆的附堆。而長興庄則是六堆前堆領袖人物邱永鎬家族的所在地。

邱宏基雖然與六堆客家人同為客籍，但他進入屏東平原之後，投入商業並

---

[1] 高雄市大樹區的「姑婆寮」在清末已經是觀音內里相對富裕的聚落，在日治之初還曾將觀音內里更名為「姑婆寮區」，足見其在當時的經濟與行政地位（林佳慧，2008：462-463）。

促成村庄公廟興建，和六堆客家人的交誼似乎並不活絡。他在海豐庄進入阿緱街的路線上開設米行，並選為保正，在阿緱街東北方的集散地「街仔頭」站穩腳跟。「街仔頭」當時聚集了一群從西部沿海進入阿緱城打工的各種職業。保正一職不僅反映出其與日籍官員可能存在的密切互動性，更顯示其在這個島內移工聚集之處，具有一定的影響力。同時，經營米行很有機會為他帶來累積豐厚資本。由此可見，邱宏基透過與殖民治理者的合作，加上與在地群體熟稔，為頭分埔的北客社群，打造出與同為客家人但卻不同於六堆客家文化的區別性。

相對地，哥哥邱炳基的遷徙路徑相對單純。經過數次南下探親與評估後，他便從苗栗公館遷籍至屏東。筆者認為，邱炳基隨弟南下開拓新天地，並決定舉家遷居屏東，顯示他已獲悉邱氏家族在此地有穩定的發展前景。在其弟已建立起一定的經濟和政治實力後，邱炳基所提供的文化資本，不僅有助於提升家族在移民群體中的社會地位，更滿足了移民社會在穩定發展後對於村莊和家庭各種過渡儀式所產生的專業知識需求。而這個過程是在本文研究中，才被發現的。

文化資本（cultural capital）一詞由社會學家皮爾・布爾迪厄（Pierre Bourdieu, 1977）所提出，指涉個人或群體所累積的文化知識、技能、教育背景等，使其在社會中具備優勢地位。擁有文化資本的個體，在遷徙過程中，往往較有能力參與新興移民社群的禮儀化過程，並扮演關鍵角色。本文所指的「禮儀化」，意指一個新興移民社群透過學習和實踐傳統禮儀規範，進而培養成員的道德品德與行為規範，並強化社群認同。此一過程不僅是文化傳承的表現，更是一種主動的文化建構。透過參與各種儀式，社群成員能夠深刻體認到客家文化所強調的道德價值觀，並將其內化為自身行為準則。

余紀元（2009）認為，禮儀化能強化社群的社會性，使成員在其中學習社會角色和責任，此觀點與儒家思想不謀而合。彭林的研究（2001）亦強調，儒家文化高度重視禮儀在維護社會秩序與和諧中的作用，透過禮儀規範，人們得以建立起穩固的社會關係。

漢人社會在開墾新生地或建立新聚落之初，往往會設置土地神明。一樹一

石，即可建構簡單的信仰中心。然而，面對生命禮儀或歲時祭祀等較為複雜的儀式，則需要具備相關知識的讀書人或儀式專家來主持。在知識不分科的傳統社會中，識字者為少數，掌握文字知識的人也就成了村落中重要的知識傳播者。其中，飽學之士往往扮演著更關鍵的角色，他們不僅傳播知識，更參與地方禮制的建置。

這種將「禮」帶入新墾地的過程，筆者在研究高雄美濃里社真官壇時有所發現。里社真官壇在臺灣相當罕見，相關發現多集中於美濃地區的三座露天塚式社官壇。根據《禮記》，里是古代中國的一個行政單位，里社是一里之官民共同祭祀的社稷神。在清代美濃客家人的原鄉，里社與福德正神（伯公）是兩個不同的神祇。清中葉《石窟一徵》記載，粵東北鎮平縣的居民將里社稱為「社公」或「社官」，而將福德正神稱為「伯公」。時過一百多年後，臺灣美濃的社官壇將兩者結合，稱之為「里社真官伯公」，並以此名稱登錄直轄市定古蹟。

清代從廣東省嘉應州遷來的美濃先民，筆者考察其原鄉仍保留著多處跨村際合祀的社官壇，只是，相較於數量眾多的伯公伯婆壇，跨村際合祀的里社真官壇數量較少。當時的研究顯示，這些社官壇與臺灣的社官壇雖然名稱上略有差異，但神明特質卻是相通的；皆將原本作為社稷之神的里社，轉變為具有水神性格的里社真官，且其設置地點往往兼具地理與避災的考量，反映出儒家禮制、趨吉避凶與風水堪輿的交織（洪馨蘭，2013）。

由於里社真官壇的建立涉及複雜的禮制、堪輿與地理知識，因此需要具備相關學識的文人參與規劃。筆者推測，在美濃清初三大聚落群建立之初，即有熟悉此類知識的文人協助移民群體建造里社真官壇。臺灣其他地區鮮少見及里社真官壇，此一現象顯示，美濃出現這種獨特的禮制信仰，並非偶然，而是與當地文人積極參與建置密切相關。

筆者在想，邱炳基攜帶了隨身筆記舉家南遷，對他來說，這是一份重要的隨身物品。這些筆記的內容具體來說是什麼？他的知識如何影響了當地社群的信仰與生活？他的子孫發現這些筆記之後，又做了哪些決定？這些問題吸引著筆者重訪頭分埔的北客社群，來一探究竟。

參、百年前的私人筆記

邱炳基比弟弟邱宏基晚數年遷居屏東海豐庄。不同於弟弟年少離家，邱炳基是已婚後才攜家帶眷南下，並於昭和四年（1929）登錄戶口轉籍。他的姻親徐氏家族也來自苗栗，但原籍地與邱氏不同，分別是頭份和公館。就臺灣客語腔調區別而言，若根據族譜所載，邱氏屬饒平客，徐氏屬四縣客，兩者祖先在客語腔調上並不相同。

頭分埔北客社群內部族群多元，除了邱氏和徐氏，還有來自銅鑼的劉氏、北埔的鄒氏等。這兩個家族的清代祖籍地分別在福建武平和廣東五華，祖先的客語腔調也是不同。只是遷台之後已有百年以上，子孫口音或也出現在地化。這裡要說明的是，儘管這些南遷的北客都是客家人，但在移居屏東市頭分埔之時，並未立即形成一體的「北客意識」。

北客意識的形成源於「我們」與「他們」的區隔。相較於已在屏東平原扎根兩百多年的六堆客家族群，這些日治時期沿路南移尋求新居的「臺北客」，被視為截然不同的「外來者」。這種差異化促使「臺北客」產生了共同體意識。頭分埔村莊公廟萬福宮的興建，正是當地北客社群凝聚共識與維繫北客意識的重要載體。透過每年定期舉辦的歲時祭祀活動，萬福宮將來自福佬族群和客家族群的信徒凝聚在一起，同時也塑造出有別於東邊六堆客的獨特「頭分埔北客意識」。

在北客意識形成的重要階段，邱氏兄弟皆參與了萬福宮的興建，其中哥哥邱炳基更貢獻了來自北部老家的文化知識。筆者在研究初期並未充分意識到哥哥角色的重要性，而是透過數年的家族文書研究，才回溯發現了這一關鍵。

筆記原收藏於邱炳基之女婿徐氏家中。根據卷首贈詩可知，邱炳基將筆記贈予徐氏。兩本筆記原置於徐家木櫥箱中，經邱炳基之女層層包裹，並殷切叮囑後人妥善保管。直到數年前，徐家後人在整理家務時，才小心翼翼地將其取出。為減緩紙張老化，徐家人已盡力將筆記置於適宜的環境中保存，以避免氧化或受潮。

為方便敘述，筆者將兩冊筆記分別命名為《禮儀本》與《藥帖本》。《禮儀

本》共 106 頁，主要記錄村莊生活中常見的婚喪喜慶、歲時祭儀、神明聖誕之疏表祝文式。《藥帖本》則以藥方為主，兼有雜記，如戲曲口白，共計 130 頁。由於筆記並未編列頁碼，頁數皆為筆者翻閱計算所得。

首先扼要描述《藥帖本》。《藥帖本》除收錄大量藥帖外，亦夾雜〈訃聞式〉等非屬藥方之內容，似應歸屬於《禮儀本》。此外，書中亦見戲劇口白，反映作者興趣廣泛。與《禮儀本》相同，本書多以毛筆小楷書寫，但末頁以鉛筆註記「邱炳基」、「邱宏基」、「邱德基」等姓名，內頁則有臺南、高雄楠梓等地邱氏鄉親地址。

除藥方外，《藥帖本》還包含手繪人體圖、符咒，以及多處提及「公館庄」的地名與時間，如「新竹廳苗栗一堡公館庄公館公學校」。特別的是，「新竹廳苗栗一堡公館庄公館公學校邱興隆大寶号勝春金德隆大寶号」、「大正三年甲寅年二月初六日起 新竹廳苗栗一堡公館庄公館庄四六三地」等標題以較大字體書寫，且「大正三年……起」一語顯示本書最早記錄時間很可能不晚於 1914 年。公館公學校於 1901 年落成，而「邱興隆大寶号勝春金德隆大寶号」極可能為漢藥店。

根據李秉林、李秉昇（2019）的研究，在 1901 年日本殖民政府實施漢醫資格檢定考試後，具備資格的漢醫逐漸減少。然而，漢醫知識仍透過依附於漢藥材店的民間漢醫得以傳承。邱炳基的私人筆記所抄寫的藥帖，是否即為此一脈絡下的產物，並如何於頭分埔產生異地傳承，筆者將於未來繼續探討。

在本文研究中，筆者先將重點放在另外一本《禮儀本》。相較於《藥帖本》，《禮儀本》的篇幅較短，但內容密集，皆為文言文寫成的疏表祝文。疏表祝文作為一種禮儀應用文體，格式獨特。因需要明確登錄儀式舉行地點，文中出現「臺灣島台中縣苗栗一堡公館△庄」、「大清國福建省臺灣府苗栗縣△庄」等地名。其中，「△」處為可填寫的變數。從小範圍的「公館某庄」，到大範圍的「臺灣府各地」皆可適用。

值得注意的是，《禮儀本》中同時出現「大清國福建省臺灣府」與「臺灣島臺中縣苗栗一堡」等不同時期的稱謂，顯示其內容涵蓋了清代與日治時期的禮儀文書。這種現象可能源於以下兩種情況：一為同一或不同作者在清代與日

治時期陸續記錄編纂；二為同一或不同作者在日治時期蒐集整理不同時期的禮儀文獻。綜合考量《禮儀本》中字跡雖多有潦草但仍具相似性，筆者傾向於認為，該書應為同一作者在日治時期開始編纂，並隨機緣蒐集抄錄更早期的禮儀文本，最終形成現今所見之樣貌。

《禮儀本》收錄的〈行禮書式〉，就是村莊儀禮最常使用的三獻禮。除此之外，另收錄了多種疏表祝文，涵蓋了喪葬、祭祀、婚禮等各種禮儀場合。這些禮儀文本可大致分為以下幾類：

1. 喪葬禮儀：行喪禮節、行喪禮式、訃聞式、成服告祖式等。
2. 祭祀禮儀：表章、點主安靈式、點庄式、點主式、釘棺式、奠章、哀章、祭祖之敬、祭三官大帝表文、求雨表文等。
3. 婚禮禮儀：新婚之敬請媒人全帖式、男家禮帖、女家禮帖、于歸之敬等。
4. 其他：媽祖娘會簿序、嘉志閣土地公元宵會簿等。

與筆者過去針對婚俗的研究有關，《禮儀本》中並未收錄與「敬外祖」相關的禮儀帖式，這與南部六堆客家人的婚俗（見洪馨蘭，2011）有所不同，顯示了不同地區客家文化的差異。此外，筆者也將《禮儀本》中的〈行禮書式〉與謝宜文（2017）對美濃地區三獻禮的研究進行比較，發現兩者在儀節上並無顯著差異。

《禮儀本》還收錄一份邱炳基為親家徐氏所撰寫的族譜世系表，以及為徐家所撰寫的〈徐氏祠堂會序〉和〈徐氏祭祖文〉。《禮儀本》扉頁的贈詩，首句與第二句分別以「東」、「海」呼應徐氏堂號，而後兩句則告訴徐氏，強調筆記內容的真實可靠，且句首「忠」與「實」二字，即為「忠實第」之意，這是邱姓族人通常在堂號「河南堂」之後加註的「忠實第」，以此象徵邱氏：

東都世族初尊姓
海島封疆久仰徐
忠言一本留恭駕
實學全篇補聖經

《禮儀本》的知識從苗栗帶到屏東市頭分埔的重要性，要從瞭解頭分埔移民社會的特殊性來切入。頭分埔北客社群的特殊性在於，儘管內部差異甚大，卻能快速形塑出強烈的群體認同。此一認同的建立，與邱炳基等讀書人所帶來的禮儀文化息息相關。

萬福宮的建廟，雖是客家與福佬族群共同努力的成果，但其信仰儀式卻主要由北客社群主導。最初，來自新竹北埔的鄒姓人士擔任乩身，並在伯公祠為信眾問事，之後隨信眾日多，促成萬福宮在民國45年（1956）興建。另一方面，萬福宮早期也會舉行客家傳統的還神祭典，包括拜天公和三獻禮。根據研究參與者提供的訊息，村莊早期僅有一位同為北客社群的禮生——劉發樑，很長一段時間都是由他負責主持傳統客家禮儀。然而，隨著劉氏無法繼續擔任禮生，村落的傳統禮儀逐漸式微，僅在部分堅持傳統的長輩喪禮中得以延續。頭分埔的客家三獻禮儀式中斷三十餘年，這也顯示出傳統禮儀面臨的困境。

邱炳基的關鍵角色是：他曾經指導或協助劉氏禮生撰寫祝文和表章，而這是客家禮儀中相當核心與重要的部分。因此，這也顯示他對於禮儀文化從北客家鄉流動到新居地頭分埔，他具有一個知識傳播者的關鍵角色。

肆、禮生與三獻禮

邱炳基將客家傳統禮儀知識引入屏東市頭分埔北客社群，其所攜帶的《禮儀本》中，對於三獻禮的通生、引生的職務，均有標示，可以成為劉氏禮生執行的依據。這對於這個移入的客家社群而言，是禮儀化、凝聚族群認同的重要一環。

客家三獻禮作為重要的無形文化，不僅包含精細的行禮過程，還伴隨著獨特的禮樂八音。黃純敏（2004）指出，不論是家禮還是村落儀禮，三獻禮在禮儀形式、儀注用詞、行禮內容、表現意涵方面，基本上皆抱持遵循傳統且偏向守成不多改變；而且三獻禮是「吉凶同式」，類似古代貴族之儀、品官之制的特徵——用於民間喪葬場合時，則表現慎終追遠之孝思，而用於祭孔釋典時則

彰顯尊師重道、褒崇聖賢之教化意義。當代的村落三獻禮仍可見於客家文化重點發展區，柯佩怡（2005）記錄了臺灣南部客家三獻禮的儀式和音樂，可說是對於三獻禮在六堆客家地區的民族音樂學重要參考文本。而謝宜文（2017）的研究就顯示，現今高雄美濃及其周邊鄉鎮區如杉林、六龜的幾個客庄，仍保留較完整的傳統三獻禮，主要在村落廟宇中採用，而且特定廟宇至今亦仍執行更高規格的九獻禮。

根據柯佩怡（2005：28-32）的研究，客家「三獻禮」可分為吉禮與凶禮兩大類。其中，吉禮類三獻禮的執行者角色眾多，包括請誥生、主祭者、陪祭者、讀祝文生（兼任通生）、引生、執事生（兼請神生）。各角色分工明確：請誥生負責吟誦〈寶誥〉，主祭者與陪祭者負責行禮奉拜，讀祝文生宣讀〈祝文〉並主導儀式進行，引生負責複誦儀節並引導行禮，執事生則負責祭品準備、擺設等。相較之下，凶禮類三獻禮的職務人員較為簡化，通常包括通生（禮生）、引生、讀生、執事生、主祭者、陪祭者。值得注意的是，凶禮中的通、讀、引通常委由外人擔任，且依親屬關係分為孝子禮、本族禮、六族禮、路祭等不同形式。其中，筆者曾經記錄「路祭」，並指出此為六堆客家所獨有，又稱「做外祭」，且「一定是由婿郎（女婿）來辦」（洪馨蘭，2011：158-160），反映出六堆客家特殊的宗族與性別關係。

傳統上，禮生通常是村莊中的兼職人員。若為家禮，吉禮類通常由族中長輩指派族中讀書人擔任禮生，例如娶親祭祖、祖堂陞座祭祖等，但如上所述若為凶禮，禮生往往請外人擔任。村落的三獻禮則像是元宵、伯公新年福與滿年福，神明誕辰也會有行三獻禮等，禮生則是由神明會或管理委員會聘請。由於三獻禮與八音密切相關，禮生通常具備文言文素養、吟誦能力，或也有熟悉配合的八音團。因此，禮生一職不僅需要文化素養，其技能也是需要學習的。只是，隨著禮生傳承斷層，許多村莊或廟宇不得不聘請其他村庄或廟宇的禮生，家禮的三獻禮更是因社會變遷與國民禮儀的推廣而日漸式微。

禮生主持傳統祭儀，稱為「行禮」，是儒家「身教」的具體展現。禮生制度的演變與士大夫禮儀向民間的擴散息息相關（劉永華，2004；2008；2019）。歷史上，社學、鄉塾在禮儀傳播中有其重要性；這些學堂培養出的習

禮儒生，不僅參與家禮，亦參與村落禮儀，特別是家禮中的喪葬禮節，十分繁複，若無平日即習禮之人掌理主持，難以順利進行（趙克生，2010）。在臺灣客家社會，禮生也是村莊進行「做福」、「還福」、「拜新丁」等儀式的核心人物（林貴珠，2011；劉怡琴，2012；戴正倫，2006, 2019）。

　　鄉間禮生，多為儒生、私塾師或讀書人兼任，而非專職。邱炳基筆記中提及的「公館公學校」、「邱興隆大寶號」、「勝春金德隆大寶號」等，暗示著這些禮儀知識或他本人，與苗栗公館當地的傳統漢學漢醫圈可能的密切關係。禮生常被尊稱為「先生」，有時候其角色不僅止於主持儀式。如莊孔韶在《銀翅》中所述（2000：413），禮生往往多才多藝，通曉儒家禮儀、書法、詩詞，甚至精通相術、堪輿等，若兼具醫術者，更可謂是文化與人際關係的開創者或媒介，在村落中扮演著重要的文化傳播者。

　　由於傳統透過鄉學產生禮生的機制，在當代社會中已然不存，因此，現在就算在鄉村地區也已經很難培養一定數量的禮生。徐福全在其博士論文中深入研究臺灣民間傳統喪葬儀節，更長期培訓喪葬司儀和禮生。根據對他的訪談，[2] 他就曾表示過臺灣地區約有一半的喪葬司儀和禮生都曾接受過他的訓練。

　　邱炳基的私人筆記《禮儀本》和《藥帖本》，為我們提供了理解讀書人及其所處時代的豐富材料。不僅反映了其個人學養，更為南遷至屏東的北客移民提供了延續傳統家禮和村落儀禮的重要依據，分別從不同地方來的移民們，透過實踐同一套儀式，形成這個新的村莊共同體與「北客」意識。換句話說，禮儀知識的傳播與實踐，在福客交界處的文化交流中扮演了關鍵角色。並在多年後，因緣際會引導後代重拾失落的禮儀記憶，開啟「重現三獻禮」的契機。

2　北教大校友中心暨校史館第二屆傑出校友介紹：徐福全。引自：https://alumnusntue.ntue.edu.tw/p/405-1020-11063,c1992.php?Lang=zh-tw（瀏覽日期：2023/8/18）。

伍、重返三獻禮：徐氏子孫之實踐版本

承接前文對邱炳基及其《禮儀本》的探討，本文將進一步分析近年來屏東市華山萬福宮太子爺祝壽典禮中的三獻禮重現。此一提議為徐孝晴，他是邱炳基的外曾孫，其碩士論文即以北客社群與華山萬福宮的關係為研究主題。徐孝晴透過「文化部109年度青年村落文化行動計畫」，將外曾祖父《禮儀本》中的三獻禮儀式重新呈現在這個北客村落，並在參與者的人選上積極推動性別平等。

徐孝晴在回憶中提到，由於萬福宮信徒的年輕一代積極參與廟務，2019年藉由管理委員會的改選，年輕人即遊說多數委員以提出重現三獻禮的動議。在地北客社群中，禮生傳承的中斷是萬福宮面臨的首要挑戰。除了禮生執行村落與家禮的客家祭儀之外，萬福宮早期是以北客鄒氏擔任的元帥爺乩身為核心，建構起一套求神問事並在正式法會亦請紅頭法師執行的信仰體系。曾經隨著老一輩的凋零，問事中斷十年，直到新乩身出現。1980年代，村民林氏於屏東龍虎宮擔任鸞生，萬福宮在他的影響下亦成立奉聖堂開壇扶鸞，又隨新鸞手轉做元帥爺的新任乩身，已成立的奉聖堂就從鸞堂轉而引入美濃南隆五穀宮的佛教誦經系統，組織誦經團。當禮生不克執行三獻禮後，村莊的謝天祈福與還福祭典也就由奉聖堂誦經團執行。

從儒教、道教與佛教系統的並存，萬福宮的宗教儀式呈現出多元化面貌。奉聖堂成立之後，更使得佛教誦經系統成為廟中主要的儀式運作模式。雖然如此，在某些重要的道教科儀中，仍然需要仰賴道士的協助。李豐楙院士過去指出，禮生與道士曾是臺灣最重要的兩個儀式專家群體（2001: 331-364）。在頭分埔，隨著劉氏禮生的引退，原本由禮生執行的傳統儀式逐漸由誦經團取代。徐孝晴等人推動重現三獻禮時，也呈現出盡量運用萬福宮的各項文化資源。當他們在疑惑要如何找到長輩指導三獻禮時，他們看到奉聖堂成員分別有來自美濃、高樹等傳統客庄，在當地仍常舉行客家三獻禮，因此對此並不陌生，也十分常見，也就使他們向奉善堂老師提出了指導的請求。

在萬福宮復刻三獻禮的過程中，禮生與執事人員的性別議題，引發了不小

的討論。傳統觀念認為，三獻禮所有職務應由男性主導。然而，年輕一輩的委員們，基於性別平等的理念，主張女性也能參與其中。為了打破僵局，徐孝晴提出三點想法：一、萬福宮長期合作的奉聖堂堂主劉女士，與前禮生同為北客劉氏家族，且其在廟中扮演重要角色；二、萬福宮曾開放女性參與過火儀式，說明神明並無性別歧視；三、願意透過擲筊請示神明，以獲得神明的支持。經過一番努力，委員會最終同意女性擔任三獻禮的執禮人員。

三獻禮中，通生是整個儀式的靈魂人物，引生則負責引導主祭者。這兩位角色都需要熟練掌握客語，尤其是通生，還得能以精準的節奏引導儀式進行，並與八音配合。而宣讀祝文的責任更重，要能抑揚頓挫且帶領觀禮信徒虔誠與恭敬之心。為了能理解並勝任這些角色，年輕人們將《禮儀本》中的三獻禮逐字辨識、打字建檔，確認客語發音並解讀詞語內容，並錄下老師的吟誦，反覆練習。

來自美濃的指導者鍾老師，建議年輕人可多方打聽，學習其他禮生如何掌握節奏。團隊決定實地考察其他仍保有三獻禮傳統的客家廟宇，以更深入瞭解儀式的細節。經過田野調查與記錄學習，年輕人們對於三獻禮的儀式結構與流程有了更清晰的認識。他們發現，三獻禮的儀式在不同的地方，結構也都相對固定，如果順利的話，三獻禮也多能在三十分鐘即可完成。但若空間較大或執事者經驗不足，時間就可能略有延長。因此，為確保這次三獻禮的順利進行，並控制執行時間，團隊進行了詳細的角色分工。最後他們仍然覺得還是必須要聘請由經驗豐富的奉聖堂堂主劉女士，來擔任讀祝文官，然後由計畫倡議者徐孝晴擔任通生，其表哥則擔任引生。執事是兩名年輕的客家女性。為了確保儀式莊嚴且正確，彩排時也都有指導先生鍾老師在旁指導。

要成功重現此次的三獻禮，除了需要年輕人投入學習與練習，若有專業客家八音相互配合，則更能確保執禮流暢。由於屏東地區擁有能支援客家禮儀的專業八音團體相當稀少，為了突顯年輕人在傳承上的意義，他們邀請了2012年成立的美濃竹頭背客家八音團共同參與。該團體可能是目前六堆地區平均年齡最輕的職業客家八音團，雖然成立時間不長，但團長鍾兆生博士具備學術研究專業訓練，並多年向老藝師學習與紀錄，對於行禮已有專業的理解。傳統

上，三獻禮的儀式與音樂相輔相成，熟悉八音演奏的樂師往往也能為走禮提供寶貴的建議。

萬福宮太子爺聖誕當天，負有行禮職務的工作人員們莊重地身穿青色長衫，在客家八音的引導與配合中，小心翼翼地進行著三獻禮的每套儀節。現場氣氛緊張，不僅因為有來自文化部主責單位指派的專案導師在場觀看與驗收，更因為這是一場真實的祭儀，而非單純的展演。年輕人們克服了內心的恐懼，順利完成了整個儀式。為了讓更多人能參與其中，他們特別聘請專業團隊進行全程錄製，並將影片和照片分享到社群平台上。當這些影像傳到長輩們的手機時，立刻引發了熱烈的迴響。許多長輩紛紛表示感動，並期待未來能有更多機會重現這項傳統儀式。

「重現三獻禮」不僅吸引了年輕一輩的參與，也激起了萬福宮內其他女性成員希望一窺究竟。然而，當這些長期居住於屏東市，且客語能力有限的北客子弟或福佬籍委員們，想要深入瞭解三獻禮時，卻面臨了語言的隔閡。三獻禮的儀式語言以文言文為主，且須以客語發音，這對於習慣福佬話的他們而言，無疑是一項巨大的挑戰。他們不僅要克服理解上的困難，還得學習特殊的吟誦腔調。

值得注意的是，儘管此次重現三獻禮的倡議者來自北客社群，但所配合的八音團卻是保留傳統四人之編制的南客八音團，與北部八音團結合北管而呈現出的多元化編制並不相同。此外，由於儀式指導老師來自美濃，年輕人們所學習的吟誦腔調也自然帶有濃厚的南客特色。由此可見，屏東市華山萬福宮在該年重現的三獻禮，不僅折射出南遷北客社群在當代文化實踐上的複雜性，更突顯了三獻禮在地方傳承過程中所呈現出的南客與北客文化的交融與變遷。

這樣的實踐不僅是對屏東市北客子弟的文化培育，更是對面臨人口外移、文化流失的客家社會的一種積極回應。萬福宮作為北客移民所建立的信仰中心，其在社群中有著深厚的集體記憶。年輕人們透過擔任管理委員並積極推動三獻禮的重現，不僅強化了年輕一代之間的文化認同，可以說也為屏東市頭分埔北客社群，提供了一次強化認同與凝聚的機會。

陸、結語：禮儀化與認同

頭分埔北客社群領袖人物邱氏兄弟，祖籍苗栗公館鄉館中村，此地因公館公學校與五穀宮而聞名，為該鄉人口最密集的聚落。然而，儘管明治42年（1909）公館鄉即已通鐵路，改善交通，但因地處近山溪谷的平原地形，耕地狹隘，居民生計仍面臨挑戰。地形限制與交通改善的雙重作用下，促使部分居民，如邱氏兄弟，選擇向外發展。

1908年，阿緱糖業工場在屏東成立，而1920年全台第一座機場設置在屏東，陸軍飛行第八聯隊在此成立，大量勞動力的額外需求隨即增加工作機會，吸引人口移入。在此背景下，已在屏東累積一定政經資源的邱宏基，邀請兄長邱炳基南下。邱炳基的到來，可視為客家禮儀傳統在異地的一種傳承。他透過指導或協助禮生執行客家傳統儀禮，不僅提供分別來自北部不同客庄的「南遷北客」迅速獲得各種家禮所需的儀節協助，同時透過村莊信仰的共同祭祀，為這些進入頭分埔的新移民們，建立起歸屬感與社群連結。

筆者認為，邱炳基所帶來的禮儀規範與知識能力等文化資本，對於頭分埔北客社群的禮儀化與自我意識提升，發揮了潛移默化的作用。禮儀知識的實踐本身是一種展演，活絡著居民對於自身文化的認同，當培養出可以實踐禮儀的禮生，這套知識就有機會開始在異地傳承的過程，也就是讓一個社群透過實踐禮儀、觀看禮儀，並在一套禮儀共識底下，進入「禮儀化」。

禮儀化是一個需要集體意識與集體活動共同參與的過程。其中，禮儀實踐扮演著文化複製的重要角色。三獻禮中的禮生及其禮儀知識，可說是禮儀化過程中不可或缺的主體與載體。尤其村莊信仰的三獻禮，不僅僅只有「行禮」，更涵蓋整個祭祀過程中，從請神、送神、主祭與陪祭的跪拜與行走，還有分獻禮時村民的輪流跪拜與進行中時在遠處的日常交流。透過身體實踐，執禮人員、八音團與村民信眾，共同將祭祀場域構成一個集體記憶既複製又再現的「禮儀劇場」。然而，隨屏東市快速擴張，頭分埔原有的農村地貌迅速轉變為高度商業化的都市邊緣，大量外來人口的湧入，導致北客社群及其既有文化逐漸被稀釋。現代都市空間的擴張，無形中切割了原有的社群網絡，使得傳統文化

的傳承面臨嚴峻挑戰。

　　頭分埔的案例顯示，禮生的培養並非易事。當禮生年老或離世，若缺乏新血接替或向外尋求支援，客家禮儀知識的傳承便面臨中斷的危機。儘管如此，頭分埔的經驗也告訴我們，禮儀化並非一成不變。即便禮生角色消失，透過廟宇團體，禮儀仍能以其他形式延續，且當地居民仍盡可能地保留使用客語的能力。正是這種韌性，使得《禮儀本》的出現能夠吸引年輕人參與，並與執禮長輩共同討論傳統是否能夠重現。

　　最後，透過探討邱氏南遷所帶來的私人筆記，引發我們思考「客家移民社會如何運作以維持族群認同」，並觀察到傳統禮儀文化異地傳承的面貌。當這樣一個人口少於周邊社群的群體能長期維持文化認同，其內部或許蘊藏著更多值得研究者關注的微觀角度。頭分埔北客移民社群曾經培養自己的禮生，長期採行村落三獻禮，保留北客傳統是在小年夜（年廿九）拜天公，而且神明乩身能以流利的北客客語向年長信徒解釋神旨。這些因素對北客意識起到了保溫作用，並為這次依據百年《禮儀本》重現三獻禮提供了實踐的能量。

參考文獻

余紀元（2009）。《德性之鏡：孔子與亞里士多德的倫理學》。北京：中國人民大學。

吳中杰（2009）。〈結案報告：六堆北客聚落之語言與文化變遷——以長治、麟洛、內埔、萬巒為例〉。台北：客家委員會；高雄：國立高雄師範大學。

吳秀靜（2006）。《客家區域發展歷程——以高雄縣美濃鎮南隆部落為例》。高雄：國立高雄師範大學客家文化研究所碩士論文。

吳學明、黃卓權（2012）。《古文書的解讀與研究（上）（下）》。新竹：新竹縣文化局。

李秉林、李秉昇（2019）。〈日治時期「新竹漢藥研究會」漢醫依附漢藥材的忠實實踐者——李清標〉。《竹塹文獻雜誌》，70：145-149。

李豐楙（2001）。〈禮生與道士：臺灣民間社會中禮儀實踐的兩個面向〉。收錄於王秋桂、莊英章主編，《社會、民族與文化展演國際研討會論文集》，頁 331-364。台北：漢學研究中心。

林秀昭（2011）。《北回歸線上的北客》。台北：文津出版社。

林佳慧（2008）。〈第十九章：大樹鄉〉。收錄於施添福主編，《臺灣地名辭書卷五高雄縣（第二冊）》，頁 423-501。南投：國史館臺灣文獻館。

林貴珠（2011）。《聚落祭祀與禮生——以杉林區莿仔寮祭祀活動為觀察中心》。屏東：國立屏東科技大學客家文化產業研究所碩士論文。

柯佩怡（2005）。《台灣南部客家三獻禮之儀式與音樂》。台北：文津出版社。

洪馨蘭（2011）。《敬外祖與彌濃地方社會之型塑：圍繞一個臺灣六堆客方言社群之姻親關係所展開的民族誌》。新竹：國立清華大學人類學研究所博士論文。

洪馨蘭（2013）。〈「社官」信仰在廣東蕉嶺與臺灣美濃的比較研究〉。《民俗曲藝》，180：83-130。

洪馨蘭（2020）。〈西方學者眼中的客家美濃：以人類學家孔邁隆教授已發表之

作品為討論〉。《全球客家研究》，15：137-174。

洪馨蘭（2021a）。〈「能動者／結構」理論議題的再移民研究運用：以屏東市南遷北客為中心的討論〉。收錄於《客家性與地方性的再凝視：臺灣客家的鄉土、流動與結構力》，頁159-188。高雄：巨流圖書。

洪馨蘭（2021b）。〈二十世紀中葉屏東市「新竹州移民」的內聚與鄉愁〉。收錄於《客家性與地方性的再凝視：臺灣客家的鄉土、流動與結構力》，頁189-220。高雄：巨流圖書。

洪馨蘭（2022）。《臺灣北海岸客家：阿里磅練氏族譜與地方社會》。新北：客家委員會；南投：國史館臺灣文獻館。

洪馨蘭、徐孝晴，（2015）。〈臺灣屏東市頭分埔北客的聚落化過程及其能動性〉。《全球客家研究》，5：35-84。

徐福全（1983）。《臺灣民間傳統喪葬儀節研究》。台北：國立臺灣師範大學國文研究所博士論文。

莊孔韶（2000）。《銀翅：中國的地方社會與文化變遷》。香港：三聯書店。

莊英章、陳運棟（1982）。〈清代頭份的宗族與社會發展史〉。《國立臺灣師範大學歷史學報》，10：143-176。

莊英章、陳運棟（1986）。〈晚清臺灣北部漢人拓墾型態的演變：以北埔姜家的墾闢事業為例〉。收錄於瞿海源、章英華主編，《臺灣社會文化變遷（上冊）》，頁1-43。台北：中央研究院民族學研究所。

莊英章、趙樹岡（2012）。〈十九世紀臺灣契約婚的財產與物權觀：屏東高樹劉氏客家宗族的個案分析〉。收錄於房學嘉、鄒觀林、宋德劍、蕭文評主編，《客家研究大講壇叢書第二輯：多重視角下的客家傳統社會與聚落文化》，頁161-175。廣州：華南理工大學出版社。

連瑞枝、廖經庭、洪婉芝、簡鑫儀（2010）。《子計畫十四：從粵莊到客莊，1800-1950：社會秩序、商品經濟與家庭倫理的變遷》。台北：客家委員會；新竹：國立交通大學。

陳麗華（2013）。〈「消失」的族群？南臺灣屏東地區廣東福佬人的身分與認同〉。《臺灣史研究》，20（1）：169-199。

彭林（2001）。〈中國古禮與朝鮮半島的儒家化〉。《中國文哲研究通訊》，11（4）：37-53。

曾純純、黎鴻彥（2007）。《「客」隱於市：屏東市的客家移民社會：研究成果》。台北：客家委員會；屏東：國立屏東科技大學。

黃純敏（2004）。《客家喪祭三獻禮及其教育意涵之研究》。台北：國立臺灣師範大學教育研究所碩士論文。

黃朝進（1995）。《清代竹塹地區的家族與地域社會：以鄭、林兩家為中心》。台北：國史館。

趙克生（2010）。〈修書、刻圖與觀禮：明代地方社會的家禮傳播〉。《中國史研究》，1：125-144。

劉永華（2004）。〈亦禮亦俗——晚清至民國閩西四保禮生的初步分析〉。《歷史人類學學刊》，2（2）：53-82。

劉永華（2008）。〈明清時期的禮生與王朝禮儀〉。《中國社會歷史評論》，9：245-257。

劉永華（2019）。《禮儀下鄉：明代以降閩西四保的禮儀變革與社會轉型》。北京：三聯出版社。

劉怡琴（2012）。《六堆地區做福還福祭祀文化之研究》。台南：國立臺南大學臺灣文化研究所碩士論文。

戴正倫（2006）。〈客家還福儀式的初探——以苗栗獅潭鄉新店村為例〉。《客家文化研究通訊》，8：135-149。

戴正倫（2019）。〈儀式中的歷史記憶——以佳冬鄉昌隆拜新丁為例〉。《屏東文獻》，23：33-62。

謝宜文（2017）。《美濃地區客家還神祭典與客家八音運用之研究》。高雄：高雄市歷史博物館；台中：晨星出版社。

簡美玲、劉塗中（2011）。〈中港溪頭份街庄一個客家家族的知識與經濟（1774-1950）〉。收錄於詹素娟主編，《族群、歷史與地域社會：施添福教授榮退論文集》，頁 185-222。台北：中央研究院臺灣史研究所。

Bourdieu, P. (1977). Cultural Reproduction and Social Reproduction. In J. Karabel,

& A. H. Halsey (Eds.), *Power and Ideology in Education* (pp. 487-511). Oxford University Press.

Clifford, J. (1998). Introduction: The Pure Products Go Crazy. In *The Predicament of Culture: Twentieth-century Ethnography, Literature, and Art* (pp. 1-17). Harvard University Press.

Cohen, M. L. (1976). *House United, House Divided: The Chinese Family in Taiwan*. Columbia University Press.

Cohen, M. L. (2005). Writs of passage in late imperial China: Contract and the documentation of practial understanding in Minong, Taiwan. In *Kinship, Contract, Community, and State* (pp. 252-303). Stanford University Press.

第 2 章
大數據資料應用於客家人口推估與預測
——一個手機信令資料取向[*]

鄭春發、吳貞儀

壹、前言

客家委員會於 2022 年 3 月底公布了「110 年全國客家人口暨語言基礎資料調查研究」的結果，顯示符合《客家基本法》中「客家人」定義的人口占全國人口的 19.8%，約 466.9 萬人，相較於 105 年的調查資料增加了 13.2 萬人（客新聞，2022 年 3 月 31 日）。然而，由於交通運輸技術的進步和路網的發展，國人通勤與遷徙活動頻繁，使得設籍與常住人口的計算變得更加複雜。在都市工作或求學的通勤人口、就業人口，以及夜間居住人口等，過去只能依賴戶政事務所登記的設籍資料，難以準確掌握人次與旅次行為。例如根據行政院主計總處於 99 年進行的人口及住宅普查，全國超過兩成的居民並不居住在戶籍地（內政部統計處，2021：1）。

由於人口動態遷徙頻繁，加之登記戶籍（設籍）地址與常住地不同的現象，使得客家人口暨語言基礎資料調查在估算上存有一定的不確定性。例如，受訪者若在其常住的鄉鎮接受調查，而非設籍地，可能導致常住鄉鎮的客家人口被高估。相反地，若以設籍鄉鎮的人口作為估算基礎，都市地區可能未能準確掌握實際活動人口數，而鄉村地區可能因為人口外移就業而出現高估的情況。這樣的調查結果對全國客家族群的人口數量及客語使用狀況的瞭解，勢必會帶來一定程度的影響。

---

[*] 本研究為 112 年度客家知識體系發展補助計畫研究計畫（個別型計畫）「手機信令資料應用於六堆客庄地區人口特性之研究」成果，在此特別感謝客家委員會對本研究的獎助。感謝二位匿名審查者的寶貴建議。

在「110 年全國客家人口暨語言基礎資料調查研究」報告中，已指出採用「戶籍人口」、「常住人口」作為推估基礎，更能貼近實際的人口分布，進而提升資源配置的準確性與使用效率，同時由於缺乏即時且精確的統計推估資訊，導致推估結果與實際情況存在較大落差（客家委員會，2022：43）。手機信令資料（Mobile-Network-Based Data、Cellular-Based Vehicle Probe 或 Signaling Data）作為一種數位研究工具，為大數據應用提供了新的方法。手機信令資料是指手機與電信基地台互動時，基地台所記錄的包括時間和位置信息的數據（王晉元等，2019）。當手機開機時，手機基地台會傳送電信協議（Protocol）以確認手機位於其覆蓋範圍內，並接收到手機回傳的確認訊息，確保手機開啟且通訊正常；當手機移動時，手機會搜尋鄰近訊號較強的基地台，並自動切換，此過程會更新信令資料；關機時也會發出關閉訊息。

信令資料通過記錄手機與基地台之間的連接信息，為動態人口的空間分布研究提供了有力支持。結合地理資訊系統（Geographic Information System，簡稱 GIS）與土地利用圖層，信令資料可以揭示居住人口的行程與旅次行為（例如家－工作旅次、家－就學旅次、家－其他旅次以及非家旅次），並精確顯示旅遊人口的停留時間及活動範圍。這些數據能清楚呈現各區域人口的流動特性，為政策制定者提供有價值的空間資訊支持，有助於實現更有效的資源分配。

隨著數位科技的迅速發展，社會科學與資訊學科的研究內涵也隨之改變。在強調大數據應用的數位時代，使用信令資料進行學術研究，使學者能從不同的角度和尺度重新思考研究問題，展現出新的研究思維與結果。在這樣的背景下，本研究應運而生，旨在探索新方法以增進客家人口調查的精確性與效能。本研究首先應用 2020 年臺灣的手機信令資料，作為替代 110 年度全國客家人口暨語言基礎資料調查的一種新方法，針對各行政區（鄉鎮）的人口總數（設籍或常住人口）進行客家人口的推估。其次，研究中運用了世代生存法（Cohort-Survival Model），利用 105 年和 110 年全國客家人口暨語言基礎資料調查中的各年齡層數據，對未來全國客家人口的規模與特性進行預測。最後，本研究針對信令資料作為客家人口調查和推估模型參數的應用進行探討，期望研究成果能為客家政策的制定和人口推估提供科學依據。

貳、客家人口調查與意義

1988 年「還我客家話運動」促使臺灣本土語言與文化的重視，也為 2001 年行政院設立客家委員會（2012 年改制為「客家委員會」，以下簡稱客委會）奠定了重要基礎。客委會自 2002 年（民國 91 年）起，展開「臺灣客家民眾客語使用狀況調查研究」，以瞭解民眾使用客家語的情形，防止客語流失並深化對客家文化的認同。然而，早期在民國 91 年及 92 年進行的調查由於受限於面訪方式，調查樣本數不足 3,000 份，且調查範圍主要集中於客家庄，導致調查結果的應用與精確性受到一定影響。

自民國 94 年至 96 年，客委會透過隨機電話抽樣方式進行調查，提升了客語使用狀況調查的覆蓋範圍與代表性。民國 99 年，客委會進行「98 至 99 年度臺灣客家民眾客語使用狀況調查研究」，並於民國 102 年再次進行同名調查，樣本數從 4,000 至 6,100 份不等，於民國 102 年更增至 16,569 份，顯示調查規模和精確性有顯著提升。這些數據提供了對客語使用現況的深入瞭解，對推動客語復興及文化政策制定具有重要的參考價值。

客委會自 2004 年（民國 93 年）開始，透過電話隨機抽樣進行全國客家人口基礎資料調查，推估臺灣包含客家人在內的四大族群人口比例及其在各縣市、鄉鎮市區的空間分布，並於民國 97 年、100 年（100-101 年度）及民國 103 年進行調查，當年更辦理「103 年度臺閩地區客家人口推估及客家認同委託研究」。這些調查不僅涵蓋了客語使用情形，有時還獨立進行客語使用狀況的專題調查（張維安、黃美玲、蕭錦炎，2022：07）。因此，客委會於 2016 年（民國 105 年）合併兩項調查進行「全國客家人口暨語言基礎資料調查」，以掌握客家族群的人口數量、地理分布、客語能力及文化認同狀況，採用電話隨機抽樣調查並結合客家家戶面訪，共調查逾 63,000 份樣本。

根據《客家基本法》，所謂「客家人口」是指「客家委員會就客家人所為之人口調查統計結果」。2021 年，客委會進行「110 年全國客家人口暨語言基礎資料調查研究」，以建立包含不同出生世代、性別、年齡、居住行政區域的全國客家人口基礎資料，作為政策制定的參考。此次調查採用分層隨機電話訪

問，從 110 年 3 月至 11 月對設籍於臺閩地區、具有中華民國國籍的民眾進行調查，成功訪問 63,111 名受訪者（信心水準 95%）。人口推估之戶籍人口是依據 109 年 12 月底內政部發布的鄉（鎮、市、區）戶籍統計進行加權估算，變數涵蓋性別、年齡層及地區分布。

　　結果顯示符合《客家基本法》中對客家人的定義，即「具有客家血緣或客家淵源，且自我認同為客家人者」，推估約 466.9 萬客家人，占全國人口 19.8%。與 105 年調查結果相比，全國客家人口由 453.7 萬人增至 466.9 萬人，但設籍於客家文化重點發展區的客家人口從 194.4 萬人降至 190.9 萬人，顯示傳統客家庄人口減少而非客家庄地區呈增加趨勢。具體調查成果如表 1 所示。

表 1：各縣市設籍人口總數、推估客家人口與成長率

戶籍地	105 年市話調查結果 設籍人口總數（人）	105 年客家基本法定義客家人 推估設籍客家人口百分比(%)	105 年推估設籍客家人口數（人）	110 年市話調查結果 設籍人口總數（人）	110 年客家基本法定義客家人 推估設籍客家人口百分比(%)	110 年推估設籍客家人口數（人）	設籍人口成長率(%)	推估設籍客家人口成長率(%)
總計	23,492,074	19.31	4,536,794	23,561,236	19.82	4,669,192	0.29	2.92
縣市別								
新北市	3,970,644	16.04	636,984	4,030,954	16.68	672,337	1.52	5.55
臺北市	2,704,810	17.49	472,947	2,602,418	17.44	453,770	-3.79	-4.05
桃園市	2,105,780	40.53	853,450	2,268,807	39.91	905,385	7.74	6.09
臺中市	2,744,445	17.58	482,584	2,820,787	17.48	493,030	2.78	2.16
臺南市	1,885,541	5.96	112,320	1,874,917	7.06	132,394	-0.56	17.87
高雄市	2,778,918	12.63	351,089	2,765,932	14.72	407,262	-0.47	16.00
宜蘭縣	458,117	7.17	32,855	453,087	7.65	34,681	-1.10	5.56
新竹縣	542,042	73.56	398,751	570,775	67.83	387,132	5.30	-2.91
苗栗縣	563,912	64.27	362,443	542,590	62.53	339,274	-3.78	-6.39
彰化縣	1,289,072	6.35	81,859	1,266,670	7.84	99,321	-1.74	21.33
南投縣	509,490	15.20	77,423	490,832	12.28	60,285	-3.66	-22.14
雲林縣	699,633	8.26	57,782	676,873	8.50	57,512	-3.25	-0.47
嘉義縣	519,839	6.40	33,291	499,481	8.30	41,460	-3.92	24.54
屏東縣	841,253	25.31	212,936	812,658	23.11	187,796	-3.40	-11.81
臺東縣	222,452	19.81	44,076	215,261	20.55	44,239	-3.23	0.37
花蓮縣	331,945	32.39	107,503	324,372	34.23	111,048	-2.28	3.30
澎湖縣*	102,304	5.23	5,354	105,952	9.48	10,042	-	-
基隆市	372,105	7.68	28,566	367,577	12.50	45,964	-1.22	60.90
新竹市	434,060	34.54	149,943	451,412	30.28	136,692	4.00	-8.84
嘉義市	270,366	6.95	18,791	266,005	9.11	24,240	-1.61	29.00
金門縣*	132,799	11.58	15,381	140,597	16.51	23,208	-	-
連江縣*	12,547	3.71	466	13,279	15.97	2,121	-	-
地區								
客家重點區	3,456,609	56.24	1,944,071	3,526,440	54.14	1,909,301	2.02	-1.79
非重點區	20,035,465	12.94	2,592,722	20,034,796	13.78	2,759,891	0.00	6.45

資料來源：客家委員會（2022）。

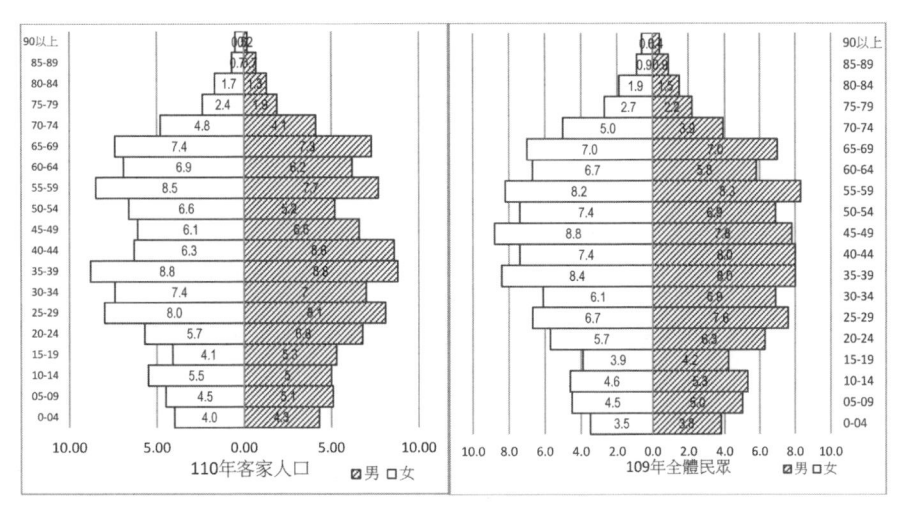

圖 1：客家人口與臺灣全體民眾人口金字塔圖比較

資料來源：客家委員會（2022）。

　　圖 1 顯示「110 年全國客家人口暨語言基礎資料調查研究」中的客家人口與全體民眾人口金字塔圖比較。從圖中可以觀察到，客家文化重點發展地區的性別比例為 105.34，顯示男性數量高於女性；相對之下，全國性別比例為 94.98，則顯示女性人數多於男性。此外，兩者的人口金字塔皆呈現已開發國家常見的盾形模型，表現出人口結構中較高的中年與老年人口比例。

　　然而，特別值得注意的是，全國範圍內 40 至 54 歲的女性青壯年人口數量明顯少於客家文化重點發展地區。這可能反映了不同地區內人口遷徙模式、就業機會分布以及生活需求等因素的差異，對於客家文化發展與族群人口結構也有著重要的影響。

參、數位工具應用於人口研究

　　臺灣學術界對數位科技在人文研究中的應用，自 1970 年代至 1980 年代中期經歷了從摸索到整合的過程。隨著電腦的普及，越來越多研究者、學者專家

和機構開始思考如何將電腦技術運用於人文研究和教學中，探索其帶來的影響和可能性（項潔、翁稷安，2011）。自1990年代以來，數位人文成為國際及臺灣廣受矚目的新興研究領域（項潔、陳麗華，2014）。隨著資訊技術的進步，各類史料文本的數位化工作逐步完成，使用資訊技術進行史料文本分析的研究也日益增加（李俊澔，2016）。數位人文研究至少具有三個與傳統研究不同的特點：第一，其資料量更為龐大；第二，它並非單純依賴計算能力來解決所有人文問題，而是強調與人文思維的交互作用；第三，它重視資料的開放性與分享性，致力於降低進入門檻，擴大研究影響力（項潔、涂豐恩，2011）。因此，數位方法使國內人文研究者得以處理龐大的文獻和資料，進行更具宏觀視角的研究，這種結合數位科技與人文研究的趨勢展現出推廣應用的前景（金觀濤、邱偉雲、劉昭麟，2012）。

今日新傳播媒體和呈現技術與元資料（Meta Data）觀念及地理資訊空間分析方法迅速發展，資訊累積呈指數成長，人類世界進入了一個嶄新的大數據（Big Data）時代（鄭文惠，2014：169）。因此，數位工具改變的不只是學者研究的方法，也改善了整體的學術環境的傳遞、溝通和交換知識的方式（項潔、涂豐恩，2011：22）。「手機信令資料」作為一種嶄新的數位研究工具，為大數據應用和大規模資訊處理提供了新的視野。所謂「手機信令資料」，是指手機在開機時，手機基地台會為確認手機是否在其涵蓋範圍內，傳送電信協議至手機，手機也會回傳協議以確認其正常開啟與通訊狀況（即確認其位置）。當手機移動時，為尋找更強的電信訊號，會連接至鄰近的基地台，並產生新的信令；手機在關機時也會發出訊息，記錄其狀態變化。

根據王晉元等人（2019）的研究指出，手機信令資料在旅次行為研究中的應用與傳統田野調查或普查結果有高度相關性。同時，手機信令資料的應用不僅能節省成本與人力，還具備更高的效率，為人類行為與流動研究提供了一種快速而有效的途徑。這些特性使得信令資料成為進行大規模數據分析與行為模式研究的重要工具。手機信令資料處理系統概念如圖2所示，本研究中將系統區分為四個模組：模組A為手機信令數據處理模組（Cellular Probe Data Preprocessing Module）；模組B為基於網格的數據轉換與整合模組；模組C為

基於人類旅次鏈結（Trip-Chain）的日常軌跡推斷模組；模組 D 為基於機器學習的在線人流預測模組（Chen 等人，2019）。信令資料與個人手機定位不同，其精準度隨停留時間長短變化，範圍約在 35 米至 250 米之間。國內行動通信服務會將手機門號持有人、門號以及精確地址刪除，使所取得的數據在空間上以 35 米乘 35 米或 250 米乘 250 米的網格呈現，網格內包含 MSI（Mobile Signal Information）移動信令資訊屬性資料。

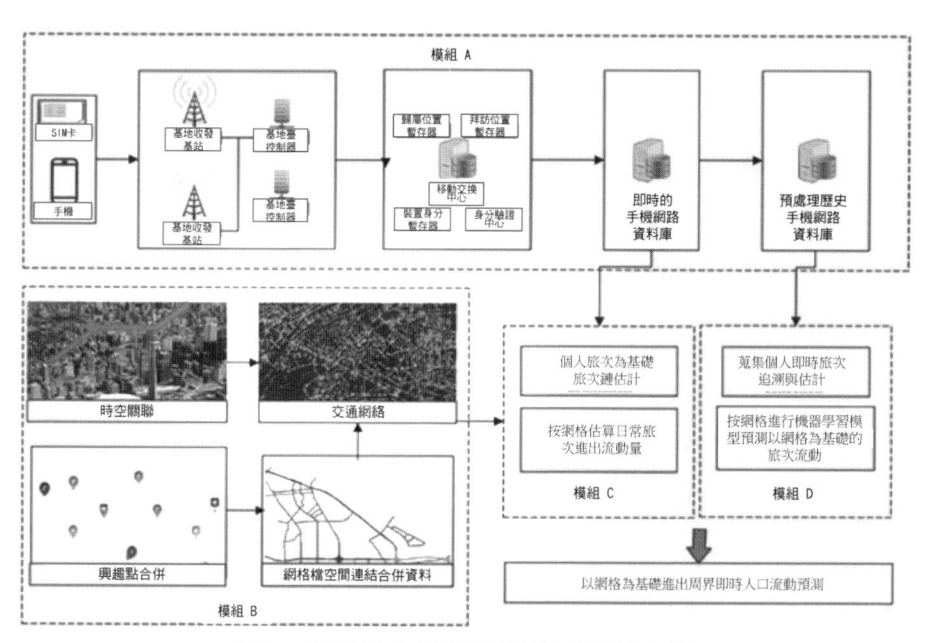

圖 2：電信信令人流預測系統的系統架構

資料來源：Chen 等人（2019）。

個人旅次的目的、起訖判斷主要通過信令資料的空間使用情境、停留時段及停留長短來推斷，例如家庭－工作、家庭－就學或家庭－購物等旅次起訖及目的地。信令資料每 15 分鐘（或 10 分鐘）記錄一次停留點，進而每小時可判斷出用戶在特定網格中的停留目的、旅次路徑或旅次起訖點。結合地理資訊系統（GIS）圖資與手機熱點網格資料，可進一步界定用戶的活動範圍是否跨界或局限於特定區域內（如圖 3 所示）。這些信令資料內容包括手機使用者（申

請者）的年齡層、居住地（細至村里）、旅次的起訖點、旅次可能的目的（需配合土地使用資料進行判斷）、旅次發生時間及旅行時長。信令資料的精度範圍約為35公尺至200公尺。為保障個資安全，信令資料在取得時會將姓名等敏感信息刪除，僅提供無法辨識身分的ID編號。此外，在同一網格內，若筆數小於4筆的資料會被整併至鄰近網格。個人連續旅次若在停滯時間超過5分鐘，會被標記為斷點，無法辨識同一個人完整且連續的行為。信令資料範圍內的信息屬於網絡數據，超出範圍則以鄉鎮碼表示，因此沒有個人資安問題。

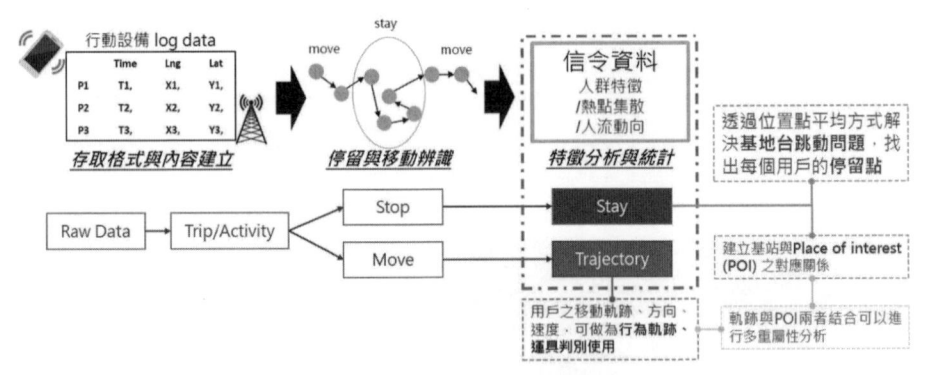

圖3：信令資料旅次處理流程

資料來源：周易陵、陳則銘、鄭書恒（2020）。

　　手機信令資料在國內、外的學術研究中已相當成熟。國內應用手機信令資料的學術研究者，主要集中在大眾運輸路網規劃、公共運輸和觀光旅次推估等領域，其中部分成果已被實務界應用於大眾運輸規劃。例如還有洪琮博（2017）為驗證其交通分區起迄量的模式推估，應用信令資料於臺北都會區整體運輸需求預測模式。王晉元等人（2019）運用資料探勘方法分析花蓮地區觀光旅客的手機信令資料，比較潛在公共運輸旅客的觀光旅次需求樣態，並針對現有兩條「臺灣好行」路線找出服務缺口，提出改善建議。陳逸淞、陳玫穎和施多加（2019）運用電信大數據於觀光和交通領域的研究，取得了良好的成效，包括高效且高精度地統計大範圍遊憩據點的人數、策略規劃與旅客需求驗證、掌握旅客的遊憩偏好及趨勢變化、追蹤旅客乘載運具及中長程軌跡路線，

並優化公共運輸路線。周易陵、陳則銘和鄭書恒（2020）利用手機基地台蒐集的手機用戶電信協調資料，轉化為用戶的全天旅次行為鏈，根據用戶移動特徵（如移動速度、距離和停留時間）判斷其旅次活動及移動行為，並結合重要活動地點的特徵（如家庭地點、工作地點和遊憩據點）進一步分析旅次行為。

　　國外的研究方向主要集中在特定地區的活動人口或其旅次行為的研究。例如，Jiang 等人（2013）應用三角測量的手機信號數據，根據信號強度估計用戶位置和時間，並結合日常活動的旅行鏈與旅次調查，藉由土地使用與個人周圍目的地進行旅行目的推斷。Metulini 和 Carpita（2019）透過手機進行地理定位，並通過數據連結空間記錄和行政檔案，進行居民人數統計。Carpita 和 Simonetto（2014）從手機信號中提取地理參考信息，監控位於米蘭附近城市布雷西亞的大型社交活動，證明對市政規劃有顯著助益。Chen 等人（2019）研究應用手機信令資料進行大型城市網絡的動態人流預測系統。Miah 等人（2017）使用地理標記的社交媒體照片，應用大數據分析預測特定目的地的遊客行為模式。Metulini 和 Carpita（2021）在智慧城市評估的背景下，利用手機信令資料探討人口普查數據與實際居民數據的匹配，並通過定向梯度直方圖技術和數據匹配進行城市用戶分析。

　　綜上所述，數位研究在學術研究中已成為一種新的趨勢，特別是大數據分析的應用，歷史學家和文學研究者藉助數位工具，深入分析大量史料和古籍，增強社會科學與其他學科間在研究方法及技術上的交流。其中，手機信令資料在解釋個體行為的空間活動特性中，主要應用於旅次行為解釋、運輸工具的使用頻率、旅次的尖離峰分布。然而，目前尚無手機信令資料在臺灣人口推估與人口遷徙的大數據分析，以及客家研究相關的應用。

肆、信令資料推估客家人口與預測

　　為了探討手機電信信令資料應用在客家人口推估與預測中的優劣，本研究將分為三個部分進行說明。首先，探討應用手機電信信令資料檢驗客家人口

推估的準確性。其次，說明如何結合手機電信信令資料與世代生存法（Cohort-Survival Model）以預測未來客家人口的規模與結構。最後，展示手機信令資料應用於客家人口活動特性的潛在研究方向與可能性。

一、應用電信信令資料檢驗客家人口

依據國家傳播委員會2020年底的統計，全臺通信用戶數已達2,929萬戶，幾乎達到人手一機的程度。其中，中華電信的門號用戶數占全臺的35.94%，位居首位；臺灣大哥大的用戶數占比為24.33%；遠傳通信則以24.14%排名第三，這三家行動通信業者共占全臺市場的84.4%（內政部統計處，2021: 20）。目前這三大行動通信商均提供信令資料販售服務，國內的社會經濟資料服務平台也提供類似的數據服務。本研究使用上述2020年社會經濟資料服務平台提供的手機信令資料，替代2021年度全國客家人口暨語言基礎資料調查中的各行政區（鄉鎮）人口總數（設籍或常住人口），作為客家人口推估的依據。

表2顯示本研究利用2020年社會經濟資料服務平台的手機信令資料，推估客家文化重點發展地區（按縣市別）的平日及假日活動人口。研究發現，桃園市、新竹縣、新竹市等工業化就業機會充裕地區（如新竹科學園區）的日間活動人口（包括就業人口）和夜間活動人口（常住人口）均高於設籍人口；相對地，苗栗縣、南投縣、雲林縣、屏東縣及臺東縣等以農業發展為主的縣市，其日夜間活動人口均低於設籍人口。此外，2011年縣市合併後的高雄市、臺南市及臺中市，其客家文化重點發展地區（鄉鎮）大多以農業發展為主，日夜間活動人口也普遍低於設籍人口。

表2：客家文化重點發展地區以信令資料推估縣市別平日暨假日活動人口

縣市	設籍人口	平日活動人口				假日活動人口			
		日間	夜間	日間與設籍人口比	夜間與設籍人口比	日間	夜間	日間與設籍人口比	夜間與設籍人口比
桃園市	1,258,548	1,363,132	1,355,348	108.31	107.69	1,371,629	1,354,985	108.99	107.66
新竹縣	556,642	660,276	647,175	118.62	116.26	646,159	644,291	116.08	115.75
新竹市	298,800	453,245	399,431	151.69	133.68	402,531	388,310	134.72	129.96
苗栗縣	542,590	485,569	505,464	89.49	93.16	522,949	519,931	96.38	95.82
南投縣	34,945	24,225	24,386	69.32	69.78	30,430	27,344	87.08	78.25
臺中市	264,765	216,134	232,791	81.63	87.92	252,383	242,324	95.32	91.52
雲林縣	23,784	17,200	19,631	72.32	82.54	20,196	20,174	84.91	84.82
花蓮縣	271,522	270,886	275,687	99.77	101.53	278,995	286,190	102.75	105.40
臺東縣	24,094	18,961	18,879	78.70	78.36	20,278	20,489	84.16	85.04
屏東縣	182,330	162,033	168,055	88.87	92.17	174,542	171,906	95.73	94.28
高雄市	68,420	39,456	41,678	57.67	60.91	51,345	47,290	75.04	69.12
總計	3,526,440	3,711,117	3,688,525	105.24	104.60	3,771,437	3,723,234	106.95	105.58

資料來源：2020年社會經濟資料服務平台。

利用手機信令資料推估客家文化重點發展地區（鄉鎮市區）並分析其平日與假日的活動人口特性，如圖4所示，發現桃竹苗地區的客家文化重點發展區域內，客家人口多集中於國道沿線的鄉鎮，這些地區的日間與夜間活動人口均高於設籍人口，桃園市、新竹市尤為明顯。其中，臺中市和平區因為擁有大雪山國家森林遊憩區與雪霸國家公園，已成為重要的休閒遊憩地區，並吸引眾多餐飲和住宿從業人員。相比之下，南部六堆客家地區中，除內埔鄉（設有工業區和大專院校）及長治鄉（設有農業生物科學園區）外，大多數客家鄉鎮的日間與夜間活動人口均低於設籍人口。

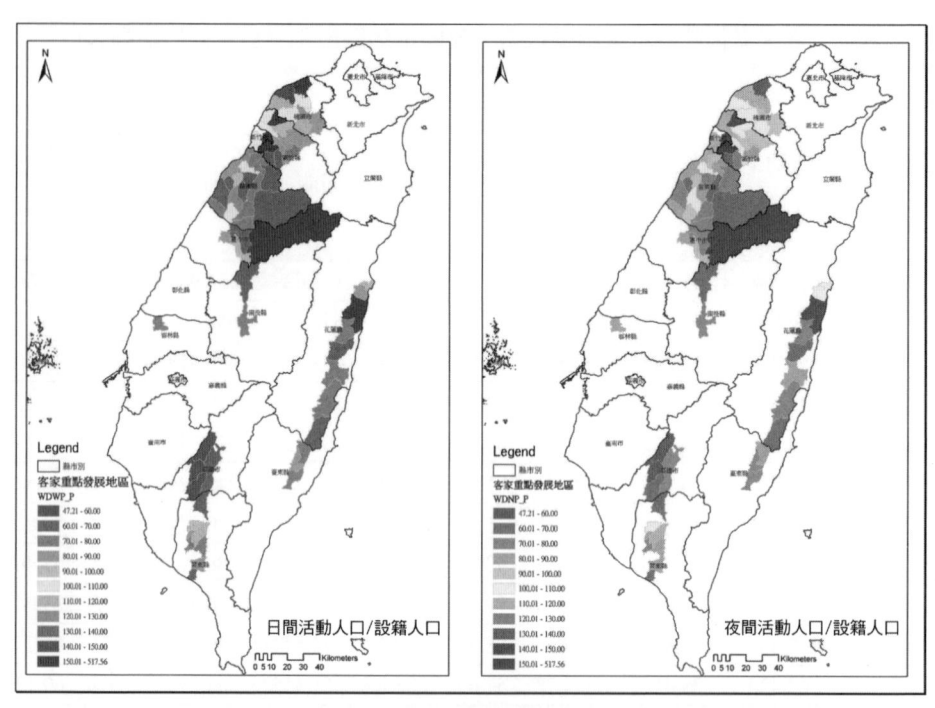

圖4：信令資料推估客家文化重點發展鄉鎮市區別平日暨假日活動人口

資料來源：2020年社會經濟資料服務平台。

　　本研究旨在運用電信信令資料改善「110年全國客家人口暨語言基礎資料調查研究」以「戶籍人口」與「常住人口」為調查基礎的方法，重新推估客家人口結構，並解決資料取得不易的問題。因此，本研究使用2020年臺灣手機信令資料，取代110年度調查中使用的設籍人口數據。研究結果顯示，以設籍人口與常住人口的推估方法，相較信令資料推估結果（4,823,705人），實際低估了全國客家人口數約154,513人，全國客家人口比例可能被低估約0.656%，全國客家人口占全國人口總數應為20.473%。此外，調查成果對多數鄉鎮高估了其常住人口數，如桃園市八德區、苗栗縣南庄鄉、苗栗縣卓蘭鎮、高雄市美濃區及屏東縣麟洛鄉等地，這些地區的常住人口明顯高於於設籍人口，對照信令資料顯示出實際居住人口明顯低於全國客家人口暨語言基礎資料調查研究數據。同時，部分鄉鎮如桃園市中壢區、新竹市東區等地，卻被低

估了其常住人口，相反地，信令資料顯示實際居住人口高於調查報告中的數據（如表3、圖5所示）。

表3：各縣市設籍人口總數、推估常住客家人口與排名

縣市別	設籍總人口數（千人）	原調查計畫推估客家設籍人口 人口數（千人）	原調查計畫推估客家設籍人口 佔設籍總人口百分比(%)	原調查計畫推估客家設籍人口 客家人口百分比排名	信令資料推估客家常住人口 人口數（千人）	信令資料推估客家常住人口 佔設籍總人口百分比(%)	信令資料推估客家常住人口 客家人口百分比排名	設籍客家人口與客家常住人口數差（千人）	設籍客家人口與客家常住人口數差百分比(%)
新竹縣	570.8	387.2	67.84	1	445.5	78.06	1	58.35	10.22
苗栗縣	542.6	339.3	62.53	2	311.4	57.39	2	-27.89	-5.14
桃園市	2,268.8	905.3	39.90	3	979.2	43.16	3	73.87	3.26
花蓮縣	324.4	111.3	34.31	4	111.3	34.31	5	-0.02	-0.01
新竹市	**451.4**	**136.7**	**30.28**	**5**	**170.5**	**37.77**	**4**	**33.81**	**7.49**
屏東縣	812.7	188.0	23.13	6	171.0	21.05	6	-16.96	-2.09
臺東縣	215.3	44.3	20.58	7	40.1	18.63	8	-4.19	-1.95
臺中市	2,820.8	492.9	17.47	8	523.0	18.54	9	30.14	1.07
臺北市	2,602.4	453.8	17.44	9	488.3	18.76	7	34.49	1.33
新北市	4,031.0	672.2	16.68	10	734.7	18.23	10	62.49	1.55
金門縣	140.6	23.2	16.50	11	16.2	11.52	14	-7.00	-4.98
連江縣	13.3	2.1	15.81	12	2.0	15.05	11	-0.10	-0.77
高雄市	2,765.9	407.4	14.73	13	365.5	13.21	12	-41.94	-1.52
基隆市	367.6	45.9	12.49	14	43.9	11.95	13	-1.99	-0.54
南投縣	490.8	60.4	12.31	15	49.7	10.12	15	-10.73	-2.19
澎湖縣	106.0	10.0	9.44	16	6.7	6.31	22	-3.31	-3.13
嘉義市	266.0	24.3	9.14	17	23.6	8.86	16	-0.74	-0.28
雲林縣	676.9	57.5	8.49	18	48.7	7.19	20	-8.81	-1.30
嘉義縣	499.5	41.5	8.31	19	38.4	7.68	17	-3.12	-0.63
彰化縣	1,266.7	99.4	7.85	20	83.7	6.61	21	-15.66	-1.24
宜蘭縣	453.1	34.6	7.64	21	33.5	7.39	18	-1.11	-0.25
臺南市	**1,874.9**	**132.5**	**7.07**	**22**	**136.8**	**7.30**	**19**	**4.34**	**0.23**
總計	23,561.2	4,669.8	19.82	7-8	4,823.7	20.47	6-7	153.91	0.65

資料來源：本研究整理自客家委員會（2022），「110年全國客家人口暨語言基礎資料調查研究」與社會經濟資訊平台信令資料推估客家常住人口。

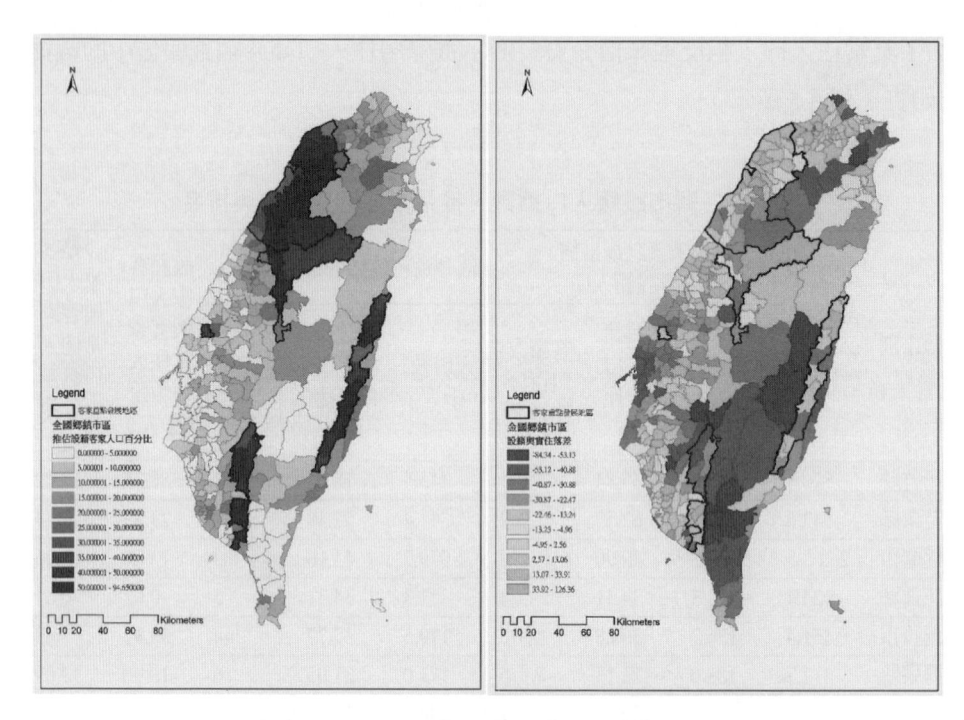

圖 5：客家人口分布與實住暨設籍人口相差比例分布圖

註：本研究依 110 全國客家人口暨語言基礎調查，及社會經濟資訊平台信令資料推估實住人口。

二、應用電信信令資料預測未來客家人口

　　為了有效推估並預測未來客家人口的發展趨勢，本研究採用世代生存法進行分析，並針對 105 年與 110 年全國客家人口暨語言基礎資料調查的成果，將手機電信信令資料替代設籍人口作為推估的基礎。進一步加權推估以性別、年齡層等變數為基礎，藉此預測未來全國客家人口的規模與特性。世代生存法是一種廣泛用於預測未來人口數量及其年齡、性別結構的方法。其核心在於將人口依性別與年齡分組，並對每一組別應用不同的死亡率，以推算各期末的殘存人數。根據辛晚教（2011）指出世代生存法的基本運算過程如下：

　　首先，根據最新的人口普查資料，將各年齡層的人口數據按性別分開排

列。接著，將第一年推算的男女別人口數，依據各年齡組別的淨遷移數（增加或減少）進行調整。接下來，對於生育年齡組別的婦女（15至49歲），[1]應用適當的特殊生育率，以推算初生嬰兒的男女比例。[2] 隨後，再根據初生嬰兒的死亡率（第一年零歲）[3] 進行調整，並將調整後的數字記入人口表中相應的位置。

接下來，需考量男女別各年齡組別的特殊死亡率（或生存率），計算出第二年存活的人數。此過程將一再重複，直到達到預測目標年份為止。在各時期的預測中可針對出生、死亡及遷移變動進行適時調整。依據人口平衡公式，透過單一年齡組別，分別推算出未來各年齡的男性和女性人數：

P(t+1)=P(t)+B(t)-D(t)+I(t)-E(t)

其中：P(t) 為第 t 年的人口數 (Population)

　　　B(t) 為第 t 年的出生數 (Birth)

　　　D(t) 為第 t 年的死亡數 (Death)

　　　I(t) 為第 t 年的遷入數 (Immigrant)

　　　E(t) 為第 t 年的遷出數 (Emmigrant)

　　　I(t)-E(t) 為第 t 年的淨遷入數

相關之假設及推算方法如下：

1. 淨遷入數（社會增加數）：假設未來各推計年之人口社會增加情形與近5年相同，故以近5年淨遷入數之平均數作為推計淨遷入數。
2. 0歲人口：第 t 年 0 歲人口數，等於第 t 年出生數，乘以第 t 年 0 歲人口存活機率，再加上 t 年 0 歲淨遷入數。其中存活機率即 1- 死亡機率。

---

[1] 育齡婦女之年齡別生育率：https://www.gender.ey.gov.tw/gecdb/Stat_Statistics_Query.aspx?sn=oU!HOo1yoZeHB!VaZscktA%40%40&statsn=y4gHUSwfSIWnfuGpuOpeoA%40%40

[2] 嬰兒與孕產婦死亡數及死亡率歷年死亡概況：https://www.gender.ey.gov.tw/gecdb/Stat_Statistics_DetailData.aspx?sn=ia2ScWogSyRsdiBVhIhrbQ%40%40

[3] 男性女性各年齡層死亡率：https://www.gender.ey.gov.tw/gecdb/Stat_Statistics_DetailData.aspx?sn=2OnLyivNNrOXpCX4Y%2475tQ%40%40

3. 1 至 99 歲人口：第 t 年 x 歲人口數，等於第（t-1）年（x-1）歲人口數，乘以第 t 年 x 歲人口存活機率，再加上第 t 年 x 歲淨遷入數。
4. 100 歲以上人口：第 t 年 100 歲以上人口數，等於第（t-1）年 99 歲以上人口數，乘以第 t 年 99 歲以上人口存活機率，再加上第 t 年 99 歲以上人口淨遷入數。

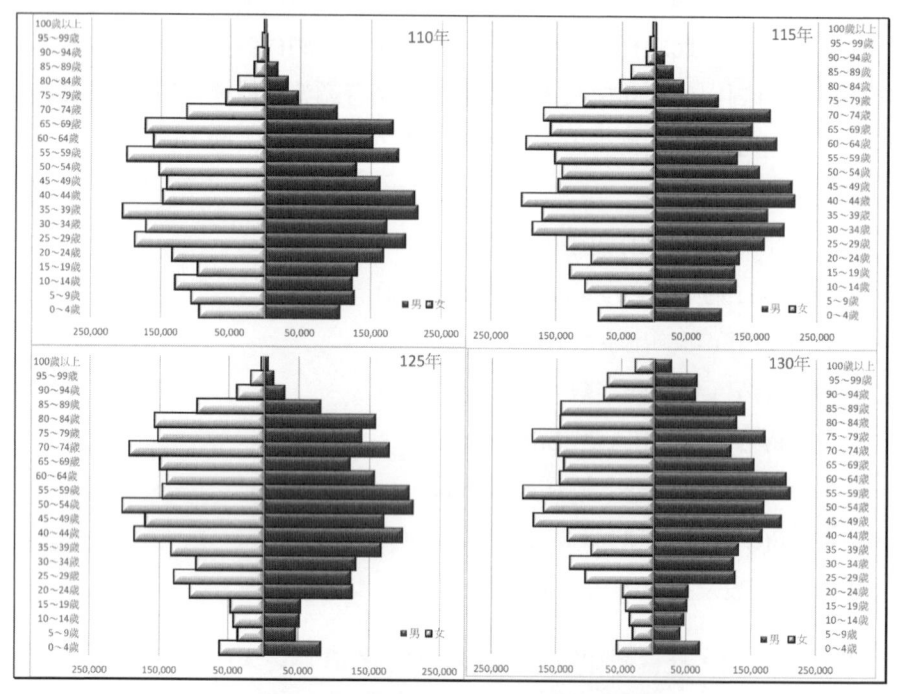

圖 6：臺灣客家人口金字塔與預測

資料來源：本研究預測繪製。

　　本研究應用世代生存法（Cohort-Survival Model）推估全國客家人口年齡結構，研究結果發現，110 年（2021 年）全國客家人口金字塔呈菱形（盾形），人口扶養比為 44.35%、65 歲以上人口為 16.45%、老化指數為 1.16；2041 年（民國 130 年），全國客家人口數降為 4,645,943 人，人口扶養比為 70.68%、65 歲以上人口為 34.75%、老化指數為 5.68，戰後嬰兒潮及二次嬰兒

潮大量退休結果，人口字金字塔已呈倒三角形的似乎不可逆的年齡結構（如圖6、表4）。如以全國客家人口三大年齡層區分（如圖7），65 歲以上客家人口自 105 年後已高於幼年人口（0~14 歲），表4的老化指數也呈現相同的結果，預計 141 年後，勞動人口（15~64 歲）將低於老年人口（65 歲以上），亦即一個勞動人口要照顧至少一個老年人口如表 4 扶老比。

表 4：臺灣客家人口消長預測與人口指標（中推估人口情境）

項目／年份	110 年 2021	115 年 2026	120 年 2031	125 年 2036	130 年 2041	135 年 2046	140 年 2051
全國客家人口數	4,823,705	4,846,977	4,829,682	4,763,163	4,645,943	4,452,491	4,183,213
14 歲以下幼年人口比	14.21	10.73	7.47	6.76	6.12	5.48	4.74
15~64 歲壯年人口比	69.12	67.24	64.04	60.93	57.81	54.06	49.23
65 歲以上老年人口比	16.45	21.73	28.02	31.43	34.75	37.87	41.43
性比例 [4]	105.34	105.59	105.77	105.79	105.66	105.81	105.97
老年人口性比例	93.00	93.35	92.05	89.40	91.75	98.74	98.84
扶老比 [5]	23.80	32.32	43.75	51.58	60.11	70.04	84.15
扶養比 [6]	44.35	48.28	55.41	62.68	70.68	80.18	93.77
老化指數 [7]	1.16	2.03	3.75	4.65	5.68	6.91	8.74

資料來源：本研究預測暨整理。

---

[4] 性比例＝（男性人口數／女性人口數）×100，即每 100 個女性人口相對男性人口數。
[5] 扶老比＝（老年人口數／工作人口數）×100，即每 100 個工作人口相對老年人口數。
[6] 扶養比＝（14 歲以下及 65 歲以上人口／15~64 歲）×100，即每 100 位青壯年人口所扶養幼年及老年人口的比例。
[7] 老化指數＝（老年人口數／幼年人口數）×100，即每 100 個幼年人口相對老年人口數。

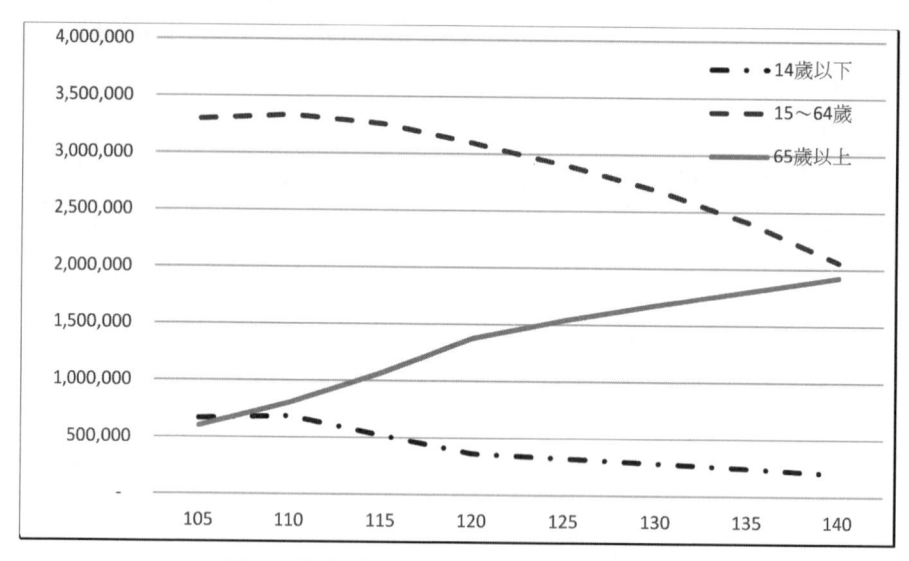

图7：臺灣客家人口三大年齡層消長預測

資料來源：本研究預測暨整理。

　　接著，本研究應用105年與110年進行臺灣客家人口未來消長預測，並按嬰兒出生率為基礎，按目前嬰兒出生率作為基礎為中推估人口情境、嬰兒出生率1.2倍為高推估人口情境，以及嬰兒出生率0.8倍為低推估人口情境。臺灣客家人口不同情境下消長預測如圖8所示，臺灣客家人口不論高推估人口情境或中推估情境，客家人口已呈不斷消減趨勢，較高的嬰兒出生率也無法改變人口快速老化的事實。按中推估人口情境，臺灣客家人口由110年（2021年）482.37萬降到130年（2041年）的460.17萬人口，140年（2051年）為401.98萬人。

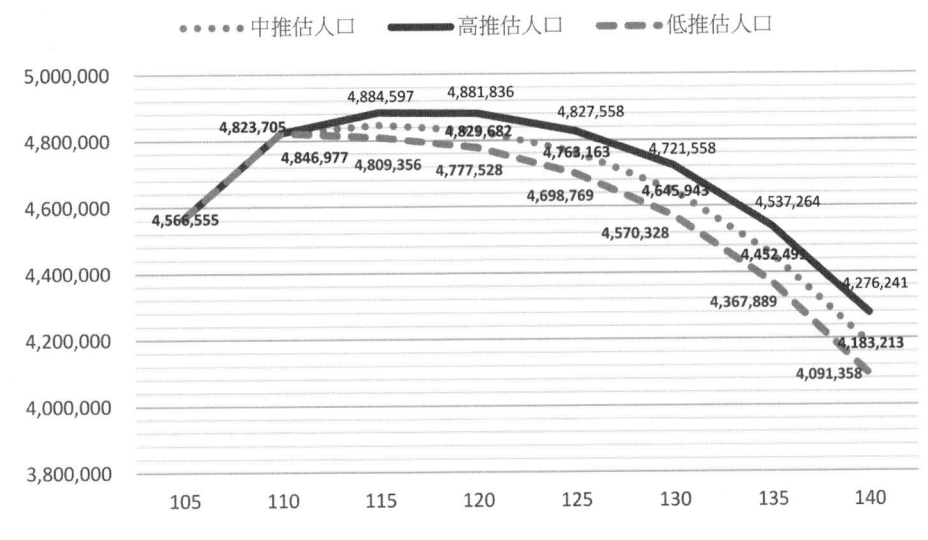

圖8：臺灣客家人口不同人口情境消長預測

資料來源：本研究預測暨整理。

三、應用電信信令資料預測未來客家人口

本研究應用 2020 年 5 月至 6 月交通部運輸研究所進行的「南臺區域整體運輸規劃系列研究（1/2）－旅次特性調查分析」資料庫（使用遠傳電信信令資料），以及客家委員會獎助本研究於 2023 年 3 月與 8 月購買的遠傳電信信令資料作為分析依據。主要目的是說明手機電信信令資料潛在研究可能與方向。

（一）手機電信信令資料的準確性

為確認手機信令資料與現實人口旅次特性是否具一定的一致性與可信性，本研究以 2023 年 3 月及 2023 年 8 月份的手機電信資料為研究的基礎。透過與交通部觀光署六堆客家文化園區遊客人次統計資料進行比對，六堆客家文化園區遊客計算採停車數推估（如表 5），如與電信信令資料比對，統計人次略有落差，實務上屬可接受的範圍，可判斷手機信令資料與實際旅次具有一定的可信度。

表 5：2023 年國內主要觀光遊憩據點遊客人數統計（六堆客家文化園區）

縣市	觀光遊憩區	112年1月至12月主要觀光遊憩據點遊客人次累計表												遊客人次計算方式
		1月	2月	3月	4月	5月	6月	7月	8月	9月	10月	11月	12月	
屏東縣	六堆客家文化園區	110,415	52,889	49,295	65,028	52,970	53,360	55,514	40,171	38,353	68,807	70,853	56,058	停車數

資料來源：交通部觀光署－觀光資訊網。

表 6：2023 年六堆客文化園區旅客數信令資料與觀光統計資料

年期	區別	平均旅客數	天數	信令資料推估	觀光署統計
2023年3月六堆客家文化園區	平日	1,354	18	24,363	
	假日	3,289	8	26,308	
	總計			50,671	49,295
2023年8月六堆客家文化園區	平日	1,164	18	20,954	
	假日	3,421	8	27,366	
	總計			48,320	40,171

資料來源：本研究繪製。

（二）六堆客家文化園區來園旅次居住地特性分析

　　由表 7 可見，六堆客家文化園區來訪旅客的居住地特性分析結果顯示，屏東縣旅客占比最高，平日約為 79.49%，假日降至 58.19%，但仍為主要客源。其次，假日來自南部區域（不含屏東縣）的旅客比例顯著增至 30.08%，顯示出該區域在假日對外地旅客的吸引力有所提升。此外，來自北部和中部區域的比例在假日亦略有上升。針對平日與假日來園旅客占比最高的屏東縣進一步分析，發現內埔鄉的旅客占 48.96%，為主要來源地，其次為長治鄉與麟洛鄉。而在內埔鄉中，以建興村旅客占比最高，達 63.54%，其次為龍潭村，占 5.37%。這些鄉鎮村落即為六堆文化園區所在及其周邊鄰近的聚落，顯示平日與假日前來園區的旅客多數為園區附近的居民。

第 2 章　大數據資料應用於客家人口推估與預測──一個手機信令資料取向 ｜ 043

表 7：六堆文化園區來園旅客居住地特性分析

區域別	平日 人數	平日 比例	假日 人數	假日 比例
北部區域	93	4.14%	163	5.11%
中部區域	49	2.18%	188	5.90%
花東離島	39	1.73%	23	0.72%
南部區域（不含屏縣）	280	12.46%	959	30.08%
屏東縣	1,787	79.49%	1,855	58.19%
起訖平均	2,248	100.00%	3,188	100.00%

資料來源：本研究繪製。

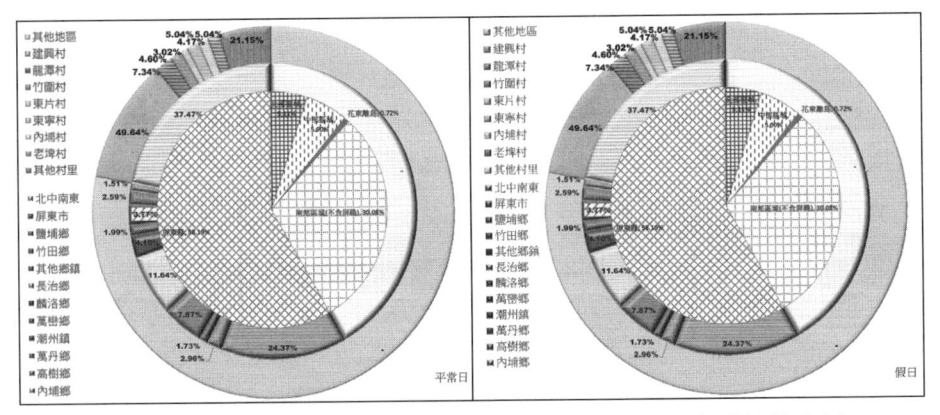

圖 9：六堆文化園區平日、假日六堆文化園區來園旅客居住地分析

資料來源：本研究繪製。

（三）六堆客家文化園區旅客到、離時間特性比較

　　從圖 10 所示，六堆客家文化園區旅客平日與假日的到達與離園時間可見，平日的到達高峰集中於上午 9 點至 10 點之間，之後人數迅速下降，並在中午過後維持較低的人次。相比之下，假日的到達人數明顯高於平日，高峰時間也提前至上午 8 點至 9 點，顯示出大量遊客選擇在這段時間進入園區。此後人數逐漸下降，但仍然保持相對較高的水準，並在下午 2 點至 3 點出現一個小高峰。其次，離園時間方面，平日的離開時間分布較為分散，並未呈現明顯的

高峰，顯示出平日遊客的離開行為相對均勻；而假日的離園行為則較為集中，離園人數約從下午 3 點開始增加，並在下午 6 點達到高峰。

綜合上述情形，假日的遊客人數明顯多於平日，且到達高峰較平日更早且更集中，這可能與家庭出遊或團體旅遊的時間安排有關。平日的到達時間則較為分散，顯示到訪群體可能以自由行或個人旅客為主。假日旅客通常在早晨到達並停留至下午，傍晚時分大量離開；而平日的遊客則顯示出更分散的到達與離園行為，這可能與工作日的行程安排或其他因素相關。

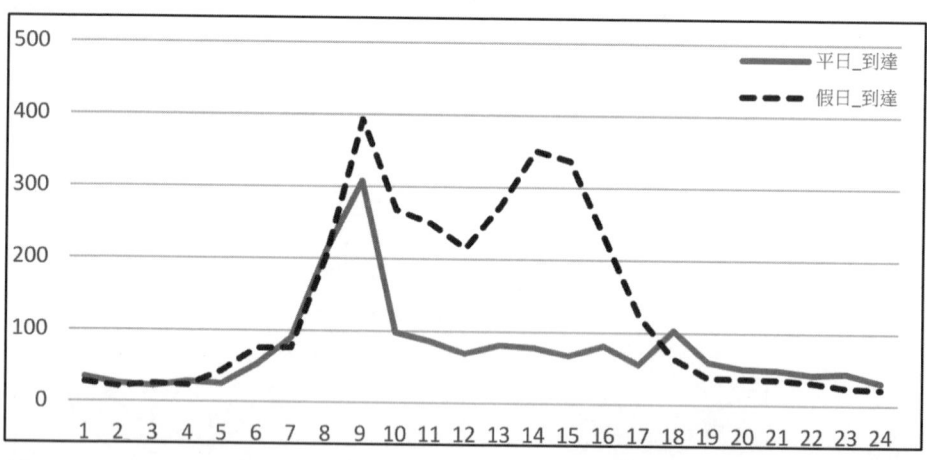

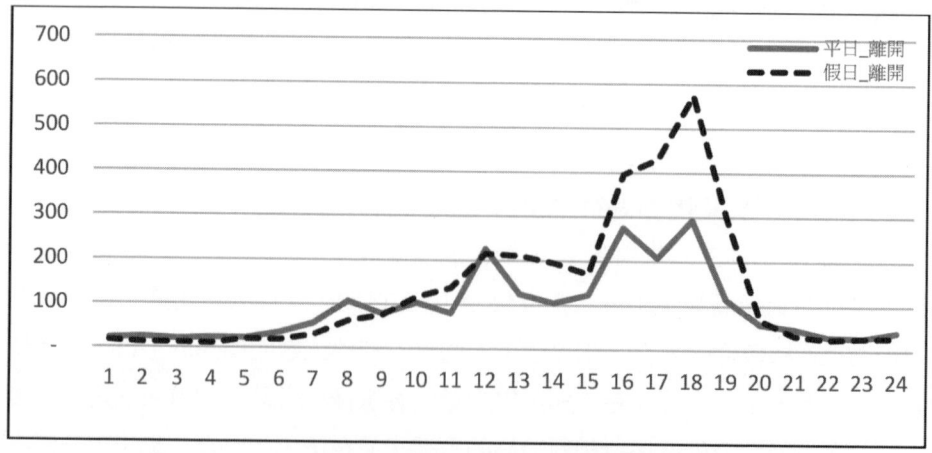

圖 10：六堆文化園區旅客平日與假日到離在園區停留時間

資料來源：交通部運輸研究所（2020）。

（四）六堆客家文化園區內、外熱點特性分析

根據六堆客家文化園區平日與假日旅客熱點分析（圖11）顯示，平日與假日的旅次熱點區域分布存在明顯差異。整體而言，平日的旅次需求主要集中於工業區及學校，表明大部分旅次目的以工作、學習或商務活動為主。相較之下，假日的旅次熱點則集中於六堆文化園區等文化與休閒場所，顯示假日時人們更傾向於進行休閒及觀光活動，充分反映出工作日與休息日旅次目的地和需求的變化。六堆客家文化園區的熱點地區集中於遊客服務中心、噴泉廣場、工藝展示廳、兒童遊戲區、演藝廳以及多媒體展示中心等設施，這些區域吸引了較多旅客，成為園區內的主要活動熱點。

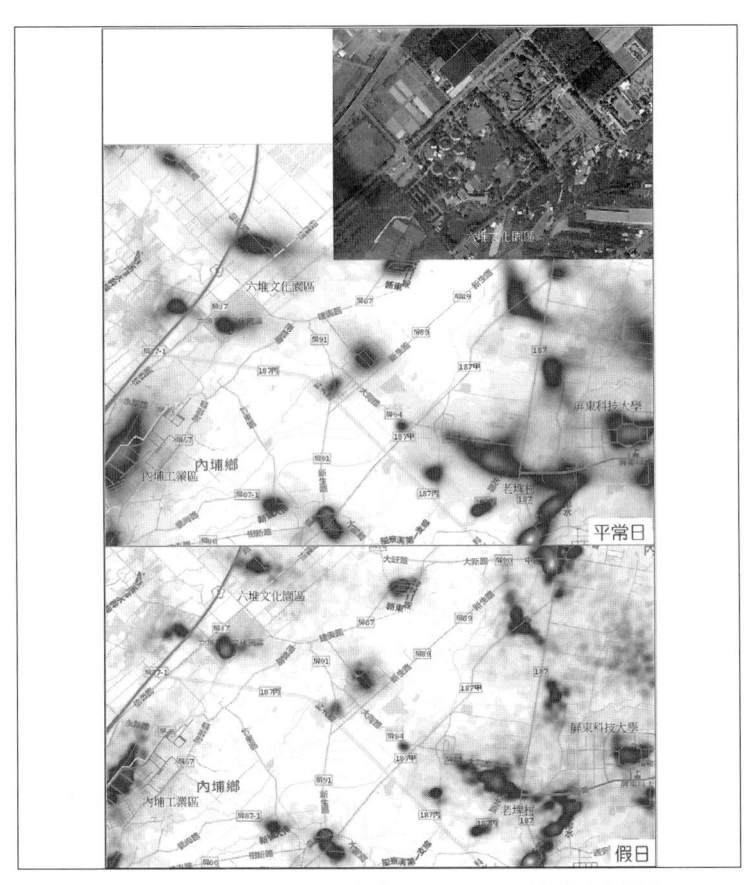

圖11：六堆文化園區旅客平日、假日熱點分析圖

資料來源：本研究繪製。

（五）六堆客庄聚落間人口活動特性

如圖 12 所示，六堆客庄聚落間平日與假日的交通旅次活動特性呈現明顯差異。假日的旅次活動顯著比平日更為活躍，聚落間旅次頻繁的區域集中於內埔鄉，尤其在老埤村的旅次活動更為明顯，部分原因是受屏東科技大學區位影響。高樹鄉與新埤鄉也顯示出明顯的旅次行為。內埔鄉在假日的旅次行為依舊是六堆鄉鎮中最為活躍的，甚至比平日更為頻繁。萬巒鄉的假日旅次行為也有顯著增加，可能是由於豬腳街、萬金聖殿及五溝水等觀光旅遊活動吸引了大量旅客，成為假日旅遊需求增長的主要原因。

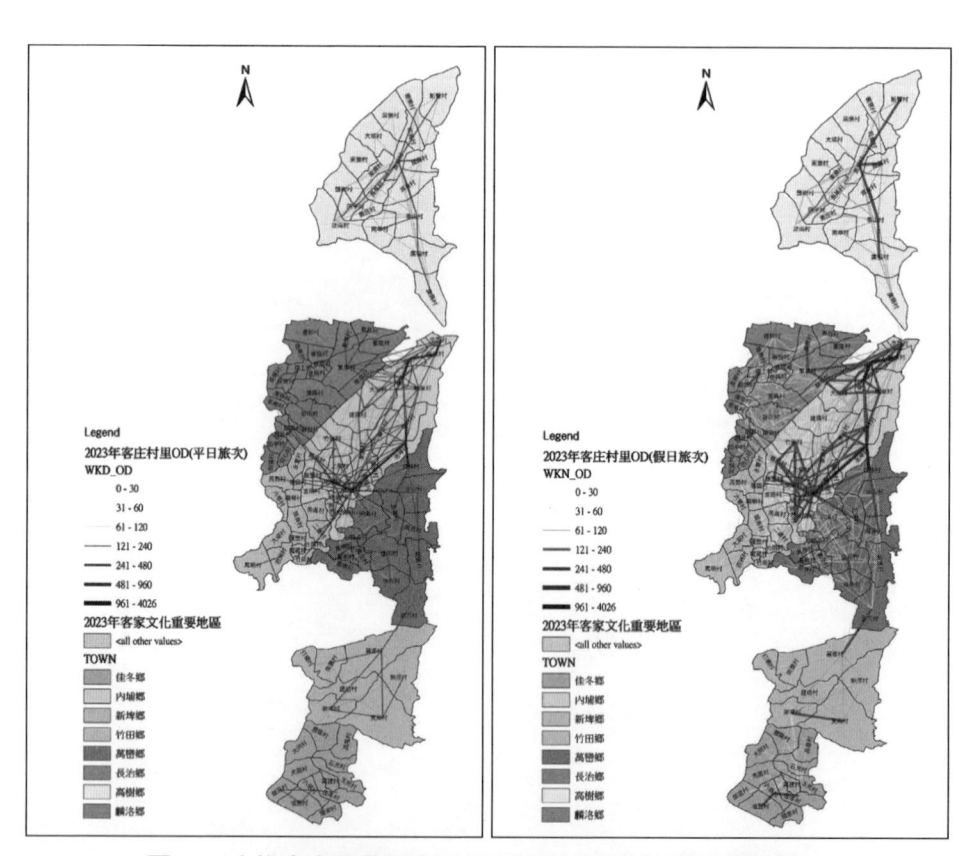

圖 12：六堆客庄聚落間平常日與假日交通旅次起訖活動特性

資料來源：本研究繪製。

伍、結論與建議

　　客家委員會「110 全國客家人口暨語言基礎調查」主要利用設籍統計人口資料作為客家人口調查推估母體，就客家政策研擬與推動之效率而言，以及人口流動及客語使用方面的研究，以「常住人口」推估客家人口比例，皆具有重要的參考價值（客家委員會，2022：224）。然而，常住人口資料取得無法即時、精準下，而過去研究多未以常住人口為推估之基礎。當今大數據研究的時代，數位科技的進步使得資料能夠有效地被轉化為資訊，進而轉化為知識。我們觀察到，大數據的分析與應用不僅提升了學術研究的品質，也有促進教育環境的質變與創新潛能。透過對大數據的精準分析，研究者能夠掌握更全面的洞見，從而推動學術發展邁向跨域交流、創新研究並賦予空間意涵。

　　因此，本研究應用 2020 年臺灣手機信令資料替代 110 年度全國客家人口暨語言基礎資料調查中，作為客家人口推估之依據，應用世代生存法預測未來全國客家人口規模與特性。與傳統人口普查相比，手機信令數據資料的應用確實能更準確地反映客庄人口的實際分布情況。建議客家委員會在未來進行客家人口推估時，可納入電信信令資料為基礎的人口推估方案，這樣不僅可以提升推估的準確度，還能夠反映出客庄地區更真實的流動人口情況，或將電信信令資料與實際居住人口、常住人口以及戶籍人口的數據融合進行綜合性人口推估分析，藉此得出更為精確的推估結果。

　　本研究並利用電信資料進行客庄鄉鎮間的人口互動分析與熱點分析，能夠深入瞭解不同地區的旅客流動和人口分布情況。這不僅有助於客家人口結構的推估，還能為未來的區域規劃、資源分配以及行銷策略提供數據支持，進一步促進客庄文化與經濟的發展。透過這些數據，可以深入分析重要景點或文化園區的旅客流量與尖峰時間，並展現出客庄聚落內外的人口流動與景點旅程路徑。這些細緻的數據分析有助於更好地理解人們的活動模式與旅遊行為，為客庄相關政策規劃、文化推廣及交通設計提供精確的依據。

　　最後，手機電信信令資料大數據應用於學術研究已逐漸成為重要的發展趨勢。然而，手機信令資料的取得成本較高，而且大量電信資料的處理需要先進

的電腦設備。此外，大數據資料操作步驟繁雜且冗長，對於研究者來說，理解和表達這些數據亦具挑戰，運算時間較長，許多研究者難以自行處理這些龐大的資料。為了應對學術研究中面臨的困境，建議客家委員會從研究者的需求出發，著重考量以客家人文研究者為主體的思維，並在研究過程中擴展數位科技的應用。

參考文獻

內政部統計處（2021）。《電信信令人口統計之建置、分析與應用》。台北：內政部統計處。

王晉元、盧宗成、李晟豪、陳其華、吳東凌、陳翔捷（2019）。〈手機信令資料探勘於改善觀光旅客公共運輸服務之研究——以花蓮縣臺灣好行路線為例〉。《運輸計劃》，48（2）：105-131。

交通部運輸研究所（2020）。《南臺區域整體運輸規劃系列研究（1/2）——旅次特性調查分析》。台北：交通部運輸研究所。

李俊澔（2016）。《應用社會網路分析於易經爻辭之文字特徵觀察》。台北：國立政治大學資訊科學系碩士論文。

辛晚教（2011）。《都市及區域計劃》（修訂再版）。台北：詹氏書局發行。

周易陵、陳則銘、鄭書恒（2020）。〈手機信令應用於捷運路網規劃〉。《中興工程》，146：65-71。

金觀濤、邱偉雲、劉昭麟（2012）。〈「共現」詞頻分析及其運用——以「華人」觀念起源為例〉。收錄於項潔等主編，《數位人文要義：尋找類型與軌跡》，頁 141-170。台北：國立臺灣大學出版中心。

客家委員會（2022）。《110 年全國客家人口暨語言基礎資料調查研究》。新北：客家委員會。

洪琮博（2017）。《利用手機信令推估旅運起迄矩陣》。新竹：國立交通大學運輸與物流管理學系學位論文。

張維安、黃美玲、蕭錦炎（2022）。〈臺灣客家人口遷移及其語言遺失〉。《客觀》，2：7-17。

陳逸淞、陳玟穎、施多加（2019）。〈利用電信大數據掌握人潮遊憩與交通行為〉。《台灣當代觀光》，2：1-26。

項潔、涂豐恩（2011）。〈什麼是數位人文〉。收錄於項潔主編，《從保存到創造：開啟數位人文研究》，頁 9-28。台北：國立臺灣大學出版中心。

項潔、翁稷安（2011）。〈數位人文和歷史研究〉。收錄於項潔主編，《數位人文在歷史學研究的應用》，頁 11-20。台北：國立臺灣大學出版中心。

鄭文惠（2014）。〈從人文到數位人文：知識微縮革命與人文研究範式的轉向〉。《人文與社會科學簡訊》，15（4）：169-175。

交通部觀光署觀光統計資料庫。https://stat.taiwan.net.tw/ 。瀏覽日期：2024 年 7 月 2 日。

社會經濟資料服務平台。https://segis.moi.gov.tw/STAT/Web/Platform/QueryInterface/STAT_Signal.aspx 。瀏覽日期：2022 年 8 月 12 日。

客新聞。〈【客家調查系列 2】全國 466.9 萬客家人 較 5 年前增 13.2 萬人〉。https://hakkanews.tw/2022/03/31/hakkas-make-up-19-5-of-the-country-13-2-million-more-than-five-years-ago/（2022/03/31 刊登）。瀏覽日期：2022 年 8 月 12 日。

Carpita, M., & Simonetto, A. (2014). Big data to monitor big social events: Analysing the mobile phone signals in the Brescia smart city. *Electronic Journal of Applied Statistical Analysis: Decision Support Systems and Services Evaluation*, 5(1): 31-41.

Chen, X., Wan, X., Ding, F., Li, Q., McCarthy, C., Cheng, Y., & Ran, B. (2019). Data-driven prediction system of dynamic people-flow in large urban network using cellular probe data. *Journal of Advanced Transportation*, 2019: 1-12.

Jiang, S., Fiore, G. A., Yang, Y., Ferreira Jr, J., Frazzoli, E., & González, M. C. (2013). A review of urban computing for mobile phone traces: Current methods, challenges and opportunities. In *Proceedings of the 2nd ACM SIGKDD international workshop on Urban Computing*, 1-9.

Metulini, R., & Carpita, M. (2019). A strategy for the matching of mobile phone signals with census data. *arXiv preprint arXiv*:1906.11739.

Metulini, R., & Carpita, M. (2021). A spatio-temporal indicator for city users based on mobile phone signals and administrative data. *Social Indicators Research*, 156(2): 761-781.

Miah, S. J., Vu, H. Q., Gammack, J., & McGrath, M. (2017). A big data analytics method for tourist behaviour analysis. *Information & Management*, 54(6): 771-785.

第 3 章
初探客家族群的分裂投票：以 2016 年總統暨立委選舉為例

湯晏甄

壹、前言

　　2016 年總統暨區域立委選舉，民進黨在總統票與區域立委票大勝，長期被視為偏藍的客家族群，此役是否總統與區域立委票也都投給民進黨？抑或出現分裂投票？如果出現分裂投票，究竟原因為何？這是本文的問題意識。客家族群長期被視為北藍南綠（何來美，2008；劉嘉薇，2019），特別是客家人口比例占全國總客家人口近五成的北部客家（桃、竹、苗）更是鐵藍一塊。然而，臺灣自 2008 年立委選制改成單一選區兩票制後，2012 年至 2020 年共舉行三次總統暨立委同時選舉，北部客家的投票情形出現特殊的現象。圖 1 與圖 2 分別呈現這三次選舉，國民黨、民進黨在桃竹苗的得票率，結果顯示，2012 年桃竹苗地區的國民黨總統與區域立委得票率，均高於民進黨。但是，自 2016 年起，國民黨的總統得票率均低於民進黨；然而，國民黨的區域立委得票率，仍然穩定高於民進黨。此似乎意味著，自 2016 年開始，客家人居多的桃竹苗出現分裂投票。申言之，2016 年總統暨立委選舉的特殊性，在於客家族群北藍南綠的長期刻板印象，是不是自 2016 年起出現總統票鬆動，以致出現分裂投票？

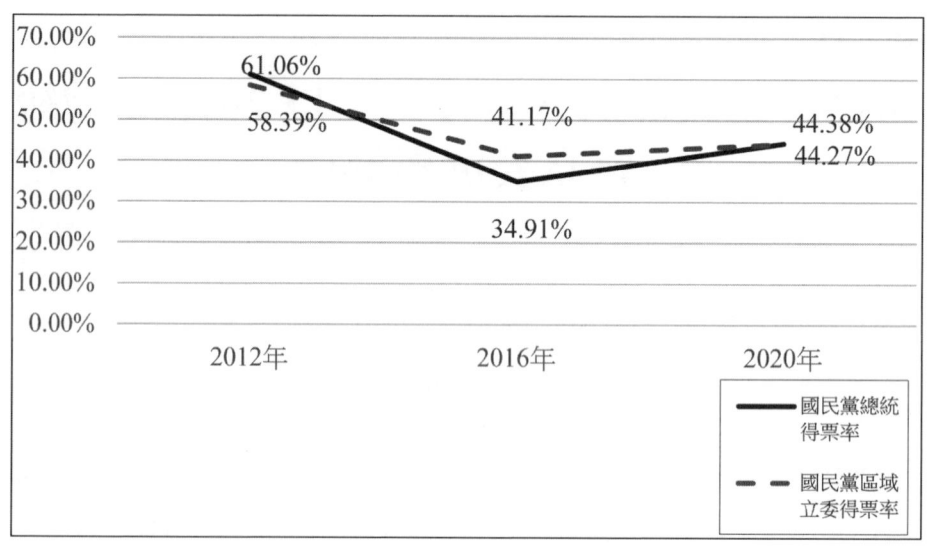

圖1：2012~2020年桃竹苗的國民黨總統暨區域立委得票率

資料來源：中選會選舉資料庫，作者自繪。

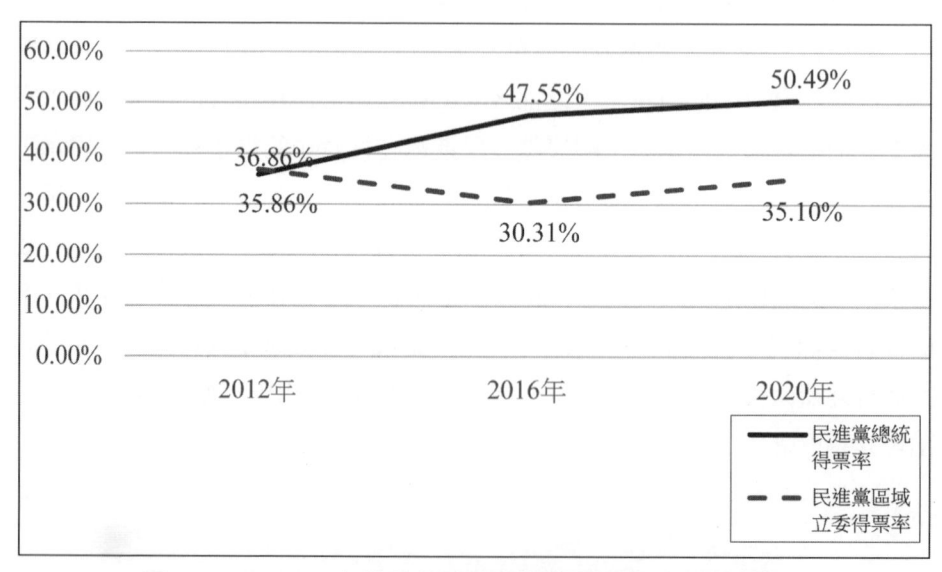

圖2：2012~2020年桃竹苗的民進黨總統暨區域立委得票率

資料來源：中選會選舉資料庫，作者自繪。

在政治實務上，媒體也提出以往偏藍的北部客家出現選票鬆動的變化。2016 年總統暨立委選舉，延續著 2014 年太陽花學運後升溫的國家認同和反中情緒，整體政治氛圍有利於主張「抗中保台」的民進黨。民進黨總統候選人蔡英文氣勢如虹，積極在客家地區拔樁，甚至在這次選戰喊出「決戰桃竹苗」。此役選舉，媒體紛紛報導，客家人居多的桃竹苗地區出現總統立委分裂投票的現象（晏明強，2021；翁珮恒，2016；陳慧萍，2015；楊明峰、陳育賢、陳慶居，2016）。整體而言，2016 年 選舉的政治實務已出現偏藍的客家族群分裂投票的聲音，這是此役在客家族群非常獨特的現象，因此，本文檢視 2016 年的總統暨區域立委選舉，客家選民是否真如實務上所言出現分裂投票？如果有，其原因為何？

　　關於本文的重要性，學界尚未有從族群差異的角度來談分裂投票，而且國內分裂投票相關研究的實證分析模型，均指出省籍對分裂投票沒有統計上的顯著影響（吳重禮、徐英豪、李世宏，2004；林長志，2007；林長志、黃紀，2007；游清鑫，2004）。然而，隨著政治時空背景的遷移，客家族群的分裂投票議題，逐漸受到實務界的重視，特別是在 2016 年選舉，客庄地區也出現部分藍營地方人士表態總統願意支持蔡英文，但區域立委卻不願意跟著倒戈的聲音。因此，從客家族群的角度切入分析，既能夠補足學界上的研究缺口，亦能與政治實務進行對話。

　　鑑此，本文欲檢視數項相關議題。首先，檢視相關文獻，摘述美國政治學界解釋分裂投票的相關理論，分別是「蓄意說」與「非蓄意說」。其次，藉由分裂投票「非蓄意說」相關主張的研究啟發結合我國客家族群的政治特色，分析我國客家族群的分裂投票情形。接續，提出本文的分析架構與研究假設，並根據相關理論設定分析模型，探究 2016 年臺灣總統暨立委選舉，客家族群是否出現分裂投票，並探究其原因。最後，摘述研究發現及其意涵。

貳、分裂投票文獻回顧

一、分裂投票的定義

本文分裂投票的定義，乃依據黃紀（2001：546）的廣義定義，指「選民在 2016 年總統暨立委選舉，總統票與區域立委票都有投票，且把總統票與區域立委票分別投給不同政黨的候選人，或至少有一票投給無黨籍的候選人」。[1] 要說明的是，依據此廣義定義，選民在兩項公職選舉的投票對象均是政黨推出的候選人，因此，從定義上，本文的分裂投票不包括投政黨票的不分區立委。在實務上，選戰競選主軸是在競選總統與區域立委，很少會看到政黨特別針對不分區立委名單作為競選訴求，鑑此，本文的分裂投票不包括不分區立委。

二、分裂投票的原因

關於分裂投票的原因，主要可分成「蓄意說」與「非蓄意說」（吳重禮，2008：30）。「蓄意說」的主張為，選民是有目的的進行分裂投票，目的是要制衡行政機關與立法機關（Alesina & Rosenthal, 1995; Erikson, 1988; Fiorina, 1996; Jacobson, 1990），此種制衡觀與美國憲法強調行政、立法、司法部門各自分權與彼此制衡的理念相符。此外，制衡觀亦受到「認知性麥迪遜主義」

---

[1] 黃紀（2001：546）亦提出分裂投票的狹義定義：「狹義的分裂投票限於兩種公職都有提名的政黨得票，選民若把其中一票投給只提名一項公職的政黨候選人，或至少有一票投給無黨籍候選人者，均不列入分裂投票。」本文採用廣義的分裂投票定義，原因有二：第一，在選舉實務上，由於 2016 年總統選舉有三位總統候選人，分別是國民黨、民進黨，以及親民黨。在區域立委方面，親民黨並非在每個選區都有推出立委候選人，因此，不適用狹義的分裂投票定義。第二，在分析效度的優點方面，根據游清鑫（2004：67）指出：「此廣義內涵雖有灰色地帶，但可納入無黨籍候選人進入選民分裂投票的對象，也可解決因政黨結盟導致某一政黨只在兩類選舉中的一類提出候選人，造成該政黨支持者投票行為的界定問題。」綜合上述，基於我國總統暨區域立委選舉實務上不適用狹義的分裂投票定義，以及在分析效度上的優點，本文採用廣義的分裂投票定義有相當程度的可信度。

（cognitive Madisoniasm）的影響（Lewis-Beck & Nadeau, 2004），選民不希望權力過度集中單一行政部門或立法部門手中，選民傾向平衡政治權力和政府政策。一方面是劃分行政與立法部門的政治控制，另一方面希望能夠平衡公共政策，讓政策方案可以結合不同政黨的思考角度進而促進集體利益（Fiorina, 1988）。整體而言，若選民從制衡觀的角度來決定不同公職選舉的投票抉擇，則會傾向分裂投票。

至於「非蓄意說」的主張則認為，分裂投票並不是選民刻意進行的，而是其他原因所導致，主要的原因有政黨認同薄弱（Petrocik & Doherty, 1996）、不同公職層級的政策訴求（Jacobson, 1991）。首先，在政黨認同方面，政黨認同代表著選民的社會群體身分與價值觀，政黨認同是選民長期的心理依附，是選民獲取政治資訊與思考判斷的捷徑，因此，有政黨認同的選民，傾向投給支持的政黨候選人，在不同層級的公職選舉中，較可能產生一致投票（Campbell & Miller, 1957; Davis, 2015; Davis & Mason, 2016; Lavine, et al., 2012; Mattei & Howes, 2000; Remmer, 2021; Zaller, 2004）。

其次，在不同公職層級的政策訴求方面，其立論主張選民對總統與國會立委的期待不同，民眾認為總統應該要能追求全國利益，國會立委則是注重地方選區利益。由於選民對總統與國會立委的追求目標不同，因此，在投總統票時會以全國利益的思考投票抉擇，投國會立委時則是以照顧地方選區利益的角度來決定投票抉擇，以致產生分裂投票（Ames, Baker & Renno, 2009; Jacobson, 1991）。

除了從「蓄意說」與「非蓄意說」解釋選民的分裂投票，本文嘗試從臺灣本土客家政治的角度，提出補充理論觀點。本文認為，由於客家族群相當重視選區服務與地方經營的特性，因此，即便是在2016年大環境有利於民進黨總統候選人蔡英文的情況下，在立委選舉層級，客家選民仍然會因為立委的地方動員模式，而在區域立委選票上維持既有投票傾向。由於不同投票機制的選舉動員，動員管道與訴求不盡相同，可能形成選民對於總統候選人與區域立委候選人的投票思考模式與投票抉擇不同，以致形成分裂投票。根據王業立表示，總統選舉是全國性選舉，就選戰策略而言，空戰（政黨價值、政策、理念等）

與陸戰（地方組織戰）要同時合作（蔡苡柔，2019）；相對地，區域立委選舉屬於地方選區規模，地方上的基層組織動員則更顯重要，人際網絡動員扮演相當重要的角色。人際網絡動員是指利用私人關係與社會網絡的連結來傳遞各種政治訊息，並且試圖說服對方支持特定的政黨或候選人（Flanagan, et al., 1991: 163）。因此，政黨與候選人的選舉競爭中心，往往會強調社會網絡與人際關係的連結（徐火炎，2005：33）。特別是區域立委相當注重選區服務的功能，選區服務即是立委拉近與選民關係的重要方式之一。根據盛杏湲（2005）的研究顯示，與地方淵源愈深的立委，例如擔任過地方上的民意代表，或有從事地方黨務的工作經驗、派系背景等，他們自然會與選區民眾有較深接觸，也會以選區利益為優先。因為區域立委相對於總統更強調與地方選民的互動，因此，選民面對總統與立委選舉的投票行為，在區域立委層級受到人際網絡動員的影響會相對較高。

參、客家族群的政治特性與研究假設

關於客家族群的政治特性與分裂投票的關聯性，以下分別從政黨認同、選區服務，以及地方選舉動員等特色來說明。首先，在政黨認同方面，客家族群的政黨認同不像其他族群般鮮明。國內諸多研究顯示閩南人傾向支持民進黨，外省人傾向支持國民黨（吳重禮、許文賓，2003；陳陸輝，2000；劉嘉薇，2015），客家族群的政黨認同則相對沒那麼鮮明。之所以如此，根據蕭新煌與黃世明（2001：719-720）的研究指出：「多數客家人既不喜歡民進黨，也不滿意國民黨。因為民進黨的『台獨』氣焰太強，而大多數客家人的中原意識仍在。國民黨也沒有好好尊重客家人，尤其他們的語言政策引起客家人的危機意識。」劉嘉薇（2019：119）針對客家族群的政黨認同調查亦發現，客家族群的政黨偏好為中立及看情形的比例最高，占 35.7%；支持國民黨次之，占 27.0%；再其次為支持民進黨，占 20.5%。

其次，在不同層級的選舉訴求方面，客家族群對於總統與立委的要求相當

不同。在總統層級，客家族群會考量的因素較多，包括政黨認同、候選人因素、兩岸議題，以及大環境的影響等。相對地，客家族群對區域立委的要求，注重的是選區利益與選區服務。誠如何來美（2017：485）指出，客家族群對於區域立委候選人有無「蹲點」經營相當重視。客家委員會諮詢委員邱星崴甚至直言：「在苗栗，人情幾乎已經發展成某種虛擬貨幣，它幾乎可以換成一切東西。」（導讀臺灣，2022）

第三，總統選舉與立委選舉的選舉動員機制不太相同。在總統選舉層級，由於選票源自全國，因此，空戰與陸戰要同時進行，所以總統選舉動員機制不會在客家族群與其他族群有太大差異。但是，在立委選舉層級，由於選區是地方規模，所以立委選舉的陸戰就相對重要許多。特別是對於注重人情的客家族群，人際網絡動員相當關鍵。舉例而言，苗栗的地方派系與家族力量（蕭新煌、黃世明，2001：514）、新竹的宗親會等人際網絡動員（王保鍵，2020；姜貞吟，2016；蕭新煌、黃世明，2001），對於拉攏與鞏固客家族群的選票，扮演相當重要的角色。由於國民黨以往長期執政，地方派系與國民黨長期有相當程度的連結，加上國民黨籍地方首長能透過資源分配與人情攻勢，地方派系對於苗栗客家族群的區域立委投票抉擇深具影響力。因此，總統選舉和立委選舉，對客家族群而言，選舉動員最大的差異在於區域立委選舉時的地方人際網絡動員能力。[2]

要說明的是，本文提出由於客家族群相當重視選區服務與地方經營的特性，因此客家選民仍然會受到立委的地方動員模式的影響，此點與前述「不同公職層級的政策訴求」的不同之處，主要有三點。第一，既有文獻指出，「不同公職層級的政策訴求」強調，選民對於總統與區域立委的期望不同。選民傾向將總統選舉視為一個全國性層級的選舉，主要考量候選人對全國性議題（如

---

[2] 筆者進一步使用 TEDS 2016 調查資料檢視族群與不同選舉層級的人際網絡選舉動員方式。結果顯示，在總統選舉層級，族群與人際網絡動員並沒有顯著差異。但是，在立委選舉層級，族群與人際網絡動員則有顯著差異。客家族群的人際網絡動員為區域立委候選人的動員程度，高於閩南人與外省人，且客家族群的人際網絡主要是為國民黨候選人拉票。

經濟政策、兩岸關係）的立場和能力；而對於區域立委選舉，選民則更重視候選人是否能夠關注並滿足地方選區的需求（如基礎建設、地方資源分配）。這種層級上的政策訴求差異被認為是分裂投票行為的主要驅動因素。本文認為在層級政策訴求差異的基礎上，特別針對客家族群的分裂投票行為，提出三種補充性的觀點：第一，地方動員模式的重要性：既有研究較多關注於選民對不同層級政策訴求的主觀認知，而本文則強調地方政治環境及候選人動員策略在客家族群分裂投票中的關鍵作用。客家族群特別重視人際網絡動員，例如宗親會、地方派系等在立委選舉中的影響力。這些動員方式使得立委候選人在選區內能夠建立更深厚的社會連結，進而形成選民對其的長期信任。即使總統選舉偏向支持另一政黨的候選人，選民仍可能基於這些地方動員而維持對區域立委的支持。第二，族群特性與地方政治的影響：本文強調客家族群的地方文化與政治行為的特殊性。例如，客家族群內部強調的「人情」與「蹲點」文化，使得立委候選人能夠透過長期經營地方事務，獲得選民的高度信任與支持。這種情況在其他族群中相對較少被研究。因此，本文補充了這一政治文化特性如何影響客家選民在立委選舉中的行為模式。第三，對政策訴求與候選人特質的權衡：本文進一步探討了選民如何在「政策訴求」與「候選人特質」之間進行權衡。例如，總統選舉層級上，客家選民可能優先考慮政策的全國性影響（如蔡英文主張的臺灣主體性），但在立委選舉中，選民更可能基於候選人在地方服務中的個人表現和與選民的直接互動，做出與總統選舉不同的選擇。

整體而言，客家族群的政治特性，與「非蓄意說」的觀點相當契合。[3] 客家族群的政黨認同不若外省族群與閩南族群般鮮明、立委層級較注重立委是否能為選區帶來利益及選區服務、立委層級的選舉動員較偏重人際網絡。本文認為，解釋客家族群的分裂投票，從「非蓄意說」的角度切入較為適當，特別是不同層級選舉動員投票之解釋觀點，因為在立委選舉動員方面，客家人在地方政治上相當重視人情與親屬關係連帶，尤其是傳統上客家人口較集中的地方，

---

[3] 關於族群差異與「蓄意說」主張的制衡觀關係，本文使用 TEDS 2016 資料進行檢驗，證實族群差異與有無制衡觀並無顯著差異。

如桃、竹、苗等地區，宗親、地緣、派系是客家地方政治力集聚動員的主要因素（蕭新煌、黃世明，2001：657）。

綜合上述分裂投票「非蓄意說」的三項主要論點，結合我國客家選民的政治特色，**本文發展的假設如下，在 2016 年總統暨立委選舉，族群差異對於分裂投票具有影響，相較於其他族群，客家族群傾向分裂投票。**

肆、變數處理與資料來源

一、變數處理

在提出本文的假設之後，接下來說明本文的依變項、自變項，以及控制變項。本文的依變項為 2016 年總統暨立委選舉，選民是否採取分裂投票。在自變數部分，根據前述理論放入族群、制衡觀、有無政黨認同、立委應注重選區或全國利益、總統選舉動員程度，以及立委選舉動員程度。在其他自變數方面，本文放入對蔡英文的喜愛度、對朱立倫的喜愛度、對宋楚瑜的喜愛度，以及居住地區。至於控制變數，乃依據相關理論放入性別、年齡與教育程度此三項社會人口因素。首先，在依變項選民是否分裂投票的部分，本文將 2016 年總統暨立委選舉，選民的分裂投票情形分為兩類。第一類是總統選舉與區域立委選舉分裂投票，第二類是總統選舉與區域立委選舉一致投票。分裂投票者設為 1，一致投票者設為 0，以一致投票者當作參照組。[4] 本文的分裂投票定義依據黃紀（2011：546）的廣義分裂投票定義，將三類選民視為分裂投票。第一類是總統票投給國民黨，但區域立委票投給民進黨、親民黨、其他政黨或無黨

---

[4] 處理一致或分裂投票的歸類時，關於總統或立委選舉，選民投的究竟是「政黨標籤」或「候選人因素」，學界各有研究結果支持。例如 Burden 和 Kimball（1998）發現選民會分散風險支持不同政黨，Lee, Wahlbeck 和 Buell（1997）指出選民的投票抉擇是因為候選人因素。整體而言，不論選民的分裂投票是因為「政黨標籤」或「候選人因素」，都是選民非蓄意造成的結果（吳重禮、李世宏，2003：86）。

籍者。第二類是總統票投給民進黨，但區域立委票投給國民黨、親民黨、其他政黨或無黨籍者。第三類是總統票投給親民黨，但區域立委票投給國民黨、親民黨、其他政黨或無黨籍者。[5] 本文的分裂投票者共 356 人。在一致投票方面，指的是總統票與區域立委票均投給國民黨或民進黨或親民黨者，本文的一致投票者共 830 人。[6] 詳細測量題目請見附錄。

在自變數「族群」方面，本文根據以往學術研究對於「族群因素」的處理方式，加以修正後提出新的測量。回顧以往相關文獻對於「族群因素」的處理，通常詢問受訪者父親的省籍，依回答區分成閩南人、客家人、外省人等。本文沿用此題目來測量，並且將客家族群的社會脈絡考量進來。本文是根據政府依客家人口比例劃分的「客家文化重點發展區」（客庄）作為社會脈絡（湯晏甄，2022），將客家族群分為「客庄客家人」，以及「非客庄客家人」。客庄的定義是依照中華民國客家基本法第 6 條規定，行政院客家委員會對客家人口達三分之一以上之鄉（鎮、市、區），列為「客家文化重點發展區」，客庄的客家人口比例較高。因此，此題受訪者共分為四類，分別是客庄客家人、非客庄客家人、外省人、閩南人，以外省人為參照組。本文認為，非客庄客家人由於身處身處族群混合區，接收到的資訊會較為多元，因此較可能分裂投票。至於客庄客家人，由於這次民進黨蔡英文氣勢如虹且積極在客庄拔樁，因此是否出現分裂投票有待檢視。

在「蓄意說」方面，強調的是制衡觀，本文將選民分成有制衡觀與無制衡

---

[5] 關於區域立委候選人政黨聯盟合作的情形，在 2016 年區域立委選舉，只有新竹縣無黨籍立委候選人鄭永金與民進黨合作。但是，實務上，兩邊的結合是有問題的。根據時任綠黨縣議員周江杰（現為客家委員會副主任委員）表示，民進黨也沒有力挺鄭永金，兩邊仍各玩各的（陳彥廷，2016）。在定義上，根據游清鑫（2004：67）對本文採用的分裂投票廣義定義的看法：「此廣義內涵雖有灰色地帶，但可納入無黨籍候選人進入選民分裂投票的對象，也可解決因政黨結盟導致某一政黨只在兩類選舉中的一類提出候選人，造成該政黨支持者投票行為的界定問題。」因此，本文仍將掛無黨籍的鄭永金視為無黨籍區域立委候選人。

[6] 細究其中，閩南人一致投票者有 622 人，占 70.8%；分裂投票者有 257 人，占 29.2%。客家人一致投票者有 100 人，占 65.8%；分裂投票者有 53 人，占 34.2%。外省人一致投票者有 83 人，占 74.1%；分裂投票者有 29 人，占 25.9%。

觀兩類，以無制衡觀者為參照組。

在「非蓄意說」方面，首先，就政黨認同而言，本文將政黨認同區分成有政黨認同者與無政黨認同者，以無政黨認同者當參照組。其次，在「立委應注重選區或全國利益」方面，由於選民認為總統要能追求全國利益符合一般認知，且受限於問卷並沒有詢問受訪者是否認為總統要追求全國利益，因此，本文以選民認為總統要能追求符合全國利益為前提。在立委層級方面，將選民區分為區域立委應該要注重選區利益、注重全國利益。以注重全國利益為參照組。

第三，在「不同層級的選舉動員」方面，本文分別檢視受訪者的人際網絡幫總統候選人與區域立委候選人的動員程度。

選民對總統候選人的喜愛度，也可能帶動對立委候選人的選情，此乃總統候選人的「母雞帶小雞」效應（蔡佳泓、王金壽、王鼎銘，2007），因此，本文放入民眾對總統候選人的喜愛度。

在自變數「地區」方面，本文將居住地區分成六類，分別是北北基、桃竹苗、中彰投、雲嘉南、高屏澎，以及宜花東。以中彰投為參照組。

最後，根據社會學研究途徑（sociological approach）的觀點，強調個人的性別（吳重禮、徐英豪、李世宏，2004：87）、年齡（Conway, 1991: 19-24; Rosenstone & Hansen, 1993: 136-141）及教育程度等社會特徵對分裂投票的影響，鑑此，本文放入性別、年齡及教育程度作為控制變數。

二、資料來源

本文使用 2012 年至 2016 年「選舉與民主化調查」四年期研究規劃（4/4）：2016 年總統與立法委員選舉面訪案的獨立問卷（以下簡稱 TEDS 2016），[7] 總計成功問卷為 1,690 份。要說明的是，客家人口少是先天上的人口

---

[7] 本文使用的資料來自 2012 年至 2016 年「選舉與民主化調查」四年期研究規劃（4/4）：2016 年總統與立法委員選舉面訪案的獨立問卷（TEDS 2016）（MOST 101-2420-H004-034-MY4）。「台灣選舉與民主化調查」（TEDS）多年期計畫總召集人為國立政治大學黃

結構，客家人口數據客家委員會於 105 年的調查結果顯示，符合《客家基本法》定義，且「單一自我認定」為客家人的比例為 13.5%，推估客家人口數為 315.2 萬人（客家委員會，2017：3）。而 TEDS 2016 總計成功問卷為 1,690 份，客家人有 222 位，占 13.1%，與客家委員會推估的臺灣客家人口比例相當接近。因此，本研究使用此份次級資料，作為初步分析客家族群的投票行為。

伍、實證結果與分析討論

本節根據前述理論設定適當的模型進行檢證，由於依變項是二元類別變數性質，故採用「二元勝算對數模型」，統計軟體是使用 STATA12.0。

本文先初步描繪本文樣本的族群與政黨認同、注重選區利益與選區服務、人際動員動員的情形，以及族群與制衡觀的情形。在學術研究中，對於族群變項的處理方式，經常是將本省籍民眾區分為本省閩南籍、本省客家籍，以及外省籍。儘管客家族群與閩南族群都被視為本省籍，但是，兩類族群最大的差異之一就是語言。相較於本土語言中較為強勢的閩南語，客家話顯得相當弱勢。一般社會普遍都會把閩南語與台語劃上等號，這對於客家族群來說基本上是不能接受的。因為，客家族群認為閩南語就是台語的說法，對於其他本土語言諸如客家話、原住民語等並不公平。所以當民進黨人士與閩南族群都講閩南語時，客家族群對民進黨則顯得有距離感。但是，客家族群與外省族群相比，中國意識又不如外省族群那麼強。所以，當外省族群與國民黨的統獨立場與中國意識都相近時，客家族群對國民黨的認同不會比外省族群來得深。因此，客家族群的政黨認同和閩南族群、外省族群相比，政黨認同較其他族群薄弱，以致客家族群是中立選民的比例相對較高。

紀教授，TEDS 2016 為針對 2016 年總統與立法委員選舉執行之年度計畫，計畫主持人為黃紀教授；詳細資料請參閱 TEDS 網頁：http://teds.nccu.edu.tw/intro2/super_pages.php?ID=intro11。作者感謝上述機構及人員提供資料協助，惟本文之內容概由作者自行負責。

為呈現客家族群與閩南族群、外省族群的政黨認同情形，本文進一步使用實證資料進行分析。本文使用 2012 年至 2016 年「選舉與民主化調查」四年期研究規劃（4/4）：2016 年總統與立法委員選舉面訪案的獨立問卷（以下簡稱 TEDS 2016）。族群差異與政黨認同之交叉分析結果如表 1 所示，族群與政黨認同確實有顯著差異。外省族群傾向支持國民黨，閩南族群傾向支持民進黨，客家族群則是以中立選民居多。此結果初步證實本文提出的客家族群的第一個政治特色：政黨認同較其他族群薄弱。

表 1：族群差異與政黨認同之交叉分析結果

	國民黨	民進黨	其他政黨	中立選民	總計
客家人	65 （29.4%）	69 （31.2%）	13 （5.9%）	74 （33.5%）	221 （100.0%）
外省人	86 （53.1%）	16 （9.9%）	12 （7.4%）	48 （29.6%）	162 （100.0%）
閩南人	218 （18.0%）	486 （40.2%）	79 （6.5%）	427 （35.3%）	86 （100.0%）
總和	369 （23.2%）	571 （35.8%）	104 （6.5%）	549 （34.5%）	1593 （100.0%）

Pearson Chi-square=120.012；p=0.000；df=6；N=1593
資料來源：黃紀（2016）。

表 2 為族群差異與立委選舉訴求之交叉分析結果，顯示客家族群比外省族群和閩南族群，對於立委選舉訴求比較關注選區的利益。此結果初步證實本文提出的客家族群的第二個政治特色：客家選民對不同公職層級有不同的政策訴求，特別是對立委層級，客家選民相較於其他族群，更在乎立委是否能關注選區利益。

表 2：族群差異與立委選舉訴求之交叉分析結果

	關注全國的利益	關注選區的利益	總計
客家人	94 （46.1%）	110 （53.9%）	204 （100.0%）
外省人	82 （54.7%）	68 （45.3%）	150 （100.0%）
閩南人	604 （54.1%）	512 （45.9%）	1116 （100.0%）
總和	780 （53.1%）	690 （46.9%）	1470 （100.0%）

Pearson Chi-square=4.653；p=0.098；df=2；N=1470
資料來源：黃紀（2016）。
說明：此題的原始題目為：有人說：「選區選出的立委，應該關注全國的利益。」也有人認為：「選區選出的立委，應該關注選區的利益。」請問您比較同意哪一種說法？

　　表 3 為族群差異與總統選票人際動員之變異數分析，顯示在總統選舉層級，族群與人際網絡動員並沒有顯著差異。此結果符合本文預期，因為總統選舉是全國層級，必須同時進行空戰和陸戰，人際網絡動員的方式在全國層級競選中所扮演的角色相對於地方層級競選，沒那麼突出。

表 3：族群差異與總統選票人際動員之變異數分析

族群	人數	平均數	標準差	F 檢定	事後比較
客家人	222	0.42	.918	.316	n.s.
外省人	162	0.47	1.098		
閩南人	1220	0.41	.900		

N=1,605　* p<.05；** p<.01；*** p<.001
資料來源：黃紀（2016）。
說明：此題原始題目為：請問總統候選人或政黨有沒有透過這些人向您拉票？回答選項為 1. 助選人員或義工；2. 服務機構或公司的上司；3. 地方宗教團體；4. 地方上有名望的人或家族；5. 村里長、村里幹事或鄰長；6. 候選人後援會；7. 社區發展協會；8. 農、漁、水利會幹部；9. 派系；10. 地方民意代表。

表 4 為族群差異與立委選舉人際動員幫誰拉票之交叉分析結果，顯示族群與立委選舉人際動員確實有顯著差異。選區內的立委候選人有透過人際網絡向選民拉票，其中，向客家族群幫國民黨拉票的比例最高；相對地，向閩南族群幫民進黨候選人拉票的比例較高。此結果初步證實本文提出的客家族群的第三個政治特色：客家選民有不同層級的選舉動員投票機制，特別是在立委層級，相較於其他族群，人際網絡較會向客家族群幫國民黨拉票。此結果亦反映出民進黨在客家族群的地方基層經營不夠，誠如前民進黨苗栗縣黨部主委徐進榮表示：「民進黨沒有很紮實地在客家地區經營、蹲點，民進黨較缺乏在一個客家地區找十個人，十個人再拉一百人票的組織動員票。」（三立電視台，2022）

綜合上述，表3與表4呈現族群與不同選舉層級的人際網絡選舉動員方式的差別。在總統選舉層級，族群與人際網絡動員並沒有顯著差異。但是，在立委選舉層級，族群與人際網絡動員則有顯著差異。而且，客家族群的人際網絡偏向為國民黨立委候選人拉票。

表 4：族群差異與立委選舉人際動員（幫誰拉票）之交叉分析結果

	國民黨	民進黨	其他政黨	總計
客家人	57 （60.0%）	24 （25.3%）	14 （14.7%）	95 （100.0%）
外省人	40 （59.7%）	15 （22.4%）	12 （17.9%）	67 （100.0%）
閩南人	212 （46.2%）	201 （43.8%）	46 （10.0%）	459 （100.0%）
總和	309 （49.8%）	240 （38.6%）	72 （11.6%）	621 （100.0%）

Pearson Chi-square=20.732；p=0.000；df=4；N=621
資料來源：黃紀（2016）。
說明：此題原始題目為：1. 請問您選區內的立委候選人（或政黨）有沒有透過這些人親自向您拉票？2. 請問他們主要是幫哪一位候選人拉票？

表 5 為族群差異與有無制衡觀之交叉分析結果，顯示族群與有無制衡觀並沒有顯著差異。

表 5：族群差異與有無制衡觀之交叉分析結果

	無制衡觀	有制衡觀	總計
客家人	82 （42.5%）	111 （57.5%）	193 （100.0%）
外省人	74 （51.7%）	69 （48.3%）	143 （100.0%）
閩南人	536 （50.6%）	523 （49.4%）	1059 （100.0%）
總和	692 （49.6%）	703 （50.4%）	1395 （100.0%）

Pearson Chi-square=4.605；p=0.100；df=2；N=1395
資料來源：黃紀（2016）。
說明：此題的原始題目為：請問下列兩種說法您比較同意哪一個？1. 總統與立法院的多數立委最好是不同黨，才能互相制衡。2. 總統與立法院的多數立委最好是同一政黨，才可以貫徹政策。

　　綜合而言，本文依據分裂投票「非蓄意說」主張的三項原因：政黨認同薄弱、不同公職層級的政策訴求，以及不同層級的選舉動員投票機制，分別說明客家族群的政治特性，並提出實證數據佐證。客家族群相較於外省族群與閩南族群，其政黨認同較為薄弱、立委層級較注重立委是否能為選區帶來利益及選區服務、立委層級的選舉動員較偏重人際網絡。據此，本文以分裂投票「非蓄意說」的觀點，結合我國客家族群的政治特色，從族群差異的角度，檢驗在2016年總統暨立委選舉，客家族群是否出現分裂投票。

　　接續，本文初步描繪本文樣本的族群與分裂投票情形，結果如表 6 所示，不同族群與選民分裂投票具有顯著差異。在分裂投票者裡面，客家族群分裂投票的比例最高，且以總統票投民進黨蔡英文、立委票投其他政黨的比例最高，占 17.0%。要說明的是，儘管閩南人在總統票投民進黨蔡英文、立委票投其他政黨占比 16.5%，與客家人的比例相當接近。但是，客家族群仍略高於閩南人，且客家人的所有分裂投票組合比例（34.7%），仍高於閩南人（29.6%）。反觀，外省族群與閩南族群則傾向一致投票。有過半的外省族群在總統與區域立委一致投國民黨，占 57.1%，亦有過半的閩南族群在總統與區域立委一致投民進黨，占 52.1%。

表 6：族群差異與分裂投票之交叉分析結果

	國國	民民	親親	國＋其他政黨	民＋其他政黨	親＋其他政黨	總計
客家人	42 (27.5%)	58 (37.9%)	0 (0.0%)	7 (4.6%)	26 (17.0%)	20 (13.1%)	153 (100.0%)
外省人	64 (57.1%)	18 (16.1%)	1 (0.9%)	6 (5.4%)	9 (8.0%)	14 (12.5%)	112 (100.0%)
閩南人	161 (18.3%)	458 (52.1%)	3 (0.3%)	34 (3.9%)	145 (16.5%)	78 (8.9%)	879 (100.0%)
總和	267 (23.3%)	534 (46.7%)	4 (0.3%)	47 (4.1%)	180 (15.7%)	112 (9.8%)	1,144 (100.0%)

Pearson Chi-square=106.075；p=0.000；df=10；N=1144
資料來源：黃紀（2016）。
說明：國國：總統投國民黨、區域立委投國民黨；民民：總統投民進黨、區域立委投民進黨；親親：總統投親民黨、區域立委投親民黨；國＋其他政黨：總統投國民黨、區域立委投其他政黨或無黨籍；民＋其他政黨：總統投民進黨、區域立委投其他政黨或無黨籍；親＋其他政黨：總統投親民黨、區域立委投其他政黨或無黨籍。

　　2016年總統暨立委選舉，選民分裂投票情形之「二元勝算對數模型」分析結果，如表 7 所示。模型一顯示，在放入控制變項之後，族群因素、有無政黨認同、總統動員程度、區域立委動員程度、對朱立倫喜愛度、對宋楚瑜喜愛度、居住地區，以及年齡，均為解釋 2016 年總統暨立委選舉選民分裂投票的重要變數。反之，制衡觀、區域立委應注重選區利益或全國利益、對蔡英文喜愛度、性別，以及教育程度，並未達到統計上的顯著水準，顯示這些因素對於此次總統暨立委選舉的分裂投票並無顯著影響。具體而言，控制其他變數不變的情況下，非客庄客家人比外省人更傾向分裂投票。

　　在「非蓄意說」關注的變項裡，就有無政黨認同而言，有政黨認同者相較於無政黨認同者，較會一致投票；總統動員程度愈高者，愈不會分裂投票；區域立委動員程度愈高者，愈會分裂投票。

表 7：2016 年總統暨立委選舉，分裂投票之「二元勝算對數模型」分析結果

	模型一	模型二	模型三	模型四
常數	-1.042	-1.879*	-1.178	-1.070
	(0.657)	(0.863)	(0.667)	(0.671)
族群（參照：外省人）				
客庄客家人	-0.309	0.706	-0.246	-0.614
	(0.404)	(0.819)	(0.456)	(0.475)
非客庄客家人	0.873*	1.439#	1.098**	1.049*
	(0.387)	(0.838)	(0.413)	(0.430)
閩南人	0.217	1.095#	0.428	0.208
	(0.288)	(0.599)	(0.321)	(0.326)
有制衡觀（參照：無制衡觀）	0.325	0.338	0.320	0.351
	(0.169)	(0.174)	(0.170)	(0.180)
有政黨認同者（參照：無政黨認同）	-0.887***	0.154	-0.889***	-0.885***
	(0.183)	(0.637)	(0.185)	(0.184)
注重選區利益（參照：全國利益）	-0.067	-0.057	-0.062	-0.057
	(0.166)	(0.167)	(0.167)	(0.167)
總統動員程度	-0.284*	-0.277*	0.055	-0.285*
	(0.125)	(0.123)	(0.248)	(0.125)
區域立委動員程度	0.161*	0.158*	0.184*	0.145*
	(0.079)	(0.079)	(0.079)	(0.074)
對蔡英文喜愛度	-0.016	-0.009	-0.019	-0.015*
	(0.036)	(0.037)	(0.037)	(0.037)
對朱立倫喜愛度	-0.105**	-0.103**	-0.106**	-0.106**
	(0.037)	(0.036)	(0.037)	(0.037)
對宋楚瑜喜愛度	0.256***	0.253***	0.258***	0.257*
	(0.039)	(0.039)	(0.039)	(0.039)
居住地區（參照：中彰投）				
北北基	0.016	0.015	-0.011	-0.001
	(0.234)	(0.235)	(0.235)	(0.235)
桃竹苗	0.737*	0.736*	0.708*	0.744*
	(0.298)	(0.297)	(0.299)	(0.298)
雲嘉南	-0.849**	-0.859**	-0.876**	-0.853**
	(0.300)	(0.300)	(0.301)	(0.299)
高屏澎	-0.702*	-0.725*	-0.715*	-0.706*
	(0.288)	(0.289)	(0.290)	(0.289)

	模型一	模型二	模型三	模型四
宜花東	-0.400	-0.401	-0.429	-0.400
	(0.447)	(0.453)	(0.447)	(0.447)
男性（參照：女性）	-0.255	-0.250	-0.262	-0.233
	(0.168)	(0.169)	(0.169)	(0.170)
年齡（參照：20至29歲）				
30至39歲	0.148	0.163	0.129	0.139
	(0.261)	(0.262)	(0.263)	(0.263)
40至49歲	0.099	0.106	0.079	0.107
	(0.269)	(0.272)	(0.269)	(0.271)
50至59歲	0.097	0.116	0.083	0.127
	(0.292)	(0.293)	(0.293)	(0.294)
60歲及以上	-0.706*	-0.722*	-0.708*	-0.648
	(0.339)	(0.342)	(0.339)	(0.339)
教育程度（參照：國小及以下）				
國、初中	0.118	0.133	0.125	0.076
	(0.372)	(0.373)	(0.372)	(0.372)
高中、職	-0.095	-0.114	-0.082	-0.116
	(0.351)	(0.356)	(0.351)	(0.347)
專科	-0.004	-0.052	-0.005	-0.022
	(0.393)	(0.399)	(0.395)	(0.391)
大學及以上	0.399	0.382	0.400	0.411
	(0.362)	(0.367)	(0.360)	(0.357)
交互變項				
族群 * 有無政黨認同				
客庄客家人 * 有政黨認同者		-1.323#		
		(0.716)		
非客庄客家人 * 有政黨認同者		-0.757		
		(0.929)		
閩南人 * 有政黨認同者		-1.141#		
		(0.673)		
族群 * 總統候選人動員程度				
客庄客家人 * 總統動員程度			-0.160	
			(0.338)	
非客庄客家人 * 總統動員程度			-0.549	
			(0.481)	

	模型一	模型二	模型三	模型四
閩南人 * 總統動員程度			-0.434	
			(0.269)	
族群 * 立委候選人動員程度				
客庄客家人 * 立委動員程度				0.276#
				(0.163)
非客庄客家人 * 立委動員程度				-0.164
				(0.231)
閩南人 * 立委動員程度				0.016
				(0.209)
Log likelihood	-501.283	-499.654	-499.581	-499.520
Pseudo R-square	0.1482	0.1510	0.1511	0.1512
N	953	953	953	953
Chi-square	138.69	141.35	141.28	144.33

資料來源：黃紀（2016）。

說明：1. 依變項為 2016 年總統立委選舉，選民分裂投票或一致投票，以一致投票為參照組。

　　　2. # $p<.1$；* $p<.05$；** $p<.01$；*** $p<.001$（雙尾檢定）。

在其他自變數方面，首先，就總統候選人情感溫度計而言，對朱立倫的喜愛度愈高，愈不會分裂投票。對宋楚瑜的喜愛度愈高，愈會分裂投票。其次，就居住地區而言，相較於居住在中彰投者，桃竹苗選民傾向分裂投票；雲嘉南選民與高屏澎選民，則較不會分裂投票。

在控制變項方面，就年齡而言，60 歲及以上者和 20 至 29 歲者相比，較會一致投票。

綜合而言，本文的研究結果證實，在 2016 年總統暨立委選舉，客家族群確實出現分裂投票，非客庄客家人傾向分裂投票。此外，非蓄意說對於分裂投票具顯著影響。為進一步檢視族群差異、非蓄意說與分裂投票的關係，本文進一步將族群與模型一非蓄意說有顯著的變項進行交互作用。模型二為族群與有無政黨認同進行交互作用的結果，模型三為族群與總統候選人動員程度進行交互作用的結果，模型四為族群與立委候選人動員程度進行交互作用的結果。初

步結果顯示,有無政黨認同以及立委候選人動員程度對於族群差異在分裂投票的邊際效應影響較為明顯;但是,族群差異並不會隨著總統候選人動員程度不同而在分裂投票的邊際效應上有顯著影響。

　　為了更清楚呈現非蓄意說不同的重要變數對於客家族群分裂投票扮演的角色,也就是族群差異與有無政黨認同、總統候選人動員程度,以及立委候選人動員程度交互作用對分裂投票的影響。本文依據表 7 模型二至模型四的分析結果製成圖 3 至圖 5。圖 3 顯示族群差異、有無政黨認同與分裂投票的預測機率,X 軸為族群差異,Y 軸表示 2016 年選舉,選民分裂投票的預測機率。結果顯示,在其他自變數都設為平均值的情況下,不論有無政黨認同,非客庄客家人的分裂投票機率都最高。客庄客家人與閩南人一樣,中立選民分裂投票的機率遠高於有政黨認同者。至於外省人有無政黨認同,對於分裂投票的邊際效應並沒有太大差異。

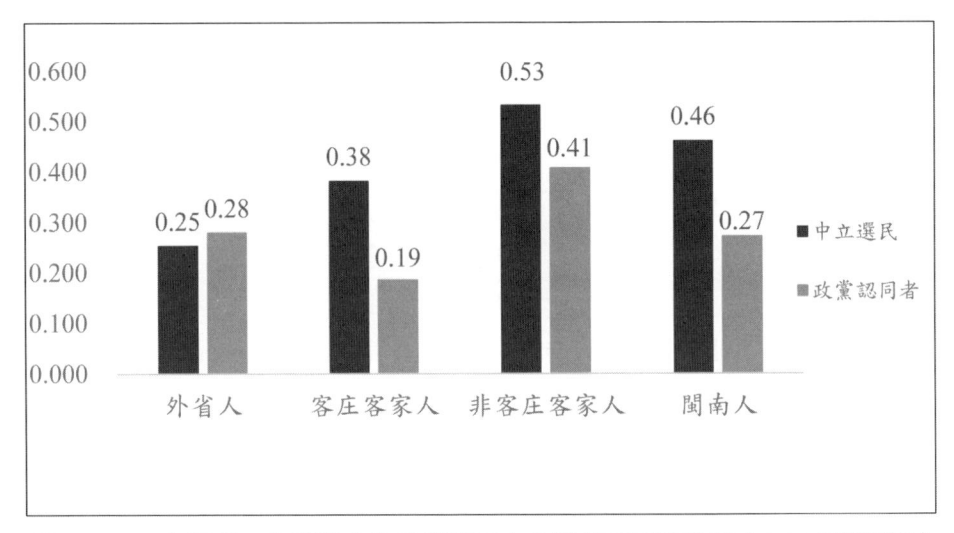

	外省人	客庄客家人	非客庄客家人	閩南人
中立選民	0.25	0.38	0.53	0.46
政黨認同者	0.28	0.19	0.41	0.27

圖 3:2016 年選舉,族群與有無政黨認同之分裂投票預測機率(95% 信賴區間)
資料來源:作者自繪。

　　圖 4 顯示族群差異、總統候選人動員程度與分裂投票的預測機率,X 軸為總統候選人動員程度,Y 軸表示 2016 年選舉,選民分裂投票的預測機率。首

先，從斜率的起始點來看，非客庄客家人分裂投票的預測機率起始點比其他族群高，亦即非客庄客家人比其他族群較會分裂投票。其次，從斜率的方向來看，非客庄客家人會隨著總統動員程度愈高而降低分裂投票機率。此外，除了外省人，非客庄客家人、客庄客家人與閩南人的斜率方向相同且隨著總統候選人動員程度愈高而愈接近，顯示這三者的分裂投票預測機率並沒有隨著總統動員程度不同而有顯著差異。

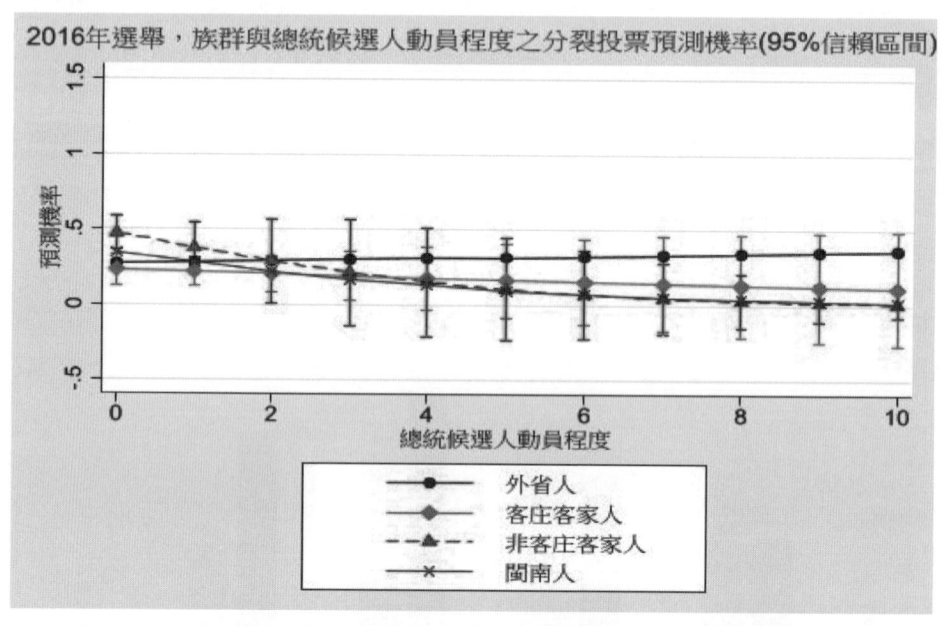

圖4：2016年選舉，族群與總統候選人動員程度之分裂投票預測機率圖
資料來源：作者自繪。

圖5顯示族群差異、立委候選人動員程度與分裂投票的預測機率，X軸為立委候選人動員程度，Y軸表示2016年選舉，選民分裂投票的預測機率。結果顯示，在其他自變數都設為平均值的情況下，立委候選人動員程度對客庄客家人與其他族群的分裂投票預測機率的影響，有較明顯的差異。立委候選人動員程度愈高，客庄客家人的分裂投票預測機率愈高。針對客庄客家人分裂投票比例較高的現象，本文補充分析其背後的動員機制與社會文化特徵。傳統客庄

地區的選民對立委的支持，更多基於地方利益與服務表現，而非政黨意識形態的全國性考量。根據盛杏湲（2005）與徐火炎（2005）的研究，地方基層組織在客庄地區的影響尤為顯著，例如宗親會與地方派系，透過宗族聯繫與經濟利益交換形成穩定的選票網絡。這種基層動員模式在2016年選舉中尤為明顯，反映了民進黨在立委層級動員中的不足。具體而言，地方菁英的「人情政治」顯著影響了客庄客家人的立委選票選擇，與總統選舉的全國性議題形成對比。

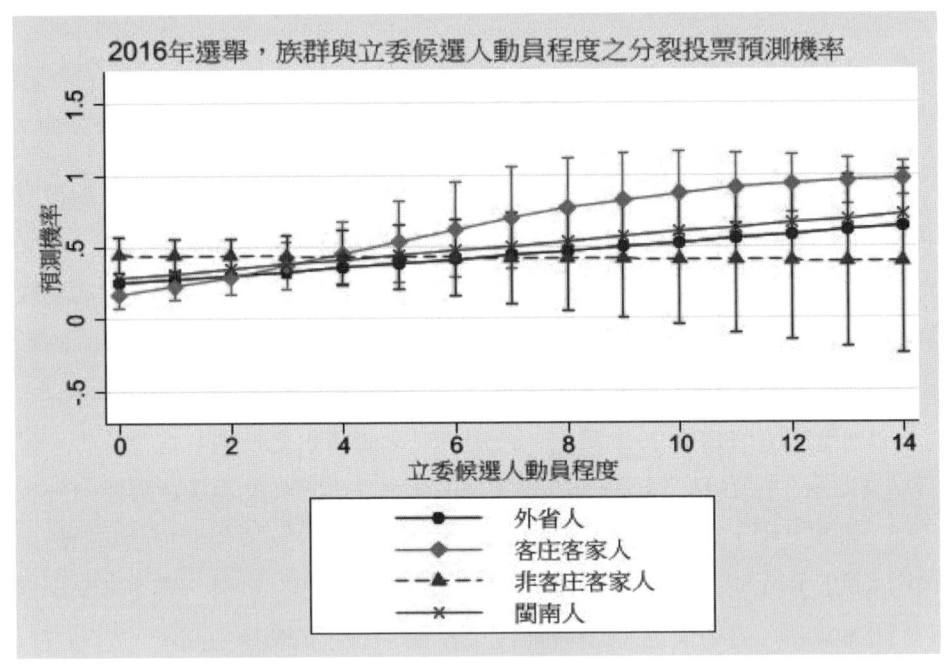

圖5：2016年選舉，族群與立委候選人動員程度之分裂投票預測機率圖

資料來源：作者自繪。

在證實了2016年總統暨立委選舉，客家族群確實出現了分裂投票的現象之後，本文進一步檢視出現分裂投票的客家選民裡，總統選舉投給民進黨蔡英文的原因。結果顯示，以理念因素最高，占52%；候選人因素次之，占28%；第三是政黨因素，占16%；最後則是人際動員因素，占4%。細究其中，在理念因素方面，理由包括希望政黨輪替（33.6%）、希望改變現

狀（14.2%）、渴望和平（3%）。在候選人因素方面，理由包括給該候選人機會（8.2%）、候選人政策較佳（4.5%）、候選人有魄力、執行力強（3.4%）、候選人形象優質（3.3%）、候選人有專業能力（3.2%）、候選人不藍也不綠（3.3%）、喜歡該候選人（2.6%）。在政黨因素方面，理由包括討厭國民黨（9.7%）、該政黨形象較好（4.4%）。最後，人際動員因素，則是因為朋友勸說（3.3%）。

陸、結論

　　本文旨在探討 2016 年總統暨區域立委選舉，客家族群是否出現分裂投票及其原因為何？迥異於以往從「蓄意說」的觀點分析選民分裂投票行為，本文嘗試援引「非蓄意說」的概念，加以修正以適用於我國的情形，本文以客家族群的政治特色結合政黨認同、不同層級的政策訴求，以及不同投票機制的動員，據此檢視在 2016 年選舉，客家族群是否出現分裂投票？及其原因為何？

　　本研究採用 TEDS 2016 資料，使用「二元勝算對數模型」進行分析。實證結果顯示，在 2016 年總統暨立委選舉，居住在非客庄的客家族群傾向分裂投票。細究其中，客家族群將總統票投給民進黨蔡英文，立委票投給其他政黨候選人的比例，明顯高於外省族群，也略高於閩南族群。此外，客庄客家人相較於其他族群，立委候選人動員程度愈高，分裂投票的機率愈高。

　　本文與過去分裂投票研究不同之處，首先，在學理上，本文將分裂投票「非蓄意說」的觀點結合我國客家族群的政治特色，從族群差異的角度來分析 2016 年總統暨立委選舉的分裂投票行為。本文希望能初步提供符合我國國情、具本土化的「客家族群總統暨區域立委分裂投票」的分析觀點，希冀提供學術對話空間。其次，就客家族群的選票結構而言，客家族群長期被視為北藍南綠，但 2016 年選舉，居住在桃竹苗者傾向分裂投票，此結果初步顯示，桃竹苗在這次選舉已經有部分選民在總統層級改投給藍營以外的候選人。因此，本文提出進一步的思考，是否從 2016 年開始，客家族群北藍南綠的選票結構

已出現鬆動？這個現象值得未來繼續關注。第三，在實務上，國內尚未有人從族群差異的角度切入談分裂投票，但是，實務上 2016 年客庄已經出現部分藍營地方人士面臨總統支持民進黨蔡英文，立委支持國民黨籍候選人的兩難。因此，本文希冀能帶來實務與學界接軌的對話價值。要說明的是，本文僅定位於初探性的研究，企圖透過選舉研究的實證方式，結合客家族群政治特質，搭起選舉實證研究與客家研究的橋樑。最後，本文僅是提出在 2016 年總統暨立委選舉，客家族群出現分裂投票之現象及其原因。至於客家族群的分裂投票現象之後是否會成為常態，將是未來可持續追蹤的課題。

參考文獻

王保鍵（2020）。〈選舉制度與族群政治：以新竹縣立法委員選區劃分為例〉。《選舉研究》，27（2）：1-48。

何來美（2008）。〈解嚴後客家族群投票行為取向的流變〉。收錄於張維安、徐正光與羅烈師主編，《多元族群與客家：臺灣客家運動20年》，頁246-269。台北：南天。

何來美（2017）。《臺灣客家政治風雲錄》。台北：聯經。

吳重禮（2008）。〈政黨偏好、制衡認知與分裂投票——2006年北高市長暨議員選舉的實證分析〉。《臺灣民主季刊》，5（2）：27-58。

吳重禮、王宏忠（2003）。〈我國選民「分立政府」心理認知與投票穩定度：以2000年總統選舉與2001年立法委員選舉為例〉。《選舉研究》，10（1）：81-114。

吳重禮、許文賓（2003）。〈誰是政黨認同者與獨立選民？——以二〇〇一年台灣地區選民政黨認同的決定因素為例〉。《政治科學論叢》，18：104-140。

吳重禮、徐英豪、李世宏（2004）。〈選民分立政府心理認知與投票行為：以2002年北高市長暨議員選舉為例〉。《政治科學論叢》，21：75-115。

林長志（2007）。〈2005年台北縣選民之一致與分裂投票——縣長與鄉鎮市長選舉總體資料之分析〉。《政治學報》，44：127-160。

林長志、黃紀（2007）。〈不同層級選舉中之一致與分裂投票：2005年台北縣之分析〉。《問題與研究》，46（1）：1-32。

姜貞吟（2016）。〈桃竹苗客家地區宗親政治下的女性參政〉。《婦研縱橫》，104：19-30。

客家委員會（2017）。《105年度全國客家人口暨語言基礎資料調查研究成果報告》。https://www.hakka.gov.tw/File/Attach/37585/File_73865.pdf

徐火炎（2005）。〈認知動員、文化動員與台灣2004年總統大選的選民投票行為——選舉動員類型的初步探討〉。《台灣民主季刊》，2（4）：31-66。

晏明強（2021）。〈朱立倫換柱（3/3）：啟動「換柱」，朱立倫臨陣披掛選 2016〉。《風傳媒》，8 月 14 日。https://new7.storm.mg/article/3860624

翁珮恒（2016）。〈分裂投票苗栗藍營立委全贏 總統票大輸〉。《三立新聞網》，1 月 17。https://www.setn.com/news.aspx?newsid=119194&pagegroupid=281

盛杏湲（2005）。〈選區代表與集體代表：立法委員的代表角色〉。《東吳政治學報》，21：1-40。

陳彥廷（2016）。〈當政黨只是拆卸重組的招牌：新竹縣選舉啟示〉。《報導者》，1 月 5 日。https://www.twreporter.org/a/2016election-hsinchu

陳陸輝（2000）。〈台灣選民政黨認同的持續與變遷〉。《選舉研究》，7（2）：109-141。

陳慧萍（2015）。〈桃園喊贏 8 萬 綠憂分裂投票〉。《自由時報》，9 月 24 日。https://news.ltn.com.tw/news/focus/paper/918174

游清鑫（2004）。〈分裂投票解釋觀點與台灣選舉之應用：以 2002 年高雄市長與市議員選舉為例〉。《台灣政治學刊》，8（1）：47-98。

湯晏甄（2022）。〈2020 年總統選舉客家族群改投給蔡英文嗎？客庄與非客庄的分野〉。《東吳政治學報》，40（1）：1-57。

黃紀（2001）。〈一致與分裂投票：方法論之探討〉。《人文及社會科學集刊》，13（5）：541-574。

楊明峰、陳育賢、陳慶居（2016）。〈「決戰桃竹苗」客家妹浪漫牌 翻轉深藍版圖〉。《中國時報》，1 月 17 日。https://reurl.cc/1mXq0W

劉嘉薇（2015）。〈民眾選擇性暴露、敵意媒體效果與政黨認同：以客家電視臺為例〉。《東吳政治學報》，33（2）：187-250。

劉嘉薇（2019）。《客家選舉政治：影響客家族群投票抉擇因素的分析》。台北：五南。

蔡佳泓、王金壽、王鼎銘（2007）。〈以濁水縣為例解析台灣 2005 年三合一選舉的聯合動員效應〉。《台灣政治學刊》，11（2）：173-225。

蔡苡柔（2019）。〈【觀・選】地方利益或政黨價值 台灣大選藍綠「陸空戰」怎麼打〉。《香港 01》，12 月 19 日。https://reurl.cc/aGoRr9

導讀台灣（2022）。〈苗栗縣半世紀以來的地方派系鬥爭！劉派、黃派至今深深影響苗栗政治生態 走過苗栗獨特政治格局的漫長歷史〉。《三立新聞網》，10月16日。https://www.youtube.com/watch?v=ksKtMAZsU6k

蕭新煌、黃世明（2001）。〈戰後臺灣地方社會中的客家政治力發展類型〉。收錄於蕭新煌、黃世明主編，《臺灣客家族群史〔政治篇〕（下）：地方社會與族群政治的分析》，頁 477-664。南投：國史館臺灣文獻館。

Alesina, A., & Rosenthal, H. (1995). *Partisan Politics, Divided Government, and the Economy*. Cambridge University Press.

Ames, B., Andy B., & Lucio R. R. (2009). Split-ticket voting as the rule: Voters and permanent divided government in Brazil. *Electoral Studies*, 28(1): 8-20.

Beck, P. A. (1997). *Party Politics in America*. Longman.

Burden, C. B., & David C. K. (1998). A new approach to the study of ticket splitting. *American Political Science Review*, 92(3): 533-544.

Campbell, A., Converse, P. E., Miller, W. E., & Stokes, D. E. (1960). *The American Voter*. John Wiley.

Campbell, A., & Miller, W. E. (1957). The motivational basis of straight and split-ticket voting. *American Political Science Review*, 51(2): 293-312.

Conway, M. M. (1991). *Political Participation in the United States*. Congressional Quarterly Press.

Davis, N. (2015). The role of indifference in split-ticket voting. *Political Behavior*, 37: 67-86.

Davis, N. T., & Lilliana, M. (2016). Sorting and the split-ticket: Evidence from presidential and subpresidential elections. *Political Behavior*, 38(2): 337-354.

Erikson, R. S. (1988). The puzzle of midterm loss. *Journal of Politics*, 50(4): 1011-1129.

Fiorina, M. P. (1988). The reagan years: Turning to the right or groping toward the middle? In Barry Cooper, Allan Kornberg & William Mishler (Eds.), *The Resurgence of Conservatism in Anglo-American Democracies* (pp. 430-460).

Durham, NC: Duke University Press.

Fiorina, M. P. (1996). *Divided Government*. Allyn and Bacon.

Flanagan, S. C., Shinsaku, K., Ichiro, M., Bradley M., & Watanuki, J. (1991). *The Japanese Voter*. Yale University Press.

Jacobson, G. C. (1990). *The Electoral Origins of Divided Government*. Westview.

Jacobson, G. C. (1991). Explaining divided government: Why can't the republicans win the house? *Political Science & Politics*, 24(4): 640-643.

Lavine, H. G., Johnston, C. D., & Steenbergen, M. R. (2012). *The Ambivalent Partisan: How Critical Loyalty Promotes Democracy*. Oxford University Press.

Lee, S., Wahlbeck, P. J., & Emmett, H. B. Jr. (1997). Vote choice and the preference for divided government: lessons of 1992. *American Journal of Political Science*, 41(3): 879-894.

Lewis-Beck, M. S., & Nadeau, R. (2004). Split-ticket voting: The effects of cognitive Madisonianism. *The Journal of Politics*, 66(1): 97-112.

Mattei, F., & Howes, J. S. (2000). Competing explanations of split-ticket voting in American national elections. *American Politics Quarterly*, 28: 379-407.

Petrocik, J. R., & Doherty, J. (1996). The road to divided government: Paved without intention. In P. F. Galderisi, R. Q. Herzberg, & P. McNamara (Eds.), *Divided Government: Change, Uncertainty, and the Constitutional Order* (pp. 85-107). Lanham, MD: Rowman and Littlefield.

Remmer, K. L. (2021). Stability and change in party preferences: Evidence from Latin America. *Electoral Studies*, 70: 1-7.

Rosenstone, S. J., & Hansen, J. M. (1993). *Mobilization, Participation, and Democracy in America*. New York: Macmillan.

Verba, S., Nancy B., & Kay, L. S. (1997). Knowing and caring about politics: Gender and political engagement. *The Journal of Politics*, 59(4): 1051-1072.

Zaller, J. R. (2004). Floating voters in U.S. presidential elections, 1948-2000. In W. E. Saris, & P. M. Sniderman (Eds.), *Studies in Public Opinion: Attitudes,*

Nonattitudes, Measurement Error, and Change (pp. 166-214). Princeton, NJ: Princeton University Press.

附錄：問卷題目

一、依變項

投票抉擇：是否分裂投票

題目 1：詢問在這一次（1月16日）舉行的總統大選有投票者，投票給哪組候選人？

回答選項：1. 朱立倫、王如玄；2. 蔡英文、陳建仁；3. 宋楚瑜、徐欣瑩

重新編碼為：1. 國民黨候選人；2. 民進黨候選人；3. 親民黨候選人

題目 2：請問在今年初立委選舉您投給哪一位候選人？

依其回答候選人的政黨編碼為：1. 國民黨候選人；2. 民進黨候選人；3. 親民黨候選人；4. 其他政黨或無黨籍候選人

是否分裂投票的編碼方式：

1：分裂投票：總統投國民黨候選人＋區域立委投民進黨候選人或親民黨候選人或其他政黨或無黨籍候選人；總統投民進黨候選人＋區域立委投國民黨候選人或親民黨候選人或其他政黨或無黨籍候選人；總統投親民黨候選人＋區域立委投國民黨候選人或民進黨候選人或其他政黨或無黨籍候選人。

0：一致投票：總統投國民黨候選人＋區域立委投國民黨候選人；總統投民進黨候選人＋區域立委投民進黨候選人；總統投親民黨候選人＋區域立委投親民黨候選人。（視為類別變數，參照組為一致投票）

二、自變項

（一）族群

1. 題目：請問您的父親是本省客家人、本省閩南人、大陸各省市人、原住民，還是新住民？

編碼方式：區分成客家人、外省人、閩南人，其餘回答選項設為遺漏值。

2. 題目：受訪者居住地區（鄉鎮市層級）

編碼方式：依據「客家文化重點發展區」的 70 個鄉（鎮、市、區），將受訪者區域區分成「客家文化重點發展區」與非「客家文化重點發展區」。
3. 再將客家人區分為居住在「客家文化重點發展區」客家人、非居住在「客家文化重點發展區」客家人。
編碼方式：1. 外省人；2. 客庄客家人；3. 非客庄客家人；4. 閩南人。（視為類別變數，參照組為外省人）

（二）制衡觀

題目：請問下列兩種說法：您比較同意哪一個？
回答選項：01. 總統與立法院的多數立委最好是不同黨，才能互相制衡。02. 總統與立法院的多數立委最好是同一政黨，才可以貫徹政策。
編碼方式：1. 有制衡觀：回答選項 1 者；0. 無制衡觀：回答選項 2 者。（視為類別變數，參照組為無制衡觀）

（三）政黨認同

題目：在目前國內的政黨，請問您有沒有偏向哪一個政黨？
編碼方式：1. 有政黨認同者：回答國民黨、民進黨、新黨、親民黨、臺聯、綠黨、人民民主陣線、樹黨、時代力量、社會民主黨、民國黨、信心希望聯盟者；2. 無政黨認同者：回答都沒有者。（視為類別變數，參照組為無政黨認同者）

（四）選區立委應該關注全國利益或選區利益

題目：有人說：「選區選出的立委，應該關注全國的利益。」也有人認為：「選區選出的立委，應該關注選區的利益。」請問您比較同意哪一種說法？
回答選項：01. 全國的利益；02. 選區的利益
重新編碼：1. 選區的利益；0. 全國的利益（視為類別變數，參照組為全國的利益）

（五）總統候選人動員程度

題目：請問總統候選人或政黨有沒有透過這些人向您拉票？回答選項為 1. 助選人員或義工；2. 服務機構或公司的上司；3. 地方宗教團體；4. 地方上有名望的人或家族；5. 村里長、村里幹事或鄰長；6. 候選人後援會；7. 社區發展協會；8. 農、漁、水利會幹部；9. 派系；10. 地方民意代表。

編碼方式：該選項回答有者，得 1 分；將所有選項的分數加總，分數愈高，表示總統候選人動員程度愈高。

（六）區域立委候選人動員程度

題目：請問您選區內的立委候選人或政黨有沒有透過這些人向您拉票？回答選項為 1. 候選人本人；2. 助選人員或義工；3. 政黨工作人員；4. 服務機構或公司的上司；5. 我所屬的教育團體、社會團體或職業團體；6. 地方上有名望的人或家族；7. 村里長、村里幹事或鄰長；8. 鄰居；9. 同學或朋友；10. 親戚或家人；11. 派系；12. 宗親會、同鄉會；13. 農漁水利會。

編碼方式：該選項回答有者，得 1 分；將所有選項的分數加總，分數愈高，表示區域立委候選人動員程度愈高。

（七）對總統候選人喜愛程度

題目：我們想要請您用 0 到 10 分來表示您對這次總統候選人幾個候選人的看法，0 表示您非常不喜歡這個候選人，10 表示您非常喜歡這個候選人。

1. 請問，0~10 分您會給韓國瑜多少？
2. 請問，0~10 分您會給蔡英文多少？
3. 請問，0~10 分您會給宋楚瑜多少？

編碼方式：依受訪者實際回答分數，分數愈高，表示喜愛程度愈高。

（八）居住地區

依據受訪者居住縣市，分成六大地理區域（參照組為中彰投）
北北基：台北市、新北市、基隆市

桃竹苗：桃園市、新竹縣、新竹市、苗栗縣

中彰投：台中市、彰化縣、南投縣

雲嘉南：雲林縣、嘉義縣、嘉義市、台南市

高屏澎：高雄市、屏東縣、澎湖縣

宜花東：宜蘭縣、花蓮縣、台東縣

三、控制變項

（一）性別：1.男性、0.女性（視為類別變數，參照組為女性）

（二）年齡：分成五類，1. 20至29歲；2. 30至39歲；3. 40至49歲；4. 50至59歲；5. 60歲及以上。（視為類別變數，參照組為20至29歲）

（三）教育程度：分成五類，1：小學及以下；2：國、初中；3：高、中職；4：專科；5：大學及以上。（視為類別變數，參照組為小學及以下）

第 4 章
幼兒園客語沉浸式教學策略與成效——
以東勢一所幼兒園為例

楊沛縈、范瑞玲

壹、前言

　　東勢自處封閉的山城環境，又有大約七成以上的客家人口，該地區所使用的大埔腔客語得以普遍被在地年紀較長者使用。然而大埔腔客語也如其他弱勢語言般正在消退中，年輕的東勢人不會說，更遑論他們的孩子。依據國外的研究，以沈浸式教學傳承母語成效最好的階段是從幼兒園開始的早期沈浸計畫（Lindholm-Leary & Howard, 2008）。因此，國內的學者如張學謙（2008）倡導母語的教學必須向下延伸，以母語為教學語言，給予幼兒完整的母語使用空間，才能有效的保存母語（張瑞菊，2018）。身為幼兒求學第一階段的教師，我們責任格外重大。

　　東勢區於 106 年開始陸續增加客語區幼兒園及班級，同時也逐年提供增加客語教師及客語教保員甄試名額。客委會鼓勵實施客語沉浸式教學，參與實施計畫學校 106 學年為 1 校，107 至 109 學年皆為 9 校，110 學年為 12 校，111 學年為 10 校，112 學年為 6 校，113 學年為 3 校。教保服務人員能參考的文獻資料有限，其中較多的論文大多以臺灣南部為主，中部的明顯缺乏，尤其是中部大埔腔的相關資料更是不足。其中林曉專（2018）及李家運（2019）的 2 筆資料，研究者都參與受訪。研究者也發現論文相關資料大多是觀察或訪問現場的研究者，缺乏第一線的工作者，所以希望提供實施客語沉浸式教學者，教學現場所採用的教學策略，讓他們能有信心及相關資料可參考運用。

　　除了學校，家庭是影響客語傳承很重要的因素之一（梁世武，2004）。幼兒平日白天約有三分之一時間在幼兒園，另外的三分之二時間則是在家庭，可

知幼兒大部分的時間仍是在家庭中。研究者所帶班級，許多幼兒都是隔代教養。家中照顧者大多能說流利客語，但因受主流語為華語影響，也未能和幼兒以客語溝通，上了小學又因其他課程影響，能學習母語的時間相對減少。根據客委會家庭使用客語狀況的調查結果顯示，家庭語言的使用對客語的推廣及維護有相當大的影響（張麗君、郭珍妦，2005）。由於經濟型態轉型，讓以傳統農業為主客家庄人口外移。研究者發現主要生產者（雙親）大多會前往市區工作，而不願在家鄉從事農作，所以幼兒接送及生活起居大多為家中長者負責（吳君玲，2009）。若僅依賴家庭來保存客語是非常不足的，客語的保存仍需仰賴學校及社區整體的努力合作，才能有較佳的成效（陳雅鈴等，2011）。我們努力配合政府政策推廣客語沉浸式教學，從幼兒園扎根，幼兒園的課程本來就是以多元方式進行，若能讓幼兒自然接受此種語言並習慣使用，相信對客語的傳承將有很大的助益。在幼兒園實施客語沉浸式教學的時間，的確較其他學習階段更易推行。因為要學好母語，最有效的方式就是在生活中使用母語。從陳雅鈴輔導屏東縣三所幼兒園的實驗性客語沉浸式教學計畫結果得知，在幼兒園推動沉浸式教學，及家庭成員客語的使用，對幼兒客語學習有顯著的差異，所以利用學前時間學習母語有一定的成效（陳雅鈴等，2009）。研究者因此希望借助自身服務的園所為例，輔以其他客語沉浸式教學相關文獻，提供客語沉浸式教學經驗。

綜合以上所論，研究者意欲提供自身推動客語沉浸式教學的經驗，再加上訪談其他教學者所分享的教學方法與策略，同時參考過往文獻，期望提供幼兒園教學者執行客語沉浸式教學時可以參考的教學模式與策略。因此，本研究的具體研究問題如下：一、幼兒園進行主題教學實施客語沉浸式教學的歷程為何？二、幼兒園可以使用何種教學策略進行客語沉浸式教學？

貳、文獻探討

沉浸式教學是目前世界公認最有效傳承母語的方式，尤其是從幼兒園階段

開始實施。幼兒的語言認知發展及幼兒園教學模式十分適合實施沉浸式教學，因此本文將介紹幼兒園推行沉浸式教學時，實施主題教學的方式，以及可運用的教學策略。

一、沉浸式教學

根據 Genesee（1994）"heritage immersion teaching program" 的定義，母語沉浸式教學必須超過 50% 以上的時間以母語進行授課及溝通，並學習課程之主要內容。語言學習無法一蹴可及，一定要有足夠的語言接觸時間（exposure）才能達到流利的程度。Greymorning（1997）估計小孩要花費 600 至 700 小時接觸母語的時間，才能將母語說得流利，也就是說，在校上課的時候，每天至少要有 6 小時的母語時間。沉浸式教育提供密集接觸弱勢語言的機會，較能有效率的抵抗強勢語言的衝擊。換句話說，幼兒在學校的時間要大部分使用母語教學才能看到成效，加上幼兒在語音及語彙增加速度是急遽的，因此更應該從幼兒園階段開始實施沉浸式教學。學校母語教育因此成為非常重要的場域，其中又以沉浸式教學被視為最有希望成功的方法（DeJong, 1998; Swain & Johnson, 1996; Johnson & Johnson, 2002; Holm & Holm, 1995）。DeJong（1998: 3）提出以下建議：「今日，學校和家庭這兩個環境必須攜手合作打造語言接觸環境，提升語言學習成效。」學前母語沉浸式模式因課程發展較自由，比較容易突破制式教育的限制，可以融入更多的文化面向，輔以提供社區所需的幼兒照顧，較切合家長需要（Johnson & Johnson, 2002）。

根據 Stern（1924）的嬰幼兒語言發展階段，幼兒處於幼兒園階段（2-6歲）時語言學習能力逐漸成熟。幼兒在語言發展上不論是發音及對語句、語法的溝通皆沒問題，亦是語言學習的黃金期，所以幼兒園實施沉浸式母語教學時機十分合宜。透過家庭及學校的合作，幼兒可能有機會長時間使用該語言並真正融入生活。DeJong（1998）提及復振將近滅絕的語言，或是保存現存的語言，需要能有效達成目標的典範，語言沉浸是相當且迅速有效的方法，因為它能讓所有的學生主動積極的參與語言學習過程。所以客語「沉浸式」教學將客

語學習與教學內容結合於幼兒日常生活中，讓幼兒可以在不同情境脈絡下，自然而然習得客語能力。

目前臺灣執行客語沉浸式教學最有成效的是屏東縣政府客家事務處，他們提出三項主要原則：(1)使幼兒在自然的客語環境中學習；(2)經由日常溝通學習客語；(3)教師授課以客語為主要教學語言（宋文琳，2012）。屏東縣政府客家事務處自 2007 年起，開始規劃與輔導「客語沉浸式教學」（陳雅鈴、陳仁富，2011）。他們首先在長治香潭、內埔小博士、屏東學正三間幼兒園實施客語沉浸式教學計畫，截至目前為止，總計有 12 所幼兒園參加客語沉浸式教學（屏東客家事務處，2024）。屏東縣政府客家事務處推動「客語沉浸式教學」的成效是有目共睹的，陳雅鈴、陳仁富（2011）說明屏東縣實施客語沉浸式教學的源由、客語保存的作法以及如何規劃及實施成功的母語沉浸計畫。陳雅玲、陳仁富與蔡典龍（2011）也發現客語沉浸式教學能提升幼兒客語聽說的能力，而且客語沉浸式教學對非客語領域的學習有影響，在相同前提下，上客語沉浸式教學的幼兒中文聽覺詞彙及數學概念成績比非客語沉浸式教學班級的學生成績較佳。對高雄美濃地區 11 所實施客語沉浸式教學幼兒園的教師進行問卷調查，林慧君（2015）的研究結果也證實客語沉浸式教學能提升幼兒客語的聽說能力，而幼教師的最大困境在於教學資源的缺乏。

客委會也於 2015 年 6 月開始鼓勵各縣市實施「客家委員會客語沉浸式教學試辦計畫」，研究者於 2016 年擔任「桃園市客語沉浸式教學計畫」的輔導團隊，經過 7 個多月的歷程，發現桃園市參與「客語沉浸式教學計畫」幼兒園的小朋友們，在幼教師們一學年的訓練後，其客語的聽說能力幾乎都有進步。但是卻發現一些問題，例如行政作業流程對幼兒園主任而言非常繁瑣，有些幼教老師的客語能力不佳，幼童們鮮少以客語交談，只有上課時回答老師的問題才會以客語應答（范瑞玲，2016）。依據徐美玲（2017）的研究，苗栗縣參與「客語沉浸式教學」四所幼兒園的資料顯示，苗栗縣執行「客語沉浸式教學」的園所面臨一些問題，例如許多幼兒園教師自認客語能力不佳，專家學者的輔導訪視對幼教師也造成莫大的壓力等。也有研究提及客語無法在家庭延續，因此幼兒只能在學校說客語，學習成效因而受限（林曉專，2018；許晏榕，

2019；陳栗芳，2020）。戴怡君（2020）探討中部地區一所幼兒園實施客語沉浸式教學現況，發現客華雙語融入沉浸式主題課程成效頗佳，同時園所營造全客語的教學環境，但是缺乏社區的客語環境及家長的支持。探究桃園市幼兒園客語沉浸式教學的實施情況，許孟勤（2022）主要以桃園市幼兒園參與客語沉浸式教學的教保服務人員為研究對象，結果發現教保人員與陪伴人員共同合作，將客語適時地融入例行性活動，也在主題教學活動使用客語教學，同時提升其客語能力；但是有些教師偏好講述方式，教材缺乏生活化及具體的內容，因此較少與幼兒進行語言互動。

二、雙語教學

　　雙語教學是使用兩種語言交替教學的一種模式，可以依據時間或學科予以劃分。Lewis, Jones 和 Baker（2012）認為，20 世紀開始大家對雙語教學持正向態度，因為雙語教學可以提高學童的認知思考能力，所以教師們逐漸在一節課使用二種或多種語言。「客語沉浸式教學」採取的作法就是從雙語教學開始，最終希望學童對於客語在聽說讀寫都能駕輕就熟。雙語教學比單語教學較自然，因為身為雙語者善於運用雙語能力，在臺灣的社會中雙語使用者也較多；Gutierrez 等人（2001）強調語言是在社會、政治和歷史情境之下的互動產物，因此採取雙語教學較符合當前社會複雜的語言使用情況（Blackledge & Creese, 2009）。客語沉浸式教學因為只要課堂上 50% 使用客語即可，因此可視為雙語教學。現今雙語教學較為提倡彈性式雙語觀（張學謙，2016），因為社會語言呈現多元的本質，而且語言在各階層間流動並呈現混雜的多樣化，語言與文化則成為當地人自我認同的標記（Blackledge & Creese, 2009）。Cummins（2007: 238）提出第一語言和第二語言之間的關係是互助的，學生的第一語言可以成為提升第二語言能力的資源，因為學生必須倚賴第一語言的知識與技能。在雙語課程中，也可以訓練學生運用跨語言連結，讓他們以第一語言為基礎，逐漸搭建起第二語言的鷹架，例如探究同源詞（cognate）、小組製作雙語多媒體書等，如此學生的腦中就可以形成一個語言互助的連結，進而提升語言

意識（language awareness）與跨語言的認知能力。

　　雙語教學中不可或缺的是語碼轉換，Skiba（1997）說明語碼轉換主要的功能為傳遞意義，以達成溝通訊息的目的。語碼轉換是語言發展的自然現象，也是日常生活中常見的狀況（Irujo, 2006），因此教師和學生會使用兩種語言授課或溝通，如此第二語言的習得將更為容易（Baker, 2011）。從語言教學的觀點，張學謙（2016）也論述語碼轉換能使教師較容易連結課程與真實世界，例如在加拿大早期沉浸式課堂中，除了法語，教師與學生也可以使用英語溝通，下課後學生也可以使用英語，時間長達一年半。在兩年的課程中，這些學童在奠定基礎後，漸漸發展法語的聽說能力，才開始使用法語（Baker, 2007）。教師在實施雙語教學時，趙一農（2012）建議目標語對學生而言太過困難時，教師應該運用語碼轉換，將目標語內容以學生的母語講解、翻譯或重述，引起學生學習目標語的興趣與意願。Butzkamm 和 Caldwell（2009）建議使用目標語時輔以圖片、實物等，然而需要高認知功能的語法概念或是教奇特的語句，則需要語碼轉換的策略，如此學生較容易理解，進而習得目標語的內容。Mattson 和 Burenhult（1999）推薦「三明治教學法」，教師可以先以目標語呈現，再以母語解釋，接著複誦目標語，最後請學生依樣說出目標語。他也建議說故事的語言教學法，教師在說故事時，可以使用母語述說故事，但是在適當的時機加入一些目標語，每次重述故事時，又增加更多目標語，最後以目標語講述的故事自然能為學生所理解。除此之外，「預習與複習」也是使用雙語不錯的策略，首先以目標語進行預習內容，接著使用母語說明，最後使用目標語全面複習與總結，當然教師可以自由變換先後順序。

　　臺灣的客語沉浸式教學大都採用雙語教學的模式，在校時間必須使用50%的客語，視情況逐漸增加客語的使用量。屏東縣與高雄市推動客語沉浸式教學的成效頗佳，然而臺中地區對客語沉浸式教學的研究較少，因此本研究希冀能彌補此缺失。

三、主題教學

　　主題課程（Thematic Curriculum）有別於一般傳統分科教學的課程，主要以師生討論的主題（theme）為中心，貫穿課程，重視幼兒在活動中自由探索的能力，並強調探究的精神，同時以統整的方式實施課程，活動內容主要是根據幼兒的興趣和專長來發展（陳韶聿，2016）。因此主題可由教師、師生或幼兒從生活經驗出發，訂定主題，選擇有意義的主題，並將幼兒的年齡、先備經驗、興趣及能力納入考量，並輔以幼兒園的環境、軟硬體設備、可利用資源以及社區和在地文化特色，適時調整課程的內容及方向。

　　謝明昆（2009）認為理想的主題應與幼兒的生活經驗結合，並提出執行沉浸式教學時主題選定的基本要素：（1）配合幼兒身心發展、提供動手、腦的機會；（2）符合幼兒的興趣與生活需求；（3）可行性原則；（4）季節與節慶性原則；（5）具體明確化；（6）生活經驗；（7）社區環境文化。因此主題選擇可依據社區資源、飲食、節慶與文化、周遭生態環境、教學者的興趣與專長等，設計符合幼兒的教學主題課程。邱婉麗（2003）提到社區資源係指學校學區範圍內的社區所有的人、地、物等物質與力量，包括人力、物力、財力、自然及組織資源。本研究所稱之社區資源係指社區內可提供幼兒園實施客語沉浸式教學以及幼兒學習的所有資源。如果學校地處偏鄉，有廣大的校地及豐富的自然資源，幼兒喜歡動物，則可以校園中所見昆蟲、鳥類及植物等生態為主題，也可彌補幼兒園教師相關知能不足的問題。再者，教學者可嘗試瞭解社區民眾的生活與文化，從飲食及節慶的面向切入，使幼兒從文化中學習自己的母語。主題教學配合幼兒身心發展、提供幼兒有機會使用所有的感官，幫助幼兒發展基本技能，正符合杜威的「生活即學習」及「做中學」，也需符合幼兒興趣及能力。周淑惠（2006）提及，若能在幼兒發展與學習基礎上善用在地特色和優勢，最終以培養幼兒生存於未來社區所需技能為旨，創造以幼兒園情境為中心的「園本課程」，勢必是最能發揮所長的課程，也是最能創造幼兒之福的課程。

　　陪伴員及教師是教學主要設計者，除了善用陪伴員的語言專業能力及教師幼教專業，亦可依其自身的才能及興趣設計主題活動課程，進行沉浸式教學，

讓教學更順利，教學者也較易保持熱忱及信心。

四、主題教學策略

　　林惠娟、孫扶志（2006）指出 Dale 的經驗金字塔理論符合鄉土教學或社區融入課程的理論基礎，Dale（1946）認為兒童的學習應該從具體、看得見、摸得到的經驗循序往上，並經由觀察和解釋以獲得完整的知識。經驗金字塔包括各種教學法，強調直接、有目的經驗（direct, purposeful experiences）與設計經驗（contrived experiences），教師可以製作類似模型的事物，鼓勵兒童從看、聽、感覺、品嘗、嗅覺等獲得相關知識。除此之外，經驗金字塔也重視戲劇經驗（dramatized experiences），教師可以讓幼兒扮演戲劇中的角色，體驗生活，也可以讓幼兒觀賞戲劇，以獲得深切的領悟。教師也可以示範（demonstrate）戲劇中的角色，或其他事務的執行與操作，是一種很好的教學方法。參觀旅行（study trips）也是重要的教學方法，幼兒可以獲得直接的體驗。而展覽（exhibits）則讓幼兒經由參觀與實際創作而獲得經驗，可以培養多種能力。當然視覺和聽覺上的吸引也是不可少的，電視和電影（television and motion pictures）可以提供視覺和聽覺的媒體，還有 DVD 等。廣播、錄音、靜畫（radio, recordings, still pictures）可以提供幼兒聽覺上的刺激，靜畫則為視覺上的刺激，可以提供幼兒不同的各式經驗。視覺符號（visual symbols）以抽象的文字或符號傳播概念與經驗，口述符號（verbal symbols）則是經由語言形成文字所代表的抽象經驗，是非常重要的思想傳播媒介。

　　Snow（1990）曾提出沉浸式幼兒園教師可以使用的有效教學策略，包括上課時，先忽視學生的錯誤，再以正確的詞彙或語句回應幼兒，並且不時地確認學生是否理解上課內容，及安排學生共同合作學習。Surjosuseno 和 Johnson（2002）也舉出適合沉浸式幼兒園的教學策略，包括刺激－反應類的遊戲、實作導向的課程、想像力的激發、學生小組討論等，希望學生可以重複練習目標語，同時鼓勵幼兒使用目標語。Zhou（2013）發現實施幼兒華語沉浸式教學時，將華語兒歌教唱融入說故事活動中，幼兒習得故事中的詞彙比只聽故事的

幼兒較多，也就是兒歌教唱可以促進詞彙量的增長。謝妃涵（2022）依據國內外研究，綜合歸納出適合幼兒沉浸式教學的策略，包含將目標語融入有趣且適合幼兒生活經驗及認知發展的活動，實施小組共學活動，採取實物教學並輔以生動表情與肢體語言，規劃及施行口語輸出導向的活動，採用多元評量方式等。

杜威的教育觀為從做中學習，強調教育應與孩子的生活經驗結合（陳韶聿，2016），因此讓幼兒親自動手做是種極佳的學習方式。現代社會資訊媒體眾多，在五官感受中，視覺及聽覺是優勢感官（林德揚，2005），視覺和聽覺對幼兒具有相當吸引力。因手機及電腦的普及，教師善用社群媒體和家長溝通及記錄分享幼兒學習，是種快速又有效率的方式。除此之外，環境也可以是情境，讓幼兒能自然於該情境學習，語言的學習與使用就會自然產生。教師也可以整合不同專長的人力，讓教學內容更豐富多彩。當然，教師也須時時省思以精進教學，選擇適合幼兒的教學策略。因此教師安排課程時，須充分瞭解學前幼兒各項發展能力，讓幼兒熟悉周遭所處環境，充分利用學校、社區及家庭各項環境資源，在課程活動的安排上活用各種教學策略，達到最佳學習效果。

研究者綜合以上相關文獻，提供結合沉浸式教學與主題教學相關教學策略，以供幼兒園客語沉浸式教學教師參考。

1. 在教學現場善用遊戲達到教學效果：遊戲中學習是將遊戲視為學習的媒介，教師可以觀察幼兒的興趣，設計遊戲引導幼兒主動學習。
2. 結合相關歌謠律動、唸謠及童詩等：由於童詩、韻文，繪本是幼兒學習語言及文學很好的媒介，可自然累積字彙、句型，以擴充幼兒相關的知識與概念（鄭舒丹等，2006），於是透過幼兒喜愛唱、唸方式結合肢體動作，學習以各種客語語文形式與主題相關的作品。
3. 提供多元表演學習方式：幼教師透過製作與繪本故事相關的主題客語字卡、客語唸謠海報、CD及布偶、棒偶等扮演素材，讓幼兒能不斷自由操作、模仿、練習及進行繪本故事內容的敘述創作。教師也可以示範戲劇中的角色，或其他事物的執行與操作，讓幼兒自行操作及扮演，既可以提升學習興趣，

也增加他們對語言的印象。
4. 帶幼兒實地參訪在地的人、事、物、建築及文化與生活：參觀旅行（study trips）也是重要的教學方法，幼兒可以獲得直接的體驗。而展覽則讓幼兒經由參觀與實際創作而獲得經驗，可以培養多種能力。帶幼兒用感官去覺知學習周遭的生活事物比單從書面得到的知識更有意義，也更符合幼兒階段的學習方式。
5. 善用科技媒體於教學：在五官感受中，視覺及聽覺是優勢感官（林德揚，2005），視覺和聽覺對幼兒具有相當吸引力，可透過 DVD、電視和電影、相關科技產品及網路上的各種資源提供視覺和聽覺的學習。廣播、錄音可以提供幼兒聽覺上的刺激，靜畫則為視覺上的刺激，可以提供幼兒不同的各式經驗。
6. 創作合適學習主題及語言的情境：Hornby（1966）強調要融入情境才能達到學習成效的情境式教學法，在配合主題結合客語的前提下，教學者和幼兒可共同設計，創作合適學習主題及客語的情境，讓幼兒能自然於該情境學習，語言的學習與使用就會自然產生。
7. 結合不同專長的人力：每位教學者特質及專長不同，善用不同專長的人力於主題教學，透過討論與實際進行教學，可讓教學者省下的備課時間做對教學更有意義的運用。
8. 透過教學紀錄與省思精進教學：教學者若能透過省思札記與時時的觀察，從中發現自己在教學上的瓶頸，進而找出改善的策略，如此既可以感覺快樂與自信，也能讓幼兒更有意義的學習。

參、研究設計與實施

一、研究對象

根據研究問題，本研究以研究者所服務的園所班級中的幼兒、家長、學校

第 4 章　幼兒園客語沉浸式教學策略與成效——以東勢一所幼兒園為例

同仁、陪伴員、及教保服務人員為研究對象。透過進行教學的歷程及辦理各項活動，及提供相關教學資源給家長及幼兒，再提供問卷請家長填寫，以瞭解家長對於實施客語沉浸式教學的想法，及對幼童客語學習進步情形的觀察結果。依其對客語教學的滿意程度和建議來分析實施沉浸式教學努力成效。研究者服務員所班級歷年的人數，依序為 106 學年度 41 位、107 學年度 36 位、108 學年度 43 位，相關資訊如表 1。

表 1：研究者服務園所班級歷年人數表

班級	學年	106 學年度	107 學年度	108 學年度
中小混齡	小班	15	8	16
	中班	6	9	6
中大混齡	中班	7	7	6
	大班	13	12	15

資料來源：本研究整理。

　　研究者針對研究問題進行訪談，以蒐集相關資料，歸納整理出人力特質的運用方式，藉此瞭解其對客語教學成果的相關看法。對象分為二類：(1) 主要教學者：因共同實施客語沉浸式計畫，研究者訪談和自身搭班的非客籍教師（編碼 T）及客籍陪伴員（編碼 A 及 B），瞭解其對實施客語沉浸式教學的成效。(2) 實施客語沉浸式教學時運用的人力資源及家長，分別為幼兒園志工（編碼 C）、家長（編碼 D）、幼兒奶奶（編碼 E 及 F）、國小同仁（編碼 G 及 I）及幼兒園同仁（編碼 H）。下表為受訪者編碼。

表 2：研究者訪談對象編碼表

編號	編碼	族群背景	受訪者	性別	身分背景	教學扮演角色
1	T	非客籍	教師	女	與研究者搭班進行協同教學	計畫中主要教學者
2	A	客籍	陪伴員	女		
3	B	客籍	陪伴員	女		
4	C	客籍	家長	女	幼兒園志工	研究者實施客語沉浸式教學時運用的人力資源及家長
5	D	客籍	家長	女	幼兒就讀研究者教學班級	
6	E	非客籍	幼兒奶奶	女		
7	F	客籍	幼兒奶奶	女		
8	G	客籍	國小同仁	男	國小行政助理	
9	H	客籍	幼兒園同仁	女	幼兒園備餐人員	
10	I	客籍	國小同仁	男	國小自然老師	

資料來源：本研究整理。

二、研究方法

　　本研究採取量化研究與質性研究並行的模式，研究者選用量化研究的問卷調查蒐集相關資料。量化研究源自實證主義，藉由統計數字探討社會現象，希望能解釋和預測社會現象（Black, 1999）。運用問卷調查蒐集社會現象的相關資料，可以累積豐富的成果，如果多次驗證得到相同的結果，則可以建立定律。定律和相關的定律或概念結合，就可以建構完整的概念系統，進而形成經驗性的理論。由於量化研究強調用資料驗證所測量的事實，因此量化研究一般被視為可信度較高（Newman, 2003）。相對於量化研究，「質性研究」則是產生描述性資料的研究，其資料是以文字的形式呈現，描述人們語言和行為的現場工作（黃瑞琴，2010）。質性研究的理論概念採取現象學、象徵互動論、和人種方法論的觀點，注重人類行為的主觀意義、當事者的內在觀點、自然情境的脈絡、以及理解人們解釋其經驗世界的過程。研究者採用量化研究的問卷調查法，及質性研究的參與觀察法、半結構訪談法、次級資料分析等，再將所蒐集的資料綜合歸納，希望能全面探討客語沉浸式教學的成效。

　　從事教育研究時，問卷是蒐集實徵資料的主要工具。研究者選擇問卷為研

究工具，選取適合的抽樣方法，藉此蒐集相關資料，再推論至全體（黃同圳、童小洋，2003）。研究者須先將待研究問題編製成表格，可以集體當面作答，或者利用線上表單發送問卷，如果兩者皆不方便，也可以郵寄給參與者，藉此瞭解研究參與者對研究現象或問題的看法和意見。問卷調查法雖然方便，但是也有受限之處，因為大多數問卷的選項是固定的，有可能無法涵蓋所有可能因素；研究者如果選擇郵寄或是線上作答，研究參與者可能會因為不瞭解相關問題內容或不想回答，研究者就無法得到有效問卷。所以，研究者輔以參與觀察法與深度訪談法，希望能彌補不同研究方法相互不足之處。

「觀察」作為蒐集研究資料的方法時，基本上是種科學方法（scientific technique）（吳明清，2008）。觀察法應用具有多種類型：以觀察情境的性質來看，有自然情境（natural setting）觀察及人為情境（artificial setting）觀察；若以觀察程序的結構性面，有結構式（structured）觀察及非結構式（nonstructured）觀察；若以觀察者角色，則有參與觀察（participant observation）及非參與觀察（nonparticipant observation）；如就觀察者接觸觀察情境的形式，也可分為直接觀察（direct observation）與間接觀察（indirect observation）。應用觀察法蒐集資料時，可以在不同的情境、採用不同的結構形式、並扮演不同的角色來進行（吳明清，2008）。研究者因此以教學設計及研究執行者的身分，在不同情境進行教學活動，從中參與觀察記錄，並進行相關蒐集資料的次級資料分析等。

訪談是進行質性研究常會使用到的方法，而深度訪談是以開放式問題，引導受訪者，深入人心，以探究受訪者真正的想法，進而獲取「參與意義」的資料（王文科、王智弘，2014）。訪談具有三種型式：結構式訪談（structured interview）、無結構式訪談（unstructured interview）、半結構式訪談（semi-structured interview）（吳明清，2008）。半結構式訪談適用於教育研究，所以研究者採取半結構式訪談。孫義雄（2004）認為深度訪談是研究者與研究對象間透過語言的媒介，目標導向的面對面溝通。為使受訪者回答研究者所提出的問題，因此談話內容會聚焦於特定主題，主要目的在使受訪者能無拘無束地發揮本身的見解，以瞭解受訪者的特性、經驗，及對於個案或現象的主觀看法，研究者得以藉此獲得最真實的資訊（萬文隆，2004）。深度訪談的基本動力來自

研究者探求事實的心,因為本研究實施時程涵蓋三年,研究者希冀深入瞭解受訪者在這三年歷程中的心得、感想、態度、信念、經驗等,進而將本研究成功實施客語沉浸式教學的經驗,提供給其他想要執行客語沉浸式教學的人員。半結構式訪談可以協助研究者達到此目的,因為此種訪談方式可以直接對受訪者做最廣泛的深入理解,尤其是對受訪者深具意義的議題,研究者將可獲得最真實的訊息及利於研究的資料(江明修、陳定銘,2000)。

次級資料分析則是研究者籍由閱讀文獻資料建立最基礎的理論概念,進而蒐集與研究議題相關資料,將研究者在教學現場所蒐集到的資料,如研究者服務幼兒園所進行的主題網、教學會議、教保人員撰寫的週誌、週報及各種相關客語沉浸式教學活動的相關資料,還有整理訪談及家長回饋資料,適當加以編碼歸類並分析,以彙整符合研究目的的資料。

三、研究工具

根據研究目的,相關研究工具如下:

1. 研究者本身:本研究採用質性研究,研究者本身就是研究工具。質性研究中,由於研究者也是教學現場的老師,親至研究場域蒐集資料,並進行選取、訪談、分析等工作,因此,研究者可說是研究中最重要的工具及研究對象。
2. 問卷:本研究參考張瑞菊(2018)的問卷,編撰「客語沉浸式教學家長問卷」,屬於封閉式問卷。第一部分包含幼兒家庭背景資料,第二部分包含家長對客語及客語教學的認知與態度、家長的參與配合度、家長回饋、家長對自身客語文化傳承想法等。第二部分總計 25 題,採用李克特量表(Likert scale),問卷填答者的回答界定為:非常同意、同意、普通(即:不同意也不反對)、不同意、非常不同意五種層次。問卷施行預測後,請五位專家學者審閱,達成專家效度,本研究問卷的信度 Alpha 係數皆大於 0.9,因此本問卷的信度甚佳,研究者據此編制最終的正式問卷,發放給幼兒園的家長,

以瞭解幼兒學習客語的成效及幼兒家長對實施「客語沉浸式教學」的態度。
3. 訪談大綱：為了深入瞭解受訪者的態度、感受、經驗等，研究者對搭班的非客籍教師、教保服務人員、陪伴員、社區人力資源進行訪談，以瞭解受訪者背景資料，針對教師、教保服務人員、陪伴員，主要是希望瞭解他們如何設計符合幼兒興趣及能力的主題、如何善用各項資源和自身優勢、對實施沉浸式客語的成效及建議、自身對客語教學能力提升的省思等。以下為對主要教學者的訪談大綱。對教師及陪伴員與教保服務人員的訪談大綱類似，主要差異在第一題與第十題，題目為：(1) 您之前配合其他幼兒園實施客語沉浸式教學經驗對您來到本園之後配合計畫實施客語沉浸式教學是否有幫助？若有，是什麼樣的幫助？(10) 若有機會，您願意繼續待在本園推動沉浸式客語教學嗎？為什麼？下表為針對教師的訪談大綱。

表 3：主要教學者訪談大綱

題號	訪談問題
1	您在實施客語沉浸式教學計畫時，遇到那些困難？如何克服？
2	搭班老師、陪伴員和您之間如何達到教學的默契及共同的教學目標？溝通上是否有困難？
3	您實施客語沉浸式教學的教材的來源為何？
4	您如何規劃幼兒園及教室環境以配合客語沉浸式教學？
5	您覺得除人力及物力資源外，還有什麼資源可運用？
6	您心目中理想的客語沉浸式教學應該如何進行？
7	您目前如何實施客語沉浸式教學？如何和主題統整式教學配合？
8	您目前所帶幼兒學習客語的興趣及能力如何？
9	您運用哪些教學策略方法讓班上幼兒增進學習客語的興趣及能力？效果如何？

資料來源：本研究整理。

針對社區人力資源的訪談，主要希望透過訪談協助過的人員，瞭解其對客語教學成果的相關看法，以獲得更客觀全面的資料。下表為對社區人力資源的訪談大綱。

表 4：社區人力資源訪談大綱

題號	訪談問題
1	因為老師不是客家人，那您覺得老師在進行客語教學時會遇到什麼困難？
2	您覺得非客籍老師在不太會聽說客語的情況下，要如何將客語融入教學？
3	您覺得老師請您入班／入園協助教學及活動，是運用您的哪一方面專長？
4	您覺得幼兒園教師可以使用哪些物力資源，以運用在幼兒園進行客語沉浸式教學，如何運用，請舉例說明？
5	您覺得幼兒在幼兒園學客語需要學什麼？
6	您覺得幼兒園如果要進行主題教學，以現有的資源適合選什麼主題？
7	您覺得目前幼兒園三年分別走社區、客家美食、校園生態適合嗎？為什麼？
8	您覺得教師使用社群媒體於教學上的策略是否能加強幼兒學習客語的興趣？為什麼？
9	您覺得教師使用社群媒體傳播幼兒客語的方式是否能讓幼兒在家更願意說客語，還有什麼方法也能達到效果呢？
10	您覺得教師使用社群媒體及書面資料紀錄的教學策略，對家長瞭解學校教學內容是否有幫助幫助？除了這些方法，還有什麼方法呢？
11	您覺得教師使用社群媒體進行錄音等教學、做中學、實際參訪接觸學習、及遊戲等，哪種方式較能引起幼兒的興趣？

資料來源：本研究整理。

本研究訪談時間由研究者和受訪者約定，若發覺訪談時間或內容不足，再視情況增加訪談次數。表 5 為訪談時間表與編碼說明。

表 5：訪談時間與編碼說明表

受訪人物	訪談日期	代碼	範例	說明
搭班老師	110.1.26	T	T1	T1 為搭班老師對訪談大綱第一題的回答
陪伴員 A	110.1.25	A	A2	A2 為陪伴員 A 對訪談大綱第二題的回答
陪伴員 B	110.1.25	B	B3	B3 為陪伴員 B 對訪談大綱第三題的回答
人力資源 1	110.1.27	C	C4	C4 為人力資源 1 對訪談大綱第四題的回答
人力資源 2	110.1.27	D	D5	D5 為人力資源 2 對訪談大綱第五題的回答
人力資源 3	110.1.27	E	E6	E6 為人力資源 3 對訪談大綱第六題的回答
人力資源 4	110.1.27	F	F7	F7 為人力資源 4 對訪談大綱第七題的回答
人力資源 5	110.1.27	G	G8	G8 為人力資源 5 對訪談大綱第八題的回答
人力資源 6	110.1.27	H	H9	H9 為人力資源 6 對訪談大綱第九題的回答
人力資源 7	110.1.27	I	I10	I10 為人力資源 7 對訪談大綱第十題的回答

資料來源：本研究整理。

研究者考慮資料信度及效度，因此採用潘淑滿（2003）所提之多元測定的四種型式：從「方法」、「來源」、「分析者」、「理論觀點」四方面多元測定，進行本研究之資料分析。本研究透過參與觀察法蒐集相關教學資料，輔以半結構式訪談法，訪談主要教學者及其他配合主題教學的人力資源及家長，加上期末請家長填寫回饋單及問卷等方式，根據研究問題，分析推動客語沉浸式教學達成的效果。

研究者首先從訪談逐字稿內容中找出關鍵的核心概念，做出初步的開放編碼，由開放編碼再建立概念軸心。研究者將有意義且意義相近的關鍵字歸納在一起，彙整成各個概念，形成標題，歸納分析，再予以交互驗證，形成研究焦點。在初步編碼後，得到的類別較多，經過不斷與文獻對話和重新閱讀、比對訪談資料，最後歸納出更高階的共同概念，再歸納共同面向，把握研究目的主軸與發展脈絡。研究者最終進行關鍵字形成的概念與面向及文獻資料的相互對話驗證，加以分析與討論，最後整理出研究者的發現與結論。

肆、結果與討論

一、實施主題教學推動客語沉浸式教學的歷程

主題教學是一個從無到有的生產創造過程，其實施步驟之間的連續性能讓幼兒產生連結及統整其學習內容，強調幼兒的學習興趣應以生活經驗出發，課程設計以統整不分科的方式實施。教師則在課程實施中，針對幼兒觀察到的問題、需求、興趣來辨認主題方向、延伸學習活動與內容，課程也會依照幼兒的學習狀況，予以彈性的調整變化（陳韶聿，2016）。

主題統整是目前幼兒園進行教學時常使用的方式，因此在實施客語沉浸式教學時利用結合主題的方式進行。教學人員結合自身專長及興趣，設計豐富的學習活動，統整各領域的學習並善用各種資源、將家長成為教學助力，將主題教學與客語沉浸式教學充分結合。由研究者和團隊配合實施客語沉浸式教學

過程中，我們讓幼兒走進社區及校園學習貼近生活的人、事、物，每一個主題都進行一學年，讓幼兒利用就近資源，透過感官學習及實際操作，如此幼兒對所學知識能有較深刻印象。因為由本園具專業幼教背景教師設計適合的教學活動，讓幼兒在生活中自然學習客語，有趣又好玩並能與家人分享。下表為研究者園所各學年度教學主題。

表 6：研究者園所各學年度教學主題

年度 班級	106 學年度	107 學年度	108 學年度
中小混齡班	社區走透透	客家節慶	生活＋水果＋社區
中大混齡班	東勢好好玩	客家美食	新成自然生態之美

資料來源：本研究整理。

（一）第一學年進行社區走透透主題

　　學校地處客家村，保留許多客家建築及文物，帶幼兒參訪，加深他們認識自己家鄉的語言與文化。研究者與陪伴員及教保員配合與主題或節慶相關活動，帶領幼兒參訪社區活動中心、派出所、各式店家及鄰居，還有鄰近的廟宇、古蹟與建築等。研究者的班級為新生班，因此讓幼兒以走路方式認識社區；另一班大多為舊生及年齡較大，所以採用搭公車到鎮上去的方式。兩班幼兒參訪社區中的各式店家，陪伴員及教保員以華客雙語介紹店家販售的食品，並示範如何以客語點餐，回到學校後則進行一日早餐販售活動，由師生共同製作早餐，以客語販賣給國小學生。幼兒也積極參加東勢的新丁粄節、天穿日、端午節等活動，深入瞭解客家語言與文化間的互動。研究者與陪伴員及教保員也積極將東勢在地農特產，如柿子、高接梨、梅子、泡菜、桔醬、各式米食等介紹給幼兒們，同時品嘗各式美食，誘發學生學習客語的興趣。研究者也邀請社區專才人士，配合學校教學活動，教導幼兒如何做粄，醃梅等。東勢也有許多具在地文化特色的廟宇，如鯉魚伯公廟及巧聖仙師廟，研究者帶領幼兒配合祭典活動，進行踩街活動。除此之外，幼兒參訪鎮上的圖書館、區公所、消防隊、派出所、郵局及警局等政府相關公務單位時，就請該機關用客語介紹其工

作環境與內容及相關設備,並請小朋友親身體驗,學習該工作相關的知能或實用客語。

　　Baker（2007）認為社區人員的行動及參與也是教學成功關鍵的因素,故走進社區是另一項學習,同時也能注入更多力量。陳雅鈴（2009）也提到客語保存須靠學校及社區共同合作,才有最佳的成效。透過客籍陪伴員及客籍教保員（皆為客籍在地人）的協同教學,讓非客籍的 2 位教師及班上幼兒對在地的語言及文化有進一步認識。柯孟瑜（2020）提到,透過將社區資源與幼兒園教保課程大綱學習指標結合所設計課程,可引起幼兒學習動機,並增加口語表達機會,提升幼兒自信及家長的參與及重視。此外,透過讓幼兒回饋社區的過程,翻轉偏遠地區弱勢教育的標籤,教師在社區資源融入課程的過程,也提升盤整、應用社區資源、尋求專家學者資源的能力。受訪者們對此主題活動皆深感滿意,認為學習就是要在日常生活中認識在地文化。

T6：我剛開始要接觸客語沉浸式教學是把自己 20 幾年的教學——主題教學,做成一個沉浸式客語帶進去的教學,那大部分的主題是比較清楚連接,然後再把可以的帶進去。那目前我比較理想的是,希望說可以推動生活化,例如我如果上的是社區,那我希望孩子可以幾乎每天可能跟社區的走動,然後講講話,就讓他們把這個母語變成生活上的一種應用語言,而不是只有在教室一直教,然後孩子的興趣就會一直減弱,目前我比較想要的理想,就是把孩子推廣到生活化裡面去,然後跟主題結合,社區結合,這樣子。（20210126）

C7：很適合啊！這樣可以善用校園跟社區的資源,然後讓孩子可以充分認識自己生活的環境。（20210127）

D7：我覺得滿適合的,因為我自己的小孩上課回來,他們是都很高興,很喜歡這樣子,那也有學到一些平常家裡不會教他們的。（20210127）

H7：OK。可以呀！因為它可以從生活學，那個社區。從生活中學習瞭解吸收最快啊！然後走出去看事物較新鮮。（20210127）

I7：我覺得合適。而且社區很重要，因為在地的話就是要瞭解這邊的文化。（20210127）

（二）第二學年教學主題是客家美食

　　幼兒從學習客家人的日常飲食及節慶文化飲食的客語說法，透過影片瞭解製作過程，陪伴員以客語說明食材及製作過程，接著從客家美食的四炆四炒中，選擇其中一道製作，然後帶幼兒與店家老闆以客語練習對話採買食材，最後練習客語表達製作過程。期間請 2 名幼兒扮演小主廚，穿上廚師服及貼上名牌，為大家示範烹飪。由客語陪伴員用客語教導全班及小主廚如何完成，教師全程錄影。料理的過程配上簡易曲子或熟悉唸謠的節奏加上動作，讓幼兒更熟悉料理的製作流程及材料。幼兒合作完成料理，大家一起享用，再次用客語複習相關食材及料理流程。結束後，陪伴員及教師和幼兒討論，利用不同素材做成食物模型，再將食譜做成海報張貼，加深幼兒對該道料理的認識。製作完成的食物模型放在班上的扮演區，幼兒可以玩扮演遊戲。因為幼兒親自製作，加上食物本身的吸引力，再結合各學習區開客家餐館的扮演活動，讓客語學習及客家飲食文化以主題課程的進行方式，幼兒能同時習得客語及客家飲食文化。受訪者們認同此活動，也覺得如此可以讓幼兒瞭解社區的活動，節慶可以結合飲食的文化，幼兒做中學能夠更瞭解生活環境。以下為受訪者們的回饋。

A7：我之前在上這個課程的時候是以實作的方式來落實沉浸式教學。怎樣實作？因為之前我上的是，那是以美食為主，客家美食，客家美食非常的多，而且就是相關的，那種相關的食物非常的多，且有意義，那麼我會實施的方式是以老師以實作的方式進行嘛！那麼我會去尋找這個食物的由來跟它的意義。它有很多的意義，例如說鹹、肥、香，例如說醃漬保存的方式，在在都顯示客家人獨特的精神所

在。那我在蒐集資料的時候，因為我自己本身是客家人，可是我也是不是懂得很多，那我詢問，訪問了很多在地的鄉親，就是那個年紀比較大的，姊姊們、大嫂們，然後請教他們，然後也從他們那邊尋回很多，我快要忘記的那個食物的實作⋯⋯那如何和主題結合？我覺得和主題非常的結合，因為民以食為天，幼兒從吃的部分，最容易瞭解文化和技術文化，那孩子們也有他的實作，自己吃到，然後回家，可能與家人分享，很容易在家長的製作過程中，他牢牢的記住他在學校也曾經教學過和吃過這個食物。這樣子我覺得非常的有意義。（20210125）

F7：這個是很好，因為可以多瞭解我們社區的活動。再一個就是說，用節慶結合飲食的文化，讓小朋友能夠更瞭解我們的生活環境。（20210127）

F11：因為那個活動很好，他們可以去實際的參與，讓他們能夠更有興趣。（20210127）

H11：買一些東西，實際的東西跟他講說，這是什麼東西？實際下去做比較有印象。（20210127）

I11：我覺得以他們這種年紀的小朋友，應該是做中學吧！動手會比較有樂趣。如果是比較有困難度的，譬如說要請一些耆老或是某些師傅才能做的，他們可以在旁邊一看，然後這樣子也絕對比看影片，還要更有意義，直接看現場。（20210127）

（三）第三年主題教學為校園自然生態之美

　　第三年進行的是校園自然生態之美，因為學校的空間十分寬廣，有豐富的自然資源，研究者借助陪伴員及國小的自然老師，與大學主修植物系另一同仁的專長，加上對校園綠化有功的行政助理也是客家人，對該主題教學有很大的幫助。幼兒們在校園觀察學校四季可見到的動物，包含鳥類、昆蟲、魚類及爬

蟲類等，瞭解其居住環境及生活習性；再觀察學校四季可見到的植物，包含校園裡的各種樹木、花草、多肉植物區、及菜園及生態池。研究者與協同教師利用遊戲讓幼兒學會動植物專有名詞及相關唸謠，並設計相關延伸活動，如美術創作、寫生、拓印、採集及種植，並讓幼兒加以觀察與記錄，甚至採收作為烹飪、泡茶或佈置等活動。除此之外，研究者與協同教師也讓幼兒敘說或演出相關動物故事及設計親子客語學習單。透過主題教學可強化幼兒多元的能力，也提升了教師的專業能力。而研究者在進行客語結合主題教學的這三年中亦看到幼兒多元能力的進步及教學團隊的進步。因此瞭解自己的專才和興趣並善用其他人力、物力的資源，才能讓教學更豐富。受訪者們對此也深表贊同。

G3：就是應該是動物、植物這方面我覺得都可以融入啦！我覺得在學校裡面有用一些在地的椰子殼啦！或者說學校的植、動物、動植物，對植物有專長就對了，會幫忙佈置，因為對學校的那些資源比較清楚，因為我們老師是點子王，她會說怎樣子的佈置好，我都盡量幫她忙啦！（20210127）

C4：善用國小部豐富的人力資源，協助幼兒園在不同的主題上，運用校園的植物、教室、運動場、草地等等融入課程，讓小朋友可以自己動手做，玩中學，做中學。（20210127）

G4：就樹枝那些啊！對不對？還有花花草草的學校的資源，學校的植物就對了，自然資源！（20210127）

I4：像在介紹植物的時候，學校菜園有種很多種，就可以拿一些實際的東西，讓小朋友看，看過實際的東西印象會比較深刻。（20210127）

G7：我覺得很好，我覺得學說話一定要從生活用語、生活上面的那個基本用語下去走，客家美食也是一樣，很多的動植物那個名稱，那些都是基本的，就是直接應用到他們的生活上，如果你在生活上看到的東西，剛好就可以應用。（20210127）

除了歷年的不同主題教學，在客語教學活動上，教師以多元方式進行客語沉浸式教學，主要包括：(1) 一日作息生活使用客語；(2) 主題教學使用華客雙語，課程融入節慶與在地文化；(3) 營造全客語的學校環境。例如值班老師於值班時，在門口向幼兒及家長用客語問候；教師於日常生活中使用簡易客語，指導學生進行各項活動；廚工送餐及和幼兒交談互動時，也使用客語；陪伴員入班教學使用全客語；邀請具有特殊專長家長或社區人士協助客語教學活動；於平日或節慶時，帶領幼兒到社區店家、活動中心、廟宇，警察局進行節慶活動表演、交流與教學。每年帶幼兒參加臺中市政府客委會客家歌謠比賽及其舉辦的活動；年年辦理客家週及天穿日等活動；積極鼓勵家長帶領幼兒參加幼幼客語闖關等。教學人員的用心，讓幼兒客語學習的成效提升，除了教學人員自身的努力及豐富課程，相關資源運用也相當重要。下表為本研究幼兒園教學人員所實施的多元教學方式。

表 7：研究者教學園所教學人員多元教學方式

項次	活動	說明
1	帶幼兒每年參加臺中市政府客委會客家歌謠比賽	106 年 8 月創園，當年 11 月參加臺中市政府客委會客家歌謠比賽，即獲得第二名佳績，接下來年年參加該項比賽，皆獲佳績。
2	帶幼兒參加台中市客委員會舉辦的活動	如結合花博、參加東勢客家園區闖關及藝文展和踩街活動等。
3	年年辦理客家週及天穿日等活動	多元化辦理每年天穿日、客家週活動（108 學年因 COVID-19 疫情延後開學而停辦）。
4	積極鼓勵家長帶領幼兒參加幼幼客語闖關	歷年本園所參加幼幼客語闖關的幼童人數踴躍（108 學年因 COVID-19 疫情停辦）。
5	教學主題結合在地文化	以客語結合在地相關主題進行教學。
6	多元有趣的教學	教學人員用心設計課程。
7	提升學習成效	透過理論與實務，使用各項資源達到成效。

資料來源：本研究整理。

幼兒學習客語的成效，除了經由對教保服人員、陪伴員的訪談得知，家長

填答的問卷也顯示幼兒學習客語的確有實質上的進步。以下為問卷中家長回饋部分的統計結果。

表 8：家長的回饋題組

編號	題目	總分	平均分數
1	我發現幼兒能分辨客語的使用時機與對象。	78	3.9
2	我發現幼兒的客語聽說能力進步了。	80	4
3	我認為透過教師所提供的活動及教學，幼兒對客語學習更有興趣及信心。	87	4.35
4	我認為透過瞭解在幼兒園的客語學習，幼兒的客語能力也提升。	86	4.3
5	我認為客語學習的活動增進了幼兒和家人的互動。	83	4.15
6	我認為客語教學能提高家長與幼兒在家中使用客語的頻率。	83	4.15
	總分	497	24.85
	平均分數或比例	82.83	4.14

資料來源：本研究整理。

由上表可知，家長普遍對於客語沉浸式教學幼兒的進步、教師的用心及學習影響予以肯定。而家長對於幼兒是否能分辨客語的使用時機與對象分數較低，是因為幼兒在家中與家人相處，若無機會使用，則較難判斷幼兒是否知道分辨客語的使用時機與對象。除此之外，研究者鼓勵幼兒參加幼幼客語闖通關，106、107 學年各有 25 人、20 人參加闖關，全數成功通過。

客家委員會為鼓勵推動客語教學績優之地方政府、學校及個人，以落實客語教學，提高教學品質，特訂定「推動客語教學績優獎勵實施計畫」。受獎單位（人員）應符合下列條件之一：（1）推動本土語言教學成效顯著者；（2）推動客語沉浸式教學成效顯著者；（3）推動少數腔調復振有成者；（4）推動客語能力各級認證績優者；（5）推動客語生活學校計畫績優者；（6）其他推動客語教學績優者。106 學年度「客語沉浸式教學推動試辦專案計畫」，研究者服務學校創園第一年，全園的教保服務人員及陪伴員即獲得績優行政人員、教師（教保員）及陪伴員（共 6 名），107 學年度研究者學校在校長鼓勵之下，將幼

兒園實施客語沉浸式教學歷程資料整理以「推動客語沉浸式教學成效顯著者」及「推動客語生活學校計畫績優者」的申請條件，經評審審核後獲選全國推動客語教學績優獎勵實施計畫教學團隊的殊榮，並應邀辦理教學成果觀摩研習及獲得獎金 20 萬元。本校創園第二年即獲此佳績，值得肯定。

二、實施客語沉浸式教學的策略

研究者和搭班教師實施客語沉浸式教學的三年過程中，參考過往實施客語沉浸式教學的的相關文獻，採取適合本幼兒園的教學策略。主要教學策略如下：(1)教學者與陪伴員及人力資源協同教學；(2)善用各項資源；(3)小老師制度；(4)遊戲；(5)感官學習，包含華客雙語教學、角色扮演、歌謠舞蹈及美術創作；(6)透過教學者教學紀錄與省思精進教學。

研究者實施客語沉浸式教學，從計畫撰寫到實施都是教學者的職責，因此教材也須自己選擇及蒐集。藉由訪談得知，現成的教材主要來自客委會出版的幼幼闖通關、初級認證的詞彙，大埔腔幼兒、教師常用教學用語的《小朋友上客㖸》書籍可作為輔助教材，讓教保服務人員以此資料作為參考，教導孩子在日常對話中習慣說客語。幼兒大多喜歡唱跳，透過唸謠及結合律動的方式學習語言效果佳，因此也採用吳達明老師的歌謠本。除坊間教材，教學者亦將社區各項資源納入教材，自製上課教材。教學者亦佈置情境及學習區作為充實學習教材的方式。

> B6：為了活化教學，需設計多樣教具，以提升學生學習母語的興趣，透過課程主題設計富有文化內涵的教具，透過操作性遊戲益智，讓客語學習更有興趣，更有趣啦，也更有學習效果。（20210125）
>
> A4：有關於幼兒園的環境、教室環境，事實上，我們的環境已經佈置得宜，就是很有客家風。例如說，我們用了花布，我們用了就是有關於客語的詞彙當作佈置，然後角落娃娃，也是有客語的元素在，所

以整個環境來說，是很有客家風，然後因為搭配著主題，有時候還會有那個主題的唸謠或是道具。例如說，在這一週我們班走的是童玩，就會有陀螺、竹蜻蜓這一類在教室的角落，提供孩子隨時可以去取用和玩樂，勾起老師上課的回憶，然後用客語跟他的同學作對話。（20210125）

因為本校校長正是研究者服務園所負責人，對園方的活動及教保服務人員全力支持，除了積極提供相關資源外，也鼓勵教學團隊間的合作，同時不斷進行學校的行銷，搭起學校與社區的橋梁，讓行政與教學，達到最佳合作效果。因為研究者所服務園所編制於國小，可以充分運用國小相關設備資源及人力之間的協調，讓教學更豐富多元。教師們也透過陪伴員同幼兒一同實地參訪，採用華客雙語運用解說。除了善用校園及社區人力及物力資源外，教學團隊亦配合主題及節慶，善用網路及各種平面影音資料來輔助客語學習，並進行校際交流，邀請他校來園學習與交流或本園所去他校學習與交流。

C4：善用國小部豐富的人力資源，協助幼兒園在不同的主題上，運用校園的植物、教室、運動場、草地等等融入課程，讓小朋友可以自己動手做，玩中學，做中學。（20210127）

E6：就以他學校裡現場的玩具，還有一些那個可能看到的東西拿來做主題。現場教，現場學。（20210127）

教師們也鼓勵幼兒創作及多說客語並適時予以讚美與獎勵，並先讓這些客語能力佳的幼兒輪流當客語小老師，教導班上幼兒說客語，以培養孩子喜愛說客語的習慣。透過不斷練習，幼兒逐漸習慣使用客語基本日常用語及常用教室用語，也透過讓幼兒輪流擔任客語小老師，讓幼兒利用扮演學習客語，幼兒因為有榮譽感及參與感，更加樂意學習。此外，教師與陪伴員也讓幼兒們從遊戲中學習，將遊戲視為學習的媒介，因此研究者和陪伴員共同進行客語教學時，

透過遊戲來增加認字及說客語的樂趣，善用遊戲達到教學效果。

教師們也利用客語結合相關歌謠律動、唸謠及童詩創作等多元學習表演方式，請幼兒輪流個別或集體表演，以增加幼兒興趣。教學者有時透過華、客語敘述節慶內容，讓幼兒練習說或演出來，同時製作棒偶於語文角，讓幼兒下課時可自行表演及敘說。配合主題、師生共同製作字卡與海報，讓幼兒學習，透過教學者肯定及同儕間模仿，幼兒自信增加，自製教具的意願及能力皆提升了。

由於手機及電腦的普及，教師善用社群媒體，將各種訊息以不同的方式和家長溝通，並記錄分享幼兒學習，同時行銷學校。陪伴員則每周錄下進行主題所設計的相關單字、句型及相關唸謠，於周末傳給家長，同時結合親子學習單，讓親子一起學習。借用科技及家長的力量落實親、師、生一起學習，同時亦可鼓勵家長將幼兒回家所錄製的客語內容傳給教保服務人員，教保服務人員則給予家長及幼兒鼓勵。

最後，研究者教學團隊透過學期前設定主題，於學期中記錄課程學習歷程及省思來精進教學，並透過開會討論檢討每次的學習活動，學期結束再做總檢討及討論新學期的主題方向，讓家長能認同雙語教育（華語及客語）是我們一直努力的目標。因此研究者在該班進行客語沉浸式教學 3 年之後，於學期末請家長寫出看法，以確定研究者教學成效。原則上九成家長認為有進步，可知家長對於客語沉浸式教學及教學者的肯定。家長認為客語文化是非常值得推廣與保存，人要飲水思源，既然身為客家人的後代，有機會就要學客語，以便傳承後代；另外，多一種語言，就多一項競爭，即使非客籍背景家長也認同實施客語沉浸式教學的成效及意義，並配合教師提供的客語學習的資源及方式。家長普遍感受到教師用心，利用多元統整的方式，讓幼兒學習客家語言及文化。同時每年也鼓勵幼兒參加中央客委會委託師範大學辦理的幼幼客語闖關，讓家長可以瞭解到幼兒學習客語的情形。幼幼客語闖關是鼓勵性質，透過闖關方式讓幼兒參與，幼幼客語闖通關共分為五關卡，採闖關方式進行，每一關卡皆有一個遊戲情境，以客語對話互動運用在情境遊具、聽力活動（理解能力）及口說活動（表達能力），當日完成闖關者頒發參加證書及獎勵品。

伍、結論與建議

一、結論

(一) 教師及陪伴員相輔相成

母語復振是趨勢，亦是使命，實施沉浸式教學為公認有效的方法。幼兒園進行客語沉浸式教學，師資主要為幼兒園教保服務人員及陪伴員。透過教師及陪伴員借助彼此專長，強化自己所需教學能力，園所能順利推動客語沉浸式教學。

(二) 利用社區及校園各項資源

教學者是教學的關鍵人物，善用各項資源幫助學童達到學習成效。家庭及學校都擔負著語言傳承的重責，加入社區資源力量，可達到三贏的局面。

(三) 有效的教學策略

有效的教學策略是成功推動教學的原因之一，研究者將主題教學和客語沉浸式教學結合，利用在地可得的各項資源及教學者個人特質及興趣設定主題，設計幼兒能力可達、有興趣的課程活動，讓課程更順利進行，教學者也較能從中獲得成就感及繼續推行的動力。研究者透過教學團隊、學校同仁及善用社區資源，共同推行社區、客家美食、校園生態等主題，輔以各式教學策略，例如華客雙語教學、遊戲、唸謠、歌謠舞蹈、角色扮演，美術創作、客語小老師等，皆能增強幼兒的客語學習興趣，使幼兒能樂在學習。研究者與協同教師利用科技產品於客語教學與親師溝通，同時也提升了教學者的客語及教學能力。研究者透過參與教學，記錄整理相關實施沉浸式教學的策略及方式，亦能提供給需要的人士善用。

幼兒在學習上的評量常見的方式有觀察評量、書面作品、檢核表、操作評量、口頭評量及個案紀錄等方式。針對上述重點，依據每條評量指標的評鑑標準，以判斷幼兒學習表現等級以及等級描述進行評量（廖鳳瑞、張靜文，

2019）。本研究透過參與觀察法蒐集相關教學資料，輔以半結構式訪談法，訪談主要教學者及其他配合主題教學的人力資源及家長，加上期末請家長填寫回饋單及問卷等方式，根據研究問題，分析推動客語沉浸式教學達成的效果。

二、建議

（一）首次承辦客語沉浸式行政人員、教保服務人員需相互合作

教保服務人員撰寫及實施計畫的確勞心勞力，更需要同仁之間的配合，可以多請教經驗豐富的相關人員。在配合政府實施的計畫時需要調整心態，因為身為幼兒求學的第一階段老師，的確身負重任，要照顧幼兒的身心，同時得肩負語言傳承的重責，所以須善用自己的幼教專業能力，並結合陪伴員的客語能力，達到一加一大於二的功效！

（二）計畫實施成果的善加運用

政府相關單位應鼓勵計畫辦理績優的學校及個人，增強大家辦學的意願及榮譽心；同時鼓勵並協助參與計畫相關人員提供計畫，並出版作品或印行，彙整大家的資料，以供彼此參考學習，以利教學。

參考文獻

王文科、王智弘(2014)。《教育研究法》。台北:五南圖書。
江明修、陳定銘(2000)。〈我國基金會之問題與健全之道〉。收錄於江明修主編,《第三部門——經營策略與社會參與》,頁 215-270。台北:智勝文化。
李佳運(2019)。《客家常用語大埔腔 APP 行動學習設計之探究——以台中市客語示範幼兒園為例》。台中:朝陽科技大學幼兒保育系碩士論文。
宋文琳(2012)。《幼兒園運用客語沉浸式教學之探討——以屏東縣內埔鄉一所全客語幼兒園為例》。屏東:國立屏東科技大學客家文化產業研究所碩士論文。
吳君玲(2009)。《地方產業轉型發展之研究——以苗栗地區為例》。新竹:中華大學經營管理研究所碩士論文。
吳明清(2008)。《教育研究》。台北:五南圖書。
林惠娟、孫扶志(2006)。《融入鄉土文化的幼教主題課程與教學——以媽祖廟為例》。新北:心理出版社。
林曉專(2018)。《幼兒園運用客語沉浸式教學融入教保活動現況之探討——以臺中市客語示範幼兒園為例》。台中:朝陽科技大學幼兒保育系碩士論文。
林德揚(2005)。《幼兒語文教材教法》。新北:心理出版社。
林慧君(2014)。《高雄市美濃區幼兒園客語沉浸教學現況及成效研究》。屏東:國立屏東大學文化創意產業學系碩士論文。
邱婉麗(2003)。《學校與社區資源互享互惠之研究》。嘉義:國立中正大學教育研究所碩士論文。
周淑惠(2006)。《幼兒園課程與教學——主題探究取向》。新北:心理出版社。
柯孟瑜(2020)。《社區資源融入幼兒園方案教學之歷程研究——以苗栗縣 Tayal 附幼為例》。台北:國立臺北教育大學幼兒與家庭教育學系碩士論文。

徐美玲（2017）。《苗栗地區幼兒園客語沉浸式教學之研究》。苗栗：國立聯合大學客家語言與傳播研究所碩士論文。

孫義雄（2004）。〈深度訪談法與犯罪成因之探索〉。《通識教育教學及研究方法學術研討會論文集》，2004（12）：221-232。

范瑞玲（2016）。《桃園市客語沉浸式教學計畫結案報告》。桃園：桃園市政府客家事務局。

梁世武（2004）。《93年度台灣客家民眾客語使用狀況》。台北：臺北市行政院客家委員會。

許孟勤（2022）。〈桃園市幼兒園客語沉浸式教學之實施與困境〉。《幼兒教保研究》，26：1-21。

許晏榕（2019）。《非客籍幼教師實施客語沉浸教學所遇之困境及因應策略》。屏東：國立屏東大學幼兒教育學系碩士論文。

黃文樹（2008）。《幼兒母語教學理論與實務》。台北：秀威資訊。

黃同圳、童小洋（2003）。《公務訓練機構訓練業務人員所需職能及在職訓練課程之研究》。公務人力發展中心委託研究報告。

黃瑞琴（2010）。《質的教育研究方法》。新北：心理出版社。

張麗君、郭珍妦（2005）。〈美濃客家地區家長語言能力與幼兒在家語言使用現況之調查研究〉。《臺北市立教育大學學報》，36（2）：141-170

張瑞菊（2018）。〈國小四年級客語沉浸教學對學童客語聽說能力的影響〉。《全球客家研究》，10：59-90。

張學謙（2008）。〈全母語幼稚園幼兒園與語言復振〉。收錄於黃文樹主編，《幼兒母語教學理論與實務》，頁167-185。台北：秀威資訊。

張學謙（2016）。〈走向添加式雙語主義：強化家庭與學校的母語教育〉。《臺灣教育評論月刊》，5（9）：1-9。

陳栗芳（2020）。《家長對幼兒園客語沉浸式教學之態度探討：以桃園市為例》。桃園：國立中央大學客家語文暨社會科學學系碩士論文。

陳雅鈴（2009）。〈屏東縣幼托園所實施沉浸式教學之探討〉。《教育資料與研究雙月刊》，91：55-84。

陳雅鈴、陳仁富、蔡典龍（2009）。〈客語沈浸教學對提昇幼兒客語聽說能力之影響。《教育心理學報》，41（2）：345-359。

陳雅鈴、陳仁富（2011）。《客語復振從屏東出發：屏東縣幼兒園客語沉浸教學》。屏東：屏東縣政府。

陳韶聿（2016）。《社區資源融入幼兒園主題教學之歷程研究──以愛心幼兒園為例》。台中：朝陽科技大學幼兒保育系碩士論文。

萬文隆（2004）。〈深度訪談在質性研究中的應用〉。《生活科技教育月刊》，37（4）：17-23。

廖鳳瑞、張靜文（2019）。《幼兒園教保活動課程幼兒學習評量手冊》。台北：教育部國民及學前教育署。

趙一農（2012）。《語碼轉換》。上海：上海外語教育出版社。

潘淑滿（2003）。《質性研究：理論與應用》。新北：心理出版社。

鄭舒丹等（2006）。《幼兒英文「融入式」教學：台中市愛彌兒中、英文主題交織課程》。台北：東西出版社。

戴怡君（2020）。《東東幼兒園客語教學歷程之探究》。台中：朝陽科技大學幼兒保育系碩士論文。

謝妃涵（2022）。〈幼兒園客語沉浸教學檢核表發展與應用〉。《全球客家研究》，19：39-76。

謝明昆、賴素惠、楊麗娜、袁麗珠（2009）。《主題開放教學：孩子與社區融合的課程與教學》。台北：華騰文化。

Baker, Colin 著，吳信鳳、張銀玲、陳瓊娟譯（2007）。《雙語主義──雙語兒童父母與教師手冊》。台北：東西出版社。

Barker, C. (2011). *Foundations of Bilingual Education and Bilingualism*. Clevedon, Multling Matters.

Black, T. R. (1999). *Doing Quantitative Research in the Social Sciences: An Integrated Approach to Research Design, Measurement and Statistics*. Sage Publications Ltd.

Blackledge, A., & Creese, A. (2009). *Multilingualism: A Critical Perspective*. Continuum.

Butzkamm, W., & Caldwell, J. A. W. (2009). *The Bilingual Reform: A Paradigm Shift in Foreign Language Teaching*. Narr Studienbücher.

Cummins, J. (2007). Rethinking monolingual instructional strategies in multilingual classrooms. *Canadian Journal of Applied Linguistics*, 10(2): 221-240.

Cummins, J., & Swain, M. (1986). *Bilingualism in Education* (1st ed.). Routledge.

Dale, E. (1946). *Audiovisual Method in Teaching* (1st ed.). Dryden Press.

DeJong, H. H. (1998). Is immersion the key to language renewal? *Journal of American Indian Education*, 37(2): 31-46.

Genesee, F. (1994). *Educating Second Language Children: The Whole Child, the Whole Curriculum, the Whole Community*. NY: Cambridge Press.

Grenoble, L. A., & Whaley, L. J. (2006). *Saving Languages: An Introduction to Language Revitalization*. Cambridge University Press.

Greymorning, S. (1997). Going beyond words: The Arapaho immersion program. In J. Reyner (Eds), *Teaching Indigenous Languages* (pp. 22-30). Center for Excellence in Education, Northern Arizona University.

Gutiérrez, K., Baquedano-López, P., & Alvarez, H. H. (2001). Literacy as hybridity: Moving beyond bilingualism in urban classrooms. In Maria de la Luz Reyes & John J. Halcon (Eds), *The Best for the Children: Critical Perspectives on Literacy for Latino Students* (pp. 122-141). Teachers College Press.

Holm, A., & Holm, W. (1995). *Navajo language education: Retrospect and prospects*. Teachers College Press.

Hornby, A. S. (1966). Looking back. *English Language Teaching*, 21(1): 3-6.

Irujo, S. (2006). *Teaching Bilingual Children: Beliefs and Behaviors*. Heinle & Heinle.

Johnston, B., & Johnson, K. A. (2002). Preschool immersion education for indigenouslanguages: A survey of resources. *Canadian Journal of Native Education*, 26(2): 107-123.

Lewis, G., Jones, B., & Baker, C. (2012). Translanguaging: Origins and development from school to street and beyond. *Educational Research and Evaluation*, 18(7): 641-654.

Lindholm-Leary, K., & Howard, E. R. (2008). Language development and academic achievement in two-way immersion programs. In Tara W. Fortune & Diane J. Tedick (Eds), *Pathways to Multilingualism: Evolving Perspectives on Immersion Education* (pp. 177-200). Multilingual Matters.

Mattsson, A., & Burenhult-Mattsson, N. (1999). Code-switching in second language teaching of French. *Working Papers*, 47: 59-72.

Newman, W. L. (2003). *Social Research Methods: Qualitative and Quantitative Approaches* (7th ed.). Pearson.

Skiba, R. (1997). Code switching as a countenance of language interference. *The Internet TESL Journal*, 3(10). http://iteslj.org/.

Snow, M. A., (1990). Instructional methodology in immersion foreign language education. In Amado M. Padilla et al. (Eds), *Foreign Language Education: Issues and Strategies* (pp. 156-171). Sage.

Stern, W. (1924). *Psychology of Early Childhood.* Henry Holt & Co.

Surjosuseno, T. T., & Johnson, R. J. (2002). Issues on teaching strategies for immersion education. *Journal Ilmu Pendidikan Universitas Negeri Malang*, 9(3): 179-187.

Swain, M., & Johnson, R. K. (1996). Immersion education: A category within bilingual education. In R. K. Johnson & M. Swain (Eds.), *Immersion Education: International Perspectives* (pp. 1-16). Cambridge, UK: Cambridge University Press.

Zhou, W. (2013). *A Singing Approach to Shared Reading: the Effects Upon U.S. Kindergarteners' Chinese Vocabulary Acquisition and Retention* [Unpublished Doctoral Dissertation]. Michigan State University.

第 5 章
初探語言環境、客語學習經驗和學習動機的關係——二所大專校院學生的比較

馮祥勇、張婷媛

壹、前言

　　《國家語言發展法》在 2019 年 1 月 9 日公布實施,將「臺灣各固有族群使用之自然語言(如:閩南語、客語、臺灣原住民族語、閩東語等),以及臺灣手語」,明訂為「國家語言」。從歷史發展脈絡而言,臺灣本來就是多元族群與語言文化的國家,如閩南語是僅次於國語使用率和人數最多的語言,分為南部腔、北部腔、內埔腔,海口腔 4 大腔調;客語亦有通行之四縣腔、海陸腔、大埔腔、饒平腔與詔安腔等 5 種腔調;原住民族更有阿美族、泰雅族、賽夏族、布農族、鄒族、邵族、排灣族、魯凱族、卑南族、太魯閣族、撒奇萊雅族、賽德克族、噶瑪蘭族、雅美族(達悟族)、拉阿魯哇族、卡那卡那富族等 16 族 42 種語言別。文化部(2019)指出,推動《國家語言發展法》,是期透過完備相關法制基礎,積極改善母語消逝或斷層危機,為臺灣建構彼此尊重、相互包容的多元語言友善環境,讓每一位國民都能更有自信、尊嚴地使用自己的母語;亦期能帶動社會各界重視語言文化之保存與發展、強化政府與民間專業團體資源整合的力量,以促進國家多元文化的進步與發展。

　　《國家語言發展法》第 9 條第 2 項明定「中央教育主管機關應於國民基本教育各階段,將國家語言列為部定課程」;第 18 條說明於十二年國民基本教育課程綱要總綱自國民小學、國民中學及高級中等學校一年級開始實施後三年,意即 111 學年度起高中將施行本土語文課程(教育部,2018)。自 2021 年初起,教育部也召開 89 次分組會議和 38 次課審大會,盡力完成各級學校本土語文課綱。國家語言列入國教課綱,使得本土語言師資更顯不足,鼓勵進行師

資培訓、測驗；在學術研究領域，早就聚焦於國中小學學生學習本土語言的情況，例如楊允言、蔡佩娟（2012）的〈國民小學台語教科書詞彙使用分析〉、林信志、謝名娟、簡瑋成（2017）〈弱勢學生閩南語學習態度、口說能力與影響因素之研究〉；甚至強調互動遊戲或桌遊的教學活動，如盧姝如、劉英傑、莊英君、彭正平（2012）〈體感互動遊戲應用於國小閩南語鄉土語言課程教學之研究〉、戴育芳、鄭永熏（2017）〈桌上遊戲融入國小閩南語教學對學生閩南語口語能力與學習自信心的影響〉，張淑美、劉昱良、魏慧美（2020）〈桌遊融入國小本土語言教學對四年級學童學習動機與學習成效之研究〉。當然，聚焦於客語、原住民或新住民語言學習的也有，例如張瑞菊（2018）〈國小四年級客語沉浸教學對學童客語聽說能力的影響〉，林信志、謝名娟、黃貞裕（2017）〈國中小客家文化實驗課程對客家文化認同、客語使用頻率與客語聽力能力影響之研究〉，黃俊峰（2014）〈從語言學習理論分析國民中小學原住民族語教育之困境及啟示〉，楊蕙芬、張德永（2020）〈臺灣國民中小學東南亞母語傳承課程與教學困境：支援人員的感知分析〉。

儘管在國小國中階段推動本土語言課程的情況甚早，但是在高中端或大學階段的本土語言學習卻面臨許多困境，歐進祿（2022）從高中教學現場情況，指陳高中本土語課程推動行政端面臨之困境，包括課程規劃的負擔與選課作業的困難、教師工作負擔與師資問題等，並認為「本土語言發展固然重要，對於語言文化保存，或許透過課程的教學，可以促使學生學習本土語言，促進語言的傳承。然而語言的傳承，真的僅靠學校每周一節課，就可以達成效果嗎？」雖然在大學階段沒有升學的壓力，但也面臨就業與使用環境的問題，尤其在國際化與加強英外語的趨勢下，本土語言的教與學更顯艱困。國立臺灣師範大學 2022 年初通過推動國家語言發展授課獎勵實施要點，自 110 學年第 2 學期開始，專任教師若在選修課程中，全程以臺語、客語、臺灣原住民族語、馬祖語或臺灣手語等其中一種語言上課，將依授課時數額外獲得 5 成鐘點費的獎勵（中央廣播電台，2022），實乃開大學本土語言教學的先河。相同地，以大學生為對象的本土語言學習相關研究亦顯鳳毛麟角，透過華藝線上圖書系統的查詢，僅得到二篇期刊論文：楊如雪、李忠謀、邱瓊芳（2009）〈台師大學生學

習台灣閩南語的觀察——以除錯與發音練習為例〉，蘇政傑（2011）〈大學生本土語言態度研究：以聯大語傳系為例〉。

　　語言，是文化傳承重要的媒介；而母語，往往能表現文化的特色和精髓。語言不只是單純的溝通工具，語言更承載了文化傳承的重責大任，透過學習本土語文的機會，讓平常難以接觸本土語言與文化的學子，能認識自身語言與文化之美。學者 Fasold（1984）與 Karan（2008）認為，語言流失可以從宏觀和微觀的角度探討，造成弱勢語言流失的宏觀因素有都市化、工業化、移民、經濟蕭條、政府政策等因素；而語言流失的微觀因素則是語言選用的問題，這是個人基於實用考量的結果。尤其大學端在國際化的前提，以及政府提出「2030 雙語國家政策發展藍圖」，教育部也公布實施「教育部推動雙語國家計畫」下，大學生面對華語和英語雙語教育的趨利考量下，對於英語和本土語言（尤其是客語）學習動機為何？是本研究關切的議題。本研究以量化研究為取徑，透過問卷調查及輔以訪談方式，探討語言環境、學習經驗對學生客語學習動機的關聯性。歸納本研究之目的如下：

1. 瞭解大專學生學習本土語言的情況與意願。
2. 瞭解大專學生學習客語的動機因素。
3. 分析語言環境、學習經驗對大專學生客語學習動機之影響。

貳、文獻探討

一、國家語言發展法及客語推展

　　聯合國教科文組織在 1999 年正式宣布每年 2 月 21 日為國際母語日，追溯起源係於 1950 年代孟加拉的語言權利運動，在巴基斯坦獨立後，東巴基斯坦和西巴基斯坦兩邊使用不同的語言，巴基斯坦政府卻獨尊烏爾都語，因而引起多次抗議官方單語政策的運動，經過多年的抗爭，巴基斯坦當局才在 1956 年

宣布孟加拉語和烏爾都語同時作為官方語言。失去語言，失去什麼？聯合國教科文組織認為：「每種語言的消亡必將導致其獨特的文化、歷史與生態知識的消失，這將是無可挽回的損失。每一種語言都獨特地表達了人類對世界的體驗……每消亡一種語言，我們對人類語言結構和功能的理解方式、人類史前史以及保持世界多樣性生態系統等方面的證據都會有所減少。最重要的是，使用這些語言的人們會體驗到，隨著自己語言的消亡，他們原有的種群和文化認同也將喪失。」（引自張學謙，2018）

　　族群語言流失是臺灣各族群普遍的現象。葉菊蘭女士於擔任行政院副院長時曾在全國本土教育研討會中提出警訊，她形容，「閩南語正如『掛號』中，客家語則已入『急診室』急救中，原住民語更是已經進入『加護病房』。」（引自黃以敬，2003）根據聯合國教科文組織的語言活力評估標準（Language Vitality Assessment，簡稱 LVA）的 9 項指標：（1）語言的世代傳承；（2）語言使用人口；（3）社群人口中說母語的比例；（4）語言使用的場域與功能；（5）是否使用於新場域與媒體；（6）語文教育與學習讀寫材料；（7）政府對語言的態度與政策；（8）社群成員對自己母語的態度；（9）語言相關典藏的數量與質量。以第一項指標「語言的世代傳承」並依傳承危機狀況分為六級，綜合各家學者的研究分析，閩南語的世代傳承應該是介於第三級「明確危險」和第四級「不安全」的狀態之間，明顯較接近第三級的「明確危險」；客語的世代傳承應該是第三級的「明確危險」；原住民族語部分，多種語言屬於第零級的「滅絕」或第一級的「瀕臨滅絕」，其餘也多屬第二級的「嚴重危險」及第三級的「明確危險」（教育部本土語言資源網，2022）。

　　文化部（2019）指出，《國家語言發展法》的立法目標在於傳承、維繫多元語言文化之發展，保障各族群語言使用者之教育、傳播與公共服務權利，從語言保存及永續發展的觀點進行規劃，尊重語言文化的多樣性，落實文化平權的精神。其法案重點在強化國家語言相關學習資源：中央教育主管機關與相關單位研議合宜機制，將國家語言納入各階段國民教育之部定課程，強化整體國家語言之教材、師資等教育學習資源。《國家語言發展法》是一種由上而下，透過立法保障國內各種語言永續發展的方法，試圖維護本土語在學生語言學習

上的一席之地。只可惜推動上的障礙仍舊困難重重，雖然很多學校從幼兒園開始，透過客語的沉浸式教學，為孩童打下了不錯的基礎。但因跨族群通婚、父母不諳客語，導致家庭、社區失去客語傳承之功能，加之學校客語師資又嚴重短缺等種種內部危機，即便有客語的課程學習，在政府提出「教育部推動雙語國家計畫」下，為了學習英語轉而放棄客語或族語，最終會造成客語／母語雪崩式的流失。

二、客語的教與學

以中文電子期刊服務 CEPS 之資料庫查詢，中文期刊（繁體）中「客語學習」的篇數，自 2011 年至 2023 年底共有 19 筆，其中關注於幼兒客語學習的有 8 篇，分別是陳雅鈴（2013）〈客語沉浸教學幼兒之客語使用情形〉、鍾鳳嬌等人（2014）〈一所全客語沉浸式教學幼兒園的探究〉、陳雅鈴（2016）〈幼兒園客語系列教材發展歷程及成果〉、陳雅鈴（2020）〈幼兒園客語沉浸教學實施方式及成效〉、陳雅鈴與蔡宜雯（2022）〈客語 STEM 親子遊戲團體之實施歷程與成果〉、許孟勤（2022）〈桃園市幼兒園客語沉浸式教學之實施與困境〉、謝妃涵（2022）〈幼兒園客語沉浸教學檢核表發展與應用〉、陳雅鈴與蔡典龍（2023）〈幼兒園客語沉浸教學對客家認同及跨語言文化態度之影響〉。國中小學學童客語學習的有 7 篇，分別是徐超聖與李佳芬（2012）〈國小高年級客家學童客家語學習與族群認同之相關研究——以新竹縣關西地區為例〉、鄭明中和徐碧珠（2013）〈國民小學客家語教科書學習內容之比較分析〉、林信志等人（2017）〈國中小客家文化實驗課程對客家文化認同、客語使用頻率與客語聽力能力影響之研究〉、張瑞菊（2018）〈國小四年級客語沉浸教學對學童客語聽說能力的影響〉、張瑞菊（2018）〈落實客語扎根：國民小學高年級客華雙語教學研究〉、藍於琛等人（2018）〈行政首長、基層官員與語言教育政策執行：改制前高雄市與高雄縣〔客語生活學校〕政策執行比較分析〉、鍾鳳嬌與王國川（2023）〈玩桌遊學客語：以木骰子文化桌遊融入六堆地區國小沉浸式客語教學研究〉。這裡也有 4 篇以客語語音研究的論文，其中許雲翔、柯念廷與張陳基

（2022）的〈AI 客語諺語學習型對話機器人服務設計〉，是探討使用人工智慧（AI）於客語學習設計的首篇論文。

綜觀「客語學習」的研究論文，多集中在國中小學為對象，且又以沉浸教學的為主要教學方式；而關注於大學生客語學習的僅有蘇政傑（2011）的〈大學生本土語言態度研究：以聯大語傳系為例〉一篇，該文主要是探討臺灣大學生本土語言態度的社會語言學研究，以國立聯合大學臺灣語文與傳播學系學生為研究個案，以改編之「本土語言學習滿意度調查問卷」作為資料蒐集的工具，針對受試者的本土語言態度進行量化調查研究。該研究結果如下：（1）女性在本土語言的認同度上高於男性；（2）母語背景為客語的受試者，在本土語言的認同度上，高於母語背景為國語、原住民語的受試者，與母語背景為閩南語的受試者相比，沒有顯著差異；（3）本土語言使用流利者，在本土語言的認同度上，高於不流利者；（4）長期居住於都市地區的受試者，在本土語言的認同度上，高於居住於非都市地區的受試者；（5）除了母語習得和學校語言的學習之外，曾經學習過其他外語的受試者，在本土語言的認同度上，高於未學習者；（6）未來願意往學術界深造的受試者，在本土語言的認同度上，高於不願意者；（7）父母親鼓勵學習本土語言的受試者，在本土語言的認同度上，高於不鼓勵者；（8）父親職業是工農（或家管）的受試者，在本土語言的認同度上，高於從事其他職業的父親的受試者。母親職業是商人（或公務員或教師者）的受試者，在本土語言的認同度上，高於從事其他職業的母親的受試者。

隨著政府「2030 雙語國家政策發展藍圖」、「教育部推動雙語國家計畫」的鼓動，加以大學國際化的考量，大學生擁有雙語或多語言的學習環境，許多研究針對大學生學習外語（英語、日語、韓語或其他國基語言）的情況加以探究；但對於本土語言（尤其是客語）學習動機或相關成效的研究，相對較少因而是值得重視的課題。

三、語言學習動機

動機（motivation）雖然是心理學的名詞，但在教育或是語言學習上，一

直是熱門且受到重視的議題。張春興（2000）認為學習動機是學習行為的原動力，學習動機越強的學生，學習表現越好。學習動機常被分為「內在動機」與「外在動機」，所謂「外在動機」是藉由外在因素引誘個體從事各項活動的動機，如學習的環境、教學方法和成就等；而「內在動機」則是驅動個體的好奇心，連結有意義的學習經驗而產生的動機（Harmer, 1983）。在語言學習方面，Gardner 與 Lambert（1972）則將語言學習動機分為工具性（instrumental）和整合性（integrative）兩種，所謂工具性動機指學習語言的目的是為了求得更好的工作、升遷或財富等；而整合性動機則是認同該語言之文化進而想融入其中而產生的學習動機。

　　國內外許多學習動機研究多引用 Pintrich、Smith 與 McKeachie（1991）所編製的學習動機和策略量表（Motivated Strategies for Learning Questionnaire, MSLQ），該量表經吳靜吉與程炳林（1992）翻譯以符合國內教學情況，其學習動機可分為下列七類：（1）內在目標導向：內在目標導向是指學生以學習是否可達精熟、是否可以滿足其求知慾和是否有挑戰性的程度為導向。（2）外在目標導向：外在目標導向是指學生在大部分課程中，是以追求成績分數、外在表現或尋求他人的認可為依歸。（3）工作價值：是指學生對於某特定課程或教材內容所抱持的信念，包括是否覺得其重要、有用和有興趣。（4）學習的控制信念：學習的控制信念是指學生認為學習的結果將視自己是否努力而定，而與他人的影響無關。（5）學習的自我效能：學習的自我效能是指學生對於自己是否學會技巧、有能力去完成特定目標所抱持的信念。（6）期望成功：期望成功是指學生對於自己是否能成功完成學習工作所抱持的信念。（7）測試焦慮：測試焦慮是指學生在考試之前或考試時，因為擔心或害怕表現，所發生的不舒服感覺。

　　學習動機是影響語言學習成效的重要因素，也因此語言學習尤其是外語學習的相關研究甚多，Ushioda（1998）提及學生在學習語文方面，積極正面的學習態度、是否具有成就感等有極高的相關性，並指出沒有學習動機，就不會產生學習。McGroarty（1998）的研究發現，學習動機的強弱決定學習者投入學習活動的程度，並影響學習態度與語言學習成效。儘管學習動機的研究相當

多，但討論本土語言或客語學習動機者相對缺乏，尤其是大專學生客語學習動機的相關研究更少，這也是本研究開展的緣由。

參、研究方法

一、研究架構

本研究旨趣在探討《國家語言發展法》施行之後，客語學習在大學端的情況，檢視語言環境、學習經驗對大專學生客語學習動機之關聯性，作為客語推展的現況理解及未來建議。本研究採問卷調查方式，進行量化研究。依據研究目的與相關文獻，本研究擬定之研究架構詳如圖1；亦即學生的父母親族群歸屬、在家使用本土語言的情況及居住鄉鎮是否屬於客家文化重點發展區等客語使用環境，對影響大專學生客語學習的動機因素；另外，學生客語學習經驗也會影響其客語學習動機。

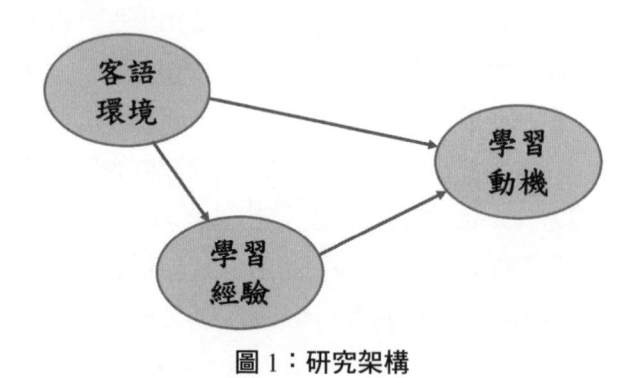

圖1：研究架構

二、研究對象與研究工具

本研究的研究目的，在於探討大專學生學習客語的動機及其影響因素，係以國立聯合大學文化觀光學系選讀客語的學生為目標群組，已選讀或正在選修

「初級客語」、「觀光客語」的學生為樣本，以問卷調查總共獲得58位同學的回覆資料，其中男生25人、女生33人。又為進行比較分析，以高雄某所國立大學通識課程的學生為參考群組樣本，在告知《國家語言發展法》的立法宗旨及過程之後，進行本土語言的選課及學習動機問卷施測，全班51位同學完成問卷填寫，其中男生27人、女生24。

本研究採用量化研究，以封閉式問卷由同學填寫，基本資料包括性別、父母親的族群歸屬、居住縣市鄉鎮別、大學前求學階段學習本土語言的情況，參考群組並詢問其選修本土語言的意願，目標群組則詢問其通過客語認證情況。主要的量表為學習動機量表，該量表係參考吳靜吉、程炳林（1992）翻譯自Pintrich, Smith和McKeachie的學習動機和策略量表，該量表經多位學者與研究人員採用及修正，均獲致不錯的信效度（黎瓊麗、林玫妙與林怡倩，2007；吳青蓉、張玉茹與羅廷瑛，2009；林明煌，2019；李詠青，2020；張芳全，2021；Feng, Fan, & Yang, 2013）。學習動機量表原題目共七項35題，鑑於客語在大專校院為選修課程，因而扣除測試焦慮項的題目，再依研究旨趣精簡為20題，採Likert五點量表從「非常不符合」到「非常符合」，並依填答情況依序給予1至5分。

三、資料分析與統計方法

本研究係採用量化研究，在問卷資料分析部分，以統計軟體SPSS進行，就學生的性別、父母親的族群歸屬、居住縣市鄉鎮別、大學前求學階段學習本土語言的情況、參考群組學生選修本土語言的意願、目標群組學生通過客語認證情況等，採用次數或平均數方式呈現。至於學習動機則以驗證性因素分析（Confirmatory Factor Analysis, CFA），進行因素構面與項目間組成信度探討；又為探討目標群組和參考群組學生學習本土語言的學習動機比較，以t檢定（t-test）進行差異性分析。

在社會科學領域，結合因素分析與路徑分析的結構方程模式（Structural Equation Model, SEM），近20多年來成為重要的量化方法典範，在教育、心

理、管理乃至於實務領域，採用結構方程模型的研究屢見不鮮。李承傑、董旭英（2017）指出，結構方程模型可分為兩種類型，一種是以共變數為基礎的結構方程模型，是運算分析觀察變項的共變數結構，藉由定義一個因素結構來解釋變項間的共變關係，因此稱為以共變數為基礎的結構方程模型（covariance-based SEM）；另一種是以變異數為基礎的結構方程模型，也就是偏最小平方法，利用觀察變項的線性組合定義出一個主成份結構後，再利用迴歸原理解釋檢驗主成份間的預測與解釋關係，因此也稱為以主成份為基礎的結構方程模型（component-based SEM）。

本研究採用偏最小平方法，這是一種探測或建構預測性模型的分析技術，其優點有：(1) 能處理多個依變數與多個自變數；(2) 能克服多變量共線性的問題；(3) 強健（robust）地處理干擾資料及遺失值；(4) 投入反應變項對潛在變項有很強的預測能力；(5) 可以同時處理反應性指標（reflective indicator）和形成性指標（formative indicator）；(6) 適用於小樣本；(7) 不受資料分配的限制（Pirouz, 2006）。邱皓政（2011）指出，PLS 主要關注焦點是在於預測效能（predictive capability），其主要程序是將兩組測量變數進行線性整合成簡化的幾個主成份分數來進行一般最小平方迴歸分析，因此即使樣本數很小，也可以利用 PLS 來估計測量模式與結構模式。

肆、研究結果

一、目標樣本描述

本研究的研究目的，在於探討大專學生學習客語的動機及其影響因素，係以國立聯合大學文化觀光學系選讀客語的學生為對象，包括已選讀或正在選修「初級客語」、「觀光客語」的學生為樣本，以問卷調查總共獲得 58 位同學的回覆資料，其中男生 25 人、女生 33 人；父親為客家籍的有 28 人、母親為客家籍的有 29 人，由於包括夜間部苗栗在地的學生，顯示雙親以客家籍者佔大

多數、閩南籍也有很大的比例，目標樣本的樣本特性詳見表1。至於，目標群組的學生在大學前求學階段，選讀過客語的有34人，佔58.62%；但通過並獲得初級客語認證者有8位，通過中級或中高級的也僅有4位，合計獲得正式客語認證者共12名，佔群組的20.69%；沒參加認證考試或未通過者，則有46人，佔全部樣本數的79.31%（詳見表2）。

表1：樣本特性統計表

變項	類別	目標群組 人數	目標群組 百分比（%）	參考群組 人數	參考群組 百分比（%）
性別	男	25	43.10	27	52.94
	女	33	56.90	24	47.06
父親族群歸屬	閩南籍	24	41.38	32	62.75
	客家籍	28	48.28	9	17.65
	外省籍	4	6.90	7	13.73
	原住民	2	3.45	0	0
	新住民	0	0	3	5.88
母親族群歸屬	閩南籍	23	39.66	33	64.71
	客家籍	29	50.00	5	9.80
	外省籍	0	0	7	13.73
	原住民	2	3.45	0	0
	新住民	4	6.90	6	11.76
總數	總數	58	100	51	100

表2：目標群組選修客家語言經驗

類別	人數	百分比（%）
沒選讀過	24	41.38
選讀過	34	58.62
無	46	79.31
初級	8	13.79
中級	2	3.45
中高級以上	2	3.45

二、本土語言的選課及學習意願

　　本研究以高雄某所國立大學通識課程的學生為參考樣本，在告知《國家語言發展法》的立法宗旨及過程之後，進行本土語言的選課及學習動機問卷施測，施測時並沒有告知本研究是針對「客家語言」的學習研究，以避免造成謬誤而更能顯示大學生對學習本土語言的情況。全班 51 位同學完成問卷填寫，其中男生 27 人、女生 24；父親為客家籍的有 9 人、母親為客家籍的有 5 人，雙親以閩南籍者佔大多數，參考樣本的樣本特性詳見表 1，基本上反映一般大學生族群歸屬狀況。在《國家語言發展法》實施後，學生表達選修「本土語言」的意願，選閩南語的有 22 位，為主要部分，佔全部樣本的 43.14%；選客語的有 8 位，佔全部樣本的 15.69%，佔有意願選修本土語言的 22.86%（詳見表 3）。詢問同學為何「沒意願選讀本土語言」的意見，表示「沒興趣」、「沒有必要性」、「已經會了」、「用到的機會不多」，顯示臺灣本土語言的教學與推廣，如何突破「興趣」及「使用機會」是很重要的關鍵。

表 3：參考群組選修本土語言意願情況

類別	人數	百分比（%）
無意願	16	31.37
閩南語	22	43.14(62.86)
客語	8	15.69(22.86)
原住民語	0	0
新住民語	5	9.80(14.28)

三、客語學習動機

　　在學習動機的測量上，先進行量表的信度效度分析，經分析後得到 KMO 值為 0.853，表示適合使用因素分析；再以項目同質性檢驗，結果顯示組成信度 Cronbach's α 均在 0.7 以上，且量表整體的 Cronbach's α 值為 0.946（目標群組）及 0.901（參考群組），顯示量表具有良好的信效度。

學習動機的分析部分,依據學習動機的六大項:內在目標導向、外在目標導向、工作價值、學習的控制信念、學習的自我效能、期望成功,進行調查並歸納結果如表4。目標群組選讀客語的學習動機,平均分數高低依序為價值屬性的工作價值及學習的控制信念(平均數為 4.043、4.009),然後才是情感屬性的內在與外在目標導向(平均數均為 3.943)。對照參考群組學習本土語言的學習動機,其平均分數高低依序為情感屬性的內在目標導向(平均數均為 3.657),然後才是價值屬性的學習的控制信念及工作價值(平均數為 3.586、3.579)。也就是說,客語或是本土語言的學習動機,主要在工作價值的因素,當然內在目標導向的情感因素也有較大的影響作用;不過依據筆者或其他學者的調查研究,以五分位作答的量化統計,正面的回應通常平均分數會高於 4 分,這次的研究統計結果,分數普遍偏低,顯示大學生對於客語或是本土語言的學習意願較低,選讀的動機來源為工作價值或內在目標的情感導向,但一經選讀客語其學習的控制信念也高。

表 4:學習動機分析

屬性	變項	目標群組 平均數	目標群組 標準差	參考群組 平均數	參考群組 標準差	t
情感	內在目標導向	3.943	0.640	3.657	0.461	2.300*
情感	外在目標導向	3.943	0.555	3.448	0.566	4.134**
價值	工作價值	4.043	0.591	3.579	0.528	3.821**
價值	學習的控制信念	4.009	0.513	3.586	0.496	3.899**
期望	學習的自我效能	3.764	0.838	3.267	0.615	3.051**
期望	期望成功	3.862	0.701	3.467	0.525	3.058**

* $p<0.05$, ** $p<0.01$

四、客語語言環境、學習經驗與學習動機之相關分析

父母的族群歸屬,若父母雙方均屬於客家籍則給 3 分;若父母雙方有一方

屬於客家籍，給 1 分；若父母雙方都沒有屬於客家籍者，以 0 分估算。目標群組的父母歸屬客家籍的量化分數為 1.36 分，顯示學生父母親還不到一半是屬於客家籍。在客語使用情況，在家會以客語或本土語言溝通者給 3 分；會以本土語言或母語溝通者給 1 分；在家不會以客語或本土語言溝通者則以 0 分計算。目標群組學生使用客語的量化分數為 1.74 分，顯示學生在家有超過一半會用簡單的客語或本土語言溝通。至於居住之縣市鄉鎮，居住在客家文化重點發展區客家人口比例在 50% 以上的縣市鄉鎮，以 3 分估算；居住在客家人口比例在 20%-50% 間的縣市鄉鎮，以 2 分估算；居住在客家人口比例在 5%-20% 間的縣市鄉鎮，以 1 分估算；而該縣市沒有客家文化重點發展區的，則評以 0 分。目標群組學生居住地的量化分數為 2.07 分，顯示學生居住地為客語環境者超過半數。

相同地，在客語學習經驗上，若學生在大學前求學階段，選讀過客語者，以 3 分估算；若選讀過其餘本土語言者，以 1 分計算；完全沒有修讀客語或本土語言者，則評以 0 分。目標群組學生客語學習經驗的量化分數為 1.98 分，顯示超過半數的學生選讀過客語或本土語言。至於通過客語認證者，初級、中級或中高級客語認證者分別給 1 分、2 分和 3 分，沒有通過者則給 0 分。經統計目標群組的通過客語認證整體分數為 0.31 分，顯然很低，也表示沒參加認證考試或未通過者，佔樣本數的大部分。

表 5 客語環境、學習經驗與學習動機相關係數矩陣中，列出各變項的平均數及標準差，以及變項間的簡單相關係數。從相關係數中，顯示概念群組內的一致性均達顯著水準，且客語環境與客語學習經驗有高度相關。

進一步以結構模式分析學生學習客語的學習動機來源，PLS 模型分析的步驟，首先是檢驗測量模型的建構效度（construct validity），以檢視收斂效度（convergent validity）與區別效度（discriminant validity）兩項。經測度後，本研究模式之所有變項的因素負荷量（factor loading）均大於 0.5；組合信度（composite reliability）與 Cronbach's α (CA) 值也都在 0.7 以上；平均變異萃取量（average variance extracted, AVE）值大於 0.5，符合 PLS 模型的檢測指標。經測量後，各變項的關係詳見圖 2。從 PLS 結構模式分析，發現客語環境

與學習經驗有高度相關，標準化路徑係數 0.814 達統計上的顯著性，且解釋力 R^2 高達 0.662。至於，影響學生學習客語的學習動機來源分析，以客語環境最為重要，標準化路徑係數為 0.290，達到顯著水準；而修讀客語的經驗對學習動機的影響，標準化路徑係數僅 0.095，且未達到顯著水準；整體模式的解釋力為 0.138，顯示採用 PLS 分析有普遍偏低的現象。

表 5：客語環境、學習經驗與學習動機相關係數矩陣

變項		M	SD	A1	A2	A3	B1	B2	Y1	Y2	Y3	Y4	Y5	Y6
A1	父母客籍	1.36	.35	1										
A2	使用客語	1.74	.05	**.699**	1									
A3	居住鄉鎮	2.07	.11	**.654**	**.588**	1								
B1	修讀客語經驗	1.98	.26	**.736**	**.577**	**.742**	1							
B2	通過客語認證	0.31	.71	**.507**	**.535**	**.377**	**.360**	1						
Y1	內在目標導向	3.96	.62	.158	**.388**	.030	.051	**.297**	1					
Y2	外在目標導向	3.96	.54	**.390**	**.341**	.151	.170	**.431**	**.572**	1				
Y3	工作價值	4.04	.59	.173	**.371**	-.011	.007	**.335**	**.893**	**.623**	1			
Y4	控制信念	4.01	.51	**.262**	**.427**	.169	.169	**.332**	**.674**	**.612**	**.675**	1		
Y5	自我效能	3.76	.84	**.315**	**.480**	.131	.156	**.324**	**.742**	**.594**	**.727**	**.713**	1	
Y6	期望成功	3.86	.70	**.320**	**.450**	.103	.209	**.348**	**.675**	**.674**	**.717**	**.747**	**.817**	1

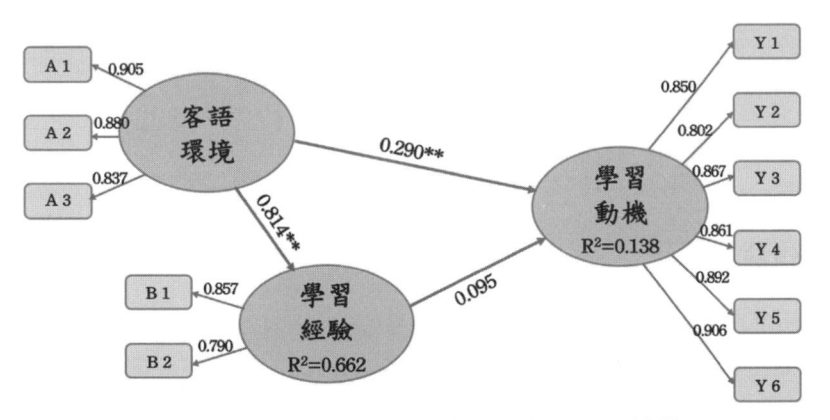

圖 2：客語環境、學習經驗與學習動機線性結構模式

伍、結論與建議

一、結論

　　本研究旨趣在探討《國家語言發展法》施行之後，客語學習在大學端的情況，檢視語言環境、學習經驗對大專學生客語學習動機之關聯性，作為客語推展的現況理解及未來建議。本研究係以國立聯合大學文化觀光學系選讀客語的學生為目標群組，以問卷調查 58 位同學正在或已選修客語課程的學習動機及相關因素，並以高雄某所國立大學通識課程的學生為參考群組樣本。研究結果發現，參考群組學生表達選修「本土語言」的意願，選閩南語的有 22 位，而選客語的有 8 位，佔全部樣本的 15.69%，佔有意願選修本土語言的 22.86%；選修本土語言意願累積達 68.63%。

　　至於學習客語的動機部分，目標群組選讀客語的學習動機依序為價值屬性的工作價值及學習的控制信念，然後才是情感屬性的內在與外在目標導向；對照參考群組學習本土語言的學習動機，高低依序為情感屬性的內在目標導向，然後才是價值屬性的學習的控制信念及工作價值。顯示目標群組選讀客語的動機以工作價值取向為主，期待未來在工作場域上能因為「客語」溝通能力，而有加分作用。進一步以 PLS 結構模式分析學生學習客語的學習動機來源，發現無論是父母親的客家籍、家中使用本土（客語）或是居住在客庄等客語環境，是影響學生學習客語的主要因素；而過去（國小國中高中）求學階段的客語學習經驗，反而影響微乎其微。

二、建議

（一）客語學習的後續研究

　　過去雙語教學多採用 EMI（English as the Medium of Instruction，英語作為教學語言）模式，所有教學都以目標語言進行的語言沉浸式課程，學生必須先具備目標語言（英語或客語）的熟練程度才能聽懂課堂的講授內容，如果他們

的水平較低，則需要額外的客語輔導與學習。然而，學習動機是學習行為的原動力，客語學習動機的探究相對重要且基礎，教師必須理解學生的學習動機，才能提升學習成效。此外，與 EMI 不同之處的 CLIL 方法則鼓勵學生使用母語來進行教學。所謂 CLIL 即內容和語言的整合學習（content and language integrated learning），是指在學習一門學科同時學習一門語言，例如英語或客語，將這兩個學科結合起來（侯雅文、林政逸，2021；邵士原，2023）。目前的客語學習研究也適度反應目前客語教學的現況，多以沉浸式課程為主；CLIL 方法的客語整合式教學是否更能提升學生學習成效，需要更多的教學實驗研究，才能予以論證。

（二）客語推動政策與行政方面

隨著《國家語言發展法》的公布實施，以及《客家基本法》的修正，客委會在強化復振客語及文化推動方針，使客語成為日常生活用語方面，有三項工作重點：推動客語為通行語、推動客語為教學語言、營造客語友善環境。其中「推動客語為教學語言」，除了持續向下紮根著重幼兒園與國小學童的客語學習之外，在大專校院尤其是對地方產業或是客庄導覽學科，應該鼓勵教師使用客語教授專業科目，建議一系列以客語優先的整合性學科。從期望-價值理論的觀點，學習動機是學生期望成功和對成功的重視；如果學生對於學習的結果或過程，認為可以獲得他們期待的成功，那麼他們將會更投入學習。鑑於大專學生多以工作價值取向的語言學習，建議政策上公部門在客家文化重點發展區應優先推動「聘僱具客語認證或選修客語學分人員」，以保障民眾在公共領域使用客語與營造客語友善社區之樣貌。

參考文獻

文化部（2019）。〈《國家語言發展法》——改善語言斷層危機、尊重多元文化發展〉。取自：https://www.ey.gov.tw/Page/5A8A0CB5B41DA11E/acb034c7-e184-4a39-be3f-381db50a6abe

吳青蓉、張玉茹、羅廷瑛（2009）。〈幼保系學生的英語學習動機、行動控制、後設認知及其學業成就之相關研究〉。《慈濟大學教育研究學刊》，5：55-82。

吳靜吉、程炳林（1992）。〈激勵的學習策略量表之修訂〉。《測驗年刊》，39：59-78。

李承傑、董旭英（2017）。〈偏最小平方法結構方程模型〉。《科學發展》，539：20-25。

李詠青（2020）。〈全球觀光潮流下跨文化學習動機之研究〉。《運動休閒餐旅研究》，15（3）：1-18。

林明煌（2019）。〈應用日語系學生學習動機、信念和日語能力之相關研究〉。《人文社會學報》，19：125-158。

林信志、謝名娟、黃貞裕（2017）。〈國中小客家文化實驗課程對客家文化認同、客語使用頻率與客語聽力能力影響之研究〉。《課程與教學》，20（4）：25-53。

林信志、謝名娟、簡瑋成（2017）。〈弱勢學生閩南語學習態度、口說能力與影響因素之研究〉。《教育研究與發展期刊》，13（1）：63-90。

邱皓政（2011）。〈當 PLS 遇上 SEM：議題與對話〉。《αβγ 量化研究學刊》，3（1）：20-53。

邵士原（2023）。〈當學科與英語共舞——初探 CLIL 的「整合」概念〉。《臺灣教育評論月刊》，12（5）：151-156。

侯雅文、林政逸（2021）。〈我國中小學實施 CLIL 教學模式現況、問題與解決策略〉。《臺灣教育評論月刊》，10（6）：118-124。

徐超聖、李佳芬（2012）。〈國小高年級客家學童客家語學習與族群認同之相關研究——以新竹縣關西地區為例〉。《嘉大教育研究學刊》，28：73-100。

張芳全（2021）。〈國中生的家庭社經地位、英語學習動機對英語學習成就之成長軌跡分析〉。《臺北市立大學學報》，52：1-27。

張春興（1996）。《教育心理學：三化取向的理論與實踐（修訂版）》。台北：東華。

張淑美、劉昱良、魏慧美（2020）。〈桌遊融入國小本土語言教學對四年級學童學習動機與學習成效之研究〉。《高雄師大學報：教育與社會科學類》，48：31-60。

張瑞菊（2018）。〈國小四年級客語沉浸教學對學童客語聽說能力的影響〉。《全球客家研究》，10：59-90。

張瑞菊（2018）。〈落實客語扎根：國民小學高年級客華雙語教學研究〉。《人文社會科學研究：教育類》，12（4）：46-68。

教育部（2018）。〈十二年國民基本教育課程綱要國民中小學語文領域——本土語文〉。取自：https://edu.law.moe.gov.tw/LawContent.aspx?id=GL001732&KeyWord=%E6%9C%AC%E5%9C%9F

教育部（2021）。〈教育部整備111學年度實施本土語文課程相關措施說明〉。取自：https://www.edu.tw/News_Content.aspx?n=9E7AC85F1954DDA8&s=4C16D6C3 21BE9391

許孟勤（2022）。〈桃園市幼兒園客語沉浸式教學之實施與困境〉。《幼兒教保研究期刊》，26：1-21。

許雲翔、柯念廷、張陳基（2022）。〈AI客語諺語學習型對話機器人服務設計〉。《全球客家研究》，19：77-103。

陳雅鈴（2013）。〈客語沉浸教學幼兒之客語使用情形〉。《幼兒保育學刊》，10：101-118。

陳雅鈴（2016）。〈幼兒園客語系列教材發展歷程及成果〉。《全球客家研究》，7：265-297。

陳雅鈴（2020）。〈幼兒園客語沉浸教學實施方式及成效〉。《幼兒教育》，330：

29-38。

陳雅鈴、蔡宜雯（2022）。〈客語 STEM 親子遊戲團體之實施歷程與成果〉。《臺灣語文研究》，17（2）：293-327。

陳雅鈴、蔡典龍（2023）。〈幼兒園客語沉浸教學對客家認同及跨語言文化態度之影響〉。《教育心理學報》，55（1）：103-123。

馮祥勇、李詠青（2020）。〈大學觀光休閒系學生日語學習動機之研究〉。《休閒研究》，9（2）：71-84。

黃俊峰（2014）。〈從語言學習理論分析國民中小學原住民族語教育之困境及啟示〉。《學校行政》，89：164-183。

楊如雪、李忠謀、邱瓊芳（2009）。〈台師大學生學習台灣閩南語的觀察──以除錯與發音練習為例〉。《聲韻論叢》，16：213-254。

楊蕙芬、張德永（2020）。〈臺灣國民中小學東南亞母語傳承課程與教學困境：支援人員的感知分析〉。《教育科學研究期刊》，65（3）：1-28。

歐進祿（2022）。〈高中本土語課程推動行政端面臨之困境〉。《臺灣教育評論月刊》，11（5）：137-140。

鄭明中、徐碧珠（2013）。〈國民小學客家語教科書學習內容之比較分析〉。《屏東教育大學學報－教育類》，40：35-75。

黎瓊麗、林玫妙、林怡倩（2007）。〈性別與英語學習動機之相關研究──以屏東縣國小學童為例〉。《美和技術學院學報》，26（1）：133-148。

盧姝如、劉英傑、莊英君、彭正平（2012）。〈體感互動遊戲應用於國小閩南語鄉土語言課程教學之研究〉。《課程與教學》，15（2）：169-191。

戴育芳、鄭永熏（2017）。〈桌上遊戲融入國小閩南語教學對學生閩南語口語能力與學習自信心的影響〉。《國際數位媒體設計學刊》，9（2）：54-62。

謝妃涵（2022）。〈幼兒園客語沉浸教學檢核表發展與應用〉。《全球客家研究》，19：39-75。

鍾鳳嬌、王國川（2023）。〈玩桌遊學客語：以木骰子文化桌遊融入六堆地區國小沉浸式客語教學研究〉。《人文社會科學研究：教育類》，17（1）：57-87。

鍾鳳嬌、宋文琳、王國川（2014）。〈一所全客語沉浸式教學幼兒園的探究〉。

《人文社會科學研究》，8（1）：27-56。

藍於琛、黃一正、溫武男（2018）。〈行政首長、基層官員與語言教育政策執行：改制前高雄市與高雄縣「客語生活學校」政策執行比較分析〉。《政策與人力管理》，9（1）：61-92。

蘇政傑（2011）。〈大學生本土語言態度研究：以聯大語傳系為例〉。《中山人文學報》，31：265-303。

〈復振本土語言 教長：111學年國中列必修、高中增2學分〉（2021年12月1日）。中央廣播電臺新聞。

〈莫忘祖宗言 跨黨派立委催生「台灣客家語言發展法」救消失中的客語〉（2021年12月24日）。中央廣播電臺新聞。

〈用本土語言上課 台師大創先例 加碼5成鐘點費 手語也適用〉（2022年1月3日）。中央廣播電臺新聞。

Fasold, R. 1984. *The Sociolinguistics of Society*. Oxford: Basil Blackwell.

Feng, H. Y., Fan, J. J., & Yang, H. Z. (2013). The relationship of learning motivation and achievement in EFL: Gender as an intermediated variable. *Educational Research International*, 2(2): 50-58.

Gardner, R. C., & Lambert, W. E. (1972). *Attitudes and Motivation in Second Language Learning*. MA: Newbury House Publishers.

Harmer, J. (1983). *The Practices of English Language Teaching*. New York: Longman.

Karan, M. E. (2008). The importance of motivations in language revitalization. In 2nd International Conference on Language Development, Language Revitalization, and Multilingual Education in Ethnolinguistic Communities (pp. 1-11), 2008, July.

McGroarty, M. (1998). Constructive and constructivist challenges for applied linguistics. *Language Learning*, 48(4): 591-622.

Pintrich, P. R., Smith, D. A. F., García, T., & McKeachie, W. J. (1991). *A manual for the use of the Motivated Strategies for Learning Questionnaire (MSLQ)*.

Ann Arbor: University of Michigan, National Center for Research to Improve Postsecondary Teaching and Learning.

Pirouz, D. M. (2006). An overview of partial least squares. Retrieved from http://www.merage.uci.edu/~dpirouz04/research/pls/PLS.pdf

Ushioda, E. (1998). Effective motivational thinking: a cognitive theoretical approach to the study of language learning motivation. In E. A. Soler, & V. C. Espurz (Eds.), *Current Issues in English Language Methodology* (pp. 77-80). Castellón de la Plana, Spain: Universitat Jaume I.

第 6 章
從認知角度分析四縣客語重疊結構 AAAA 式 *

賴維凱

壹、前言

上船毋講價，下船正來「牙牙牙牙」[1]。

這句話的意思是：上船前不先談好價錢，等下船時才抱怨連連，引申為凡事要先講明，不要事後才來後悔或引起爭執，其中「牙牙牙牙」指的是：說話囉唆而不清晰。除了「牙牙牙牙」外，客語還有「流流流流」、「咻咻咻咻」、「長長長長」……等諸如此類的相同結構，一般稱之為客語重疊結構 AAAA 式，[2] 其特點為單一音節詞重複四次、聲調極為一致：「陽平＋陽平＋去聲＋去聲」、都是表持續的狀態。而這樣的重疊結構在不同語境下也會有不同詮釋，如：「牙牙牙牙」也有小孩哭鬧不停的狀態。另外也有意思相同但語音不同的，如：「歌歌歌歌」[3] [ko11 ko11 ko55 ko55] 和「痾痾痾痾」[kho11 kho11 kho55 kho55] 同樣表打呼聲大而持續不斷，差別只在於送氣與否，故應屬擬聲

---

* 感謝兩位匿名審查委員給予本文諸多建議與指正，讓內容可能的錯誤減到最低，如有未盡之處，文責自負。
[1] 本俗諺改編自曾彩金等（2005：42），原本的句子「上床唔講價，下床正來牙牙牙牙」上床，此處指性交易。但也有人以船代替床，較為通俗且文雅，但涵義不變。而「牙」應非本字，只是擬聲借字。
[2] 饒平腔與詔安腔的重疊結構 AAAA 式非「陽平＋陽平＋去聲＋去聲」，尚不在本文討論範圍內。
[3] 目前教育部「臺灣客語辭典」或客家委員會的「客語認證詞彙資料庫」未全部收入 AAAA 重疊形式的用字，故本文在用字上暫以符合語音的字代用。

借字而非本字，所以重疊結構 AAAA 式的另一特點為：大部分從「擬聲詞」而來。

客語重疊構詞的研究向來是研究客語的學者關注的焦點之一，而重疊構詞中，以單音節字重複四次的 AAAA 式最具特殊性，過去有不少學者做過相關論述或研究，[4] 比較偏向音韻結構與表層意義的例舉與陳述，其中劉有志（1998）和江敏華（2002）分別針對江西瑞金和臺灣東勢客家話重疊結構式從詞基上做了詳盡的分析，偏重韻律與聲調結構的層面；而 Lai, Huei-ling（2006）的客語重疊結構雖未以客語重疊結構 AAAA 式[5] 作為主要討論議題，但從認知的視野——象似性與概念化的互動，分析客語重疊結構，為筆者提供了客語重疊結構 AAAA 式主要分析的理論與架構。

貳、文獻探討

構成漢語合成詞的方式有三：重疊、附加、複合。其中「重疊的結構類型、語音象徵（重音、變調）和基式語法功能與意義的異同是研究時應注意的方向」（朱德熙，1982）。以重疊式狀態形容詞為例，基式的單、雙音節構造會形成輕重音與變調，在語法裡含有「量」的觀念，而在句中的位置不同，程度的輕重也會有所不同。客語雖為漢語方言的一支，其構詞的結構組成、語音象徵和語法功能仍有多處與漢語不同之處。

客語依重疊形態分部分重疊及完全重疊兩種：部分重疊可分為 AAB、ABB、BAC 三種；完全重疊有 AA、AAA、AAAA、AABB、ABAB 五種。其中 AAAA 式是一種很特殊的結構，依其所模擬的對象可分成擬聲和擬態兩

---

[4] 如：謝永昌（1994）、劉有志（1998）、鍾榮富（1998）、劉綸鑫（1999）、盧彥杰（1999）、龔萬灶（2003）、黃佳文（2003）、Lai, Huei-ling（2006）等。
[5] Lai, Huei-ling（2006）中有一個客語動詞 AAAA 的例子：佢（狐狸）拿肉割割割割刷，割割有個所在割割刷，啊就愛煮分老阿公食。這裡是指以重複的動作來增強、延展時間的持續性，但聲調並非本文所強調的特點「陽平＋陽平＋去聲＋去聲」。

種。我們再從下面幾個例子來瞭解客語重疊結構 AAAA 式在語音形式及語意表達上的共性：

例 1
佢兩儕歸暗晡咚咚咚咚 [tuŋ11 tuŋ11 tuŋ55 tuŋ55]。
（他們倆整夜講個不停。）

例 2
水放佢流流流流 [liu11 liu11 liu55 liu55]，毋使錢係麼？
（水讓它一直流個不停，不用錢是嗎？）

例 3
落過雨，屋面前个圳溝水洋洋洋洋 [ioŋ11 ioŋ11 ioŋ55 ioŋ55]。
（雨後，屋前的水溝，水流盛大、流淌不止。）

例 4
毋知食著麼个，肚屎歸日仔溫溫溫溫[6] [vun11 vun11 vun55 vun55]，盡毋鬆爽。
（不知吃了什麼，肚子整天隱隱作痛，很不舒服。）

例 5
佢一直以來，長長長長 [tshoŋ11 tshoŋ11 tshoŋ55 tshoŋ55]，送佢盡多東西。
（他長時間下來，送了很多東西）

　　前面五個例子裡，我們可以發現客語重疊結構 AAAA 式詞基的詞性來源可以是擬聲詞、動詞、形容詞外，都是以單音節重複四次來表達持續的狀態，且在聲調上形成統一的規律，雖然在不同客家次方言裡可能會因連讀變調而有所不同，但都是「陽平＋陽平＋去聲＋去聲」的規律，且絕大多數的 AAAA

---

[6] 「溫溫溫溫」亦有火勢不猛或動作遲緩之義。同一詞形的重疊結構 AAAA 式在不同語境也有多義的功能，見「臺灣客語辭典」https://hakkadict.moe.edu.tw/search_result/?id=22495。

式詞基從擬聲詞而來。[7] 另外我們從例 5 的情況中還可以發現，單用一個「長」無法滿足句子條件，也不說「長長」或是「長長長」，因為沒有「表時間持續不斷」的用法，所以在語意上不僅延伸了原本的「長」意，更根據強化的功能，擴張其語意範圍，表達「長時間下來，持續不斷」的意義，形成固定式的詞彙用語。而例 1 的本意也是指機器所發出持續不斷的聲響，但這裡已延伸成為兩人呢喃細語聲了。

另外，客語重疊結構還有以下兩點特色：（1）擬聲詞比擬態詞在音位、響度、聲調上較能表達不同的狀態；（2）四音節結構因結構、內容、語義已固定，具表情達意的熟語功能，擬態詞又甚於擬聲詞（盧彥杰，1999：129-137）。上述兩點在認知語言學可以分屬語音象徵[8]（sound symbolism）和象似性[9]（iconicity）概念，後文將詳加描述。客語重疊結構 AAAA 式依詞性大致可分類為：

a. 動詞重疊：
流流流流、趖趖趖趖、重重重重、唸唸唸唸、扛扛扛扛、喊喊喊喊、扭扭扭扭、拂拂拂拂……

b. 形容詞重疊：
挪挪挪挪、洋洋洋洋、長長長長、溫溫溫溫、微微微微、驟驟驟驟、滋滋滋滋……

---

[7] 見附表，在 53 個重疊結構 AAAA 式中，根據前人文獻及筆者明確指出其解釋有「聲音貌」者，至少 30 個詞基來自於擬聲詞，只有少部分來自於動詞和形容詞，至於部分不確定的詞性，按其涵義及語音象徵，仍應歸入擬聲詞。

[8] 語音象徵（sound symbolism）：用來指語言形式和意義之間的直接聯繫，語言使用的語音能反應外部世界的特性，或說通過對聲音的模擬而表示具體這種聲響的行為或動作的現象，如擬聲詞；和語音無關的則為擬態詞（李鏡兒，2007：64）。

[9] 語音象徵一般可以被視為「象似性」一種更為抽象和細微的形式，它關注的是語音本身所帶有的潛在意義聯想，而不一定是直接的聲音模仿。擬聲詞是象似性中聽覺象似的典型例子，其象似性較為直接和明顯，而語音象徵則更為間接和隱晦（洪慧鈺，2007：65）。

c. 擬聲詞重疊：

波波波波、嘎嘎嘎嘎、咻咻咻咻、咕咕咕咕、嘰嘰嘰嘰、嗡嗡嗡嗡、疴疴疴疴、呢呢呢呢、嗯嗯嗯嗯、咚咚咚咚、汀汀汀汀、呵呵呵呵、噥噥噥噥、唉唉唉唉、噗噗噗噗……

　　AAAA 式除了擬聲詞為大宗外，還有動詞、形容詞的重疊，甚至可能是代名詞的重疊，但因為大部分都是借字使用，所以還無法判定是否就是代名詞，暫以擬聲詞為分類依據。這些重疊結構所指涉的對象為何？我們從詞基來看不難發現：這些擬態詞（動詞、形容詞為詞基的）或擬聲詞的指涉對象大部分都是自然界的風聲、雨聲、水聲或人聲等，其中模擬從人口中發出的聲音更占多數，不同聲音不僅具不同的辨義功能，亦有程度大小的不同，皆用來形容某一狀態或動作持續不斷，無法被時間切斷，且大部分皆從原本聲調發展而來。前面提到 Lai, Huei-ling（2006）所舉的「割割割割」之所以不會形成「陽平＋陽平＋去聲＋去聲」的原因，正因為「割」的動作在正常情況下，瞬間就完成了，即便重複 4 次，頂多只能說該動作不斷進行，「割了又割、割了又割」或「表該動作的狀態在一定時間內重複進行」的意象。

參、客語重疊結構 AAAA 式的研究

　　我們從龔萬灶（2003：69）列舉的四縣客語苗栗腔多達 24 種的重疊結構 AAAA 式，可以發現所有重疊結構除已發展成固定詞彙的方式對應所指，若放在不同語境裡，還有語意延伸的功能，如：長長長長、重重重重、呵呵呵呵。另外謝永昌（1994）列舉的 18 種 AAAA 重疊結構中，裡頭的「哦哦哦哦」、「溜溜溜溜」，與龔萬灶（2003）的「我我我我」[ŋo24 ŋo24 ŋo53/31 ŋo53/31] 同是陰平＋陰平＋上聲＋上聲，聲調形成的規律化和抑揚頓挫的音律：低平 11 ＋低平 11 ＋高平 55 ＋高平 55 或升調 24 ＋升調 24 ＋降調 31/53 ＋降調 31/53，對比十分明顯與絕對。

劉有志（1998：366）指出江西瑞金客家話的四字格詞語中有一類是「同聲韻變調」，意指四個音節聲韻相同，按不同的聲調變化排列規則構成特殊含義的四字格，如：陽平 24 陽平 24/55 陰去 42 陰去 42、陽平 24 陽平 24/55 陽去 31 陽去 31（但仍遵守變調前為「陽平＋陽平＋去聲＋去聲」的規則），前者的開頭字陽平或陰去音節可視為表意中心，後者落在陽去音節上，在聲調規律的變化規則上做了進一步的分析，認為其表意中心的決定根據聲調落在第一或第三字，當時作者未察覺到連續變調的問題，因為第二字會因陽平＋陽平＞陽平＋陰平的變調規則而產生新調，可能陷入了以陰平字（變調字）當表意中心的謬誤，作者似乎被表意和聲調相提並論其關係給限制住，但實際上大部分擬聲詞都讀做去聲（高平）或陽平（低平）。

而其文中雖然例舉了 32 個重疊結構 AAAA 式（有部分與臺灣客家話相同，大部分也是有加口字邊表意的擬聲詞），可惜沒有例句來表示進一步的語意分析。作者也提到「此四字格表意的獨立性很差，只有四個音節凝聚時才表示明確的意義，並把它當作單一結構的『詞』來看」，並進一步說明「四字格有言外之意、絃外之音，不宜聽音望文取義」，符合了語意延伸的概念，而其強調同聲韻變調凝聚的單一結構四字格（即 AAAA 式），以某一音節為基本意義，象聲描形，因連續的同聲變調描繪出反覆連綿不斷的情狀，其中有繪行（說說說說）、象聲（呢呢呢呢）、描形（麻麻麻麻），大致對應來自動詞、擬聲詞、形容詞一類的詞基。至於重疊結構本身的詞類歸屬，我們可以說它同時具有動詞、形容詞、副詞的功能，正因如此，我們無法將它歸屬於哪一類，主要還是依當時語境而定。

此外，東勢客語 AAAA 式的變調是一種聲調格套化的韻律變調，未具有語法意義，其中有相當多的象聲詞，以及表示重複而瑣碎的動作或行為，可以視為這類詞的主要特色，AAAA 式的重疊選擇了 11＋55（低平調＋高平調）這樣對比性最強的聲調，形成一種具有抑揚頓挫的重疊形式，極可能是為了語言的抑揚頓挫而產生聲調的高低對比。它們之所以都形成「33 11 55 53」的聲調組合，並不是因為詞基具有某個特定的聲調，而是由於語言韻律上的要求，因而形成這種聲調格套化的四音節重疊詞（江敏華，2002：543）。作者從詞

素、聲調的對比、抑揚頓挫來分析四音節重疊詞的形成，但未提到非擬聲詞的組合分析與語意延伸關係。

賴文英（2015：204-205）解釋象聲詞重疊的音韻特色時，將重疊結構AAAA式以「聲調屈折」的方式歸類，如：噥噥哖哖、唸唸唸唸、咕咕咕咕、叨叨叨叨、汀汀汀汀……等，這種類型通常無本字可考，以口字邊表聲音從口、水字邊表示水聲，來形容人聲、蟲聲、水聲等，且聲母與韻母都一樣，只有聲調不同，反映在前二字一組、後二字一組。以下進一步說明擬聲詞與重疊結構的關係。

肆、擬聲詞與重疊結構的關係

客語AAAA式重疊結構大致涵蓋了擬聲詞和擬態詞的定義，可以說是來自於人類對自然界各種聲音、狀態的模仿詞（imitative word），其中，重疊結構為特點之一，而擬態詞有一種說法是性狀詞，與盧彥杰（1999）、黃佳文（2003）、李鏡兒（2007）所作的研究有直接相關。

根據我們對客語AAAA重疊結構的觀察（如附表），至少有三分之二的詞基是從擬聲詞而來，而擬聲詞又有「重疊」的共性（李鏡兒，2007），所以探討擬聲詞和重疊結構的關係有其必要，而相對非任意性和象似性則為扣緊兩者之間關係的關鍵因素。

首先，馬慶珠（1998）在擬聲詞的研究裡認為「北京話中除了動物、氣笛、叫聲為曲折調外，其他皆為高平調」。這似乎為客語AAAA重疊結構提出了為何是以低平調＋高平調組合而成的可能性，觀察本文附表，不難發現其詞基的聲調大部分為低平調，其次是高平調，而AAAA式的動詞、形容詞詞基，則是在被限制條件下所形成的。

其次，擬聲詞具有「寫實」的功能，尤其是四音節擬聲詞，因為結構、音節內容固定，具有表情達意的功能，不再純粹的忠實表達聲音而已，而是開始成為詞彙裡面的熟語了（盧彥杰，1999）。擬聲詞是客觀聲響的近似紀錄，其

構成與語法特殊，應獨立於形容詞、副詞、嘆詞、實詞、虛詞之外獨做一類；其音和義之間存在著一定的因果關係，非約定俗成的任意性（非任意性），因其語音就是人或自然界聲音原型的模擬（黃佳文，2003）。

再者，擬聲重疊詞有模擬人、物體、動物和大自然的聲音，而 AAB 式的 B 多半為「滾 kun31」或「響 hioŋ31」等動詞，表聲音持續發出的狀態，如：「ma55 ma55 滾」（淺的大哭聲）、「tsit5 tsit5 響」（昆蟲鳴叫聲）。也可以表示一種以上模擬聲音的多能性（nonuniqueness），如：「loŋ55 loŋ55 滾」既可模擬風聲，又可形容車聲鼎沸聲，但須依語境的上下文才能判別。

許多人發現擬聲詞與語音象徵（sound symbolism）的直接關係，以東勢客語多為高平或低平調為例，高昂音用高平調，如：lo55 lo55 滾；低沉音則用低平調，如；tso11 tso11 滾，前面兩者皆模擬水聲，但前者為高平調，可以明顯感受到量大且衝擊高（黃佳文，2003），這是以高平、低平的區別作為「量」的大小。而黃佳文（2003）在比較了四縣、海陸、東勢客家話重疊結構 AAAA 式後，發現雖然皆為「陽平＋陽平＋去聲＋去聲」，但因為東勢去聲調連讀會變調，所以認為這樣具有固定詞彙的語意，具備了熟語功能，呼應了盧彥杰（1999）的說法。

其次，黃佳文（2003）還認為重疊結構 AAAA 式為單音擬聲詞重疊四次而來，有以下特性：（1）都是模擬「人」的發聲；（2）表動作不斷發生的「持續性」；（3）具有「貶義」的色彩；（4）無論原本單音聲調為何，組合後都有固定聲調「11 ＋ 11 ＋ 55 ＋ 55」，用以表現特定、持續的狀態，語音、語義固定，為東勢客語中既定的「熟語」；並以四縣和東勢客語舉隅，認為語音、聲調、語義上的細微差異，是符合各自的語音發展規則的，並強調語義的差異因擬聲詞的多能性、上下文情境與使用頻率而產生。然而，就我們所觀察到的，重疊結構 AAAA 式若純粹從擬聲詞的角度來看，並非所有聲音都來自於人聲（賴文英，2015：204-205），尚有流水聲、蟲鳴聲、風聲等。其次，具有貶義色彩且與人聲有關的 AAAA 擬聲詞主要表現在「噥噥哼哼[10]、唅唅唅唅、叨叨

---

[10] 根據臺灣客語辭典的用字是「噥哼」，但一般學者都將「噥噥哼哼」歸類為 AAAA 式，

叨叨……」等，但也並非全部，可能與作者蒐集到的範圍、內容有關，或是從單一語境來看也可能產生這種主張。

AAAA擬聲詞雖可以獨立成句、可以當作句子的主要成分、可以構成詞組，有動詞、形詞、副詞的屬性，不管如何，總是描述一個持續不間斷的狀態，誇張而具有生氣、活力。有學者認為擬聲詞不應以語法功能來分詞類，而應以詞的語義範疇分類來看待，以前人研究證明聲音不是概念，擬聲詞也非指概念，只是對聲音概括性的感性思維的認識結果（李鏡兒，2007）。但我們認為重疊結構AAAA式的擬聲詞就是描述聲音概念的詞，因為元音的洪細所代表的不同意義，就是語音象徵（sound symbolism）直接引導出來的「概念」。

一般我們說語詞能指的是符號（含語音符號與文字符號），所指的是概念，能指和所指間的關係是任意的，擬聲詞的能指和所指，李鏡兒（2007）認為雖然和一般語言符號的能指所指有一些差異，但仍認定擬聲詞仍為語言符號，雖然穩定的擬聲詞不具概念性，[11] 但已通過概括性過程而詞彙化了。筆者認為，就整個擬聲詞的發展過程，經歷了下列歷程：因模仿而具有象似性，因選擇（從臨時到穩定）而有規約性，因使用與語意轉移而形成了一般詞彙，也就是詞彙化的歷程。

此外，重疊結構AAAA式是否從AA擬聲詞而來，也是值得探討的議題。鍾榮富（2004：200）認為客語的動詞AA擬聲詞也可以發展成四音節的重複，如：ŋiam33 ŋiam55、lau33 lau55、tɕio33 tɕio55、nuŋ33 nuŋ55、so33 so55、ku33 ku55等，這時聲調結構變成：33＋33＋55＋55（美濃、高樹），顯然是AA重複之後，再分別向左右兩方重複。因此提出「聲調固定、音節相同與表示某種聲音之持續不斷」AAAA式的擬聲詞三種特殊結構，認為是客語特色之一。以下提出重疊結構AAAA式與AA式的深入分析與比較。

顯示本字或本義應為「噥」的四字重疊。

[11] 以風聲「咻咻咻咻」的詞基「咻」為例，X若為風聲，則描述X的語音符號「xiu」或文字符號「呼」，所指的是風的聲音，而非概念。因為X本身只是聲音的表象，沒有詞意內容，人們透過聽覺，在腦中形成聽覺印象，經由模仿而造出擬聲詞。簡單的說，擬聲詞的詞意內容不是概念，只是某種聲音在人腦中的印象。

伍、重疊結構 AAAA 式與 AA 式的比較 [12]

我們從認知的範疇來看，重疊結構 AAAA 式如果是下位屬性範疇，那麼，AAAA 的基本層次範疇是從何而來？是 AA 還是 A？江敏華（2002）提到「東勢客語還有一種疑似重疊的 AA 式，其前後二音節聲、韻母完全相同，但聲調的表現一律是『陽平＋去聲』（11＋53），這一類詞還可以再重疊成 AAAA」和鍾榮富（2004：200）所提「客語的動詞 AA 擬聲詞也可以發展成四音節的重複，這時聲調結構變成：33 33 55 55，顯然是 AA 重複之後，再分別向左右兩方重複」一樣，他們認為 AAAA 式是從 AA 式延伸、重疊而來，但我們從以下 AAAA 式的三種詞類各找三種來看，就可以知道 AAAA 式是否從 AA 式而來：

a. 動詞類：唸唸→唸唸唸唸、*流流→流流流流、*扛扛→扛扛扛扛、*重重→重重重重
b. 形容詞類：*洋洋→洋洋洋洋、*長長→長長長長、*溫溫→溫溫溫溫
c. 擬聲詞類：嚨哼→嚨嚨哼哼、*咚咚→咚咚咚咚、*嘎嘎→嘎嘎嘎嘎、*汀汀→汀汀汀汀

上述例子打「*」代表客語裡沒有這麼說，擬聲詞裡我們並不說咚咚*、也不說嘎嘎*，但在擬聲詞裡只要加上後綴「滾 kun31」就可以成詞了，如：咚咚滾、嘎嘎滾、汀汀滾，但聲調並未變成「陽平＋去聲」。就目前臺灣客語辭典、客語認證詞彙資料庫以及我們所蒐集的重疊結構 AAAA 的例子，以詞基 AA 為主的算是少數的特例，以上述例子來說，只有 ŋiam33 ŋiam55 和 nuŋ33 nuŋ55 在日常生活或臺灣客語辭典裡找得到 AA 式，其餘尚未發現。因此，擬聲詞的重複，可能是從其他方式發展。可能從單一詞基，而非從 AA 演化過來。如：啾啾啾啾 [ɕiu11 ɕiu11 ɕiu55 ɕiu55] 並非由「啾啾」發展而來，

---

[12] 這裡所指的 AA 式，專指以擬聲或擬態詞形式出現的重疊結構，與一般的形容詞 AA 式，最大的不同在於聲調，嚴格說來應屬「A2A5 式」，其中 2 和 5 分別代表陽平和陰去。

在客語重疊詞裡目前沒有「咻咻」的形式,其他如:汀汀*、嘎嘎*、趑趑*……亦是同樣情形。所以重疊結構 AA 式向左右兩方重複的理由可能需要再深入舉證,且並非所有 AAAA 都是擬聲詞而來,如:流流流流、長長長長、溫溫溫溫……等。

慣用客語的人以 A 為基本範疇當做詞基,按照當時所聽到的(擬聲詞部分是如此,但動詞形容詞則是「看」〔圖像／影像〕到的),輸入〔＿ ＿ ＿ ＿〕格律,然後形成 AAAA 重疊結構,但並非所有動詞、形容詞擬聲詞都可以,而是必須符合:(1)在意義上象徵聲音、動作或狀態的持續不斷或重複。(2)在聲調上為符合陽平或去聲的本調,若本調非陽平或去聲調,極有可能非本字。

象似性與重疊結構 AAAA 式關係的深入探討,我們將在下文說明。

陸、重疊結構 AAAA 式與象似性關係

語言符號中的音、義關係是否為任意性,向來是語言學界爭論不休的問題,自從 Peirce 提出圖像(the icon)這樣與象似性認知解釋最有關的符號後,Regier(1988)從象似性和語意延伸和重疊詞的三核心意義:baby(小型的)→弱化,repitition(重複)→持續,plurality(複數)→強化,提出重疊詞的非任意性:重疊詞的弱化衝突可以從「象似性」和「概念化」植基於語意的擴張來解釋,提出象似性和語意擴張的互動,構成了聲音與意義的圖像「非任意性」的強力來源。在認知語言學裡也提到「擬聲詞」是一種映像象似(imagic iconicity),透過文化模型來決定對世界的感知,透過以上概念的陳述,我們認為客語的重疊結構 AAAA 式可以從這樣的觀點與角度出發嘗試分析。

Peirce 認為只有「象徵」(symbol)的符號是約定俗成的,而「指示」(index)和「圖像」(the icon)則具有自然的基礎特徵,前者透過對空間和時間中物體的定位表達實現指明功能(here、there、now、then);後者和象似性

的認知解釋最有相關,圖像是用以表達與指稱對象有一定相似性的符號。圖像（the icon）又可分為表達語音－象徵之間關係的映像（image）和語言結構－事件結構之間相似性的擬象（diagram）。客語重疊結構AAAA式所表達的概念為「持續不斷」,以文字符號的重疊來呈現,就是一種擬象關係,就如同以地圖表達實際影像一樣。

　　張敏（1999）在句法的相似性開宗明義提到:「在認知語言學的研究中,象似性是一個很重要的課題。簡單地說,語言的象似性指的是感知到的現實的形式與語言成分及結構之間的相似性。換言之,它是指語言的形式和內容（或者說,語言符號的能指和所指）之間的聯繫有著非任意、有理據、可論證的一面。」根據Haiman（1985）對「象似性」概念下一個更具體明確的定義:「當某一語言表達式在外形、長度、複雜性以及構成成分之間的各種相互關係上平行於這一表達式所編碼的概念、經驗或交際策略時,我們就說這一語言表達式具有象似的性質。」所以客語重疊結構AAAA式無論在外形、長度及構成成分上都符合了狀態持續的概念編碼。

　　Lai, Huei-ling（2006）提出過去重疊詞的研究重心在多重語意的關聯性上,而「象似性」是其動因,但「弱化」挑戰了「象似性」,所以主張客語重疊詞只是語言溝通中（概念化外在事物）表現擴張性的選項之一,故「象似性」確實是主要動因,其次,「增強」或「弱化」應放在語境中觀察,不同語境,自然有不同的重疊詞語意。例子中有AAAA式的討論（割割割割）,即以重複的動作來增強、延展時間的持續性,但仍限於連續動作與時間持續的關係之中,未有其他AAAA式指涉持續狀態的討論,其提出客語重疊結構與象似性概念互動的理念,為本文架構的延伸。

　　Lai, Huei-ling（2006）對於弱化問題與象似性的問題處理,或許我們能以Setsuko Kiyomi（1995）透過對Malayo-Polynesian Language的觀察,說明重疊詞除了象似動因外,也有不具象似性的減弱（diminution）和其他意義來看,以象似性而言,名詞的複數（plurality）和動詞的重複性（repetition）／延續性（continuation）是重疊詞「持續不斷（consecutive）歷程」的原型意義,而名詞和動詞的強度（intensity）則是重疊詞「漸增（cumulative）歷程」的原型

意義，象似性會改變內部範疇，而非象似性會改變詞性，兩者都符合「較高╱較低程度的……」的語意原則，所以非象似性的減弱功能，是語意原則，不是象似原則。羅肇錦（1998）以 AAe31 與 Lai, Huei-ling（2006）以 AA 比原式弱的看法，似乎可以用這樣的角度來處理。

其次，象似性原則包含語言結構的：（1）象似順序（iconic sequencing）：是否符合自然時間順序原則的句子；（2）象似鄰近（iconic proximity）：是否用鄰近原則將線性序列成分組成的語言描述和所有特色融合在一物體作對比；（3）象似量（iconic quantity）：信息量是否符合象似量的表現。但從認知的角度可以發現，若不將真實世界的範疇和認知模型進行比對，就失去了象似性的認知功能了，更無法有效處理上述問題。我們用象似量來檢驗 AAAA 式重疊結構是否從 AA 式重疊就可以得到，訊息量增不必然代表象似量增，因為所指不同：

a. 扛：擺盪、搖晃。（動詞）
b. 扛扛：鞦韆、搖籃。（名詞）
c. 扛扛扛：為推搖籃或打鞦韆時配合擺盪的節奏所唸的語句。（短語）
d. 扛扛扛扛：東西掛著晃來晃去的樣子。[13]（擬態詞）

上述 a.、b.、c.、d. 之間似乎存在著相似關係，但仔細比對，b. 和 c. 若以相似成立而使 c. 成為 b. 的重疊，就會使意義端矛盾，這種非絕對的延伸或強化關係，還是要從認知的範疇原型「扛」來看會合理些。就像前述我們說過 AAAA 式絕非 AAA 式的強化或增強一樣，從這裡的象似認知角度，又可得到證明。

最後，我們要處理客語重疊結構 AAAA 式在語音象徵上是否具其象似性的角度來看。[14] 首先，擬聲詞或聲音象徵（sound symbolism）通常被看做是原

---

[13] 為避免陷入筆者為母語人士的主觀認知，語料及解釋皆從江敏華（2002：543-567）一文而來，顯示客觀訊息。
[14] 「象似性」是指語言形式與其所代表的意義之間存在某種直接、可感知的相似性或對應關係。語言的一些元素可以在某種程度上模仿、反映或類比它們所指的事物。如：擬聲

型，而相同的模擬對象卻有不同語音則被看做是我們對感知世界不同的文化模型，同樣都是持續貌，由客語 AAAA 式重疊結構組成的情態詞，比起詞組或短語更能夠表達我們對週遭世界空間或時間感知的延展性：

a. 水緊流（水一直流）
b. 水流啊流仔（水不斷的流啊流的）
c. 水流流流流（水不停的往四處流動氾濫）

其次，次要的語音認知——象徵的輔音效果，它從一組包含某個輔音表達相關意義的詞發展而來，如：/sw/ 象似地反映了擺動的運動和聲音（swing、sway、sweep、swirl）。甚至是誘發聯想或聯想的聲音象徵：前元音 /i/ 代表小、明亮和令人愉快的感覺，而後元音 /u/ 和 /o/ 則意味著粗大、強大和令人不愉快的感覺，甚至輔音的清濁也有影響（Ungerer & Schmid, 2006）。我們利用同樣形容「水流」的客語重疊結構 AAAA 式來看看：

a. 汀汀汀汀 tin11 tin11 tin55 tin55（形容濕水物上有水不停地滴下）
b. 流流流流 liu11 liu11 liu55 liu55（形容地上或牆上有水不斷流淌的樣子）
c. 河河河河 ho11 ho11 ho55 ho 55（河水暴漲持續流動的樣子）

上述的四個例子中，水流大小依序為：汀汀汀汀、流流流流、河河河河，而主要元音依序為 /i/、/u/、/o/，正好依主要元音的開口大小產生辨義，雖不必然與上述原則相同（/i/ 象徵細小、/u/、/o/ 為粗大），甚至可能產生矛盾現象，但在概念和文化模式的先決與相對條件下，的確有語音象徵的象似性，而且還突破了擬聲詞的限制（流流流流並非擬聲詞而來）。讓我們再拿「下雨」的狀態就會更清楚：微微微微 mi →滋滋滋滋 tse →驟驟驟驟 tso/ 薄薄薄

詞、手語的一些手勢和象形文字。而「語音象徵」則是指語音形式（如音素或音節）與某種類型的意義之間存在系統性的關聯，即使這種關聯並非直接模仿現實世界的聲音。如：得某些音較尖銳、某些音較圓潤，這些音通常能夠影響語義聯想。易言之，語音象徵是象似性的一種更為細微的形式，指特定的語音在人們的感知中與某些特定的意義或感覺產生非任意的聯想（Ungerer & Schmid, 2009: 347-351）。

薄 po。

a. 微微微微 mi11 mi11 mi55 mi55
b. 浙浙浙浙 tse11 tse11 tse55 tse55
c. 髞髞髞髞 tso11 tso11 tso55 tso55
d. 薄薄薄薄 po11 po11 po55 po55

　　上述的例子，我們可以發現：小／大的對立，可以與主要元音產生的共鳴腔的小和大這些身體經驗相關聯繫。其次，人類的概念化可以承認不同的，甚至是矛盾的概念，並能夠輕鬆的處理相互競爭的語言表達形式。綜上所述，指稱自然聲音（風、雨、水）和動物叫聲的擬聲詞不必和他們現實中的模型進行客觀的對照，像次要的聲音象徵效果一樣，它們傳達了我們依賴文化的概念化，誘發聯想的聲音也是如此，它和音系上即便有衝突的問題，也可以從經驗主義裡得到承認。擬象象似性應該看做是語言層面及其概念化之間的關係，而不是連接語言表達和現實對象的關係。按信息量、鄰近度和順序進行是比較有可能的，這可以對大量的形態現象和句法結構進行象似解釋。

　　以上都在在說明了非任意性在擬態詞或擬聲詞與任意性（或規約性）所形成的相對性結果。原來的文字符號形式也許是任意的，但語音及構詞原則則是有理據的，而客語重疊結構 AAAA 式有無繼續發展之可能，也許是從事客語認知教學研究有興趣的議題。

　　我們在研究客語 AAAA 重疊結構時較感興趣的兩個問題是：（1）試圖找出 AAAA 重疊結構在音律上呈現高低左右對稱的原因。（2）試圖解決為何有些詞基可以，而有些詞基（在符合各項條件下）不可以的問題。我們也許無法處理 AAAA 重疊結構這樣的規律（或所謂的規律化）是怎麼來的，就像我們還無法得知四縣和海陸為何幾乎呈現相對音值一樣，但可以確定的是這樣的規律是按照象似性和擬聲詞聲調（一般擬聲詞的聲調幾乎為高平或低平）的規則而來。

　　其次，我們還無法預測出還有什麼詞基符合 AAAA 這樣的重疊結構條件（我們依象似性原則來看一些有可能的詞：日頭「晟」、魚仔「泅」），卻沒

有出現在各客家次方言的 AAAA 結構中，原因有二：(1) 詞基本身使用的頻率（如：kin31 + A → AAAA、AA + kun31 → AAAA）在日常生活對話中要高；(2) 與身體經驗相關聯性要高，我們只要從 AAAA 重疊結構的來源詞（大自然的水流、風吹、雨打的狀態、人的口腔器官所發出的聲音）去探討，就可以發現明顯的證明，更何況要能符合 AAAA 重疊結構條件（聲調為高平或低平者、動作可持續不斷）的詞基少之又少，這也許是客語 AAAA 重疊結構在數量上未能不斷產出的關係。

柒、結論

　　客語重疊結構 AAAA 式不只是象似性與語意延伸的互動，而且是直接形成詞彙，沒有停留在詞組或短語等說明性（而非命名性）手段的層次上。我們從擬聲詞、動詞及形容詞的四字重疊，觀察到藉由兩者（聲音、影像）之間連續而不中斷的同屬性，產出 AAAA 的限制性詞彙，不一定完全從 AA 式演化而來。它具有不可切割性的狀態（情態），形容長時間持續不斷（長長長長）、事情不斷累加（重重重重）、水不斷流淌（流流流流）、雨不斷地下（微微微微）、風不斷地吹（咻咻咻咻）、聲音不斷出現（喃喃喃喃），然後又在各自的屬性中分更細的範疇，以水為例，開口較大的後高元音 [u] 或中高元音 [o] 代表廣大（洋洋洋洋、河河河河河），開口較小前高元音 [i] 代表細長（汀汀汀汀、流流流流）。

　　任意性與非任意性是相對而論，而不是絕對的，必須放在語境言談中檢視。雖然 AAAA 重疊結構說明了語言符號的非任意性，且各種限制性更強化非任意性與象似性的動因，但從字義本身來看，尤其是動詞、形容詞的範疇與來源，也可能說明了部分任意性。雖然 AAAA 裡出現了在語音上沒有遵守 11 11 55 55，反而是 24 24 31（53）31（53）的少數例子，但這也說明了在象似性的大原則下，前兩字聲調與後兩字聲調相對應的規律，再次呼應了重疊結構的象似性。

從認知角度來看，客語重疊結構 AAAA 式是慣用客語的人透過對生活經驗的切身感受，在象似性為主要動因的架構下，以相對非任意性並具有語音象徵的語言符號作為表達持續狀態並形成概念化的一種認知過程。根據我們訪問了移民到印尼的大埔裔客家人，在附表 53 個重疊結構 AAAA 式中，竟有高達 9 成以上類似的重疊結構，這也說明了語言的延續與創新變貌。

參考文獻

朱德熙（1982）。《語法講義》。香港：商務印書館。

江敏華（2002）。〈東勢客家話的重疊結構與變調〉。*LANGUAGE AND LINGUISTICS*, 3(3): 543-567。https://www.ling.sinica.edu.tw/upload/researcher_manager_result/82fc84df11b0970abd55e0978bee892b.pdf

李鏡兒（2007）。《現代漢語擬聲詞研究》。上海：學林出版社。

洪慧鈺（2007）。《台灣閩南語擬聲詞研究》。台北：東吳大學中國文學系碩士論文。

馬慶珠（1998）。《漢語語義語法範疇問題》。北京：北京語言大學出版社。

張敏（1998）。《認知語言學和漢語名詞短語》。北京：中國社會科學出版社。

莊錦華等編輯（2007）。《客語能力認證基本詞彙：中級、中高級暨語料選粹（下冊）》。台北：客委會。

曾彩金等（2005）。《六堆人講猴話》。屏東：六堆文化研究協會。

黃佳文（2003）。《台灣東勢客語表性狀詞的語義分析》。新竹：國立新竹師範學院臺灣語言與語文教育研究所碩士論文。

湯廷池（1992）。《漢語詞法句法三集》。台北：台灣學生書局。

劉有志（1994）。〈瑞金話的兩種連讀變調〉。收錄於李逢蕊主編，《客家縱橫——首屆客家方言學術研討會專集》，頁 101-107。閩西客家學研究會。

劉有志（1998）。〈瑞金話的四字格詞語〉。收錄於李如、周日健主編，《客家方言研究——第二屆客方言研討會論文集》。廣州：暨南大學出版社。

劉綸鑫（1999）。《客贛方言比較研究》。北京：中國社會科學出版社。

盧彥杰（1999）。《新竹海陸客家話詞彙研究》。新竹：國立新竹師範學院臺灣語言與語文教育研究所碩士論文。

謝永昌（1994）。《梅縣客家方言志》。廣州：暨南大學出版社。

賴惠玲（2004）。《客語重疊結構之語意研究》。行政院客家委員會獎助客家學術研究計畫成果報告。http://www.hakka.gov.tw/public/Attachment/841114111271.pdf

賴文英（2015）。《臺灣客語語法導論》。台北：臺大出版中心。

鍾榮富（1998a）。〈客家話的構詞和音韻關係〉。《第一屆台灣語言國際研討會論文選集》，頁 155-176。台北：文鶴。

鍾榮富（1998b）。〈論美濃客家話的構詞〉。《教育部獎勵漢語方言研究著作得獎作品論文集》。台北：教育部國語推行委員會。

鍾榮富（2004）。《台灣客家語音導論》。台北：五南圖書。

蘭賓漢、邢向東（2006）。《現代漢語》。台北：中華書局。

羅肇錦（1998）。《客語語法》。台北：台灣學生書局。

龔萬灶（2003）。《客話實用手冊》。龔萬灶。

Haiman, J. (1985). *Natural Syntax*. Cambridge: Cambridge University Press.

Kiyomi, S. (1995). A new approach to reduplication: a semanic study of noun and verb reduplication in the Malayo-Polynesian languages. *Linguistics*, 33: 1145-1167.

Lai, H.-L. (2006). Iconic coding of conceptualization: Hakka reduplicative constructions. *Language And Linguistics*, 7(2): 483-499.

Nuckolls, J. B. (1999). The case for sound symbolism. *Annual Review of Anthropology*, 28: 225-252.

Regier, T. (1998). Reduplication and the arbitrariness of the sign. In *Proceedings of the Twentieth Annual Conference of the Cognitive Science Society* (pp. 887-892). Mahwah: Lawrence Erlbaum Associates.

Ungerer, F., & Schmid, H. J. 著，彭利真、許國萍、趙薇譯（2009）。《認知語言學導論（第二版）》。上海：復旦大學出版社。（原著出版於 2006 年）

附表　客語重疊結構 AAAA 式

編號	AAAA 式	詞基	中心詞詞性	各家語義	原型
1	流流流流	liu11	動詞	苗：形容液體流動氾濫的樣子。 梅：形容地上或牆上有水不斷流淌的樣子。	水
2	牙牙牙牙	ŋa11	動詞	六：小孩哭鬧聲。 梅：買賣雙方討價還價的樣子。	口
3	重重重重	tshuŋ11	動詞	苗：說話顛三倒四，話說了又說，令人不勝其煩。 梅：形容說話很多重複，囉唆。	口
4	趖趖趖趖	so11	動詞	六：形容動作十分緩慢。 東：行動不光明正大、鬼鬼祟祟的樣子。	動作
5	唸唸唸唸	ŋiam55	動詞	苗：形容很囉唆，唸個不停。 梅：形容說話太囉唆或沒完沒了。 東：嘮叨、碎碎念的樣子。	口
6	扛扛扛扛	koŋ11	動詞	苗：形容吊在半空中，晃來晃去。 梅：形容懸吊之物緩慢不停地擺動。 東：東西掛著晃來晃去的樣子。	物體
7	喊喊喊喊	hem24	動詞	梅：形容因爭執而勞師動眾前來大叫大嚷的樣子。	口
8	挷挷挷挷	paŋ24	形容詞	苗：形容糾纏不清的樣子。 梅：形容財勢大或聲勢喧赫的樣子。	口
9	洋洋洋洋	ioŋ11	形容詞	苗：形容水流動氾濫的樣子。 梅：形容水流滿地的樣子。	水
10	長長長長	tshoŋ11	形容詞	六：事情做不完。 苗：持續不斷進行。	事情
11	溫溫溫溫	vun24	形容詞	六：肚子陣痛。 東：隱隱作痛的樣子。	肚子
12	微微微微	mi11	形容詞	苗：細雨霏霏下個不停。	雨
13	驟驟驟驟	tso11	形容詞	六：形容雨下得又急又大或水很湍急。 東：水流聲。	水
14	波波波波	po11	形容詞	六：滂沱大雨。	雨
15	浙浙浙浙	tse11	形容詞	苗：形容霪雨下個不停的樣子。	雨

編號	AAAA式	詞基	中心詞詞性	各家語義	原型
16	嘎嘎嘎嘎	ka11	擬聲詞	苗：形容爭吵不停的樣子。	口
17	咻咻咻咻	xiu55	擬聲詞	苗：風聲，另指骨骼因氣候變化而發生酸痛的樣子。 六：牙齒或關節酸軟的樣子。	風
18	咕咕咕咕	ku11	擬聲詞	六：肚子餓的咕嚕聲。 東：形容肚子餓的聲音。	肚
19	喴喴喴喴	ven55	擬聲詞	六：不停的喊叫。	口
20	嗡嗡嗡嗡	vuŋ55	擬聲詞	苗：形容嗡嗡嗡叫個不停的樣子。	昆蟲
21	疴疴疴疴	kho11	擬聲詞	六：持續不斷的打鼾聲。	口
22	歌歌歌歌	ko11	擬聲詞	六：持續不斷的打鼾聲。	口
23	呢呢呢呢	no11	擬聲詞	苗：嘮叨個不停。 東：形容人一直在耳邊磨姑、洗腦。	口
24	喁喁喁喁	ŋiau55	擬聲詞	苗：形容很囉唆，唸個不停。	口
25	嗷嗷嗷嗷	ŋau55	擬聲詞	苗：罵個不停。	口
26	咚咚咚咚	tuŋ11	擬聲詞	苗：鼓聲或雨聲持續不斷的樣子。也說兩人說話對答，斷斷續續的情形。	口
27	工工工工	kuŋ11	擬聲詞	六：機器持續不斷發出的噪音。	機器
28	河河河河	ho11	擬聲詞	六：大河水持續流貌。	水
29	倪倪倪倪	ŋai11	擬聲詞	苗：向人有所求而未達，糾纏不止。 梅：形容費盡唇舌向人索取東西或交易時雙方討價還價的樣子。	人
30	汀汀汀汀	tin55	擬聲詞	苗：形容液體往下滴或細條往下垂的樣子。 梅：形容濕水物上有水不停地滴下。	水
31	呵呵呵呵	ho11	擬聲詞	苗：順口唯唯諾諾。紅白事中，不管有無幫忙，一大堆人吃喝吆喝一場。	口
32	我我我我	ŋo24	代名詞	苗：言語不清，胡言亂語。 梅：形容說話無禮；胡言亂語。	口
33	嚷嚷嚷嚷	nuŋ11	擬聲詞	梅：形容因不滿或抱怨而嘟嘟嚷嚷的樣子。 東：小孩纏人、故意惹人生氣的樣子。	口
34	唉唉唉唉	ai24	擬聲詞	苗：痛苦呻吟不停。	口
35	噗噗噗噗	pu55	擬聲詞	六：放屁聲連連做響。	屁

編號	AAAA式	詞基	中心詞詞性	各家語義	原型
36	扭扭扭扭	ŋiu31	動詞	梅：形容因不願做某事而老是藉故拖延或遲遲不肯動手。	動作
37	喃喃喃喃	nam11	擬聲詞	梅：嘮嘮叨叨的樣子。	口
38	岩岩岩岩	ŋam11	擬聲詞	梅：嘮叨不休的樣子。	口
39	叨叨叨叨	tau11	擬聲詞	梅：嘮嘮叨叨的樣子。	口
40	喂喂喂喂	vai11	擬聲詞	梅：形容大聲喊叫的樣子。	口
41	拂拂拂拂	fin55	動詞	梅：形容懸吊之物不停地來回擺動。	物體
42	溜溜溜溜	liu55	動詞	梅：形容游手好閒隨處逛的樣子。東：到處流浪、不務正業的樣子。	動作
43	嘎嘎嘎嘎	kia55	擬聲詞	東：吵鬧的樣子。	口
44	喋喋喋喋	te11	擬聲詞	東：酒醉後話多、纏延不休的樣子。	口
45	搞搞搞搞	kau11	動詞	東：小孩做事不甘願的樣子。	動作
46	瞅瞅瞅瞅	siu55	動詞	東：對某物覷覷很久的樣子。	眼睛
47	呱呱呱呱	kua55	擬聲詞	東：愛講話、聒噪的樣子。	口
48	啊啊啊啊	a55	擬聲詞	東：形容小孩學講話的聲音。	口
49	唧唧唧唧	tsi55	擬聲詞	東：形容蟲的聲音。	動物
50	糾糾糾糾	tsio55	擬聲詞	東：形容小便尿尿的聲音。	尿
51	啾啾啾啾	kiu55	擬聲詞	東：形容小鳥鳴叫的聲音。	動物
52	叭叭叭叭	pa55	動詞	東：埋怨別人、或哀聲嘆氣的樣子	口
53	捱捱捱捱	ŋai24	動詞	東：小孩賴皮、非要不可的樣子。	口

以上語料來源：

1. 龔萬灶（2003）。《客話實用手冊》。語義以「苗」當代表。
2. 江敏華（2002）。《東勢客家話的重疊結構與變調》。語義以「東」當代表。
3. 謝永昌（1994）。《梅縣客家方言志》。語義以「梅」當代表。
4. 六堆地區田野調查，語義以「六」當代表。

註1：並非所有對應的漢字都正確無誤，尤其是擬聲字，著重在語音而非字義。

註2：在語音的描述上，由於各腔所表現有所不同，加上若在AA沒有相同的表達語音形式去模擬時，就會採用低平調或高平調。

第二篇

東南亞客家

第 7 章
越南族群認同上的四類「客家人」*

徐富美

壹、前言

　　東南亞許多地區都有客家人，但恐怕都沒有像越南這樣，客家人在族群劃分及認同上錯綜複雜。越南的客家族群不只有稱為「客家」，還有另一種稱呼，稱為「Ngái 人」。「Ngái」是指稱「我」的意思，臺灣教育部寫成「𠊎」字，本文因字體上的打字方便，以「艾」字行之。徐富美（2021；2022a）認為越南艾人是客家人的一支。

　　越南胡志明市的客家人認為自己不是艾人；同奈省和北江省的艾人認為自己不是客家人；北干省的艾人認為自己也是客家人。這三類都隸屬於華族。此外，太原省的艾人則不是華族，而是另外一族艾族，屬於越南 54 個民族之一。[1] 整理如下表 1：[2]

---

* 本文初稿發表於 2023 年 9 月 22-23 日由全球客家研究聯盟（GHAS）於桃園古華飯店所舉辦「世界客家研究大會暨全球客家研究聯盟 2023 國際雙年學術研討會」。感謝越南許多受訪者提供資訊，並感謝兩位匿名審查者提供修改意見，本文是國科會 112 年度計畫（NSTC 112-2410-H-155-004-）研究成果，謹此一併致謝。

[1] 本文區分「民族」與「族群」兩個概念。文中所說「民族」是指越南官方所訂 54 個民族的分類；而「族群」則是指越南客家不同群體，因不同移民時間、地理分布或其他因素而造成不同看法。越南客家族群分類複雜，有客家人與艾人；艾人又分別屬於「華族」和「艾族」兩個不同民族。當提及「艾族」或「華族」時是指民族；當提及「客家人」或「艾人」時是指族群。

[2] 其中「＋/－」表示「是或否」的意思。

表 1：越南 4 類「客家人」

省份 族群認同	北越			南越	
	北干省	太原省	北江省	同奈省	胡志明市
艾人	+	+	+	−	
客家人	+	−	−		+
華族	+	−		+	+

　　從上表看，同奈省和北江省的艾人並不認為自己是客家人，甚至太原省艾人在身分識別上也不是華族，因此說這些族群是「客家人」是本文行文的方便之說，未必合乎嚴謹的事實。本文以越南五個地區，包括北越的北干省、太原省及北江省，以及南越的胡志明市和同奈省，作為對象加以探討，參附錄 1 和附錄 2。本文將由越南的地理分布、歷史移民和越南的政治社會幾個角度來分析越南這四類客家人。會造成越南這麼錯綜複雜的情況，是受到這些因素的影響所致。

　　中國大陸客家族群移民到中國境外，有陸路、有海路。臺灣、馬來西亞和印尼是海路，越南有海路也有陸路，越南是陸路移民中國境外的重要地區。本文認為，就是因為越南兼具陸路和海路等多種來源，而讓境內的「客家」族群有這麼多的面貌。

貳、族群認同與分類

　　族群分類與認同有關，認同是近 30 年來的學術熱門議題。早期對族群的界定是以語言、文化或體質等客觀條件來衡量；後來有越來越多的探討開始質疑傳統歷史學、考古學以及語言學等分類衡量標準。例如王甫昌（2003）界定族群有「想像的」共同來源，具重大社會意義的相對性對比，通常是弱勢者的人群分類想像，規模比國家小比家族大，以及是一種人群分類的想像等 5 個特點。王明珂（1997；2003）則從族群邊緣和集體記憶兩方面，探討中國人的起

源以及羌族的「邊緣」形成過程。族群從早期的客觀存在概念，轉變到近期關注主觀認定，這種主觀認定觀點還會受到各種因素而產生變化，也就是說，族群認同是一種建構出來的認同，並且會隨著社會歷史或政治等因素而產生族群分類上的變動。

這種觀點同樣適用本文所探討的越南客家人的複雜情況。經由筆者多年的觀察和研究發現（徐富美，2021；2022b；2023；徐富美、阮文政，2022），越南客家族群分類的複雜問題無法單用語言來解釋。徐富美（2021：171, 189）提及，越南「艾族」的艾話與「華族」的艾話二者的語言細部差異，無法構成這兩個不同民族的分類依據。對於越南的民族劃分，除了語言和文化之外，如果沒有放到越南特有的政治社會或移民歷史中觀察，就無法獲得充分解釋。越南「客家」的問題，必須考量語言學以外的其他領域方能得到解釋。

本文所討論越南四類客家人，與臺灣一般所說「四、海、大、平、安」的客家次分類情況有所不同。臺灣「四、海、大、平、安」的客家分類是基於大陸原鄉的地理分布以及語言的相似性或差異程度而設立，這種分類標準基於對大陸移民來台的客家話做共時觀察。臺灣「四、海、大、平、安」的客家次分類都認為自己是客家人，沒有分歧。然而本文所討論越南四類客家人，雖然也涉及地理分布和語音特點，但地理分布的遠近未必呈現客家分類的結果，加上還有因歷史移民層次以及政治社會所帶來的影響，造成越南在「客家人」方面的認同差異。

語言學以語言的相似性或差異性程度作為分類標準。根據筆者對北越北干省、太原省及北江省，以及南越胡志明市和同奈省這 5 個地區的語音系統和詞彙特點看，[3] 北干省的艾話和胡志明市的客家話比較接近；北江省、太原省和同奈省的艾話比較接近。然而，語言不是越南客家族群劃分的唯一分類標準。徐富美（2023）討論越南同奈省客家人和廣東人的語言生態，與周遭其他族群的語音特點和人數比例有關。除此之外，越南族群認同上的「客家」情況，還與其在大陸原鄉的地理分布有關，而地理分布與有無經歷「客家化」歷程有關；

---

[3] 本文在此不加以展開討論，將另文探討。

也與歷史移民的時代層次有關，更與越南特有的政治社會背景有關。多種因素造成越南客家人的分類複雜，可以說，越南的客家族群認同，是東南亞地區最多元複雜的。

參、越南族群認同上四類「客家人」

下面針對越南這四類「客家人」加以說明，何以有些人認為是客家人，有些人認為不是，甚至不是「華族」，而是另一個民族「艾族」的因素。先列成表格以方便掌握：

表2：越南族群認同上4類「客家人」

族群認同＼相關情況	越南分布		大陸原鄉	移民時間	從事職業
客家人不是艾人	胡志明市		潮州府 廣州府 惠州府 嘉應府	二戰之後 2-3代	經商
艾人不是客家人	是華族	同奈省 北江省	廉州府	19C末至20C初 5-6代	農作
	非華族	太原省			
艾人是客家人	北干省		惠州府	19C末至20C初 6-7代	農作

分別敘述如下：

一、客家人不是艾人：胡志明市

一般大家所熟知的越南「客家人」是指胡志明市的客家人。胡志明市的客家族群稱自己是客家人，也叫「Hẹ」，他們不是艾人。阮瑞平（Nguyễn Duy

Bính, 2004: 596-597）說漢族最初被稱為「華」、「夏」或「華夏」。因為服飾漂亮而稱為「華」，因為重大的禮儀而稱為「夏」。文中說「夏」為「Hạ」，但未直接說明「Hẹ」與「Hạ」的關係。阮福安（Nguyễn Phúc An，2023 年私人交流）認為「Hẹ」有可能是「Hak」發音的一音之轉。

胡志明市是越南華人人數最多、人口最集中的地區。根據越南 2019 年人口調查統計，越南華人總共約有 75 萬人。華人在北越人數較少，大約只有 6 萬人。華人大部分分布在南越，有將近 68 萬人，其中越南東南部（包含胡志明市和同奈省在內）有將近 51 萬人。而胡志明市就有將近 40 萬人口，佔越南華人總人口的一半以上。

胡志明市華人主要分布在第 5 郡、第 6 郡及第 11 郡，從地圖上看，第 5 郡、第 6 郡以及第 11 郡是相緊鄰的集中地區，參附錄 2。[4] 有的受訪者說第 8 郡和第 10 郡也有不少華人，但根據當地一位受訪者說，當今第 10 郡建設成經濟中心，有許多華人遷出；第 8 郡早期是低窪地區，現在蓋了很多新興住宅。第 5 郡、第 6 郡及第 11 郡這 3 郡當中，華人較早期發展可能是從第 5 郡開始，然後再往周邊其他地區。從蔡茂貴（Tsai Maw Kuey, 1968）的資料看，華人會館和廟宇以及華人學校大多集中在第 5 郡可資證明。華人聚居區以前稱為「堤岸」（Chợ Lớn），意為「大市場」，因為是在西貢河的西邊，又稱為西堤。西堤後來併入西貢市。

目前沒有資料可以進一步得知胡志明市客家族群集中居住在哪些地區，從胡志明市會館分布或許能找到一些線索。越南胡志明市華人往往是會館、廟宇及學校三個部分合一。會館是華人聚會場所，有一定的社團組織運作；會館蓋有廟宇，是社團重要收入來源；會館旁邊也往往會有學校，作教育用途。根據訪談，胡志明市崇正會館（即崇正總會）包括崇正慈善會館（在第 8 郡第 16 坊）以及崇正群賓會館（在舊邑郡 7 坊）兩個部分。群賓會館附設崇正公學，現今變成舊邑（崇正）華文學校，一種非正規的補習學校。還有一個更為有名的是義安會館（在第 5 郡 11 坊）。義安會館原本是潮州人和客家人共同持

---

[4] 越南胡志明市的地圖形狀像一個迴力鏢，中間是市中心區，周遭部分是郊區。

有的會館，建有關帝廟，[5]旁邊有兩所學校，客家人念廟左的崇正學校，潮州人念廟右的義安學校。[6]後來義安會館變成是潮州人專屬會館，客家人只剩廟左一處辦公室，作開會之用。胡志明市現今大約 50 歲以上的華人基本上都會講一些華語，[7]他們小時候大多有受過華文教育，學校所用教科書是臺灣的繁體字版本。

在移民時間上，胡志明市的客家人大約是二戰之後移民而來，主要是因為日本侵華之故，移民大約 2-3 代。胡志明市華人以廣東人為最多，客家人則有來自大埔、清遠、紫金、興寧等地方，屬於明清時期的潮州府、廣州府、惠州府、嘉應府等。現今胡志明市的客家人數已經少很多。筆者曾經訪談第 5 郡阮志清街（Đường Nguyễn Chí Thanh）的一位店家，店家老闆說他們那一條街以前整條街都是興寧客家人，但現在已經很少了，老的凋零，不然就是出國定居。在語言使用上，很多受訪者都說他們的後輩不會說客家話，都改說越南話了。

二、艾人不是客家人：同奈省、北江省、太原省

越南還有不少客家族群自稱或他稱為「艾人」，但這些艾人不認為自己是客家人。胡志明市客家人也把這些艾人排除在客家人之外。越南艾人主要在南越的同奈省以及北越的北江省和太原省。其中南越的同奈省和北越的北江省比較接近；而太原省另成一個民族「艾族」。敘述如下：

（一）艾人是華族：同奈省、北江省

同奈省和北江省的艾人屬於華族。越南同奈省是華人第二多的省份，人口

---

[5] 當地華人說，華人廟宇不是「阿公廟」，就是「阿婆廟」。「阿公廟」指的是關公，「阿婆廟」指的是媽祖或觀音。

[6] 1975 年越南統一之後，崇正學校和義安學校都由政府接手管理，分別改名為正義學校和明道學校，不限於華人就讀。

[7] 從 1975 年越南解放算起的學齡孩童，大約是 1970 年代以前出生的人。

數將近 9 萬人，僅次於胡志明市；同奈省有可能是越南艾人人數最多之省。同奈省華人分布村社主要在定館縣（huyện Định Quán）和展鵬縣（huyện Trảng Bom），參附錄 3。其次是北江省，北江省華族人數約 2 萬人，艾人有可能是北江省華族人數大宗。北江省艾人主要分布在東半部山區，陸岸（Lục Ngạn）縣是艾人大本營，尤其集中分布在縣的東南方，靠近陸南（Lục Nam）縣和山洞（Sơn Động）縣交界的地方，形成一處集中的艾話方言島，參附錄 4。[8] 根據訪談資料，北江省和同奈省許多艾人都是從中國廣西省防城港市移民而來，防城港市舊屬廣東省廉州府。

同奈省和北江省雖一在南越、一在北越，但這兩個省的艾人都是從海寧省（今廣寧省）的儂族自治區移民而來。1954 年日內瓦協議以後，越南分為南、北越，一部分艾人移民到海寧省西邊的北江省，另一部分艾人則移民至南越的同奈省。儂族自治區首領黃亞生（Vòng A Sáng），帶領大約 4,000 名華人及其親屬 1,000 多名移到同奈省。[9]

同奈省和北江省的艾人與胡志明市的客家人有許多不同。除了移民來源不同之外，其經濟型態也不同。胡志明市位於越南東南部，是越南最大城市，為越南經貿及文化中心，因此胡志明市的客家人多居住在大都市，主要是經商。同奈省和北江省的艾人則多分布在鄉野農村，主要從事農作。二者的居住型態有所不同，所從事的職業也不同。在移民時間上，胡志明市的客家人大約是二戰之後移民而來，移民大約 2-3 代；同奈省和北江省則是 19 世紀末到 20 世紀初，大約 5-6 代。同奈省和北江省艾人的移民比胡志明市的客家移民時間要早。在移民來源上，胡志明市的客家人從大陸廣東省東部移民而來；而同奈省和北江省的艾人則從大陸廣東省西部或廣西省移民而來。[10]

北江省和同奈省艾人認為「艾人不是客家人」的看法，徐富美（2022b：

---

[8] 參徐富美（2021；2022b；2023）。

[9] 參徐富美（2022b）。

[10] 根據胡志明市一位客家人說：「胡志明市的客家人都是搭船來的，而艾人則是由中越邊界陸路至北越。兩者語言雖接近，但客家人帶古老傳統中原習俗及口音，而艾人帶有廣府的口音。艾人以種菓園山林荒地生活；而客家人則是選擇小手工業、小生意、藥材為生活。」大抵與本文的觀察一致。

120-122）曾提出解釋，北江省和同奈省艾人的大陸原鄉來自廣西省廉州府（舊屬廣東省），而這些地方的艾人沒有「客家化」說法。主要來自兩方面因素：（1）在地理位置上：「客家人」之說發生在廣、肇兩府地區的「邊緣客域」以及以嘉應州為主的「中心客區」，廣西省並不在「客家化」的地區範圍之內。（2）在時間先後上：「客家人」之說是在艾人移民到廣西之後，換句話說，廣西艾人移民早於「客家」發生之時。廣西省客方言人群成批遷入大約在兩三百年前左右，約始於清初康、雍、乾之際，那個時候還沒有「客家」這種說法。

（二）艾人不是華族：太原省

越南 54 民族當中，除了「華族」之外，還有另一族「艾族」。根據 2019 年人口統計，越南艾族有 1,649 人。太原（Thái Nguyên）省是目前越南艾族最主要所在地，有 800 人，占艾族 49%。太原省艾人主要分布在太原市北半邊周圍的大慈（Đại Từ）、同喜（Đồng Hỷ）和富平（Phú Bình）等縣幾個社。大慈縣分布在新泰（Tân Thái）社和安慶（An Khánh）社；同喜縣分布在化上（Hóa Thượng）社和刻摩（Khe Mo）社；富平縣分布在同蓮（Đồng Liên）社。[11] 參附錄 6。

太原省艾人認為自己「與華族不同」。有些艾人儘管身分證上登記為華族，但他們仍然認為與華族有所不同。徐富美（2021）指出，越南太原省華族和艾族之間有劃分糾葛現象，造成如此現象有錯綜複雜因素。主要有兩個歷史背景，一個與 1947-1954 年儂族自治區有關，一個與 1978-1979 年中越戰爭有關。該文探討越南「艾族」與「華族中的艾人」原本屬於同一個族群；分屬兩個不同民族來自越南的政治歷史背景。其中最直接的證據是太原省有三個艾人家族，他們彼此之間有親戚關係，卻分屬於不同的華族和艾族；甚至同一個家族原本是華族，後來改為艾族。簡單說，越南會劃分出「艾族」一族，與政治密切相關。

---

[11] 參徐富美（2021）。同蓮社於 2017 年劃歸太原市管轄。

三、艾人是客家人：北干省

越南還有另外一小群艾人，在北干省（Bắc Kạn）。根據訪談資料以及筆者的觀察，北干省華族主要是艾人，北干省當地有許多其他少數民族都會講艾話。北干省艾人主要分布在東北角銀山縣（Huyện Ngân Sơn）的雲從社（xã Vân Tùng）和憑口社（xã Bằng Khẩu）兩個社，參附錄5。其中憑口社於1979年和憑德社（xã Bằng Đức）合併為憑雲社（xã Bằng Vân）。北干省艾人不多，只有822人，但北干省艾人具有代表性，他們認為艾人就是客家人；北干省的艾人與北江省和同奈省艾人在認同上有所不同。

就地理位置看，北干省與太原省及北江省不算遠，但看法卻不同；而北江省和同奈省地理位置距離很遠，看法卻接近。徐富美、阮文政（2022）提出解釋說，北干省艾人來自大陸惠州地區，而惠州地區屬於「客家化」發生的地區範圍。根據北干省一位艾人的「家法」（Gia pháp，族譜之意）資料，他們在「太清國」時，從大陸原鄉的「廣東省惠州府永安縣」，移民到「越南國太原省通化府感化州憑扣庸居住」。廣東省永安縣後改名紫金縣，隸屬河源市。今紫金縣位於河源市城區東邊，五華縣的西南，陸河縣的西北。越南「憑扣」在今天的北干省銀山縣憑雲社，北干省舊屬太原省。北干省艾人從惠州府而來，惠州府在嘉應州的南邊，屬於「中心客區」。惠州府在「客家化」的地區範圍之內，因此艾人也稱為客家人。

至於北干省為何還另有「艾人」的稱呼，並不像胡志明市那樣，只有「客家人」的稱呼？本文認為，這些原籍惠州府的客家族群，先從廣東省東部移民到廣東省西部或廣西省東南部，形成「艾人」稱法。筆者曾在2019年到廣西省防城港做移地研究，那裡的客家人都稱為艾人。而胡志明市的客家人也是屬於「中心客區」，直接移民到越南，沒有經過「艾人」稱呼的區域。

肆、全球客家觀點下的越南客家族群分類

臺灣在解嚴之後陸續推動原住民族、閩南、客家等本土語言的復振。在客家方面，有一個中央部會的客家委員會以及3個客家學院和2個客家研究中心的學術建置，帶動許多學者和學生做客家研究。除了臺灣本土有許多豐富研究成果之外，也擴及海外許多有客家人的地區，如馬來西亞、印尼、泰國、越南、印度、牙買加等地區。臺灣企圖成為全球客家研究的典範，不論是在研究範圍上或是理論層次上。

客家族群是華人當中具有全球聯結性格的群體。黃信洋（2021）文中提到Leo（2015）的觀察，Leo分別在2012年和2015年進行關鍵字的搜尋，結果發現，以「客家全球網絡」出現的相關詞彙有3,980筆；而以「廣東全球網絡」與「福建全球網絡」卻沒有任何一筆。得到的結論是，客家族群乃是眾多華人族群中具有鮮明全球聯結性格的特殊群體。之所以造成「客家族群具有全球聯結性格」這種現象，有可能是客家族群沒有明確地域界線，更容易建立一種全球性的認同網絡。劉宏、張慧梅（2007：80）提到，客家社群自身具相對邊緣性和超地域觀念，加之其本身所具有的祖籍地分散性特徵，更容易突破具體地理空間的限制，而上升到對區域或國家層面的關懷。客家社群更傾向於建立聯合性乃至全球性的聯合組織，並成為海外華人中最早走上全球化道路的次族群。

放眼全球客家作基礎，臺灣對客家人的定義較傳統為寬。客家委員會2022年5月所出版的《110年全國客家人口暨語言基礎資料調查研究》中提到，客家人定義需具備三個條件：客家血緣、客家淵源及自我認同為客家人。「客家血緣」如父親或母親是客家人、祖父或祖母是客家人、外祖父或外祖母是客家人，或是祖先具有客家血緣，只要具有上述任何一項即認定為具有「客家血緣」。而「客家淵源」以「配偶是客家人」、「主要照顧者是客家人（如養父母等）」、「住在客家庄且會說客家話」、「工作關係會說客家話」及「社交或學習會說客家話」，只要民眾認為自己具有上述任何一項與客家的連結，即認定為具有「客家淵源」。

從這種全球客家觀點看越南客家族群分類，那麼把上述越南四種相關族群都看成是客家，似乎是可以預測的事。然而，越南有其特有的歷史及政治社會背景，臺灣認為越南這些族群應該是客家人，他們本身卻未必如此認為，甚至不認為與華族有關係。

不只如此，越南也同時有「客家人」及「客人」兩種不同稱呼，分別指稱不同族群。徐富美（2022b）指出，越南同奈省有所謂「客人」稱呼，但這個「客人」不是「客家人」，而是指講白話的廣東人，其稱呼源自廣西省「客人」的通稱意義。臺灣情況則不同，早期閩南人稱客方言人群為「客人」（Kheh lang），客家人也自稱為「客人」（Hak ngin）。林正慧（2017）指出，臺灣清朝至日治時期，臺灣客方言人群是以「客人」自居，對應多數的閩南方言人群。「客家人」的稱呼是國民政府來台之後的稱呼，戰後臺人習慣的「客人」用語，受到國府遷臺影響而變成「客家」稱呼。在越南這些族群看來，「客人」和「客家人」概念完全不一樣。如果把越南這些族群都稱為「客家人」，就會變成是一廂情願的作法。

不過這種情況在越南開放以後，情況逐漸產生改變。受到報紙、Youtube 頻道、大眾媒體等知識來源的影響，會重新建構或形塑其族群認同。根據筆者觀察發現，在資訊媒體的傳播之下，有越來越多的年輕艾人認為艾人是客家人。這種看法是比較後起的看法。那麼，在現今全球客家的觀點之下，越南客家有可能在認同上還會產生不同的看法。

伍、結語

本文討論越南四類「客家」族群，在他們自己的認同看來，未必都是客家人。越南之所以會形成認同上的差異，主要受到不同的歷史移民、地理分布以及政治社會的影響。在現今全球客家的觀點之下，越南客家現階段在認同上還會產生不同的看法；也就是說，越南客家的認同還處在一個進行中的動態性變化當中。

參考文獻

卜賴嬌（2014）。《越南華人的廣東話與 Ngái 話的語言能力及語言使用——以同奈省及胡志明市為例》。桃園：元智大學中國語文學系碩士論文。

王文光、李曉斌（2007）。《百越民族發展演變史——從越、僚到壯侗語族各民族》。南寧：廣西民族出版社。

王甫昌（2003）。《當代台灣社會的族群想像》。新北：群學出版社。

王明珂（1997）。《華夏邊緣：歷史記憶與族群認同》。台北：允晨出版社。

王明珂（2003）。《羌在漢藏之間：一個華夏邊緣的歷史人類學研究》。台北：聯經出版公司。

吳永章（1991）。《中國南方民族文化源流史》。南寧：廣西教育出版社。

吳靜宜（2010）。《越南華人遷移史與客家話的使用——以胡志明市為例》。桃園：國立中央大學客家語文研究所碩士論文。

李如龍等（1999）。《粵西客家方言調查報告》。濟南：濟南大學出版社。

李新魁（1994）。《廣東的方言》。廣州：廣東人民出版社。

林正慧（2017）。《臺灣客家的形塑歷程：清代至戰後的追索》。台北：國立臺灣大學出版中心。

范宏貴（2002）。《越南民族與民族問題》。南寧：廣西民族出版社。

范宏貴（2004）。《華南與東南亞相關民族》。北京：民族出版社。

范宏貴（2008）。《越南語言文化探究》。北京：民族出版社。

徐富美（2016）。〈記越南艾話一種唇化舌根韻尾 -kp/-ngm 音〉。收錄於胡松柏主編，《客家方言調查與研究——第十一屆客家方言國際學術研討會論文集》，頁 234-241。廣州：世界圖書出版公司。

徐富美（2021）。〈越南「艾族」與「華族中的艾人」〉。《全球客家研究》，16：155-186。

徐富美（2022a）。〈越南北部艾話的〔tsh～s〕變異及〔tsh＞s〕音變過程的語音兩讀現象〉。《成大中文學報》，76：175-204。

徐富美（2022b）。〈此客非彼客——論越南同奈省「艾人非客人、客人非客家人」的移民流動〉。《臺灣客家語文研究輯刊》，7：113-132。

徐富美（2023）。〈越南同奈省艾話與客話幾個語音特點所反映的族群生態〉。收錄於《全球客家的多元經驗：2021 GHAS 雙年研討會論文集》，頁249-266。高雄：巨流圖書公司。

徐富美、阮文政（2022）。〈越南華族艾人對「艾人是不是客家人」的兩種不同看法〉。發表於「2022年臺灣的東南亞區域研究年度研討會」。桃園：國立中央大學。

張容嘉（2022）。《客家想像的全球多樣化：浮現與蛻變》。高雄：巨流圖書公司。

張振興（1986）。〈廣東省雷州半島的方言分布〉。《方言》，3：204-218。

許文堂（2016）。〈二次世界大戰以來北越華人社會之變貌〉。《亞太研究論壇》，62：5-32。

許維德（2013）。《族群與國族認同的形成：台灣客家、原住民與台美人的研究》。桃園：中大出版中心。

許維德（2021）。〈「客家源流」相關文獻的分類與回顧：一個「理念型」與「連續體」概念的嘗試〉。《全球客家研究》，16：9-78。

陳曉錦（2004）。《廣西玉林市客家方言調查研究》。北京：中國社會科學出版社。

黃信洋（2021）。〈全球客家網絡的兩岸象徵鬥爭：以運作中的跨國客家集會為思考點〉。發表於「2021年全球客家研究聯盟國際雙年學術研討會」。桃園：國立中央大學。

黃宣衛（2010）。〈從認知角度探討族群：評介五位學者的相關研究〉。《臺灣人類學刊》，8（2）：113-136。

黃應貴（2008）。《反景入深林：人類學的關照、理論與實踐》。台北：三民書局。

葛劍雄主編（2005）。《中國移民史》。台北：五南出版公司。

詹伯慧主編（2002）。《廣東粵方言概要》，廣州：暨南大學出版社。

劉宏、張慧梅（2007）。〈原生性認同、祖籍地聯繫與跨國網絡的建構：二戰後新馬客家人與潮州人社群之比較研究〉。《臺灣東南亞學刊》，4（1）：65-90。

劉村漢主編（2011）。《廣西客家方言研究論文集》。桂林：廣西師範大學出版社。

廣西壯族自治區地方志編纂委員會（1998）。《廣西通志・漢語方言志》。桂林：廣西師範大學出版社。

蔣為文（2018）。〈越南明鄉人陳上川生卒年考察〉。《亞太研究論壇》，65：37-54。

鄭永常（2020）。《越南史——堅毅不屈的半島之龍》。台北：三民書局。

謝建猷（2007）。《廣西漢語方言研究》。南寧：廣西人民出版社。

鍾文典（2011）。《廣西客家（修訂版）》。桂林：廣西師範大學出版社。

顧長永（2007）。《越南：巨變的二十年》。台北：臺灣商務出版社。

Barth, F. (1969). *Ethnic Groups and Boundaries: The Social Organization of Cultural Difference.* London: George Allen and Unwin.

Benedict, A. 著，吳叡人譯。1999（2016）。《想像的共同體——民族主義的起源與散布（新版）》。台北：時報文化。

Fairclough, N. (1989). *Language and Power.* London and New York: Longman Group UK Limited.

Haudricourt, A. (1960). Note sur les dialectes de la région de Moncay. *Bulletin de l'École Française d'etrême-Orient,* 50(1): 161-177.

Hsu, Fu-mei and Nguyen, Van Chinh. (forthcoming). Contact-induced changes in [ɬ] and [tsh] sounds in Ngái language between Northern and Southern Vietnam.

Hsu, Fu-mei. (2017). Language contact and sound change of Ngai in the province of Dong Nai. In Nguyen Van Hiep et al. (Eds.), *The Linguistics of Vietnam: 30 Years of Renovation and Development* (International Conference) (pp. 824-835). Ha Noi: Nha xuat ban Khoa hoc xa hoi.

Hutton, C. M. (1998). From pre-modern to modern: Ethnic classification by language and the case of the Ngai/Nung of Vietnam. *Language & Communication*, 18: 125-132.

Hutton, C. M. (2000). Cross-border categories: Ethnic Chinese and the Sino-Vietnamese border at Mong Cai. In G. Evans, C. Hutton, & K. E. Kuah (Eds.), *Where China Meets Southeast Asia: Social & Cultural Change in the Border Regions*. Singapore: Institute of Southeast Asian Studies.

ITO, M. (2013). *Politics of Ethnic Classification in Vietnam*. Kyoto: Kyoto University Press and Trans Pacific Press.

Leo, J. (2015). *Global Hakka: Hakka Identity in the Remaking*. Leiden/Boston: Brill Academic Pub.

Nguyễn, Duy Bính（阮瑞丙）. (2004). Người Hoa Hẹ (Hakka) ở Việt Nam（越南華夏－客家人）. *Việt Nam học - Kỷ yếu hội thảo quốc tế lần thứ hai*（越南研究－第二屆國際研討會紀要）, pp. 593-604.

Nguyen, Van Chinh. (2018). Memories, migration and the ambiguity of ethnic identity: The cases of Ngái, Nùng and Khách in Vietnam. *Asian and African Area Studies*, 17(2): 207-226.

Smith, A. (2008). *The Cultural Foundations of Nations: Hierarchy, Covenant, and Republic*. Blackwell Publishing.

Tổng cục Thống kê（統計總局）. 2020. *Kết quả toàn bộ: Tổng điều tra dân số và nhà ở năm 2019*（全部結果：2019 年人口及住房總調查）. Hà Nội: Nhà xuất bản Thống kê（河內：統計出版社）.

Tran, Duc Lai (ed.) (2013). *The Nung Ethnic and Autonomous Territory of Hai Ninh - Vietnam*. Taipei: The Hai Ninh Veterans and Public Administration.

Trần, Hồng Liên（陳紅蓮）. (2008). Các nhóm cộng đồng người Hoa ở tỉnh Đồng Nai-Việt（越南同奈省華人的各社群）. Kỷ yếu Hội nghị - Hội thảo ĐHQGHN（會議紀要－河內國家大學研討會）.

Trịnh Thị Mai Linh（鄭氏梅玲）. (2008). Người Hoa ở Đồng Nai 1954-2005（同奈的華人 1954-2005）. Luận văn Tiến sĩ, Khoa Lịch sử Trường Đại học Sư phạm

TP. Hồ Chí Minh (胡志明市師範大學歷史系博士論文).

Tsai, Maw Kuey (蔡茂貴). (1968). Người Hoa ở miền Nam Việt Nam (越南南部的華人). Pa-ri: Thư viện Quốc gia (巴黎：國家圖書館).

Vũ, Bá Hùng (武伯雄). (1972). Bước đầu tìm hiểu hệ thống ngữ âm tiếng Hoa (華語語音系統初探). In Viện Ngôn Ngữ học Ủy ban Khoa học xã hội Việt Nam (越南社會科學委員會言語學院編), *Tìm hiểu ngôn ngữ các dân tộc thiểu số ở Việt Nam tập I* (越南的各少數民族言語探曉・第一輯), pp. 105-124.

Wimmer, A. (2013). *Ethnic Boundary Making*. New York: Oxford University Press.

伊藤正子 (2018). ベトナムの「華人」政策と北部農村に住むガイの現代史 . アジア・アフリカ地域研究 , 17(2): 258-286.

附錄1：北越北干省、太原省及北江省地理位置圖

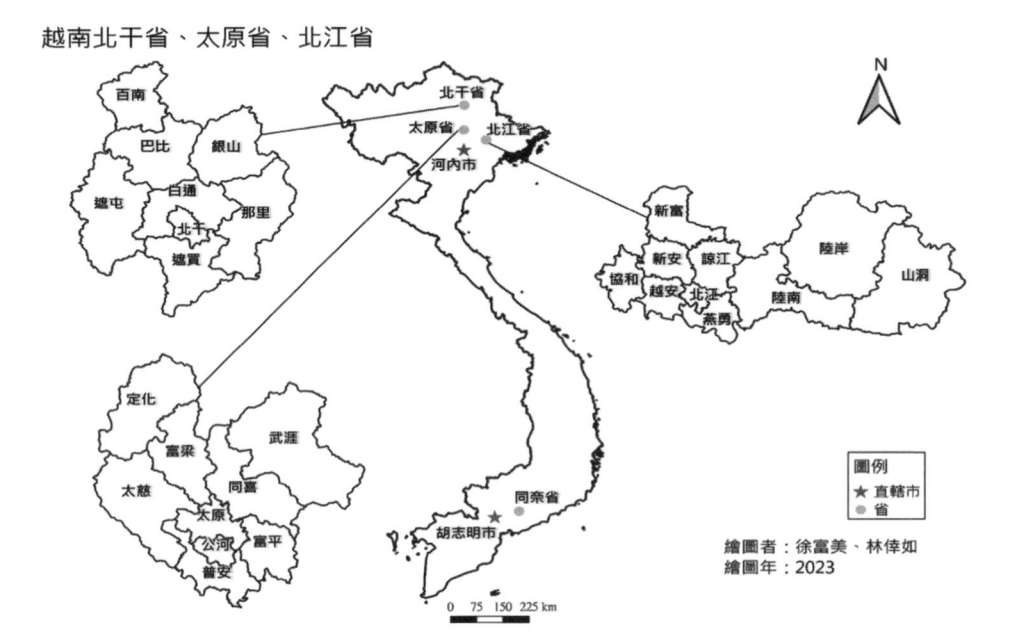

越南北干省、太原省、北江省

繪圖者：徐富美、林倖如
繪圖年：2023

附錄 2：南越胡志明市及同奈省地理位置圖

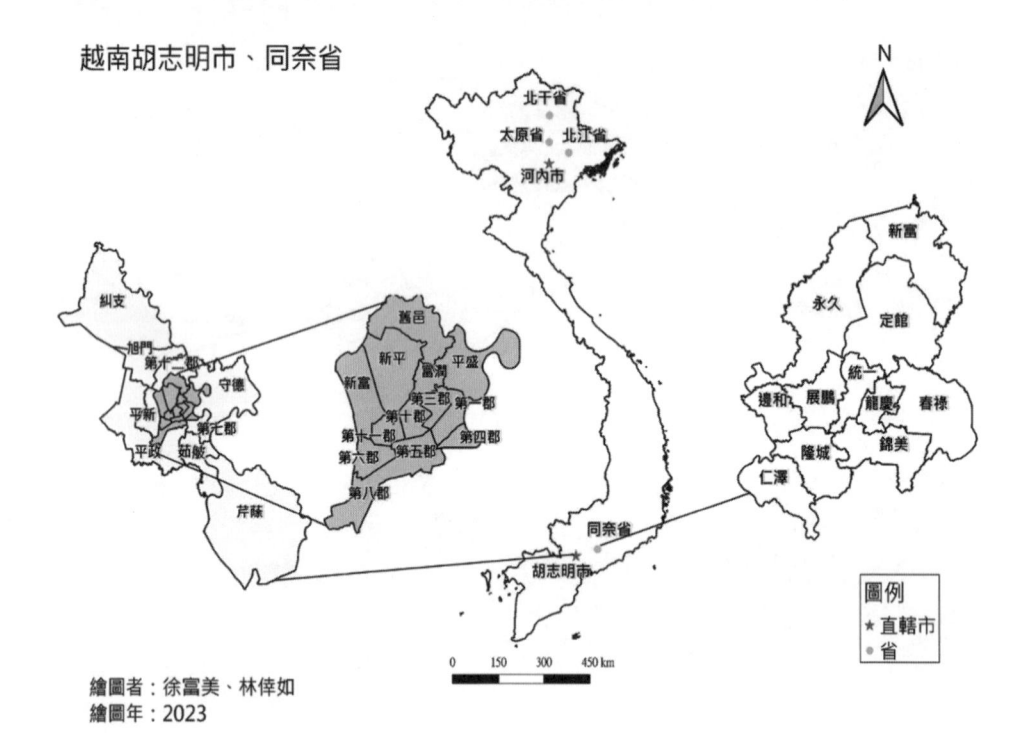

越南胡志明市、同奈省

繪圖者：徐富美、林倖如
繪圖年：2023

附錄 3：南越「同奈省」華人分布圖（參徐富美，2022b：131）

同奈省華人分布圖

圖例
- 治安湖 Hồ Trị An
- 華人

繪圖者：徐富美、林倖如
繪圖年：2021

附錄4：北越「北江省」華人分布圖（參徐富美，2022a：198）

北江省艾人分布圖

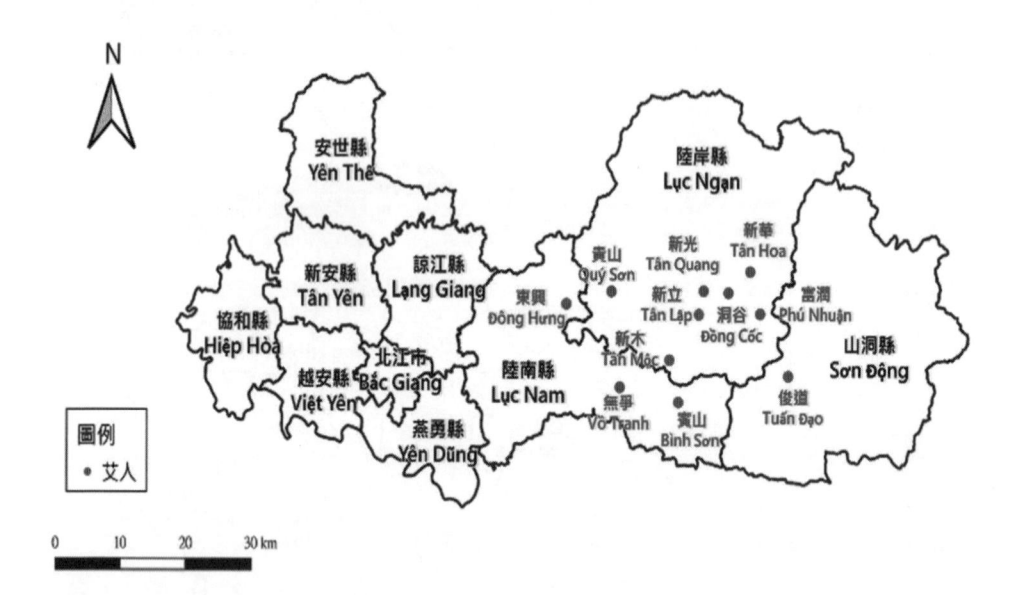

繪圖者：徐富美、林倖如
繪圖年：2021

附錄 5：北越「北干省」華人分布圖

北干省艾人分布圖

百南縣 Pác Nặm
巴比縣 Ba Bể
憑雲社 Bằng Vân
雲從社 Vân Tùng
銀山縣 Ngân Sơn
遮屯縣 Chợ Đồn
白通縣 Bạch Thông
那里縣 Na Rì
北干市 Bắc Kạn
遮買縣 Chợ Mới

圖例
● 艾人

0　10　20　30 km

繪圖者：徐富美、林倖如
繪圖年：2022

附錄6：北越「太原省」華人分布圖（參徐富美，2021：196）

第 8 章
泗水客家青年與惠潮嘉會館的相遇：
參與障礙與突破策略

Budi Kurniawan（韓江安），Alpin Gadman Markali（李智彬）

壹、緒論

　　印度尼西亞是全球海外客家移民最大的聚集地，華人移民至該國的歷史源遠流長，最早可追溯至宋元時代。當時，泉州港作為全球最主要的商港，中國商人頻繁地在南海活動。根據非官方統計，印尼一萬七千多個島嶼上的華人總人口約有一千五百萬，其中客家人數介於六百萬至八百萬之間（曾建元，2015）。位於泗水的惠潮嘉會館是印尼最古老的客家會館，已有超過兩百年的歷史，至今仍然活躍。

　　惠潮嘉會館的創建歷史可追溯至清朝嘉慶二十五年，庚辰年，即西元1820年，當時經政府正式批准建立，初名為清明眾義塚公祠。隨著時間的推移，移居泗水的華僑人數日益增多，他們來自廣東不同地區，地區和家族的認同感逐漸加強。在這種情況下，來自廣東廣州和肇慶（廣肇地區）的華僑先後退出了原有的總組織，另行成立自己的團體。這使得原組織內主要剩下來自廣東東部的三個地區——惠州（惠）、潮州（潮）和嘉應州（嘉，現為梅州）的華僑。這些來自惠潮嘉三州的華僑接管了會館的日常工作。他們為了反映會員的地區來源，加強鄉親之間的聯繫和團結，順應潮流，將組織更名為「惠潮嘉會館」（印尼泗水惠潮嘉會館，2020：49）。這一改名順理成章，因為它直接體現了組織成員的實際構成。此外，這個名稱也與三山國王的傳說相呼應：大哥巾山國王鎮守嘉應州（嘉），二哥明山國王鎮守惠州（惠），三哥獨山國王鎮守潮州（潮）。這象徵著三地之間的結盟和和睦共處（印尼泗水惠潮嘉會館，2005：64）。此組織的主旨在於鞏固鄉親之間的聯繫，共同推動互助合作，以

促進社會福利及推動當地工商業的繁榮發展。

1965年9月30日印尼政變爆發後，隨之而來的反共排華浪潮令華人處於危機四伏的境地，各個社團紛紛被強行接管。隨後的1966年4月，印尼政府發出禁令，封停所有華文報紙和雜誌的流通，並將華文學校關閉並接管。此外，更出台了禁止華人閱讀華文報紙、雜誌，不准華人遵循過年等傳統習俗，以及在公共場所不得講華語等嚴苛的排華政策，使華人社群陷入前所未有的困境。

在這一艱難時期，惠潮嘉會館透過不屈不撓的努力和智慧，得以倖存，儘管處於艱困的境地。這一階段持續了多年，直到1998年印尼的政治改革時期，當時的政府開始消除針對印尼華人的歧視性待遇，重新允許華人社群自由地表達自己的文化和語言。

然而，新秩序時代長達32年的統治造成了深遠的影響，尤其是在爪哇島。其中最顯著的是兩代印尼華人失去了說漢語和各種漢語方言的能力，包括客家話等。這一長期的語言和文化隔閡不僅影響了印尼華人社群的身分認同，也為惠潮嘉會館在恢復與年輕一代的聯繫方面帶來了新的挑戰。即使政治改革已經持續至今，這種語言和文化的斷裂仍然是一個難以逾越的障礙。

印尼改革後，全國各地的客家社團紛紛成立。2008年5月，為增進鄉誼、促進共同發展，全國30多個客屬社團共同創立了「印尼客屬聯誼總會」，在雅加達舉行了歷史性的見證儀式。惠潮嘉會館作為創會成員之一，起到了關鍵作用。

2014年1月26日理監事擴展至近40人，其中青年部成員最多，為2015年第二屆全國客家青年會議作準備。6月25-27日在泗水舉行的大會集聚三百餘名客家青年，主題為「客家青年在印尼建設中的角色」，得到各地支持及泗水市長 Tri Rismaharini 的鼓勵。

惠潮嘉會館自2010年正式設立青年部，為年輕一代提供了一個參與會館事務和活動的平台。在2014年和2015年間，青年部展現出高度的活躍性，這主要歸功於多方面的因素。首先，作為新成立的組織，青年部的成員對參與會館活動充滿了新鮮感和熱情。他們渴望為會館的發展貢獻自己的力量，並在

這個平台上施展才華。其次，會館領導層對青年部給予了高度的重視和支持，鼓勵年輕成員參與決策和活動策劃，這增強了他們的參與感和歸屬感。此外，2015 年惠潮嘉會館勇敢承擔了第二屆全國客家青年會議的主辦職責，這一大型活動為青年成員提供了展示才能和拓展人脈的寶貴機會，極大地激發了他們的參與熱情。同時，青年部積極組織了社會服務、環保植樹、教育支援、災難救援、健康運動和文化交流等豐富多樣的活動，滿足了年輕人的興趣和需求，加強了他們與社區的互動。

然而，疫情爆發後，會館的活動受到限制，青年部的參與度也隨之下降。由於疫情導致線下活動大幅減少，青年成員缺乏參與的機會。即使嘗試透過線上平台繼續活動，互動性和參與感也不如以往的線下活動，難以維持青年人的興趣。此外，疫情帶來的心理和經濟壓力，使年輕人將更多精力投入到學業、工作和家庭中，對社團活動的關注度降低。這種情況揭示了在印尼華人社群中，因新秩序時代的歷史影響，年輕一代的客家身分和中華情感已逐漸淡化，再加上疫情帶來的額外挑戰，青年參與意願進一步降低。因此，如何重新激發青年對客家文化的興趣，培養下一代的領袖，保護和傳承客家的身分和文化，成為惠潮嘉會館亟待解決的重要課題。

客家青年在會館中的參與和融入過程中遇到的障礙和困難需要進一步的研究。這不僅包括瞭解他們在組織中的參與情況，還涉及如何增強他們對客家身分和文化的認同。因此，本研究旨在深入探討客家青年在會館中所遇到的挑戰，並嘗試提出策略以克服這些問題。

貳、印尼客家會館和客家身分認同概略

客家人遷徙至印尼的歷史可追溯至南宋末年，特別是在元軍南侵福建、江西與廣東地區時。根據 1940 年商務印書館的《華僑名人故事錄》，文天祥，當時的宋朝右丞相，於 1277 年成功收復梅州，並得到當地 800 多名居民的支持。其中包括卓謀，一名來自梅縣的人物。然而，南宋於 1279 年滅亡後，卓

謀與數名家鄉青年乘木筏，受海上季風推動，最終漂流至婆羅洲（現印尼加里曼丹）並定居。這被認為是梅州客家人首次遷移到印尼的史料記載，距今已有 735 年的歷史（印尼客屬聯誼總會，2019）。

自古以來，印尼的客家社群對國家獨立和經濟建設及社會進步做出了巨大的貢獻。自 1998 年印尼改革開放以來，對華人社群的態度趨於開明，這促使各地華人社團如雨後春筍般成立，客家人也不例外。在多次座談會後，包括 2007 年的「心連心」座談會和 2008 年東爪哇省泗水惠潮嘉會館主辦的座談會，各地客屬社團代表一致認為有必要成立一個全國性的客屬社團。最終，2008 年 5 月 3 日，全國各地超過 20 個客屬社團在雅加達發表了「印尼客屬聯誼總會成立宣言」，並在太陽城大禮堂正式成立「印尼客屬聯誼總會」，象徵著客家大團結的開始。

根據 Hsiao 和 Lim（2007）的研究，東南亞客家會館的集體自我認同主觀上相對有限，主要侷限於家庭和半公共社群活動。這與年長客家領導層的期望有顯著矛盾。受教育的年輕客家人較少參與這些組織，他們的「客家身分」多為被賦予的「原始身分」，與當下生活或工作場景無直接關聯。由於結構性限制，他們主要展示基本的「方言認識」，而這逐漸被更包容的「中華」身分所取代。此研究結果與 Liao（2018）的調查相符，後者指出年輕一代的客家人更偏好使用中文而非其他語言。多數年輕參與者對使用客家話缺乏熱情，主要因為他們並未受到鼓勵去使用該語言。儘管在這項研究中，客家語被視為正在經歷語言轉變，客家社群的成員仍強調其意識形態立場。他們作為客家文化的維護者，高度重視其根源、傳統和客家性。這就是所謂的「身為客家人卻不說客家話」。

鑑於印尼多元文化的社會背景，以及歷史上對華人文化的限制和當代面臨的挑戰，惠潮嘉會館試圖透過舉辦各種教育和文化活動來推廣他們的客家意識和客家文化。會館極為重視方言身分，積極推廣客家話教學，課程對所有有意願學習客家話的人開放，即使在疫情期間也透過線上平台持續進行。面對曾經的文化斷裂和現代化的衝擊，惠潮嘉會館在文化景觀方面也有所努力，例如，印尼客屬聯誼總會於 2014 年在雅加達的印尼美麗縮影公園內成立了「印尼客

家博物館」，建築設計受客家土樓啟發；類似的博物館在坤甸也已基本完工。此外，泗水的惠潮嘉會館多次舉辦客家美食、歷史與文化的教學和推廣活動，以及各類客家文化專題講座，旨在克服歷史和當代的挑戰，重新建立年輕一代的客家文化認同。

自2013年起，印尼客屬聯誼總會開始舉辦全國客家青年會議，至2023年已經連續舉辦六屆。在2015年，這一全國性的會議在泗水舉行，由當地的惠潮嘉會館擔任承辦方。除此之外，印尼客屬聯誼總會亦積極發展青年組織，進一步創立了印尼客家青年團，該團體專門負責統籌和指導分布在印尼各地客家會館的年輕一代。

參、研究方法

本研究採用質性研究方法，主要涵蓋文獻研究和半結構化訪談。參與者的選擇基於以下標準：

組別一：活躍於惠潮嘉會館的客家青年，共3人。
組別二：曾經活躍但現在不再活躍於會館的客家青年，共2人。
組別三：從未活躍於會館的客家青年，共2人。

表1：參與者人口統計資訊

組別	化名	性別	職業	年齡
組別一	A	女	企業家	39
	B	男	教師	45
	C	女	教師	38
組別二	D	男	教師	51
	E	女	企業家	35
組別三	F	男	企業家	45
	G	男	教師	25

關於年齡範圍：由於青年部的「青年」並沒有明確的年齡限制，更強調年輕的精神和活力，我們在選擇參與者時並未設定嚴格的年齡界限。參與者的年齡從 25 歲到 51 歲不等，這反映了客家社團對「青年」概念的廣泛理解。值得注意的是，「印尼客家青年團」的印尼文稱謂為「Putra Putri Hakka Indonesia」（印尼客家子女），其中「Putra Putri」（子女）一詞本身就沒有明確的年齡界定，強調的是成員作為客家子女的身分，凸顯了年齡的不確定性和靈活性。

採用半結構化的個別訪談方式，透過線上平台進行，每位參與者訪談時間約為 30 分鐘。訪談於 2023 年 8 月進行，每次訪談的時間約為 40 分鐘。訪談問題涵蓋對會館的看法、在會館的參與情況，以及對會館的潛在障礙和建議。本研究也進行文獻回顧，主要檢視惠潮嘉會館發行的《泗水惠潮嘉會館成立 185 周年紀念特刊》、《泗水惠潮嘉會館成立 190 週年紀念專輯》、《印尼泗水惠潮嘉會館 200 週年紀念特刊》，以獲得更全面的背景資料和理論支持。資料分析將採用簡單的 SWOT（優勢、弱點、機會、威脅）分析，以更深入地瞭解泗水惠潮嘉會館的現況和未來發展機會。

肆、研究結果與討論

根據對訪談紀錄進行編碼的結果，我們獲得了三個主要主題，分別為：一、泗水客家青年與惠潮嘉會館的相遇，二、參與障礙與困難，以及三、突破策略。此外，「惠潮嘉會館紀念特刊」提供了關於會館歷史、青年參與、活動組織以及所面臨挑戰的豐富資訊。

一、泗水客家青年與惠潮嘉會館的相遇

根據訪談資料顯示，客家青年與惠潮嘉會館的相遇多半不是偶然，而是透過社會網絡，特別是親友的推薦或介紹。這一點在文獻中得到了印證。紀念特刊〈印尼泗水惠潮嘉會館史略〉詳細記述了會館歷史上如何透過鄉親聯絡、共

同謀劃互助合作來促進會員的參與（印尼泗水惠潮嘉會館，2020：49）。這種由社會網絡驅動的相遇模式，不僅反映出惠潮嘉會館在地方社群中的影響力，也凸顯出在泗水客家青年中，親友圈的社交資本對於接觸與參與社團活動具有關鍵性的作用。透過親友的介紹，客家青年得以更直接和深入地瞭解會館的運作模式、活動內容，以及其在推動客家文化與身分認同方面所發揮的角色。這種方式也為客家青年提供了一個安全、可信賴的社交環境，讓他們能夠更容易地融入這個社群，並參與到各式各樣的會館活動中。因此，親友的推薦或介紹成為了一個重要的社會機制，促使泗水的客家青年與惠潮嘉會館產生更積極、更深入的互動。

這一發現與 Chandra 和 Christiana（2013）的研究結果呼應。在他們的研究中，泗水客家青年參與惠潮嘉會館活動的動因主要來自於父母、朋友、親戚、社團領袖，以及教師的介紹或推薦。這些社會與家庭因素在促進青年與會館的互動中扮演了關鍵角色。

第二個觀察點是，泗水的客家青年與惠潮嘉會館的相遇，有的源於文化動機，尤其是學習客家話的興趣。這群青年視客家話不僅作為文化和身分的標誌，更認為掌握客家話是一種「文化資本」（cultural capital）。這種文化資本不僅讓他們能夠更深入地與還精通客家話的客家人建立關係，也為他們在社會網絡和文化實踐中增加了價值。這一點也突顯出，對於客家青年而言，語言不僅是交流的工具，更是維繫和強化族群認同的重要資源。這種文化資本的累積，可視為他們尋求與更廣泛客家社群連結的策略，並在一定程度上影響了他們選擇參與惠潮嘉會館活動的動機。

在文化動機方面還有一個與尋根或身分有關的因素。有的青年雖自認為是客家人，但對客家文化的瞭解相對缺乏。因此，他們對於參與惠潮嘉會館的活動產生了興趣。透過參與這些活動，他們增進了對客家文化的認識。一名受訪者（D）提到，

「當時我已經參與了各種組織的管理，但還沒有加入過像惠潮嘉會館（由一個次族群組成的組織）這樣的組織，因此我變得很感興趣，想

要參加。此外，由於我父親也是客家人，但我並未在客家文化環境中長大，所以我想要更深入瞭解客家到底是什麼。……我自己透過惠潮嘉會館學習了很多有關客家文化和精神。」（D）

這一點與另一名受訪者（A）的看法相呼應，她認為：

「即使我們是在印尼出生的，關於客家有一點，就是如果沒有人繼續傳承，那就會消失。……其實回到關於身分認同的問題，目的是為了取悅自己還是更多地將身分認同作為一種表達自我的方式，即我對擁有這種身分感到自豪。這是需要重新思考的。」（A）

A在某種程度上體驗到作為客家人文化和身分連結的重要性。這種體驗讓她更加意識到，維繫與客家根源的聯繫是不可或缺的，以防止自己從文化和身分的「根」上逐漸疏離。

二、參與障礙與困難

我們必須指出，並非所有的客家青年都對惠潮嘉會館感興趣。這種興趣主要出現在那些仍然自認為是客家人，或者在其身分中有明顯的客家特質的青年中。他們對於學習客家文化和語言抱有強烈的興趣。

然而，由於現代化的影響，越來越多的年輕一代對於族群或傳統事物的興趣逐漸減少（印尼泗水惠潮嘉會館，2010：149）。在全球化和科技普及的背景下，傳統文化和族群認同在一定程度上變得模糊，這反過來也影響了年輕人對於參與惠潮嘉會館這類以族群文化為主的組織的意願。紀念特刊〈惠潮嘉會館的回顧與未來幹部培養的挑戰〉文章中提及：「斷裂了將年輕一代與華人文化根源和身分聯繫起來的紐帶……是一個相當重要的因素……」指出了歷史和政策因素導致的文化斷層，加劇了青年對傳統文化和會館活動的疏離（印尼泗水惠潮嘉會館，2020：173）。

為了更詳細地探討這一現象，我們可以引入文化資本理論，進一步分析為何在現代社會中，擁有客家文化資本似乎變得不如過去重要。一方面，年輕人可能覺得，在追求職業成功和社會地位方面，客家文化資本不再提供明顯的優勢；另一方面，隨著多元文化主義和全球文化的影響，年輕人可能更願意尋求跨文化或者全球性的身分認同，而不僅僅是基於地域或族群。

此外，一些客家青年由於自覺中文能力不足或者完全不會，甚至沒有中文名字，因此對於參加會館活動感到畏懼或猶豫。受訪者（B）提到了這一點：

「問題在於，有很多30、40歲的人根本不懂中文，這點我能感受到……他們被問到能不能說中文，或者問到他們的中文名字是什麼，他們都不知道，完全沒有，這個情況需要仔細考慮。確實有一些人因為懶惰而不願學習，但對於那些有興趣和願意學習的人，需要有指導，也需要讓他們首先感到舒適。」（B）

這種情況進一步加劇了會館在招募新會員方面的困難。年輕一代普遍對會館持有一種認知，即其過於強調族群特性和中華文化氛圍，這對於他們來說構成了一種障礙。這引出了更大的問題：在印尼的社會背景下，特別是後蘇哈托時代以來，印尼華人的「族群性」和「中華性」經歷了顯著的變化。在新秩序時期（1966-1998年），印尼政府實施了嚴格的同化政策，禁止華人使用中文名字、學習中文和慶祝傳統華人節日，導致年輕一代對自身的華人身分和文化認同感逐漸淡化。在這種背景下，年輕人對「族群性」和「中華性」的理解主要局限於家庭內部，缺乏公開的文化表達。

然而，在後蘇哈托時代，隨著政治改革和對華人文化限制的解除，華人社群開始重新尋求文化認同和族群身分。但由於長期的文化斷裂，年輕一代對於傳統的「族群性」和「中華性」的認同仍然薄弱。對於那些不擅長華語或沒有中文名字的客家青年來說，他們可能會感到自己在這樣的組織中「不夠合格」或「不夠中華」。在這一過程中，全球化和多元文化主義的影響進一步加劇了這種變化，年輕人開始更多地認同全球化的價值觀，追求個人主義和普世價

值，對傳統的族群身分認同產生了新的理解和接受程度的變化。

另外，會館內部存在著資深與年輕成員間的代溝問題，這不僅限於文化層面，也涵蓋了工作方式、興趣和人生觀等多個方面。首先，在文化層面，年輕一代普遍較少理解和接觸客家語言和文化，這在一定程度上形成了一種「文化距離」。這種距離不僅影響他們與資深成員的交流，也可能影響他們對參與會館活動的興趣和熱情。

其次，在工作方式和興趣方面，由於資深和年輕成員生活經歷和社會背景的不同，他們對會館的參與和貢獻也各自有不同的期望和方式。例如，資深成員可能更注重傳統活動和維護客家文化，而年輕人則可能更傾向於進行創新和尋求與當代社會更為接軌的活動。

最後，在人生觀方面，代溝也表現為對生活價值和目標的不同理解。這種差異可能會進一步加劇會館內部的矛盾和衝突，特別是在如何平衡傳統與現代、保守與創新等問題上。比如像受訪者（A）提到的：

「較為資深的一代，……他們在生活、工作、活動等方面都有豐富的經驗。然而，他們認為是好的事物和方法，和我們這一代，青年組認為是好的，有時並不對接。令人遺憾的是，當這些觀點發生衝突時。……換句話說，這可能是因為我們較年輕的一代在工作方式上可能更為高效，不會過於繁瑣。然而，對於資深的一代來說，他們更加注重準備和計畫，而且他們也更為『有經驗、知道更多』。」（A）

下一個觀察點便是客家青年參與惠潮嘉會館活動的實際困難，特別是時間不足和繁忙的日程。這是一個普遍而顯著的障礙，因為年輕一代通常面臨著工作、學業、家庭和其他社會責任的多重壓力。這些壓力造成的結果是，儘管他們可能對惠潮嘉會館的活動和目標持有積極的態度，實際的參與卻變得更加困難。這障礙已由多位受訪者明確指出：

「……我退出了，由於過於繁忙等原因。……如果我時間允許，我

會參與，但不會是當理事，因為當理事需要很大的承諾和大量的時間。」（D）

「……工作很忙，還有管理家庭等等，很難安排時間參與。」（E）

「以前曾經嘗試參加了客家話課程，但最終因為工作繁忙而沒有繼續。」（F）

「對於會員來說，只是限於 WhatsApp 群組，目前我還不參與活動，因為忙於在學校教學。」（G）

值得注意的是，這種時間壓力不僅限制了他們在惠潮嘉會館的活動參與，也可能影響他們在更廣泛的社會和文化場域中與客家社群的連結。換句話說，時間成本的高昂使得文化和社會參與變得更加選擇性，而這種選擇性則可能進一步助長了他們與客家文化和社群的疏離。

三、突破策略

根據已蒐集的資料，我們將會館和青年的狀況概括為優勢（Strengths）、弱點（Weaknesses）、機會（Opportunities），以及威脅（Threats）。

表 2：SWOT

優勢	機會
• 親友的推薦或介紹作為社會資本的一種形式，在促進泗水的客家青年與惠潮嘉會館之間形成更為積極和深度的互動方面扮演了重要的角色。 • 會館存在超過兩百年，展示出持久的生命力和豐富的經驗。 • 活動形式多樣，能夠滿足不同群體的需求。 • 年輕一代的會員相對較多，為未來發展提供了積極的人力資源。	• 儘管數量不多，但仍存在對客家文化和語言感興趣的年輕一代。 • 與全印尼乃至國際範圍內的客家青年進行網絡拓展的機會。
弱點	威脅
• 從外界的角度來看，會館給人一種過於傳統和陳舊的印象，這在一定程度上影響了潛在會員的加入意願。 • 積極參與的年輕會員數量不多。 • 資深與年輕的代溝。	• 現代性和全球化的吸引力，以其簡單性和多元性，相對於民族身分和傳統性，更能吸引年輕人。

　　經受訪者的答案，突破策略首要的方面是活動。這符合於 Chandra 和 Christiana（2013）的研究結果。許多活躍的年輕人之所以如此，多半是因為他們參與了 2010 年慶祝惠潮嘉會館成立 190 周年的活動。這些涉及年輕一代的活動，不僅僅是為了獲得他們的勞動力，而是真正引入了他們的思想、興趣、合作和主動性。事實上，惠潮嘉會館已經有許多可以吸引年輕人參與的活動，例如社會服務、獻血，以及其他社會文化活動，這些都可以由年輕一代更好地推廣和發展。

　　因為疫情的影響，這些活動曾一度中止，但現在已經重新活躍起來。全國客家青年會議也重新開始舉辦，這可視為一個吸引年輕人參與的好機會，因為它涉及來自整個印尼的客家青年。這樣的活動不僅促進了青年與會館之間的互動，還為他們提供了一個展示和發揮自己能力的平台。正如受訪者（A）的看法：

「嗯，更需要的是提升（活動）質量。因為如果辦了活動但沒有人來負責，那也是一樣的。首先應該提升質量，並將『青年組』提拔為組織的負責人，這是很重要的。……應該先坐下來聊聊。一起思考，一起鼓舞。但這種鼓舞不應該是遠距離的，應該是近距離的。」（A）

關於資深與年輕一代之間存在的代溝，解決方案在於加強兩方的對話與溝通。如同受訪者（A）提到的，資深理事對年輕人的鼓勵應該是「近距離」的。這意味著資深的理事成員需要與年輕人頻繁地進行座談和交流，以深化對彼此觀點和需求的瞭解。這種溝通不是限於單方面的指導或建議，而是應包括積極參與和對年輕人展示不同角度的思考，從而達到更全面、更具建設性的鼓勵。會館內部的對話，被視為很重要的一個策略：

「需要開放心態，更多地聽取年輕人的需求和意願，進而能夠設計更貼近目標的計畫。無論是從興趣、教育還是技術的角度，都應該予以考慮。」（D）

關於客家身分認同和年輕一代的參與，這確實是一個棘手的問題。保持客家身分認同的意識無疑是關鍵因素。然而，依賴傳統文化活動來吸引年輕人似乎並不太成功（Zhang, 2018）。為了有效地吸引並留住新一代的會員，會館需要創建一個環境，在這個環境中年輕人既能夠增進自己的文化資本，同時也不會感到身分或能力上的壓迫或不適。因此，有必要設計更為靈活、貼近年輕人需求的活動形式和時間安排，以便更有效地引起和維持這一目標群體的興趣和參與。如目前推出的線上客家話課程，可視為一項極佳的創新策略。透過採用線上平台，能讓更多人在不受地點和時間限制的情況下，參與學習。除此之外，會館的其他活動也能優化透過網絡技術來組織和推廣。網絡平台的便捷性不僅能解決實踐中的一些障礙，還提供了一個低門檻、高吸引力的入口，促使更多人參與會館活動。

對於年輕一代來說，網絡社交媒體不僅是一種娛樂和社交的平台，更可作

為促進文化傳播和社群參與的有效工具。隨著科技的發展和年輕人對網絡社交媒體的高度依賴，會館可積極運用這些平台，如 Instagram 或 TikTok 等，來推廣客家文化和活動。透過創造與年輕人息息相關的內容和互動形式，會館有可能吸引更多年輕會員，並鼓勵他們更積極地參與會館的各種活動和項目。這不僅有助於年輕人自身的文化資本累積，也為會館注入了新的活力和創新性。

根據以上描述，下面是根據 SWOT 分析出的一些策略建議。

表 3：SWOT 分析出的策略

S-O（利用優勢以把握機會）
• 採用會館理事及成員的社會資本，透過親友網絡來吸引和招募新一代年輕會員。 • 策劃和實施多種以社交網絡擴張為目的的活動，強化與全印尼乃至國際範圍內的客家青年之間的連接和互動。 • 推出一系列旨在提升文化資本的客家文化和語言活動（無論是線上還是線下，如已經在進行的線上客家話班），以便參與者能在參與過程中實現自我價值和文化提升。
S-T（利用優勢以避免威脅）
• 透過社交媒體平台來增強這一社會資本。例如，利用網絡推廣全球化和現代化的價值觀，但同時強調客家文化和傳統如何能與之相融共存，以達到吸引年輕人的目的。 • 由於會館已經具備多樣化的活動形式，這一點可以用來設計更具全球視野和現代感的活動。舉辦一系列集傳統與現代於一體的活動。
W-O（利用機會來克服弱點）
• 運用社交媒體和網絡平台來更新會館的形象：考慮到外界對會館持有的傳統和陳舊觀念，會館可以利用社交媒體和其他網絡平台來重新塑造和傳播其形象。 • 制定專為年輕人設計的活動和計劃：儘管積極參與的年輕會員不多，但仍有一部分年輕人對客家文化和語言保持興趣。會館應該開發更多符合年輕人需求和興趣的活動和時間安排，以吸引和保留這一特定群體。 • 搭建資深和年輕一代之間的溝通橋樑：面對資深和年輕之間存在的代溝，會館可以透過不同形式的交流和座談會來促進雙方的理解和互動。

W-T（減少弱點並規避威脅）

- 擴大年輕會員的參與和影響力：由於積極參與的年輕會員數量不多，會館應通過各種手段（如獎學金、專案資助、領導培訓等）來鼓勵年輕會員的積極參與，以減少代溝和增強其對抗全球化威脅的能力。
- 建立跨代溝通平台：會館應設立專門的機制或平台，用於促進資深和年輕會員之間的交流與合作。
- 加強與其他社群的交流：為了抵抗全球化和現代性的影響，會館可以與其他社群建立合作關係，進行活動和交流，以豐富其活動內容和拓寬會員視野。

在 S-O 策略中，我們建議會館應充分利用其社會資本和活動多樣性，來吸引和招募年輕會員，並與全印尼乃至國際範圍內的客家青年建立更緊密的聯繫。其次，在 S-T 策略中，我們提出會館應運用其社會資本和豐富的活動經驗，來設計更具全球視野和現代感的活動，以吸引年輕一代。對於 W-O 策略，我們強調了更新會館形象和為年輕人量身設計活動的重要性，以吸引更多年輕會員。最後，在 W-T 策略中，我們建議會館應通過各種手段來鼓勵年輕會員的積極參與，並應建立專門的機制或平台，用於促進資深和年輕會員之間的交流與合作，以增強其對抗全球化威脅的能力。

伍、結論

本研究透過 SWOT 分析對惠潮嘉會館進行了評估，旨在探討其在當前複雜多變的社會環境中如何更有效地培養年輕一代的接班人，以及試圖保護客家認同和客家精神。本研究提出了一系列策略，包括如何利用社會資本來吸引年輕會員、如何透過活動多樣化來拓寬社交網絡，以及如何利用網絡和社交媒體來重新塑造會館形象等。本研究仍存在一定的局限性。具體而言，由於研究數據量較少，使得某些分析和結論可能受到限制。為了更全面和深入地瞭解泗水客家會館的運營和發展，未來的研究可以考慮進行更長時間和更深入的民族誌研究，特別是深入探討性別因素對客家青年參與會館活動的影響。這將有助於提供更為紮實和全面的分析，進而對會館的長期成功和持續發展提供更有力的支援。

參考文獻

印尼客屬聯誼總會（2019）。〈印尼客家人遷移史〉。https://hakkaindonesia.com/2019/05/02/sejarah-migrasi-hakka-ke-indonesia/

印尼泗水惠潮嘉會館（2005）。《泗水惠潮嘉會館成立 185 週年紀念特刊》。

印尼泗水惠潮嘉會館（2010）。《泗水惠潮嘉會館成立 190 週年紀念專輯》。

印尼泗水惠潮嘉會館（2020）。《印尼泗水惠潮嘉會館 200 週年紀念特刊》。

曾建元（2015）。〈走訪印尼客家〉。《新社會政策雙月刊》，37：29-51。

Chandra, & Christiana, E. (2013). Pandangan Generasi Muda Hakka Terhadap Keberlangsungan Perkumpulan Hwie Tiauw Ka Surabaya. *Century*, 1(2): 119-133.

Hsiao, H.-H. M., & Lim, K. T. (2007). The formation and limitation of Hakka identity in. *Taiwan Journal of Southeast Asian Studies*, 4(1): 3-28.

Liao, C. I. (2018). Can one be Hakka without speaking Hakka? The conflicts between language and identity in a Hakka community in Sabah. *Global Hakka Studies*, 10: 27-58. http://ghk.nctu.edu.tw/word/Can a Person be Hakka without Speaking Hakka-5.pdf

Zhang, Y. (2018). The impact of China's economic rise on the ancestor worship in Thai-Chinese clan association. *The 6th Asian Academic Society International Conference (AASIC)*, pp. 446-451.

第 9 章
看得見與看不見的「客家」：語言景觀研究

Seong Lin Ding（陳湘琳）

壹、緒論

　　本文試圖通過吉隆坡、檳城、立卑等馬來西亞城鎮的語言符號景觀（linguistic/semiotic landscape，以下簡稱語言景觀），探討「客家」的可見性和隱形性。語言景觀是對公共空間文本的研究（Landry & Bourhis, 1997; Shohamy, Ben-Rafael & Barni, 2010）。一方面，語言景觀往往標誌著一個語言群體居住的地理空間，經由對社區語言景觀的分析，推斷其特徵、人口／族群，以及公共當局與民間社會之間的關係。另一方面，通過語言景觀的視角，也可以批判性地展示少數語言群體的文化傳統在地方上的「可見性」（Ding, 2023b; Ding, Kim & Kang, 2020）。

　　就歷史而論，Manguin（2000）的研究指出了早期東南亞沿海政體通過地中海連接南中國海和印度洋的主要海上貿易路線。而幾個世紀以來，馬來群島也一直是東南亞地區商業的焦點。英國和荷蘭殖民時期，在 1840 至 1920 年之間，兩千萬人從中國移居東南亞（Haugen & Speelman, 2022），而馬來亞更可說是早期中國移民的重要目的地（詳見 Furnivall, 1956; Giordano, 2004）。這些中國移民絕大多數是來自中國南方的廣東和福建，屬於漢語語系族群（Sinitic language groups）中的閩、粵和客。這些來自南方的閩、粵和客移民及其後代在他們所生活的社會中發展了獨特的歷史和身分（McKeown, 2005）。

　　以吉隆坡、檳城、立卑等城鎮為例，吉隆坡的開埠者是客家人葉亞來，茨廠街因之命名；北部檳城喬治市（聯合國教科文組織世界遺產城市）著名的海記棧與慎之家塾的建設者是客家人鄭景貴；而東海岸邊陲小鎮立卑客屬公會

前身,即成立於 1892 年的「客籍會館」,則是目前有確切時間記載的首次使用「客」字的客屬社團。通過這三座大城小鎮的語言景觀,我嘗試觀察這些傳統上曾以客家族群／語言／文化為主的地區如何隨著時間的推移而產生各種變化,並在這些可能的轉變的基礎上,探討客家語言文化傳統在馬來西亞的集體記憶與身分認同。

貳、集體記憶,身分認同,語言景觀研究

為了更好的探討吉隆玻、檳城與立卑三地華人老城區的複雜性,以及客家在這三個地區的可見性,論文引用了集體記憶、身分認同,以及語言景觀這三種研究理論。

一般來說,集體記憶被定義為在整個社區中**傳播**(transmitted)的記憶,已經**彙聚**(converged)成為特定社區的共同／共用版本,並在很長一段時間內保持**穩定**的(stable)表現(Hirst & Manier, 2008; Sperber & Hirschfeld, 2004)。換言之,共用集體記憶的群體,其成員會分享／使用一套共同的文化工具(例如敘事形式)(Bruner, 1990),以及反映其類似社會文化背景的內容(Wertsch, 2002; Wertsch & Roediger, 2008)。社區成員的集體記憶和社區的集體身分之間也因此不可避免地存在一些密切的關係(Hirst & Manier, 2008)。進一步來說,社區的集體記憶必須與當代文化話語和身分有持續的、重要的聯繫,從而在身分形成中發揮重要作用(Wertsch & Roediger, 2008)。如此,文化集體記憶可以說是社會集體認同的基礎(Hirst & Manier, 2008),並會轉化為「客觀化文化」和「社會的文化制度化遺產」(Assmann, 1995: 130)。

簡言之,集體記憶涉及一個社會努力形成過去的公共表徵(Hirst & Manier, 2008),「作為一組關於過去的想法,圖像和感受」,被安置並作為集體共用的資源來傳播(Irwin-Zarecka, 1994: 4),同時其**傳播**與**彙聚**也廣泛依賴於文化、歷史和制度背景所提供的符號學機制(Wertsch & Roediger, 2008: 322)。這些資源是多元的,既可以是翻新的舊建築、文化文物,或者儀式等社

會習俗（Connerton, 1989）；也可以是簡單的公共／商店標誌或街道名稱——由此追溯城市過往的發展和歷史社區的記憶（Ding, 2023b; Khoo, 2007）。

值得注意的是，集體記憶的傳播、彙聚與穩定性的討論核心許多時候會涉及權力的行使（Hirst & Manier, 2008）。對一些人來說，集體記憶是一個爭論的空間——過去往往與現在聯繫在一起，若有必要，對過往的描述，特別是會引發恥辱、遺憾或者分歧的往昔（Simko, 2019），可能會通過被重建、刪除或扭曲，藉此滿足當前的需求、利益和慾望（Halbwachs, 1992; Wertsch & Roediger, 2008）。集體記憶因此可以是一個地方團體與當權者／國家的持續鬥爭，以掌握對過往解讀的空間（Wertsch & Roediger, 2008: 319）。事實上，與此相關，為配合新政策或新準則，商店標誌和街道名稱等語言景觀都可以不時作更動。一個城市／鄉鎮的語言景觀所反映的不僅僅是記憶和傳統，還可以反映地方性和身分的動態建構和變化（Ding, 2023b; Ding, Kim & Kang, 2020）。

如前所述，語言景觀是對公共空間文本的研究。從路標到私人名稱，再到街道，商店或學校的名稱（Ben-Rafael, 2009: 40），甚或宗教場域。例如Rasinger（2014）在研究奧地利南卡林西亞的語言景觀時，即使用了三種不同的框架：公民框架、商業框架和宗教框架。近年來，對語言景觀的研究也已經從關注公共空間標誌的語言轉向更廣義的符號學潛力的探討（Ding, 2023a; Pennycook, 2017）。由於地方的地理空間、文化傳統與語言傳承往往會隨著時間的推移而變化（Stroud & Jegels, 2013），因此使用這個廣義的語言景觀來分析特定地方／獨特實體的歷史、改變及其意義可說是相當有效的方法。另外，關於語言景觀中少數族群語言的豐富文獻，大多從可見性的角度考察了語言景觀中的少數民族和區域語言，從而讓人可以理解甚或對它們的分布、活力、保存和身分認同做進一步的標記（Blackwood, 2010; Marten, van Mensel & Gorter, 2012; Pavlenko, 2010）。少數民族語言在公共空間中的使用也顯示了語言景觀與該地區社會語言語境之間的雙向關係（Cenoz & Gorter, 2006）。對於許多少數民族語言來說，在公共空間的使用對它們有一定程度的保護或促進；然而這並不一定會確保使用是適當或平等的。實際上，語言在公共空間中的使用和可見性無可避免地經常受到權力，包括國家或地區語言政策的影響，從而導致各

種語境之下的不同表現（Marten, van Mensel & Gorter, 2012）。換言之，能見度很大程度上與「門檻」有關，通過區分可見／不待見／不可見的內容來劃分「邊界」（Brighenti, 2008），一些城市／景觀由此獲利，由此取得視覺上的吸引力（因此也獲得可見性）（Aiello, 2021）。

總結而言，因為種種的約束，語言景觀不一定是理解某個城市的最理想方式，但它可以提供一個視角，使我們能夠更好地瞭解「看得見」與「看不見」的語言景觀背後，城市集體記憶與少數語言群體身分認同之間可能存在的問題和爭議。

參、研究方法

這項研究採用了混合式研究方法，包括實地觀察、訪談、問卷調查，以及拍攝語言景觀材料。步行被認為是進行田野調查的主要方式。這是加深對社區及其文化遺產的理解的有效方法（Langegger, 2016; Svensson, 2021），因為街道、標牌和實物（包括建築物和室內展示的物體）在視覺上是突出的，因此可以作為社區裡「看得見」的有形標誌。至於蒐集語言景觀材料的特定地區，我選擇的分別是吉隆坡的茨廠街、喬治市的海記棧與慎之家塾所在地，以及立卑的華人老街。

除了實地觀察和語言景觀數據，研究團隊在茨廠街地區、喬治市和立卑與6位在當地生活／經營企業數十年（超過兩代）的居民／店主進行了訪談。訪談的目的主要是想獲得以下幾點相關的資訊：（1）有關地區的背景；（2）一些特定標牌的詳情；（3）對社區過去和現在語言文化傳承的看法。訪談數據以錄音的形式蒐集，提供內部觀點，是對語言景觀研究的寶貴補充，以闡明所涉及的潛在社會變化，包括官方政策和社會經濟因素的影響。數據還顯示了社區的集體記憶如何對其當前身分認同產生影響。為了保護參與者的私密性，本文中使用的所有姓名均為化名。此外，為了確保內容的客觀性，受訪者只有三位是客家人，另外三位則分別是廣府人和閩南人。

表 1：受訪者名單

姓名	性別	年齡	傳承語	社區
莊元	男	62	客語	吉隆玻
華生	男	57	粵語	吉隆玻
莉莎	女	54	閩南語	喬治市
詹言	男	28	閩南語	喬治市
馬特	男	60 左右	客語	立卑
葛蕾	女	60 左右	客語	立卑

通過對語言景觀照片的分類和訪談主題的整理，我大致會從吉隆玻的路標與地名、喬治市的名人故居展示、立卑的傳統會館這三個視角，來探討以上三個社區的語言景觀情況以及「客家」在這些原客家社區的能見性。

肆、語言景觀分析

一、吉隆玻茨廠街的路標與地名

作為一個傳統的中國移民重鎮，以及曾經的商業中心，吉隆玻茨廠街是馬來西亞著名的「唐人街」。雖則「唐人街」是全球公認的僑民華人的聚居地之通稱，對許多馬來西亞人來說，「唐人街」一詞的使用也相當普遍。不過，對大部分土生的馬來西亞華人來說，吉隆玻和馬來亞其他城鎮的華人所定居的地方在概念上是**華埠**（Chinese town），而不是「唐人街」（Chinatown）。作為「歷史上的華人城鎮」（King, 2008: xxiii），這個吉隆玻古老的華人社區——所謂的「唐人街」——其實更以其粵語名稱 Chee Chong Kai（茨廠街，意思是木薯磨坊街）而聞名，這可說是他們的集體記憶（Ding, 2023b）。

有趣的是，茨廠街本來並不是一個純粹的廣府人社區。成立於 1860 年代，茨廠街是吉隆玻最早的華人區，是 1800 年代錫礦開採熱期間許多來自中國的廣府和客家移民者的登陸點。同時，吉隆玻與其鄰近的鄉鎮組成了雪蘭莪

州的所謂「錫帶」，最豐富的礦床在安邦（Ampang）、新街場（Sungai Besi）、沙叻秀（Salak South）、蕉賴（Cheras）以及沙登（Serdang）（徐威雄、張集強、陳亞才，2012：76）。而在早期的華埠領導人中，客家人葉亞來對吉隆坡的建設可說是發揮了至關重要的作用（詳見英國殖民政府的編年史和葉亞來的訃告。見徐威雄、張集強、陳亞才，2012: 35）。當地華人稱主要街道（即現在的八打靈街Jalan Petaling／Petaling Street）為茨廠街，因為據說葉氏在那裡建造了一座木薯磨坊（同上，2012：108）。由葉亞來建造的整個社區，包括茨廠街（Jalan Petaling）、諧街（Jalan Tun HS Lee）、蘇丹街（Jalan Sultan）、Jalan Balai Polis、Jalan Hang Jebat 等（見圖1），皆以主要街道（即茨廠街）命名，因此這個社區被當地人稱為茨廠街地區。

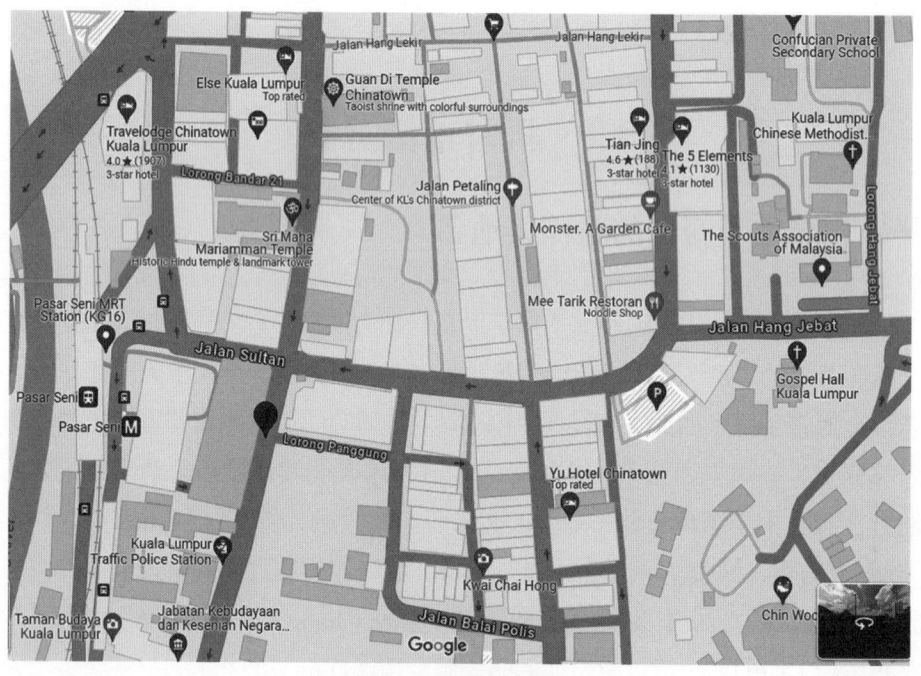

圖1：茨廠街社區

資料來源：Google Map。

值得注意的是，街道名稱和路標是通過一系列當權機構的決策而存在或者改動，更多時候它們是通過政府的公開決定（Coupland, 2012）而產生。在馬來西亞，吉隆坡及其周邊地區的大部分舊道路最初都是在英國統治期間建造的，因此以英國人物的名字命名。隨著 1957 年馬來亞獨立和 1963 年馬來西亞成立，在道路標誌應以馬來語來識別城鎮和反映馬來西亞社會的共識和前提下，街道名稱按照國家政府的規定進行翻譯和重新命名。例如，茨廠街地區的諧街最初之所以如此命名，是因為它是一條橫跨吉隆坡舊市中心的「大街」（High Street），與茨廠街平行，當時是該地區最長的兩條街道之一（徐威雄、張集強、陳亞才，2012：58）。獨立後它被改名為城市街（Bandar Street），後再改為現名，即 Tun HS Lee 路。儘管如此，茨廠街地區的老居民仍然習慣將這條街稱作 Hai Gai（諧街，粵語中 High Street 的音譯）。這種在地的標牌和與標牌相關的記憶更可說是當地人的一種公共財產，不但有助於對在地背景的理解，更在過程中標誌著並揭示了「嵌入的地方知識的複雜性……以外人無法掌握的方式」（Wong & Bishop, 2006）。值得注意的是，這些街名的音譯卻都是粵語，而非客語。

再以茨廠街著名的何九海南茶店（圖 2）為例，此店成立於 1956 年，最初只是 Panggong 巷的一個小攤位。在收到驅逐令後於 2018 年被迫搬出，後又設法在新地點重新開業。業主在自己的網站上講述了他們對附近社區的故事和回憶，描繪了 Panggung 巷如何被當地人稱為 Kwai Chai Hong（鬼仔巷，粵語，見圖 3）（https://hokowkopitiam.com/）。

圖 2：何九海南茶店

圖 3：鬼仔巷

不管是茨廠街、諧街，還是鬼仔巷，這些有形（和無形）的歷史和文化標誌，以及關閉或倖存的傳統業務／舊名稱的持續記憶，共同創造了「非官方」（Bodnar, 1992; Stoler & Strassler, 2000）的展示，成為官方名稱和認可之外的另一種選擇。這些行為不僅表現了社區對其集體過去的記憶、紀念和傳承，還展示了為維護和（重新）塑造該空間現在和未來的遺產和身分認同所付出的努力。——然而，不管是茨廠街、諧街，還是鬼仔巷，皆是粵語的深刻印記——客家的能見性在哪裡？

儘管茨廠街地區以及其週邊的仙四師爺廟、雪隆惠州會館大廈、雪隆嘉應會館、雪隆茶陽（大浦）會館、隆雪河婆同鄉會、葉亞來路、葉亞來路的葉亞來壁畫和介紹等，都可說是與客家有關的重要景觀；然而，整體的客家元素其實並不明顯。以最重要的茨廠街為例，茨廠街之命名雖來自葉亞來所開設的茨廠，但馬來西亞華人有關茨廠街的集體記憶卻並不能展示客家人的能見性。問卷調查（Ding, 2023b）的結果顯示，關於茨廠街的名字，1,158 名不同年齡的馬來西亞華人，儘管居住在不同的鄉鎮或地區，說著不同的承傳語，具有不同的社會經濟和教育背景——他們當中超過 60% 的訪查對象在被問及他們對茨廠街的慣常稱呼時，卻選擇以 *Chee Chong Kai* ——這個粵語名字——來命名這個古老的由客家人主導建設的華人街區。

更甚的是，作為吉隆坡市的主要開埠人，葉亞來路卻是茨廠街社區裡最短的一條街，而對葉亞來的推介也並不突出。在葉亞來路旁新近出現的壁畫中（圖 4），簡短的介紹大致如下：葉亞來是廣東省惠州人，17 歲來馬來半島，經過多年努力，成為吉隆坡的第三任甲必丹，他在促進馬來人和華人的合作方面有突出表現，也是吉隆坡早期發展的主要開創者。

圖 4：葉亞來路的葉亞來介紹

簡短的介紹既沒有太多的突出葉的貢獻，更是完全沒有提及其作為客家人和客家領袖的身分。除非讀者／遊客對「惠

州」與客家的聯繫有一些認識，單憑原文的「Huizhou, Guangdong Province」字樣，大部分的遊客大概無從捕捉葉氏的客家背景。

類似的例子是檳城喬治市的鄭景貴。

二、喬治市的鄭景貴故居（現檳城土生華人博物館）

檳城是馬來西亞的一個島嶼，向來是旅遊活動的集中點（Stockwell, 1993）。2008年，喬治市與馬六甲被聯合國教科文組織同列為世界文化遺產。這種認可無疑提升了兩座城市的價值，加強了旅遊業的發展。為了刺激文化經濟和創造更具吸引力的形象來促進旅遊業，利用「民族特殊性」、建築和文化等無疑是吸引遊客的妙方，而其中最重要的元素是「土生華人」。這方面的佼佼者是喬治市的檳城土生華人博物館（Pinang Peranakan Mansion）。

圖5：鄭景貴故居（現為檳城土生華人博物館）

這座豪宅建於1895年左右，最初是由客家人鄭景貴（1821-1901）所擁有。儘管鄭景貴不是土生華人，此建築物卻在私人博物館熱潮中被收購，並於2004年被改建為私人土生華人博物館。這個博物館很受遊客歡迎，2022年被貓途鷹評為「遊檳城島138件要做的事情」中的第二名（https://www.tripadvisor.com.my/Attraction_Review-g298303-d1798470-Reviews-Pinang_Peranakan_Mansion-George_Town_Penang_Island_Penang.html）。

值得注意的是由檳城州政府成立的喬治市世界遺產公司（gtwhi.com）提供的鄭景貴簡短描述的標牌。標牌被放置在博物館的大門上。鄭氏被官方正式描述為「海山領袖」（馬來語版本中為「海山黑社會的領袖」），他「在義興總部的舊址上」建造了「海記棧」（圖6）。換言之，鄭景貴既是海山黨、華人社區的領袖，也是秘密黑社會社團的首領。除此，對他其他可能的成就與貢獻卻是一字不提。這樣一來，在鄭景貴的故居，從門口開始，他和他的海山故事（更不用說客家故事）似乎即已被土生華人的光圈徹底掩蓋。

圖6：原鄭景貴海記棧的正門

圖 7：鄭景貴獻給廣東四會縣知縣的牌匾

圖 8：檳城工程師協會紀念鄭景貴的牌匾

而在鄭景貴故居／土生華人博物館裡，鄭氏的舊物不多，關於他的介紹大都見於慎之家塾／家廟，在海記棧裡可以找到的不過是幾個牌匾。比如圖 7 是鄭景貴在光緒十九年（1893）給廣東四會縣知縣劉德恆立的牌匾。1892 年，著名商人吳熾昌（1828-1897）從唐山告假回鄉，協助知縣劉德恆創辦四會矜育善堂，實際負責籌建工作，開設施醫贈藥、施棺殮葬、義學、贈種牛痘等慈善服務。此次創辦善堂，吳熾昌除自身捐獻外，還派人到港澳、東南亞向華僑廣泛募捐（陳曉平，2019）。鄭景貴可能也有參與捐款，而此牌匾也可能與此事有關。而圖 8 則是鄭去世後檳城工程師協會（The Engineers' Institute, Penang）向鄭致敬的牌匾。檳城工程師協會名曰協會，其實主要是開放給歐洲

工程師與技工們娛樂和一般使用的機構。1901年，鄭景貴甚至還慷慨地給他們捐贈了一棟兩層高的新大樓。而大約是作為回饋，圖9是慎之家塾／家廟內豎立的一尊真人大小的鄭景貴銅像。這座雕像正是由檳城工程師協會委託Benjamin Creswick 建造的。

這些少數可見的牌匾、銅像，雖然突顯了鄭景貴在對外關係上的八面玲瓏，不管是與中國清代政府，還是英國殖民政權，但故居本身的展示卻並沒有給來訪的遊客更多有關的客家人物的資訊。一兩面沒有任何說明的牌匾自然也沒能在土生華人博物館豐富的文化傳統展示品中脫穎而出。在這座遊客津津樂道、幾乎是

圖9：慎之家塾／家廟內的鄭景貴銅像

必遊的客家人故居中，鄭景貴的圖像與舊物雖猶可見一二，客家景觀在此卻是幾不可見。

三、立卑的客籍會館

瓜拉立卑（Kuala Lipis）是彭亨州的一個小鎮。在英國政府殖民統治時期，立卑曾是一座金礦中心。自1898年起至1955年被提升為彭亨州首府。在這個時期建成的重要建築物，例如建於1907年的彭亨俱樂部、1919年的市議會辦事處（見圖10）、以及1913年的Clifford中學等，無不見證這個曾經的金礦城鎮的昔日繁華。

走在立卑市區內的老街上，建於20-30年代的建築比比皆是。在這些建築群中也可以清楚看到19世紀不同籍貫的中國移民的痕跡，最明顯的例子是各個以不同承傳語發音命名的商號。隨著這些傳統語言群體和企業在社區中佔據主導地位，可以想見他們也會在商號以外，建立自己的會館、寺廟／教堂或俱樂部。

圖 10：建於英國殖民地時期的立卑彭亨俱樂部（左）與市議會辦事處（右）

　　有趣的是，在今日的市區老街上，雖然大部分的商店經營者都是華裔，而各個主要籍貫的會館亦是隨街可見，但就建成年份來看，除了標明成立於 1898 年的天后宮之外，其他的會館建成年代似乎遠落後於商號的成立年份。比如華僑俱樂部建於 1956 年，廣肇會館是 1964 年，客屬公會 1966 年，瓊州會館 1969 年。而福建會館建築物上雖未標明年份，但據《立卑福建會館 50 周年紀念特刊》（2014）上所載，會館的成立年份是 1964 年。

圖 11：立卑天后宮

圖 12：立卑華人老街上的俱樂部與會館

　　如此，單就大街上的語言景觀所見，似乎客屬公會的成立還晚於廣肇會館和福建公會，更不用提海南人的天后宮了。然而，這並不是事實的全貌。不管是根據受訪人的講述，還是老街上一些商號負責人的回憶，客家人在立卑的立足肯定是遠遠早於 1900 年。而 1991 年出版的《立卑客家公會慶祝 100 周年紀念（特刊）》是這麼記載的：

彭亨立卑客屬公會創立於一八九一年，初期原名立卑客籍會館，之後改稱為客社會館，復於一九三七年間（一說為一九三九年，見頁53），因星加坡南洋客屬總會號召各地屬人組織客屬公會以加強團結；乃改今名。（頁50）

其創立之日期，因受一九二六年洪水為災，所有檔案檔，悉遭沖毀，致無從稽查。當時本會於大街六十一號自置之店舖亦慘遭沖毀，幸後在該六十一號店舖樓下，發現碑石一面，其碑石所置存之記事：光緒十七年歲次辛卯孟秋月，所臚列當年捐款創建會館先賢芳名表如次：總理朱漢章喜題102元，楊輝合喜題50元……等數十前賢捐款之字樣，由此，本會可以確定在光緒十七年（西元一八九一年）已經創立。（頁53）

從耆老口中及零星之檔處獲悉，當時本會不但自置有大街六十一號與日黎街四十三號之店舖，且在勞勿路一英哩半處擁有義山一座。（頁53）

今天，在立卑仍然可以找到這座建於民國37年（1948）的客屬義山（見圖13），日黎街43號亦即今日老街所見的客屬公會（圖12），但那因1926年洪災沖毀，復於1930年重建的大街61號店屋，以及附設於此店屋的「銳進學校」，卻已經不復見。值得注意的是，從「1933年銳進學校改名為民眾學校後，附設於日黎街43號本會所之樓上及樓下前座」（特刊，1991：53）的記載來看，日黎街43號客屬公會早在30年代初（甚至更早）即已落成，可是今日所見的客屬公會建築物上的年份則是1966年，這就導致語言／實體景觀不僅未能有助於分析地方的獨特歷史，也無法讓這個社區中**傳播**的記憶，**彙聚**成為此特定社區的共同集體記憶，遑論在很長一段時間內保持**穩定**的表現（Hirst & Manier, 2008; Sperber & Hirschfeld, 2004）了。這種情況無疑是比較不尋常的。

圖 13：客屬義山

　　既然在公共空間無法清楚探見客家景觀與歷史，我只能努力尋求隱性的客家景觀。所幸，通過當地客家人何先生的引領和安排，我終於在大街一間不起眼店屋後邊樓下的地下層，一間經已出租的小房間裡，找到被馬來租戶用黃布遮蓋的老舊碑石（圖 14）。碑石嵌鑲在洋灰牆上，得到租戶同意，把黃布拉開後，見到如下的記載，與特刊上所見大致相同：

彭坑力巴埠新興街創造客籍會館諸君喜題芳名臚列於左……
天運光緒十七年辛卯歲孟烁月吉旦立

　　這個碑石當年沒有被洪水沖毀，也逃過了「日軍殘暴佔領三年零八個月」，「鐵蹄之下慘無天日」（特刊，1991：51）的破壞，卻未能避開今日被忽略、被隱藏、甚或被視若無睹的命運。從這個角度來看，不管是茨廠街的名稱、路標還是葉亞來，喬治市的鄭景貴還是海記棧，或者是立卑的老街與客籍會館，「客家」其實都有其似乎可見，而又「不見」的共通性。

第 9 章　看得見與看不見的「客家」：語言景觀研究 | 221

圖 14：記錄客籍會館成立的碑石

伍、結論

　　客家語言景觀的能見度，其實與客家語言文化的承傳與永續性問題有一定的關係。一方面，研究顯示，在馬來西亞，客家話的使用隨著時間的推移而減少（Ding & Goh, 2020）。而且，與年長受訪者相比，年輕受訪者在客語使用方面的水準差異更大，也更傾向於使用華語和英語。另一方面，在馬來西亞複雜的少數（承傳語人口）對比多數人主要語言的現實背景下，客家人在家庭語言選擇上，雖然面對的是與其他承傳語群體類似的掙扎和困難（Ding, 2023c; Ding & Goh, 2017），但是，相對其他承傳語群體（比如廣府和閩南），馬來西亞的客家群體似乎在遇到其他語言的競爭時，更自然地轉向更有「聲望」的語言（Ding & Goh, 2023）。換言之，根據這些過往對客語維持和轉移的調查，客語在馬來西亞的使用不但常常「看不見」，也往往「聽不到」。如此，廣府話與客家話在語言景觀的能見度差異可能與廣府和客家之間的社會權力關係有關。

　　以吉隆坡為例，粵語在商業和貿易中往往發揮更大的作用——而這可能是粵語更為盛行，能見度更高的一個主要因素。正如 Carstens（2012）以及 Jackson（1964）在研究中所提到的，儘管客家人是第一批在馬來亞吉隆玻等城市從事錫礦工作的定居者，但當錫礦開採業規模擴大，金融和商業組織變得更加複雜時，廣府人往往成為後續的接管者。特別是趙煜（1843-1892）、陸佑（1845-1917）和陳秀連（1845-1927）等廣東領導人的崛起可能也是促成粵語在吉隆玻成為更有聲望的共同語（lingua franca）的另一個因素。

　　如此，整體承傳語——特別是客語的邊緣化——不但影響家庭語的選擇（Ding, 2023c），最終更是在城市的語言景觀中有所反映。本論文通過採用語言景觀研究，試圖批判性地展示了三個傳統上以客家人／客語為主的地區，如何隨著時間的推移而變化。更重要的問題是：今天這些社區的客家人，從個人、家庭、商家到會館，他們是否有真正的語言選擇權？在這些年語言生態和語言景觀的轉變中，政治的決策、經濟的利益、地方旅遊業的吸引力、主流話語的影響，又對這樣的「可見」與「不可見」有何影響？藉著對客家語言景觀的初步探討，本論文提出馬來西亞客家群體在多語言語境中試圖保存歷史傳統、保留集體記憶，還有堅持客家身分認同所面臨的嚴峻挑戰。

參考文獻

立卑客家公會（1991）。《立卑客家公會慶祝 100 周年紀念（特刊）》。立卑客家公會。

陳曉平（2019）。〈廣東第一個近代型善堂是怎樣的？它的創辦人有著傳奇的一生〉。《每日頭條》，2019 年 6 月 10 日。取自 https://kknews.cc/news/z9zq4pq.html

彭亨立卑福建公會（2014）。《立卑福建會館 50 周年紀念特刊》。彭亨立卑福建公會。

徐威雄、張集強、陳亞才（2012）。《移山圖鑒：雪隆華族歷史圖片集》。華社研究中心。

Aiello, G. (2021). The visible city. *Communication and Critical/Cultural Studies*, 18(4): 421-428.

Assmann, J., & Czaplicka, J. (1995). Collective memory and cultural identity. *New German Critique*, 65: 125-133.

Ben-Rafael, E. (2009). A sociological approach to the study of linguistic landscapes. In E. Shohamy, & D. Gorter (Eds.), *Linguistic Landscape: Expanding the Scenery* (pp. 40-55). Routledge.

Blackwood, R. J. (2010). The linguistic landscape of Brittany and Corsica: A comparative study of the presence of France's regional languages in the public space. *Journal of French Language Studies*, 21(2): 111-130.

Bodnar, J. (1992). *Remaking America: Public Memory, Commemoration, and Patriotism in the Twentieth Century*. Princeton University Press.

Brighenti, A. M. (2008). Visuale, visibile, etnografico/visual, visible, ethnographic. *Etnografia e Ricerca Qualitativa*, 1(1): 91-114.

Bruner, J. (1990). *Acts of Meaning*. Harvard University Press.

Carstens, S. A. (2012). *Histories, Cultures, Identities: Studies in Malaysian Chinese*

Worlds. National University of Singapore Press.

Cenoz, J., & Gorter, D. (2006). Linguistic landscape and minority languages. *International Journal of Multilingualism*, 3(1): 67-80.

Connerton, P. (1989). *How Societies Remember*. Cambridge University Press.

Coupland, N. (2012). Bilingualism on display: The framing of Welsh and English in Welsh public spaces. *Language in Society*, 41(1): 1-27.

Ding, S. L. (2023a). Social class and ethnic disparities in the semiotic landscape of an American "camp town". *Social Semiotics*, 33(3): 539-559.

Ding, S. L. (2023b). Collective memory and identity of a rebranded "Chinatown". *International Journal of Heritage Studies*, 29(11): 1265-1281.

Ding, S. L. (2023c). Rethinking marginalization and heritage language vitality in multilingual families. *International Journal of Bilingualism*, 27(5): 603-617.

Ding, S. L., & Goh, K. L. (2017). Family language practices of Chinese Hakka in East Malaysia. In W. A. Chang (Ed.), *Hakka Studies in Taiwan, Southeast Asia and the World* (pp. 215-239). National Chiao Tung University Press.

Ding, S. L., & Goh, K. L. (2020). The impact of religion on language maintenance and shift. *Language in Society*, 49(1): 31-59.

Ding, S. L., & Goh, K. L. (2023). Translingual practice as a representation of heritage languages and regional identities in multilingual society. *Applied Linguistics Review*. DOI:10.1515/applirev-2022-0195

Ding, S. L., Kim, H. C., & Kang, Y. J. (2020). Imagined homogeneity: Identity and geopolitical and geoeconomic influences in the linguistic landscape of Seoul. *Lingua*, 244: 102851.

Furnivall, J. S. (1956). *Colonial Policy and Practice: A Comparative Study of Burma and Netherlands India*. New York University Press.

Giordano, C. (2004). Governing ethnic diversity in rainbow nations: the politics of citizenship and multi-culturalism in Peninsular Malaya – The case of Penang. *Focaal: European Journal of Anthropology*, 44: 89-102.

Halbwachs, M. (1992). *On Collective Memory* (L. Coser, Trans.). University of Chicago Press. (Original work published 1925)

Haugen, H. Ø., & Speelman, T. (2022, January 28). China's rapid development has transformed its migration trends. *Migration Information Source*. https://www.migrationpolicy.org/article/china-development-transformed-migration

Hirst, W., & Manier, D. (2008). Towards a psychology of collective memory. *Memory*, 16(3): 183-200.

Irwin-Zarecka, I. (1994). *Frames of Remembrance: The Dynamics of Collective Memory*. Transaction.

Jackson, J. C. (1964). Population changes in Selangor state, 1850-1891. *Journal of Tropical Geography*, 19: 42-57.

Khoo, S. N. (2007). *Streets of George Town Penang*. Areca Books.

King, R. (2008). *Kuala Lumpur and Putrajaya: Negotiating Urban Space in Malaysia*. National University of Singapore Press.

Landry, R., & Bourhis, R. Y. (1997). Linguistic landscape and ethnolinguistic vitality: An empirical study. *Journal of Language and Social Psychology*, 16(1): 23-49.

Langegger, S. (2016). Right-of-way gentrification: Conflict, commodification and cosmopolitanism. *Urban Studies*, 53(9): 1803-1821.

Manguin, P. Y. (2000). City-states and city-states culture in pre-15th century Southeast Asia. In M. H. Hansen (Ed.), *A Comparative Study of Thirty City-State Cultures: An Investigation Conducted by the Copenhagen Polis Centre* (pp. 409-416). The Royal Danish Academy of Sciences and Letters.

Marten, H. F., Van Mensel, L., & Gorter, D. (2012). Studying minority languages in the linguistic landscape. In D. Gorter, H. F. Marten, & L. Van Mensel (Eds.), *Minority Languages in the Linguistic Landscape* (pp. 1-15). Palgrave Macmillan.

McKeown, A. (2005). Chinese diaspora. In M. Ember, C. R. Ember, & I. Skoggard

(Eds.), *Encyclopedia of Diasporas* (pp. 65-76). Springer.

Pavlenko, A. (2010). Linguistic landscape of Kyiv, Ukraine: A diachronic study. In E. Shohamy, M. Barni, & E. Ben Rafael (Eds.), *Linguistic Landscape in the City* (pp. 133-150). Multilingual Matters.

Pennycook, A. (2017). Translanguaging and semiotic assemblages. *International Journal of Multilingualism*, 14(3): 269-282.

Rasinger, S. M. (2014). Linguistic landscapes in Southern Carinthia (Austria). *Journal of Multilingual and Multicultural Development*, 35(6): 580-602.

Shohamy, E., Ben-Rafael, E., & Barni, M. (Eds.) (2010). *Linguistic Landscape in the City*. Multilingual Matters.

Simko, C. (2019). Collective Memory. Oxford Bibliographies. https://www.oxfordbibliographies.com/display/document/obo-9780199756384/obo-9780199756384-0215.xml

Sperber, D., & Hirschfeld, L. A. (2004). The cognitive foundations of cultural stability and diversity. *Trends in Cognitive Science*, 8(1): 40-46.

Stockwell, A. J. (1993). Early tourism in Malaysia. In M. Hitchcock, V. King, & M. Parnwell (Eds.), *Tourism in South-East Asia* (pp. 258-270). Routledge.

Stoler, A., & Strassler, K. (2000). Castings for the colonial: memory in "New Order" Java. *Comparative Studies in Society and History*, 42(1): 4-48.

Stroud, C., & Jegels, D. (2013). Semiotic landscapes and mobile narrations of place: Performing the local. *International Journal of the Sociology of Language*, 228: 179-199.

Svensson, M. (2021). Walking in the historic neighbourhoods of Beijing: Walking as an embodied encounter with heritage and urban developments. *International Journal of Heritage Studies*, 27(8): 792-805.

Wertsch, J. V. (2002). *Voices of Collective Remembering*. Cambridge University Press.

Wertsch, J. V., & Roediger, H. L. (2008). Collective memory: Conceptual foundations and theoretical approaches. *Memory*, 16(3): 318-326.

Wong, B., & Bishop, R. (2006). Junk space. *Theory, Culture & Society*, 23(2-3): 152-155.

第 10 章
清萊舊市區客家家庭客語使用現況初探

傅柏維

壹、前言

　　泰國乃一多元族群與多元文化之國家，依中華民國僑務委員會（以下簡稱僑委會）《109 年僑務統計年報》指出，泰國約有 701 萬名華人。世界銀行（World Bank）2020 年資料顯示，泰國該年人口約為 6,995 萬人，華人約占泰國總人口數之 10%。泰國華人當中，以潮州人比例最高，客家人為華人次多的族群。泰國東北地區華人以潮汕人為多，北部及中部地區客家人居多，湄公河支流流域海南人最多，南部地區福建人為多。總觀泰國華人方言群，潮汕為最大群體約占 56%、客家次之占 16%、海南 12%、福建及廣東各占 7%、其他小部分來自雲南、臺灣、上海及其他各地，占 2%（行政院主計室，2013；僑委會，2014；王俐容，2013）。

　　泰國北部除泰族、華人之外，尚有阿卡族、傈僳族、苗族、佤族、拉祜族、瑤族、克欽族、克倫族等族群。泰北華人組成以客家居多，另有雲南、臺灣以及改革開放後，由中國大陸移入之移民。由於泰北族群組成更多元，華人族群組成與其餘地區相異，加上 1960 年代孤軍進駐泰北山區，其後孤軍曾剿滅泰北山區之盜匪與毒梟，並偕同泰國政府軍與泰共作戰，對穩定泰北政局發揮正面影響（王俐容，2014；傅柏維，2021）。泰北的族群組成及華人對當地政局的影響，造就了該地區獨特的族群互動模式。與其他地區相比，泰北華人社群的發展呈現不同的特徵，這可能導致客家族群語言使用與變遷的獨特性。當地華人社會脈絡的特殊性，可能對客家語的使用產生影響，並且隨著社會變遷的進展，進一步對語言發展產生深遠的影響。

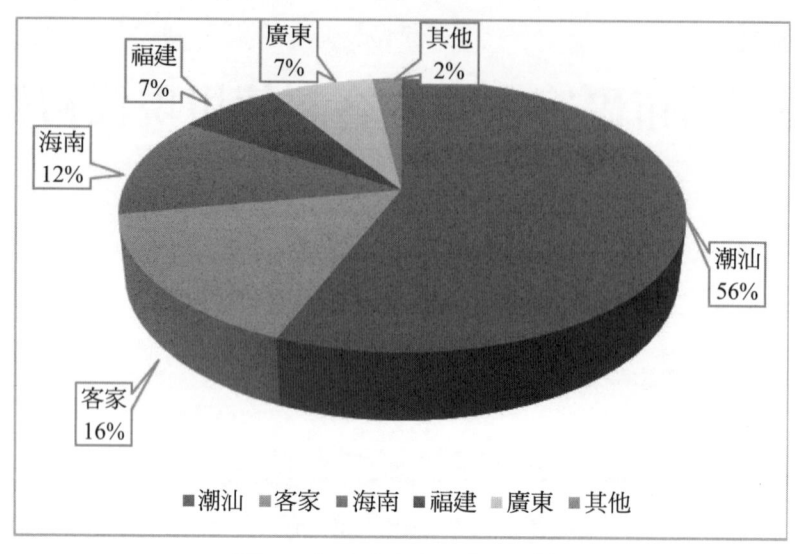

圖1：泰國華人方言群比例圖

資料來源：傅柏維（2021）。

　　另外，筆者於2018年2月至2019年12月，曾至泰北清萊省山區之華文學校進行華語文教學。在實習期間，筆者曾與兩位居住於清萊舊市區的客家人（皆為第二代華人）交流。據他們表示，清邁市與清萊舊市區市區的華人主要以客家人為主，但客語的使用情況正面臨流失。他們提到，子女一輩幾乎不懂客語，日常溝通以泰語為主。而筆者觀察發現，50歲以上的客家人仍然使用客語，但主要限於家庭內部，且僅在特定場合下使用。與筆者接觸的兩位客家人，在與左鄰右舍（同為客家人）互動時，大多以泰語溝通；在家庭內，則偶爾與兄弟姊妹或配偶使用客語。然而，與此形成鮮明對比的是，山區以雲南族群為主的華人社區，普遍以雲南話作為家庭和社區的主要語言。這種語言使用模式的截然差異令人關注。為何客家作為泰北華人的優勢方言群，客語卻未能成為泰北華人的主要語言？甚至在以客家族群為主的華人社區內，客語亦未能成為通行語言，而雲南話卻在山區華人社區中佔據主導地位？這些現象激發了筆者對泰北客家族群語言使用現況的研究興趣，旨在探討客語流失的情況、客語使用的場合與時機，以及分析導致泰北客語與雲南話使用模式差異的原因。

再者，筆者以往對泰北華文教育與華人社會發展歷程之研究發現，自1918年起，泰國開始推行以「唯泰主義」為核心的同化政策，試圖透過該主義消弭族群之間的界線，實現全體國民的「泰化」。此政策帶有強烈的民族主義色彩，旨在促進國家統一與社會整合。二戰之後，由於華文教育的蓬勃發展，且華人帶著戰勝國國民之姿態，忘卻其旅居他國之現實，引起泰國政府的忌憚，華文教育因而遭受壓制（林摩尼，1994；廖書賢，2000）。泰國政府對華文教育的壓制，導致華人子女無法接受中華語言與文化的教育，實質上切斷了華人語言與文化的傳承，加速了華人社會的泰化進程。二戰結束後，泰國政府進一步加強同化政策的推行，並持續限制華文教育的發展，對華人社會的語言與文化帶來了深遠的影響，促使華人社會發生顯著的語言與文化變遷。然而，泰北山區的情況有所不同。由於當地華人曾與泰國政府軍協同作戰，在穩固國土與穩定泰北政局方面發揮了積極作用，因此在政策執行上，該地區的華文教育得以延續和發展，形成了與城市地區截然不同的教育與語言使用格局（傅柏維，2021）。值得注意的是，得以延續華文教育的地區主要集中於山區，以雲南族群為主的華人社區；反觀城市地區，以客家族群為主的華人社區則因泰國同化政策的影響，無法設立華文學校。同化政策以及針對華文教育的壓制性措施，對華人社會的語言與文化變遷造成了顯著影響。此外，戰後城市與山區在華文教育發展歷程上的差異，也可能對語言使用模式產生深遠影響。因此，本研究旨在探討泰國的同化政策與華文教育的發展歷程，分析其對泰北華人語言使用習慣及通行語言選擇的影響，並從語言與文化變遷的視角，進一步理解這些政策與教育差異對華人社區的長期影響。

綜上所述，泰北地區的客家族群雖然作為該區域的優勢方言群，理論上可期待客語成為泰北華人的主要語言，然而事實上，客語並未成為該地華人的通行語言。客語在某些社區與華人群體內雖有廣泛使用，但在山區華人社區中，雲南話卻成為主要的通行語言。此種語言現象引發了筆者的研究興趣。在清萊實習工作期間，筆者對當地語言使用情況有初步觀察，但尚未進行深入的實證研究，這促使筆者展開對泰北華人語言使用現況的系統探討。本研究旨在調查客語與雲南話的使用場合、使用時機等語言使用情況，並在掌握語言使用現況

的基礎上，分析泰國同化政策與華文教育發展歷程對清萊舊市區客家人語言使用的影響。研究的第一個目的是瞭解清萊舊市區客家人客語的使用情況，以及泰北華人社區或群體的通行語言現狀；第二個目的是從泰國的同化政策與華文教育的發展歷程出發，探討社會脈絡如何形塑泰北地區的語言使用模式。為此，研究將採用半結構式訪談與觀察法，深入瞭解清萊舊市區客家人語言使用的現況，分析客家人在特定場合或時機使用客語的原因，並進一步探討社會脈絡對語言使用現況的影響。

　　本研究屬於初步探索性質，旨在透過此次研究瞭解清萊舊市區客家人在不同場合與時機的語言使用情況。同時，本研究期望藉由初步的分析，挖掘更多值得深入探討的研究議題，為後續研究奠定基礎。未來，本研究成果可與不同理論視角進行對話，逐步建構有關泰北客家族群的社會語言學研究框架，為相關領域提供參考與啟發。

貳、泰國華人概況

一、華人概況

　　依僑委會（2020）統計資料顯示，目前海外華人約有 4 千 9 百多萬人，泰國約有 701 萬華人。泰國東北地區華人以潮汕人為多，北部及中部地區客家人居多，湄公河支流流域海南人最多，南部地區福建人為多。20 世紀以前，華人因政治動亂及經濟問題而移入泰國（李國卿，1988）。1949 年後，國共內戰失利以軍隊和眷屬為主要組成的雲南省華人撤至緬甸，隨後輾轉至泰國北部的清萊（Chiang Rai）、清邁（Chiang Mai）與密豐頌（Mae Hong Son）三省（湯熙勇，2014）。國際少數族群人權團體（Minority Rights Group International）之調查則顯示泰國約有 950 萬華人，約占泰國人口的 14%（Minority Rights Group International, 2022）。

　　泰國學者 Disaphol Chansiri（2008: 26-28）指出，泰國華人移民可分為五

個主要批次，第一批次為西元 1238 至 1368 年，素可泰王朝第三世皇帝藍康恒（King Ramkhamhaeng）時期，由於泰國經濟快速發展，此時期泰國與中國多有貿易，華人因此進入泰國經商；第二批次為西元 1351 年至 1767 年阿育陀耶王朝初期為補充農工階級之不足，泰國政府鼓勵華人移民泰國，華人進入泰國充當農役。後期華人成為經濟發展重要角色，泰皇提高華人地位與階級，協助皇室貿易，使華人融入泰國社會；第三批次為西元 1767 至 1807 年間，由於吞武里王朝皇室具華人血統，且與中國有貿易關係，華人除在泰國通商與貿易外，亦參與協助泰國擊敗緬甸軍隊，建立吞武里新城等泰國重要歷史事件。其後卻克里王朝拉瑪一世在位期間，華人亦協助於曼谷建立卻克里王朝的新都城；第四批次於西元 1807 年至 1937 年間，拉瑪三世時，大批華人進入泰國南部從事採礦。拉瑪五世為國家經濟發展之需要，建設鐵路，亦引進大量華人進入泰國進行鐵路建設；第五批次為西元 1938 及 1949 年，此批次由於中國遭逢戰亂，部分華人為躲避戰亂而向外國遷移。由上述文獻可知，華人移民至泰國之歷史久遠，且曾經歷並實際參與泰國重要歷史事件，故華人融入泰國社會之情形甚深（傅柏維，2021）。

而 1949 年後，國共內戰失利的中華民國政府撤守臺灣，原本在雲南與共軍作戰的國軍第八軍及第二十六軍，也因作戰失利，軍隊以及眷屬撤至緬甸，隨後於 1954 年至 1961 年間陸續輾轉至泰國北部的清萊、清邁與密豐頌三省之山區。當時中華民國政府仍有反攻大陸之冀望，且滯留於緬甸的國軍部隊對反攻大陸有重要戰略意義，致使中華民國政府希望遷移至緬甸的部隊於當地發展勢力，使得這些國軍部隊和家屬在緬甸暫居，並於當地休養生息，茁壯勢力。而後遭逢緬甸兩次向聯合國控告中華民國入侵緬甸，在聯合國的壓力之下，不得不撤出緬甸領土，其中仍有一大批精壯部隊（柏楊筆下之異域孤軍）和眷屬遷移至泰國北部，再圖反攻（湯熙勇，2014）。1950 年代至 1970 年代時期，泰國異動分子在泰國北部邊境不斷作亂，且泰共亦於中部與北部山區發展勢力，另有毒梟與民間武裝勢力盤據泰北山區，泰國政府便許可讓孤軍與眷屬進入泰北山區，使孤軍發揮屏障北部邊界，清除異動分子、共產黨、毒梟及民間武裝勢力之功能。而孤軍也多次剿匪平亂，在考克、考牙兩場戰役更與泰國政

府軍協同作戰，最終獲得勝利。此兩場戰役之勝利，使泰國徹底根除泰共勢力，對泰國政局影響深遠。孤軍亦在此兩場戰役後獲得泰國皇室與政府之重視，使泰北山區華人享有居留權（吳協昌，2005；覃怡輝，2009；傅柏維，2021）。

二、泰國客家概況

現行泰國客家族群的認同仍存在，縱使泰國同化政策推行下，華語能力和客語能力大受影響，使泰國客家人迅速泰化，但客家認同在家庭與會館的凝聚下，新生代的客家族群依然記得自己是客家人，並有意願瞭解客家與客家文化（王俐容，2011；2013）。此外，潮州人與客家人兩族群歷經泰國同化政策以及都市化之社會影響，現今呈現潮州人以華人認同為主，客家人族群認同之傾向較明顯（陳瑞珠，2011）。而不同地區的客家人，其客家認同傾向亦有差異，其中客家的內部分別有半山客（祖籍地為潮汕地區，以豐順為主要的組成的客家人）與深客（祖籍地為梅州的客家人）的認同區別，某些客家人則僅有客家認同。客家認同意識強烈與否，則受與其他華人方言群的關係影響。某些地區潮州人和客家人存在著競爭關係，在此情況下，客家認同意識較為強烈，與客家為主的地區相較之下，客家認同較不重要（王俐容，2017）。

現行泰國客家人客家語言能力有世代的差異，愈近期的世代客語能力愈不佳；客家語集中在參加客家社團活動時使用等，然而在都市化與現代化的過程使客語漸漸流失。都市化與現代化越早的區域，失去客語的世代越早。曼谷可以說客語的年齡層大約都超過七十歲；泰北都會區（如南邦或是清邁）可以說客語的大約為五、六十歲；中部的農村區域大約四、五十歲還可以客語說得流暢。都市化與現代化使客家文化的意義和語言傳承格外困難（王俐容，2017）。

根據劉婕（2016）；王俐容（2017）；蕭新煌、張翰璧、張維安（2020）等研究發現，可瞭解現行泰國客家人主要以泰語為溝通語言，許多會館在進行會議與活動時，皆以泰語為主，方言（如潮州話、客家話、廣東話等）漸漸流失，許多年輕世代已無法使用方言溝通。方言是受到泰國同化政策，以及都市

化和現代化等社會變遷的影響，致使方言能力不佳，使方言面臨流失之情形（劉婕，2016；王俐容，2017）。但在同化政策、都市化、現代化尚未對方言產生強烈影響時，客家人多數能使用客語，且居住在潮州人較多的地區之客家人，甚至會學潮州話（王俐容，2017）。

參、泰國同化政策與華文教育發展概況

一、泰國同化政策

泰國同化政策的首要方面是建構一元的泰國族身分，最早在拉瑪六世提出的「民族、宗教、君主」三位一體的民族主義思想中呈現，主張泰民族、小乘佛教與曼谷王朝君主是立國之本，人民忠於其一即忠於其他，反對其一便是反對其他（周方冶，2011：44；Murashima, 1988）。拉瑪六世認為泰民族必須保持其特有的歷史、藝術、語言、文學與宗教，唯有說標準泰語且忠於曼谷王朝君主、小乘佛教和泰王國的人才是「真正的泰人」（周方冶，2011：44-49；Vella, 1978: 177, 194）。泰國於1932年發生推翻君主專制，改成君主立憲的革命。此後泰國政府致力於建構民族主義，上台的披汶政府先是將國名由「暹羅」改為「泰國」，後又規定把所有國民都統稱為「泰人」，不再對「北部泰人」、「南部泰人」、「東北泰人」和「泰人穆斯林」[1]等進行區分，這就明確彰顯了國家及公民身分的泰族屬性，以避免突出任何的非泰族的文化特徵（Person, 2010; Streckfuss, 2012; Kosonen & Person, 2014；曹航，2020；謝國斌，2021）。

在語言政策上，自暹羅時期便開始具獨尊中央泰語[2]的政策取向。19世紀

---

[1] 泰國境內信伊斯蘭教的馬來人。
[2] Person（2011）指出，泰語可分為東北泰語（Northeastern Thai）、北部泰語（Northern Thai）、中央泰語（Central Thai）和南部泰語（Southern Thai）四種方言，泰國以中央泰語作為官方標準語。本文的北部泰人、東北泰人、中央泰人便是方言分類下的人群。

末泰國的政治菁英受西方列強之影響，力推教育的現代化以及國語政策，期望透過單一的國語，塑造國家的民族性，凝聚暹羅領土的完整與國家的統一（謝國斌，2021）。在此思潮與政策下，泰國步入單語主義（monolingualism），刻意忽視潮州話、馬來語等語言，認為學習其他語言將對國家安全帶來威脅，因此所有泰國人皆須學習泰語，並透過政策論述，形塑泰民族的想像共同體（imagined community）（Person, 2010; Kosonen & Person, 2014；謝國斌，2021）。而後的冷戰時期，由於受到共產勢力的威脅，泰國政府更加強化單語主義和同化主義，期望以同化政策凝聚國家，所有移民與少數族群皆須學習泰語，以求同化政策的落實（謝國斌，2021）。1980 年代以後，由於共產主義的威脅趨緩，以及泰國觀光業的興起，泰國政府期望以其獨特的族群風光吸引西方觀光客的造訪，因此對少數族群的語言與文化開始鬆綁。2010 年因應時代的趨勢，泰國語言政策出現由同化主義改變為多元主義的重大轉變，在南方馬來族群的反彈；北方族群運動與網絡的興起；聯合國的作用；泰國學術界的推動等四項因素，促使泰國語言政策由同化轉向多元（Kosonen & Person, 2014；謝國斌，2021）。

二、泰國華文教育發展概況

　　泰國最初期華文教育之目的為傳承中國語言與文化，在華人社區與寺廟的協助下，成立教授四書五經及尺牘等知識之私塾與書院，經濟條件富裕之華人家庭，更會聘請來自中國之落第秀才，擔任家庭教師，因此此時期泰國華文教育多在家庭及寺廟進行（郁漢良，2001；林明明，2011）。據林明明（2011）指出，泰國第一所華校為 1780 年設立於大城府名曰「閣良」的學校，然而未有文獻說明此校的發展以及何時停辦學校。直至 1832 年，華校在 Mathoon 以及郭基英兩位傳教士的促成下，重新建立華校，然而隨著兩位傳教士的離世，華校便隨兩位傳教士一同消逝，成為以泰語為教學語言，全泰國籍師資組成之泰國學校。

　　朱敬先（1973）、郁漢良（2001）及夏誠華（2005）指出，清末，清政府

變法改制，廢科舉、辦新學，期望建設現代化國家以圖強。另外清政府意識到海外華人經濟實力雄厚，欲借助海外華人之經濟實力，推動國內現代化，因此派員赴南洋華人社區勸學。另一方面，康、梁為首之維新派與孫中山之革命黨，於南洋各地講學。在上述影響下，興起南洋華僑辦學之風。1908 年，在孫中山的鼓吹與感召下，泰國華僑亦成立同盟會、中華會所以響應革命事業，泰國華僑成立之革命團體，也設立華校。1911 至 1912 年間，由於華校為革命團體設立，因此華校教師同時為革命人士，此時期革命黨於中國策動武昌起義，華校教師因革命活動熱烈展開，投身於革命事業中，而無暇顧及華文教學，使得華校停止運作（引自林明明，2011）。此時期，華文教育不僅止於傳承中國語言與文化之目的，在革命黨活動頻繁，以及華校為革命團體設立兩因素下，華文教育傳播了中國民族主義思潮，使得原本因血緣、地緣、方言群而有所分化的華人移民，逐步形成一個統一之群體，並且建構出身為中國人的國族認同。

　　符翠蘭（2007）和林明明（2011）指出，辛亥革命後至 1918 年間，華文教育在泰國境內快速擴展，華僑社團以及方言會館紛紛設立華校，使得華校快速增加。華校快速增加，華校堅持單純教授中文，華校管理層、教師、行政人員皆由華僑或中國本土人士組成，教材為中國典籍，於華文學校內傳播中國民族主義思想等原因，致使泰國政府於 1918 年通過《私立學校法》，規定華校必須向政府申請立案，且華校教師必須於一年內通過泰文考試，方能繼續於華校任教。1918 年至 1967 年間，泰國政府對華文教育的政策經歷過幾波的加強限制和鬆綁的過程，1967 年過後，泰國政府宣布由當年起，不得再設立華校，當時存在的華校受到政府嚴格的監控與管制，此等狀態直到 1992 年才鬆綁。1992 年後，泰國政府對華文教育的政策做出調整，允許設立華文補習班，並將華文納入學校教育當中（符翠蘭，2007；林明明，2011）。

　　綜觀泰國華文教育發展歷程可知，18 世紀為泰國華文教育的萌芽時期，此時期由當地華人聘請中國的落第秀才至家中或寺廟裡教授四書五經之華文知識，18 世紀末成立泰國的第一間華文學校。在維新派以及革命黨人勸海外華人辦學的風潮之下，泰國華人亦積極辦學，各個華人社區紛紛設立華校，使華

文教育一時間在泰國蓬勃發展。民國成立以後，又開啟另一波華文教育快速發展的情況，這時期為泰國華文教育發展的最高潮，由於華文教育發展迅速，且華校當中散播中國民族主義思潮，令泰國政府在 1918 年制定出管制的方法，1918 年至 1967 年歷經幾波管制與鬆綁後，在 1967 年嚴格監控華校，因此 1967 年後是華文教育的沒落與黯淡期。直到 1992 年過後政策的鬆綁，華文教育才得以再度發展。

由於以雲南華人為主要組成的雲南人民反共志願軍自 1954 年開始由緬甸陸續遷入泰北清萊、清邁、密豐頌三省山區，並且在山區形成自成一格的華人社區，其與其他華人群體面臨不同的社會脈絡，而發展出截然不同的華文教育發展歷程。1954 年 4 月，李崇文奉命率領約 580 人進入泰北清萊的滿堂村（Ban Tham），並於次年開辦「滿堂難童小學」，為泰北第一間華校（許麗鈴，2001）。自馬英九總統上任後，致力於兩岸合作發展，僑委會態度亦轉變。僑委會認為只要不帶統戰思想及爭奪華語文市場之觀念下，對泰北華校引進中國漢語師資、教材及其他教學資源等採開放態度，不若以往使用中國大陸教材和引進師資時，便斷絕對該校之支援和輔導。現時華校引進中國大陸師資進行華文教學，僑委會亦持續提供教材給該校。且清邁地區多所華校使用中國大陸教材及教學資源，僑委會亦表明樂觀其成（陳文政，2010）。依據陳文政文獻指出僑委會態度之轉變，使得華校使用或是引進兩岸之教材、教學資源、師資，兩岸資源能並存於泰北華校當中。筆者綜觀劉黎芬（1995）、許麗鈴（2001）、陳文政（2010）、林書華（2012）等文獻，將泰北華文教育發展分為「克難興學期」、「自力更生期」、「留學臺灣期」、「落地生根期」、「兩岸角力期」、「兩岸並行期」等時期。

泰北雲南華人村之華文教育起始於 1954 年，當時由於戰亂頻繁，在面臨生存與經濟危機下，設立華校異常艱苦（克難興學期）。到 1962 年開始定居泰北，以及在中國大陸災胞救濟總會（2000 年後更名為中華救助總會，以下簡稱救總）的大力協助之下，華校得以透過當地華人自治會創立，並且持續維持學校教學（自力更生期）。在 1979 年公費留學制度推行後，學習華文的風氣提高，促使泰北華文教育快速發展（留學臺灣期）。1992 年後，華文教育從原先

由救總或僑委會主導資源以及發展，轉為臺灣端為協助者，泰北華人社區為華文教育主導者的情境（落地生根期）。2002 年後，中國經濟實力大幅提升，開始推動對外漢語教學，泰北華文教育在此時期為兩岸競逐的對象，若採行中國教學資源者，會受到僑委會不再行輔導與協助的制裁，使華文學校落於採行臺灣或中國教學資源的抉擇中（兩岸角力期）。在 2009 年後，兩岸政策的轉變以及兩岸關係和緩下，僑委會不再對採行中國教學資源的華校進行制裁，使泰北華校呈現兩岸體制與資源並存的情形（兩岸並行期）。

值得注意的是雖然泰北華文教育經歷了六個發展時期，但泰北華文教育未受到泰國政府的管制與監控，自華文教育起始至今，泰國當地政治力未介入，並進而影響華文教育發展。泰北華人移民是由原先中華民國國軍、國軍眷屬、流散的馬幫和難民所組成，泰北華人移民移居至泰國後，依靠其武裝力量於當地保衛自身的家人和同胞，泰北華人移民以武裝力量保衛華人群體的情況下，亦無形中發揮了為泰國政府肅清盜匪，以及屏障北部疆域的功能。再者，泰國政府為掃平北部泰共勢力時，亦曾借助泰北華人移民之力。泰北華人移民便在肅清北部盜匪、平定北部泰共勢力、屏障泰國北部疆域，對穩定泰國北部政局起重要影響的特殊社會脈絡下，泰北華人社區不受泰國政府的限制，持續發展華文教育（傅柏維，2021）。

肆、清萊舊市區客家人語言使用現況

筆者至清萊舊市區訪談 5 名客家人，並且在清萊舊市區華人聚集區走訪與觀察，藉以瞭解清萊舊市區客家族群語言使用情形、客語的流失情況、客語使用之時機與場合。5 名受訪之研究參與者皆為在泰國出生之第二代客家人，求學歷程為接受泰國義務教育，未曾就讀華文學校，且能運用多種語言與當地華人或其他族群溝通。研究參與者之詳細背景資料如下表：

表1：清萊舊市區研究參與者背景資料表

代碼	世代	年齡	出生地	是否接受泰國義務教育	是否就讀華文學校	華語學習場域	配偶族群	通曉語言
A	2	69	泰國	是	否	家庭	客家	標準泰語、北方泰語、華語、客家語
B	2	73	泰國	是	否	家庭	未婚	標準泰語、北方泰語、華語、客家語
C	2	67	泰國	是	否	家庭	未婚	標準泰語、北方泰語、華語、客家語
D	2	65	泰國	是	否	家庭	客家	標準泰語、北方泰語、華語、客家語
E	2	65	泰國	是	否	家庭	客家	標準泰語、北方泰語、華語、客家語

資料來源：筆者自行整理。

綜合訪談與觀察之資料分析，筆者將之分為：一、日常生活語言；二、客家語使用場合；三、華語使用場合等項目。以下針對此三種項目說明，並陳述訪談與觀察資料內容，敘寫現行清萊舊市區客家人日常以何種語言作為主要的溝通語言，以初步瞭解清萊舊市區客家人多在何種場合以客家語或華語作為溝通語言等，以及清萊舊市區客家人的語言使用現況。

一、日常生活語言

本研究之「日常生活」主要指家庭相處、職場工作、購物及鄰里交際等場景，涵蓋個人在日常活動中進行的常規與例行性互動。現階段，清萊舊市區的客家人在日常生活中最常使用的語言為標準泰語，北部泰語偶有使用，而華語與客語則相對罕見。標準泰語已成為清萊舊市區客家人在家庭互動、工作交流、購物以及鄰里交往中的主要通行語，甚至在以客家人為主的社區內，彼此間亦以標準泰語為主要溝通語言，顯示該地客家人的語言使用已高度泰語化。在訪談大綱中，設置了多項問題，諸如：「家庭主要使用何種語言進行溝

通？」、「所在的華人社區主要使用何種語言溝通？」、「與其他華人交往時使用何種語言？」等。訪談結果顯示，研究參與者 A、D、E 三人的配偶皆為客家人，但其家庭內的主要溝通語言仍為標準泰語，進一步反映了泰語在清萊舊市區客家人日常語言中的核心地位。

請問您在家庭主要使用何種語言溝通？
A：用泰語溝通。
D：在家裡講泰語。
E：在家用泰語。

所有研究參與者在其所在的華人社區中，無論是與其他華人方言群體人士互動，或是與兄弟姊妹進行交流時，均主要使用標準泰語作為溝通語言。其中，部分參與者偶爾會與兄弟姊妹以客家語進行溝通，相關情形將在下段有關客家語使用場合的分析中詳述。至於與其他華人方言群體人士接觸時，參與者通常以標準泰語或北方泰語作為溝通語言，僅在對方不懂泰語的情況下，才會改用華語進行交流。

請問在您所處的華人社區中，主要使用何種語言溝通？
A：主要是泰語。
B：用泰語溝通。
C：泰語。
D：跟他們講泰語。
E：在這裡都講泰語。

請問您和其他的華人使用哪種語言溝通？
A：用泰語溝通，如果他們不會說泰語，我們就用華語溝通。
B：用北方泰語溝通，這裡的人大部分說北方泰語。
C：講北方泰語，他們大部分說北方語。

D：用泰語跟他們溝通。

E：用泰語和華語溝通。

　　根據筆者的觀察資料，與訪談結果呈現一致的趨勢。目前，清萊舊市區客家人在日常生活中主要使用泰語（包含標準泰語與北部泰語，因筆者泰語能力不足，無法準確區分標準泰語與北部泰語，故統稱為泰語）作為主要溝通語言。在觀察期間，僅有 A 研究參與者曾與其妹妹使用過兩句客家語，其餘時間皆以泰語進行交流。綜合訪談與觀察資料可見，現今清萊舊市區的客家人在家庭與社區的溝通中，均以泰語為主要語言，泰語已成為當地客家人日常生活中的主要溝通工具。

電器行與五金行兩隔壁，此兩戶為客家人，此兩戶人家知道彼此皆為客家人，彼此以泰語交談，未以客家語或華語交談。（20230805 觀察筆記）

雜貨店與乾貨店店主彼此熟識，兩者互相以泰語交談，未以客家語或華語交談。（20230805 觀察筆記）

電器行老闆父母皆為豐順客家人，其妹進入店內與老闆交談，說了兩句豐順客家語：「大姊傳 WeChat 分你，你看到無？」電器行老闆查看手機，以豐順客家語傳送語音訊息說：「阿姊，你明天幾時到清萊機場？你再同偓說，偓去機場接你。」而後老闆繼續以泰語和其妹交談。（20230806 觀察筆記）

二、客家語使用場合

　　清萊舊市區客家人使用客家語的情況正逐漸消失，客家語在清萊市區即將成為歷史。目前，第二代客家人（年齡介於 50 至 75 歲）仍具備一定程度的客家語使用能力，然而，客家語已幾乎完全退出當地客家人日常溝通的語言選

項。所有受訪研究參與者皆指出，在父母輩仍在世時，他們主要以客家語與父母交流，但此種使用模式如今已不復存在。

請問您以何種語言和父母親溝通？
A：客家話和泰語，主要是客家話。跟老人交流的時候都會說客家話，但現在很多老人已經去世了，所以很少說客家話。
C：客家話。
E：跟他們講客家話。

隨父母親離世後，客家語的使用便減少，雖偶爾與兄弟姊妹使用客家語溝通，但多數皆以泰語溝通，僅在不希望別人知道他們談論何事時，方以客家語溝通。

請問您以何種語言和兄弟姊妹溝通？
A：大部分用泰語，但有的時候不想讓別人知道我們在說什麼就用客家話。
B：跟兄弟姊妹講泰語。
C：泰語。
D：用泰語，有時候講客家話。
E：講泰語，很少使用客家話。小的時候常常講客家話，年紀大的人還有機會跟他們講客家話，但現在他們大部分不在了就沒有人講了。

過往第一代尚在世時，逢年過節的祭祖、祭祀時，第一代人在祭拜時皆以客家語祈福祝禱，但第二代客家人則以泰語祈福祝禱。

請問春節、中秋節等華人傳統節日，父母親用何種語言祭拜？您用何種語言祭拜？

A：父母親使用客家話，我用泰語。
D：他們用客家話，我是用泰語。

根據觀察資料，第二代客家人偶爾會與兄弟姊妹以客家語進行溝通。然而，在本次觀察中，清萊舊市區客家社區內，僅見某電器行老闆與其妹妹以客家語交談，以及該老闆以客家語傳送語音訊息給其大姐時使用客家語，除此之外，其餘時間皆以泰語進行溝通與交流。在社區層面，當地客家人亦以泰語作為主要溝通語言，而非客家語。這一現象可歸因於現今當地客家人普遍具備泰語能力，並在求學期間接受泰國義務教育，熟練掌握泰語的聽、說、讀、寫技能，泰語因此成為日常交流的主導語言。

請問在您所處的華人社區中，主要使用何種語言溝通？
A：主要用泰語溝通，經常使用泰語是因為周圍的人都是用泰語溝通。
D：用泰語溝通，因為這裡的人都用泰語溝通。

研究參與者亦提及現行清萊舊市區客家人已甚少說客家語，年輕世代的客家人亦不具客家語溝通能力，清萊舊市區客家語已面臨流失問題。觀察紀錄亦顯示客家語的斷層與流失之問題。

現在50歲以上的人都會說一些客家話，但一代又一代的子孫不再說客家話了。（20230805AID）

我以客家話和老闆的兒子交談，老闆說其不懂客家話，老闆的兒子以華語向我表示他不會客家話。（20230806觀察筆記）

這兩天共與十位當地人交談，僅兩位能夠流暢地以華語溝通，另有兩位以華語夾雜客家語可順利溝通，其餘的人華語能力皆有限，僅能片段地溝通，無法以華語順暢地與當地人溝通。以客家語而言，七位當地人尚能以客家語溝通，但受限於我講的客家語與當地客家語有

部分差異，在客家語有差異之情形下，會形成溝通的困難，但排除客家語差異的情況，整體而言可以客家語互相溝通。能夠以客家語溝通的人皆為 50 歲以上的人，兩位 30 多歲的當地人則不瞭解客家語。（20230806 觀察筆記）

綜上所述，客家語在清萊舊市區客家人的日常溝通中已逐漸淡出，當地大多數客家人現今主要以泰語作為家庭與社區中的通行語言，使用泰語已成為一種普遍且習以為常的現象。清萊舊市區的年輕世代客家人普遍缺乏使用客家語的能力，甚至完全不懂客家語，導致當地出現明顯的語言斷層與語言流失情形。雖然第二代客家人（約 50 至 75 歲）仍具備一定的客家語溝通能力，但實際使用客家語進行交流的情況已十分罕見。僅在特定情境下，例如不希望外人瞭解交談內容時，才可能使用客家語溝通。這一現象表明，清萊舊市區的客家語正面臨被邊緣化的危機，隨著第二代客家人的逐漸凋零，客家語極有可能成為歷史語言，最終退出清萊舊市區客家社區的日常生活。

三、華語使用場合

清萊舊市區客家人具備華語溝通能力，以往與其他華人方言群，如潮州人、雲南人接觸時，彼此以華語進行溝通，亦以泰語溝通。然而，現今清萊舊市區華人大多以泰語和其他華人方言群溝通。

請問您和其他的華人使用哪種語言溝通？
A：如果他們不會說泰語，我們就用華語溝通。如果他們會說泰語，就用泰語溝通。
B：用北方泰語溝通，這裡的人大部分說北方泰語。
C：講北方泰語，他們大部分說北方語。
D：用泰語跟他們溝通。
E：用泰語和華語溝通。

華語的使用與客家語呈現出具有時代性差異的共同特徵。研究參與者指出，在其年輕時期，多數情況下會以華語與其他華人方言群人士進行溝通。這一現象的原因在於，過去父母輩長輩仍在世時，華語的使用機會較為頻繁。此外，多數第二代客家人曾在家庭中學習華語，部分人甚至曾赴美斯樂、美塞山區，或越過國境至緬甸大其力的華文學校就讀，這些經歷使其具備了較為熟練的華語溝通能力。當時，華語也成為不同華人方言群之間的主要溝通語言。然而，隨著父母輩長輩的離世，使用華語的機會大幅減少。同時，山區的雲南華人逐漸掌握泰語後，華語的實際溝通功能被削弱，導致清萊舊市區的第二代客家人逐漸失去對華語的熟練掌握。現今，他們已不再傾向使用華語與其他華人方言群人士進行交流，反映出華語在當地客家人社群中的逐漸式微。

A：小時候父親都教我學中文，所以我能說一點點。我哥哥以前到美斯樂山上去讀華文學校，他的中文講得很好，也會寫。我沒讀過華文學校，只會說一點，不會寫。

B：以前有禁止讀華文學校的規定，只能偷偷的學華文，在家裡學。有人到美斯樂、美塞這些地方讀華文學校，也有人跑去緬甸的大其力讀華文。

E：以前附近的家庭都有學華語，可以聽得懂中文，也會說中文，但是後來隔了很久沒說中文，所以現在很多人都不太會說了。

根據筆者在清萊舊市區與當地客家人交談的經驗及觀察筆記顯示，清萊舊市區的客家人大多數難以流利使用華語進行溝通。雖然當地客家人普遍具備聽懂華語的能力，但在與筆者交流時，較少能以華語做出回應，僅有少數人具備以華語回應的能力，反映出華語在當地社群中的熟練程度已大幅下降。

靠近清萊鐘樓路口雜貨店老闆華語能力佳，能夠與我以華語交談，且交談過程中未出現不知如何表達，或是理解錯誤之情形。這位雜貨店老闆是今日唯一一位能夠全程用華語溝通的當地客家人。（20230805

觀察筆記）。

電器行老闆與其妹能夠聽懂一些華語，亦能夠以華語回應問題，但他們華語能力有限，日常較少使用之華語詞彙他們不瞭解，華語的表達能力亦有限，與聽華語的狀況相同，他們能以日常較常使用之詞彙回應。整體而言，他們聽華語的能力比說華語的能力較佳。（20230806觀察筆記）

綜合兩天的觀察，清萊大多數客家人無法以華語交談，普遍不具華語溝通能力。但是這兩天交談的對象多半能夠理解部分華語的詞彙，說華語的能力較聽的能力差。這兩天共與十位當地人交談，僅兩位能夠流暢地以華語溝通，另有兩位以華語夾雜客家語可順利溝通，其餘的人華語能力皆有限，僅能片段地溝通，無法以華語順暢地與當地人溝通。（20230806觀察筆記）

綜上所述，華語與客家語在清萊舊市區客家人的日常溝通中已逐漸淡出，當地客家人不再使用華語與其他華人方言群人士交流，取而代之的是泰語，泰語現已成為客家人與其他方言群體之間的主要通行語言。然而，華語與客家語相比，情況有所不同。部分第三代客家人曾赴中國大陸求學，或在泰國接受華語教育。此外，隨著泰中經貿往來日益密切，以及近年來大量中國觀光客赴泰北地區旅遊，當地對華語的需求逐漸增加。因此，儘管華語在清萊舊市區客家人中的通行程度目前仍低於泰語，但華語並未出現明顯的語言斷層現象。相較於客家語面臨的流失危機，華語在未來可能因需求增加而逐步回升，其使用比例有望在數年內出現增長。

伍、清萊舊市區客家人語言使用傾向之分析

如前所述，清萊舊市區的客家人在家庭及客家社區中，彼此間主要以泰語

進行溝通，客家語已逐漸退出其日常交流語言的行列。同樣地，華語亦不再是清萊舊市區客家人之間，或客家人與其他華人群體之間的主要溝通語言。實際上，清萊舊市區客家人的通行語已全面泰語化，泰語的使用已成為當地客家人生活中的常態。在此基礎上，本節將進一步分析清萊舊市區客家人語言使用現況的成因。本研究旨在探討語言使用情況如何受到特定情境的影響，並分析這些情境如何塑造當地客家人的語言使用模式。此外，透過對比山區雲南族群的語言使用情況及山區華人社區的發展特徵，本研究將深入探討清萊舊市區客家人呈現此種語言使用現象的社會脈絡與歷史背景，以深化對當地語言變遷與使用現象的理解。

一、同化政策之影響

藉由教育的現代化以及國語政策，透過單一的國語，塑造國家的民族性，凝聚暹羅領土的完整與國家的統一，是泰國同化政策的核心思想。所有移民與少數族群皆須進入泰國義務教育系統接受教育，且在義務教育階段學習泰語、中央泰族的歷史與文化，刻意忽視其他族群之語言與文化，透過義務教育階段，使所有族群沉浸在中央泰族的語言與文化當中，形塑泰民族的想像共同體，為泰國落實同化政策的主要措施。19世紀末，泰國開始陸續推行帶有同化主義的相關政策，1918年之後，唯泰主義產生，希望透過唯泰主義，消除族群的分界，使全體泰化，此為帶著民族主義的同化政策。而1932年後上台的披汶政府，不再對「北部泰人」「南部泰人」「東北泰人」和「泰人穆斯林」等進行區分，規定所有國民皆統稱為「泰人」，避免突出任何的非泰族的文化特徵，明確彰顯了國家及公民身分的泰族屬性，在此以後，泰國同化政策漸趨強化與落實。

自1932年以後，隨著泰國同化政策的強化與全面推行，標準泰語（即中央泰語）的推廣得以深入實施。泰國政府在義務教育階段全面教授中央泰語，並將泰族的歷史與文化納入課程內容，確保同化政策在全國範圍內的落實。清萊舊市區的第二代客家人大多出生於泰國，並在同化政策實行的背景下接受泰

國義務教育。因此，第二代客家人受到泰國同化政策的全面影響，不僅能流利使用泰語，還熟悉泰族的歷史與文化。當泰國政府將中央泰語定為官方語言，並作為各級教育階段的教學媒介語後，中央泰語迅速成為泰國的強勢語言，所有族群均需學習和掌握中央泰語，並在教育中以泰語進行書寫和表達。在此語言政策影響下，第二代客家人與同輩客家人、其他華語方言群體人士及其他族群之間，普遍以泰語作為主要溝通語言。此外，第二代客家人的子女輩同樣受到同化政策的影響，均通曉泰語。這一代際影響使得泰語逐步進入清萊舊市區客家人的家庭與社區，成為當地客家人日常生活中的通行語言。泰語的普及與同化政策的長期推行，使其在清萊舊市區客家社區中具有主導地位，徹底改變了當地語言使用的格局。

泰國同化政策的推行，中央泰語被泰國政府列為國家標準語言，以及所有泰國人僅能學習與書寫中央泰語，忽視或禁止學習其他語言的情形下，使得中央泰語被視為國家標準語言，而其他的泰語如東北泰語、北部泰語則被視為地方方言（Selway, 2007）。同化政策的推行，亦使泰國的語言生態存在明顯的階層（謝國斌，2021）。由於中央泰語是泰國的官方語言與教學媒介語，亦被稱為標準泰語，其位階最高。第二層為泰語方言，如東北泰語、北部泰語、南部泰語等。第三階層則為泰語系以外的族群語言，如華語、漢語方言、馬來語等（Kosonen & Person, 2014）。除此之外，具備標準泰語的書寫與溝通能力，是獲取高等教育與獲得白領工作的必要條件（Selway, 2007）。在語言生態的關係以及為謀求更好生活條件兩項因素下，亦是清萊舊市區客家人選擇泰語為其日常生活主要通行語言之考量。

1980年代以後，由於共產主義的威脅趨緩，以及泰國觀光業的興起，泰國政府期望以其獨特的族群風光吸引西方觀光客的造訪，因此對少數族群的語言與文化開始鬆綁。然而，泰語方言以及其他族群語言未列入國立大學入學考試科目中，僅外語列入考科，加上泰國於此時期國際貿易蓬勃發展，引起泰國人學習英語、日語、華語等外語之學習熱潮，而非學習泰語方言或其他族群語言（Person, 2010; Kosonen & Person, 2014）。學習外語的熱潮、泰國與中國貿易往來漸趨頻繁，以及近年來至泰國北部旅遊之中國觀光客日漸增加，使清萊

舊市區第三代客家人有學習華語之動機，而缺乏學習客家語之動機，使客家語逐漸退出清萊舊市區客家人的通行語言，且使得客家語面臨了斷層的現況，以及流失的問題。

　　清萊省山區雲南華人與清萊舊市區客家人對比之下，雲南人在非常晚近的時期方受泰國同化政策影響。雲南人移居至泰北山區時，該時泰國政府對山區的控制力尚薄弱，且泰北山區有泰共、毒梟、盜匪等勢力盤踞，泰國政府允許雲南人進入泰北山區落腳生活，亦有借助這批俗稱孤軍的武裝力量，征剿叛軍、清掃共黨、駐守邊防、維護國家安全之意圖（吳協昌，2005；覃怡輝，2009）。落腳泰北山區後，孤軍亦多次協助泰國剿匪平亂、清除共產黨勢力等，其中孤軍參與的考克考牙戰役，兩場與泰共血戰的戰鬥中獲勝，使泰國免於如韓國、越南般受共產黨勢力影響，而國土分裂，對泰國意義重大，獲得泰國皇室的關注（吳協昌，2005）。泰國政府直至考克考牙戰役（戰役於1981年3月8日結束）結束後，方能實際控制泰北山區，並在山區設立義務教育階段之學校，將同化政策帶入泰北山區中。

　　另一方面，在考克考牙戰役之前，泰北山區的雲南華人尚未獲得泰國國籍，並被泰國政府視為難民，只能生活於泰北山區，禁止進入市區。這一情況使得雲南華人社群在1981年以前保持相對封閉的生活環境，與泰族的接觸甚少。因此，在未與泰族人交流、未接受義務教育，且未受泰國同化政策影響的情況下，雲南華人僅需通曉雲南話和華語即可維持日常生活。而在當時的語言生態中，標準泰語作為最高位階的語言，並未進入泰北山區的雲南華人社區。直至現今，泰北山區的雲南華人仍主要以雲南話和華語為通行語言，泰語的使用相對有限。相比之下，清萊舊市區的客家人受泰國同化政策的影響較早且較為深遠，使其語言使用傾向發生顯著轉變。泰語作為官方語言，逐漸取代其他語言，成為清萊舊市區客家人的主要通行語言，充分反映出同化政策對語言使用模式的直接影響。

二、華文教育之影響

　　華文教育之目的為傳承中國語言與文化，除了教授華語，使華人瞭解華人的歷史與文化以外，更大的目的在於讓華人保有華人的特性。接受過華文教育的華人，能夠書寫華文，並具備以華語溝通的能力。除此之外，華文學校亦教授華人歷史與文化，傳達華人的文化的價值，使得接受華文教育的華人，充分理解華人的文化特質與文化價值，並且對於維持華人的文化認同或是華人的特性有正面功能。華文學校的設立，亦有使子女有受教之機會，解決受教需求之功能（傅柏維，2021）。

　　泰國政府於1918年通過《私立學校法》，規定華校必須向政府申請立案，且華校教師必須於一年內通過泰文考試，方能繼續於華校任教。1918年至1967年間，泰國政府對華文教育的政策經歷過幾波的加強限制和鬆綁的過程，1967年過後，泰國政府宣布由當年起，不得再設立華校，當時存在的華校受到政府嚴格的監控與管制（符翠蘭，2007；林明明，2011）。泰國政府對華文學校的限制，一方面因為泰國華文學校堅持單純教授中文，華校管理層、教師、行政人員皆由華僑或中國本土人士組成，教材為中國典籍，於華文學校內傳播中國民族主義思想，且華校快速增加等原因，引起泰國政府的忌憚。另一方面，泰國同化政策的推行，亦不容其他族群語言與文化在教育體制中，因而壓制華文教育，讓華人子弟皆須接受泰文教育，促使華人泰化（符翠蘭，2007；林明明，2011；傅柏維，2021）。

　　清萊舊市區的第二代華人正值華文教育受限制的時期，求學階段無法就讀華文學校並接受系統性的華文教育。僅有少數人曾前往美斯樂、美塞山區，或跨境至緬甸大其力的華文學校學習。雖然多數第一代客家人曾教導第二代如何使用華語，但未接受正規華文教育的客家人通常僅具備華語的聽說能力，缺乏華文的讀寫能力。此外，第一代客家人主要教導語言溝通，未能充分傳承華人歷史與文化。在缺乏對華人歷史的認識，以及無法閱讀華文文化典籍的情況下，清萊舊市區的第二代客家人對華人歷史與文化的理解逐漸淡薄。再加上泰國同化政策的影響，第二代客家人在語言、文化與身分認同上逐漸疏離華人傳

統特性，並呈現出明顯的泰化趨勢。這種語言與文化傳承的斷層，對當地華人社區的族群特性產生了深遠影響。

在泰國政府得以設立義務教育，並將同化政策延伸至泰北山區之時，已適逢對少數族群的語言與文化開始鬆綁之時期，加上雲南華人移居至泰國後，依靠其武裝力量於當地保衛自身的家人和同胞，以武裝力量保衛華人群體的情況下，亦無形中發揮了為泰國政府肅清盜匪，以及屏障北部疆域的功能。再者，泰國政府為掃平北部泰共勢力時，亦曾借助泰北華人移民之力。泰北華人移民便在肅清北部盜匪、平定北部泰共勢力、屏障泰國北部疆域，對穩定泰國北部政局起重要影響的特殊社會脈絡下，泰北華人社區不受泰國政府的限制，得以持續發展華文教育（傅柏維，2021）。

清萊舊市區客家人未接受華文教育，而山區雲南人則得以接受華文教育。這一差異最直接地反映在華語能力上。山區雲南人普遍具備流利的華語溝通能力，能以華語進行順暢的對話與交流。因此，無論是雲南人之間，還是雲南人與其他華人方言群人士之間，他們更傾向選擇華語作為主要溝通語言。相比之下，客家人的華語能力受限，在得知對方具備泰語能力時，通常選擇以泰語溝通。此外，清萊山區的華文學校與我國僑委會保持密切聯繫，並廣泛使用由僑委會編撰的華文教材。這些教材除教授華語外，還涵蓋部分孤軍歷史及泰北雲南華人在泰北地區的發展歷史。同時，華文學校的教育內容也包括華人文化的傳承，使得清萊山區的雲南人相比清萊舊市區的客家人，更顯現出鮮明的華人特性。在泰北雲南人社區中，華人特性具體體現在「華人必須學習華文、說華語」的文化規範上，而市區客家人則無此傾向。因此，華文教育對華人特性的維繫具有明顯的正向影響。華人特性的維持，反過來又促進了說華語的語言使用模式，尤其在需要與其他華人溝通時，更明顯傾向選擇華語作為交流語言。這表明華文教育在強化語言傳承與族群認同方面發揮了重要作用。

陸、結論

一、泰語為清萊舊市區客家人的通行語，客家語和華語的使用有流失情形，但客家語有流失危機，華語則可能復甦

現今，清萊舊市區客家人的日常生活語言以泰語（包括標準泰語和北方泰語，以標準泰語為主）為主，華語和客家語的使用已非常有限。泰語已成為當地客家人在家庭相處、職場工作、購物及鄰里交際中的主要通行語言，甚至在客家社區內，客家人之間也主要以標準泰語溝通，泰語的使用已完全融入日常生活，顯示當地客家人的語言實際上已經泰語化。客家語在清萊舊市區的使用正逐漸減少，並已退出當地客家人的日常溝通。年輕一代客家人普遍缺乏客家語溝通能力，甚至完全不懂客家語，導致客家語在當地出現語言斷層與流失的現象。第二代客家人雖然仍具備客家語溝通能力，但在日常生活中已極少使用，客家語僅在特定情境下，作為不希望外人理解交談內容時的「秘密用語」。

此外，華語在清萊舊市區客家人中的使用同樣受到削弱，已不再是客家人與其他華人方言群體交流的主要語言，取而代之的是泰語。然而，部分第三代客家人曾赴中國大陸留學或在泰國接受華語教育，伴隨泰中經貿往來日益密切，以及愈來愈多中國觀光客到訪泰國北部，當地人對學習華語的需求和動機逐漸增強。因此，雖然華語目前在清萊舊市區客家人的通行程度仍低於泰語，但其傳承並未出現明顯的斷層，且隨著經濟與文化交流的推動，華語的使用率在未來可能會再次提升。

二、同化政策造成之語言生態階層對清萊舊市區客家人語言的使用產生直接影響，使當地客家人以泰語為通行語言

泰國同化政策的實施，將中央泰語確立為國家標準語言，不僅使清萊舊市區的客家人普遍通曉泰語，也構建了泰國語言生態中明顯的階層分化：中央泰語位居語言的最高階層，而非泰語系語言則處於最低階層。在這種階層分明的

語言生態下，能夠流利使用最高階層語言（即標準泰語）的人，通常被認為具有較高的文化水準。此外，標準泰語也是接受高等教育和從事白領工作的基本條件。因此，語言生態的階層特性與追求更好生活條件的動機共同作用，促使清萊舊市區的客家人在日常生活中以泰語為主要通行語。這不僅體現了泰語作為強勢語言的影響力，也反映了語言在社會階層流動中的功能性角色。

三、清萊舊市區客家人未能接受華文教育，使其華人特性較不明顯，連帶影響其語言使用的傾向

　　泰國的華文學校以堅持單純教授中文為特色，其管理層、教師和行政人員多由華僑或中國本土人士組成，教材主要以中國典籍為核心。然而，清萊舊市區的第二代華人正值華文教育受限的時期，無法就讀華文學校接受系統性的華文教育。僅有少數人前往美斯樂、美塞山區，或跨境至緬甸大其力的華文學校學習。這導致清萊舊市區的第二代客家人對華人歷史與文化的認知較為疏離。在泰國同化政策的影響下，清萊舊市區的華人逐漸減少對華人文化特性的認同，並逐步向泰化方向發展。由於客家人的華語能力有限，且華人特性較為淡薄，在得知對方具備泰語溝通能力時，他們往往優先選擇以泰語進行交流。這種語言選擇不僅反映了語言能力的限制，也進一步加強了泰語在當地華人社群中的主導地位，加速了語言與文化的泰化進程。

參考文獻

中華民國僑務委員會（2015）。《中華民國 104 年僑務統計年報》（編號：GPN 2008100197）。https://www.ocac.gov.tw/OCAC/File/Attach/313/File_60279.pdf

中華民國僑務委員會（2020）。《中華民國 109 年僑務統計年報》（編號：GPN 2008100197）。https://www.ocac.gov.tw/OCAC/File/Attach/313/File_245373.pdf

王俐容（2011）。〈泰國客家社團與族群認同初探〉（PG10006-0025）。https://grbdef.stpi.narl.org.tw/fte/download4?docId=1111330&responseCode=6205&grb05Id=2309764

王俐容（2013）。〈跨國社群、文化政策與族群認同：以泰國客家為例〉（NSC：100-2410-H-008 -072 -MY2）。https://grbdef.stpi.narl.org.tw/fte/download4?docId=1035837&responseCode=7526&grb05Id=2395169

王俐容（2014）。〈文化混雜與族群認同：以泰國北部的客家族群為例〉（PG10302-0016）。https://grbdef.stpi.narl.org.tw/fte/download4?docId=3276262&responseCode=4792&grb05Id=8163453

王俐容（2017）。〈泰國客家社會的形成與多樣性〉。《客家研究》，10（2）：49-92。

朱敬先（1973）。《華僑教育》。台北：臺灣中華書局。

行政院主計室（2013）。〈泰國 2012 華人人口統計推估〉。https://www.ocac.gov.tw/OCAC/File/Attach/245/File_237.pdf

吳協昌（2005）。〈泰北義民文史館記載孤軍血淚史〉。《大紀元》，2005 年 3 月 2 日。https://www.epochtimes.com/ 。

李國卿（1988）。《泰國華人經濟的演變與前瞻》。台北：世華經濟出版社。

周方冶（2011）。《王權‧威權‧金權──泰國政治現代化進程》。北京：社會科學文獻出版社。

林明明（2011）。《泰國清萊府之中學漢語教育現況及其影響因素之研究》。台北：國立臺灣師範大學華語文教學研究所碩士論文。

林摩尼（1994）。〈泰國華文教育的宏觀認識與展望〉。《第四屆世界華語文教學研討會華文學校教學報告組論文集》。台北：世界華語文教育學會。

郁漢良（2001）。《華僑教育發展史》。台北：國立編譯館。

夏誠華（2005）。《民國以來的僑務與僑教研究》。新竹：玄奘大學海外華人研究中心。

曹航（2019）。〈族群政策的歷史起源：20世紀初泰國和菲律賓對南部穆斯林的政策比較〉。《政治科學論叢》，86：83-150。

陳文政（2010）。《泰北中國「結」——從泰北華人學子的中國求學路談起》。台北：國立臺灣大學新聞研究所碩士論文。

陳瑞珠（2011）。《臺灣客家族群的跨國認同與文化建構：以泰國臺灣客家同鄉會為例》。桃園：國立中央大學客家文化研究所碩士論文。

許麗鈴（2001）。《泰北地區華文教育之研究——以清萊地區兩所學校為例》。台北：國立臺北教育大學課程與教學研究所碩士論文。

符翠蘭（2007）。〈泰國的華語文教育——過去、現況與未來〉。載於孫劍秋主編，《2007多元文化與族群和諧國際學術研討會論文集（第一冊）》，頁161-168。台北：國立臺北教育大學華語文研究中心。

覃怡輝（2009）。《金三角國軍血淚史1950-1981》。台北：聯經。

傅柏維（2021）。〈泰北華文教育發展歷程〉。《華語學刊》，31：62-77。

湯熙勇（2014）。〈泰國華語文教育發展與跨國人文網絡——以泰北建華綜合高級中學為中心〉。《僑教與海外華人研究學報》，3：35-56。

廖書賢（2000）。〈泰國境內難民問題之形成與演變〉。《東南亞區域研究通訊》，10：61-72。

劉婕（2016）。《泰國華人族群認同之比較：以泰國潮州人與客家人為例》。桃園：國立中央大學客家文化研究所碩士論文。

劉黎芬（1995）。〈泰北華文教育之現況及展望〉。載於朱浤源主編，《東南亞華人教育論文集》，頁493-510。屏東：國立屏東師範學院。

蕭新煌、張翰璧、張維安主編（2020）。《東南亞客家社團組織的網絡》。桃園：中大出版中心；臺北：遠流。

謝國斌（2021）。〈泰國的族群政策〉。《台灣國際研究季刊》，17（4）：67-94。

Chansiri, D. (2008). *The Chinese Émigrés of Thailand in the Twentieth Century*. New York: Youngstown Cambria Press.

Kosonen, K., & Person, K. R. 2014. Language, identities and education in Thailand. In Peter Sercombe & Ruanni Tupas (Eds.), *Language, Education and Nation-building: Assimilation and Shift in Southeast Asia* (pp. 200-31). London: Palgrave Macmillan.

Minority Rights Group International (2022, August 14). Minorities and indigenous peoples in Thailand. World Directory of Minorities and Indigenous Peoples. https://minorityrights.org/country/thailand/

Murashima, E. 1988. The origin of modern official state ideology in Thailand. *Journal of Southeast Asian Studies*, 19(1): 80-96.

Person, K. R. (2011). Language Policy in Thailand: Historical Background and Current Work of Royal Institute of Thailand. https://www.sil.org/system/files/reapdata/75/91/52/759152824786763491704230831173244069/Person_Thailand_Language_Policy_for_Korean_Institute_Conference_FINAL_28_Feb_2011.pdf

Selway, J. 2007. Turning Malas into Thai-men: Nationalism, ethnicity and economic inequality in Thailand. *South East Asia Research*, 15(1): 53-87.

Streckfuss, D. 2012. An "Ethnic" reading of "Thai" history in the twilight of the century-old official "Thai" national model. *South East Asia Research*, 20(3): 305-327.

Vella, W. F. 1978. *Chaiyo! King Vajiravudh and the Development of Thai Nationalism*. Honolulu: University of Hawai'i Press.

第 11 章
新加坡客家方言群的山歌復興現象：
語言傳承與身分認同問題

黃子明

壹、緒論

　　客家人在新加坡，歷來屬於華人五大方言群之一。英國東印度公司 1819 年開埠的三年後，已有兩間客籍會館成立，而根據 1881 年人口普查，客家人占華人比率的 7.1%，和福建、潮州、廣東、海南等幫群並稱。二戰前的人口大致都排行第五，1921 年時降至 4.6%，二戰後回升，根據 2020 年的最新人口普查，客家人口有 25 萬 9 千，共占全國華裔居民的 8.6%，排行第四。馬來西亞作為新加坡人口的一大來源，客家人口則是從 1957 年國家獨立到 1980 年期間，已從華人人口的第三位升到第二位。

　　但各大華族方言的社會功能，都在新加坡獨立建國後急速削弱。雖然華族在新加坡占了四分之三的人口，但作為前英國殖民地，新加坡始終以英語作為四大官方語言（馬來話、英語、華語、淡米爾語）之中最重要的工作語言。馬來西亞華社在 1973 年掀起華文獨中的復興運動，新加坡方面卻在 1979 年將華校併入主流英文教育。人民行動黨政府同時自 1979 年起推行「講華語運動」，取代方言作為公共場所及華族家中溝通語言，方言的用途甚至在各大方言群的「宗鄉會館」裡也隨之萎縮。

　　臺灣在 1988 年發起了捍衛客家母語的運動。另一方面，中國在改革開發之際，也對海外的客家文化發生興趣。新加坡在 90 年代舉辦客家文化展覽，並拍攝以客家人下南洋為故事背景的電視連續劇。21 世紀初，各大客幫會館掀起表演客家山歌的熱潮，也通過會館慶典、觀摩會、國際比賽等表演活動和馬來西亞、中國、臺灣各地交流。

客家山歌在新加坡的「復興」已有 20 年，跨組織和跨國的音樂交流活動，根據主辦團體在紀念刊與媒體訪問裡的話語，意義在於共同發揚文化，展現客家族群的風俗與傳統價值觀等等。然而，山歌活動對於客家語言和文化總體的傳承，究竟起了多少效應，而通過會館組織來推廣客家歌謠的模式，又有什麼局限性，都是需要探討的問題。山歌團成員平均年齡一般偏高的現象，已反映出會館組織普遍缺乏年輕人參與的現象。會館的社交網絡之外，客家文化及其他方言文化在新加坡還有多少文化空間及傳播的平台，是一個問題。2015年和 2020 年大選過後，電視廣播媒體對方言節目已有所放寬，但仍以年長者為主要對象。

方言文化在主導文化政策之下的定位，又是一個關鍵。隨著 21 世紀經濟全球化的趨勢，新加坡的歷史敘事可見趨向於配合國家機關對主要族群文化的想像，例如強調新舊移民來自中國、印度等地，以及國內精英需要如何掌握相應的大文化；與此同時，又以土生華人的代表性人物或文化混雜性為國族歷史敘事（Heng, 2009: 28, 35）。從方言群相對於土生華人的「純粹」漢文化想像，例如講華語運動 1983 年的「華人講華語，合情又合理」口號，都不難想像，「新加坡的客家人」，基本上一直處在一個「客家華人在新加坡」的「離散族群」敘事，和「臺灣客家人」的概念已經由臺灣公民性超越漢人族群性的情況有所不同（蕭新煌，2013：23）。

本文將在分析新加坡客家族群的文化空間與社會結構之後，進而審視客籍會館的歌謠活動模式與語言傳承以及身分認同的關係。顏清湟（2017：166）曾提出，關於東南亞的客家研究方面，和其他華人亞族群比較的視角能為研究提供更多的發展，這裡也將注意客家族群和其他方言群以及社會制度的多向互動。

貳、新加坡華人的方言群認同與客家話的文化空間

新加坡作為一個「多元種族」的前英國殖民地，華人族群所慣用的母語，

根據 19 世紀末以來的人口資料可見，除了海峽華人或土生華人有慣用馬來話及英語的現象之外，共包括了至少五大方言，即福建（閩南）、潮州、廣府、客家、海南。辛亥革命前的同盟會活動曾經根據這五大幫群來進行聯絡。同時，1905 至 1910 年之間，這五大方言群的會館組織隨著清廷取消科舉考試，也紛紛設立了新式學堂，不少維持到新加坡共和國成立後的 80 年代，才轉型為政府學校，例如茶陽（大埔）會館所創辦的啟發學校。可是就教學媒介而言，1920 年代的華校已經改為響應中華民國政府的「國語」。啟發學校也並非純粹限於客籍學生，戰後就有不少學生是海南人。

除了各個方言群的會館、學校等文化空間之外，新加坡有幾個主要的方言群聚居地，通常會有跟同一族群密切相關的廟宇、戲園、市場等。比如新加坡河以南的「大坡」地區，就建有位於早期水灣岸邊，背山向海的天福宮，由漳泉人士管理，附近直落亞逸（Telok Ayer，地名源自馬來語的「水灣」）一帶也是早期福建幫的聚居地。如今面向遊客的牛車水幾條街，在天福宮山後的西邊，是廣東人的聚居地，保留了早期的戲園與電影院原址。往北的新加坡河南岸，原是潮州人的聚居地，曾有潮劇戲園和菜市場。新加坡河以北的「小坡」，則有海南人的聚居地。

可是，客家人方面，人口歷來比較分散，除了直落亞逸和再往南的丹戎巴葛共有海唇福德祠、應和會館、望海大伯公廟和南洋客屬總會幾間主要廟宇及會館之外，不容易判定有哪一個客家人口特別集中，數代以來為人所熟知的老街區，更難以聽聞什麼地方曾以街戲、酬神戲的形式表演過漢劇。郊區方面，德光島則有客家居多的村落，或在戰前唱過山歌，卻未流傳下來。

新加坡是在 1920 年代才興起組織客屬公眾機構的提議，中華總商會當時原本有嘉應幫和大埔幫的區分，而 1824 由廣府、惠州、肇慶移民創立的海唇福德祠，在 1854 年重修時又有嘉應五屬以及豐順、永定、大埔人士加入，從而具有廣客兩幫總機構的功能。南洋地區的客家人是從 1890 年代開始才有跨地域而橫跨政商的「客家集團」出現（黃賢強，2011），所以可以說，在南洋客屬總會 1929 年設立之前，客家人更著重的是祖籍地域意識。麥留芳（1985）就提出東南亞華人方言群的封閉與排外意識並非必然或絕對，早期客家人並無

顯著的方言認同，柯朝欽（2017）則進一步推論說，胡文虎捐錢成立南洋客屬總會時，扮演了關鍵性的角色，因為他已經認識了羅香林和創立香港崇正總會的知識份子，在他們影響下就將羅香林等人的論述帶到新加坡，30 年代末更提出「客家精神」，進而提出愛國愛鄉的民族團結論。

地理環境及廟宇會館活動之外，新馬早期客家話及客家音樂的廣播節目，也提供了一種公共空間。南洋客屬總會設立不久，就有漢樂活動。在新加坡設立的馬來亞廣播電臺至少在 1939 年已經有中樂、平劇、福建戲曲、潮劇和粵劇的播送，到了 5、60 年代，顯然有漢樂、漢劇播送，比如每逢農曆元旦也能收聽到南洋客總的漢樂表演。

1958 年，馬來亞廣播電臺原有七大方言的新聞及娛樂節目，包括戲劇、音樂、歌曲和故事等，一度計畫取消客家、海南及福州的節目，只保留國、閩、潮、粵四種方言。當時客屬總會會長張夢生曾經和其他受影響方言群的會館組織，向電臺抗議、交涉。新加坡方言廣播界的講古大師當中，最著名的是以粵語講古的李大傻，至今仍留下錄音，另外有福建話的王道和潮州話的黃正經。客家故事廣播方面，舊報章的少量史料顯示，50 年代有一位擅於金石篆刻的張斯仁，原籍梅縣，精通客家掌故，在馬來亞廣播電臺以「琢藝哥」的藝名擔任客家話故事；另有一名客語故事的業餘廣播員古奮鵬，原籍梅縣，為星洲日報廣告部職員；70 年代又有一位張順發在麗的呼聲講古，內容包括金庸小說故事。

說起客家山歌和新加坡的淵源，1891 至 1894 年擔任首任中國駐新加坡總領事的詩人及外交家黃遵憲，提倡「我手寫我口」的白話文學之餘，就曾創作《山歌》多首，九首收錄於《人境廬詩草》。到了二戰期間的 1941 年，《南洋商報》又刊登過仿照客家山歌格式而創造的歌詞《十勸郎》，鼓勵抗戰（程琛，2015）。50 年代初，男女對唱，互相調侃的情歌在海邊和「大世界」等遊藝場興起，結果因被投訴為不倫不類的客家山歌，有傷風化，終於在南洋客屬總會的介入下停唱。雖然 60 年代仍有電臺播放山歌，客家山歌的公開集會活動卻因此在新加坡沉寂了約半個世紀。

不過，除了漢劇之外，新加坡 50 年代也有客家流行歌曲的唱片發售。

1955 年 6 月的星洲日報就報導過，位於亞拉街的一間義發唱片行運到客語唱片，「實屬本年度星馬創舉」，其中包括由巫美玲獨唱的《發大財》。來自檳城的巫美玲有「北馬歌后」之稱，擅於演唱國語、粵語、客語，50 年代也在新加坡的歌台表演。

參、新加坡語言政策與客家話的社會地位

客家人在新加坡華社屬於少數族群，但也有不少富商，比如典當業就長期被大埔客家人壟斷，其中好些當商成為南洋客屬總會會長。然而，客家話在新加坡獨立以前的 5、60 年代，除了在客籍會館、學校時而有客幫領袖和政客用來演講之外，就不見在一般公共場合有什麼功能。

1955 年 3 月，新加坡首任總理李光耀還是丹戎巴葛選區的人民行動黨候選人的時候，民主黨曾派出客家籍貫的候選人藍天角逐，當時卻只是挑戰行動黨參加以華語進行的政治辯論。李光耀反駁藍天指他不諳中文，無法代表華人選民的論調，表示選區仍有馬來與印度選民，自己除了中文還會說馬來話。3 月底，報章又報導李光耀加入南洋客屬總會及茶陽會館為會員。民主黨結果落敗。當時另有行動黨候選人以福建話演講，李光耀在 60 年代也曾以福建話（閩南語）演講。之後，除了有反對黨的工人黨領袖在 90 年代以潮州話演講而獲勝以外，其他方言都未在政治領域起著特別作用。

新加坡獨立以來，憲法對於華族文化，只保護華語為四大官方語文之一。1979 年 9 月更展開講華語運動，自此各大方言在電視、廣播和公共場合的使用很快受到壓制，而南洋客屬總會在 11 月也迅速回應，召開會議時，各董事均用華語發言，副會長候新慶在發言時又說：「吾客屬人士，得天獨厚，因為客話與華語，相差不多，實行起來，甚為容易。」

80 年代，中國改革開放之後，在經濟發展的前提下，發現「亞洲四小龍」有不少龍頭人物是客家人，與國內客家地區的貧窮形成反差，客家研究於是受到關注。1989 年 8 月，新加坡南洋客屬總會慶祝六十周年紀念暨舉行世界客

屬聯誼大會，提出華南有許多勇敢堅強的政治領袖和軍事將領是客家人，而客家婦女則是大英百科全書所形容的「精力充沛的勞動者」；另外，紀念刊更列出當前的重要華人政治領袖，鄧小平、李光耀、李登輝等，都是客家人。

1997 年，新傳媒開拍 30 集的《客家之歌》華語電視連續劇，講述 30 年代在中國客家土樓山區成長的幾個青年下南洋謀生的故事，當時劇集拍攝獲得客屬總會大力協助，播映後收視率一度破 70 萬。其中男主角謝韶光本身就是客家人，女主角郭淑賢是廣東人，卻得以乘勢和臺灣華納簽約發行唱片。《客家之歌》1998 年在臺灣推出時，總統府資政吳伯雄和戴美玉夫婦曾在每集節目播出前開闢「生趣的客家話」單元。

客屬總會在 1996 年曾配合世界客屬第 13 屆懇親大會而舉辦「客家美食品嘗會」，22 攤位吸引多達六千食客，之後在 10 至 20 年間，茶陽會館、豐永大公會、望海大伯公廟都主辦過客家美食節活動。但在美食文化之外，方言的傳承仍是一個敏感問題。直到 2014 年，新加坡總理李顯龍主持「講華語運動」第 35 周年的推展儀式時，仍在強調推廣華語的意義在於「讓整個華族社群能夠把關係變得更融洽，讓不同方言群體更加團結起來」，同時堅持說，希望保留方言文化遺產，而要讓年輕人學習方言，「不是務實的想法」，因為要一般國人同時掌握好英語、母語和方言是「一件非常艱難的事」。

新加坡各大宗鄉會館總體已經響應了講華語運動 40 餘年。有的會館如茶陽（大埔）會館雖然也舉辦客家會話課程，但年輕一代華人以英語溝通，已經是新加坡社會的普遍現象，會館組織在傳承文化時，也面對語文溝通的挑戰。2020 年，新加坡小販文化成功列入聯合國教科文組織的「非物質文化遺產代表名錄」，間接也有助於加強各大方言文化的認同感，如新加坡華族文化中心就舉辦過方言群認同與美食相配合的展覽與表演活動，但客家山歌和其他方言群的戲曲表演有區別，無形中也少了展示的機會。

肆、會館團體客家歌謠活動的身分認同問題

自 2004 年開始，隨著山歌歌唱班的興起，由新加坡 7 至 9 個客家會館組織輪流舉辦的客家歌曲歌唱觀摩會，可以視為 50 年代民間客家山歌活動在新加坡停辦以來，斷層半個世紀之後的一個復興現象。而由各個客家會館團體組隊到國外參加「馬來西亞客家歌樂節」，以及梅州、東莞鳳崗鎮等地的山歌節、邀請賽等的活動來看，這類「兩岸四地」的跨國界山歌活動，甚至可以說已經構成了新加坡客家社群在跨國文化活動中的重要內容（曾玲，2019）。

「客家歌謠觀摩會」的活動在首八年保持每年舉辦一屆，2011 年之後成為兩年一屆，2018 年舉行第十二屆後又因疫情的阻隔，待到 2023 年才舉行第十三屆。但前後參與及協辦的客家會館團體共有 18 個，參與演出人數近 200 人，這意味著相關表演活動不僅象徵著一種文化的傳承，聯繫客家團體網絡也成了一大功能。

新加坡第一個客家歌曲班是在 2002 年由應和會館成立，最初的參加人數只有 5 到 10 人，茶陽（大埔）會館接著也在 2004 年 5 月成立歌唱班，請來著名的前麗的呼聲廣播員張昭英來擔任導師。張昭英在 60 年代就曾演唱民歌，也擔任藝術歌曲歌唱比賽的評判，除了客家山歌也會唱漢劇，當時新加坡本土顯然無法另找有如此資格的導師。茶陽會館為歌唱班招收學員，初時報名的會員都年齡偏高，後來大開門戶廣收學員，2006 年的報名人數一度突破 50 人，會館因上課場地的限制而停止接受報名，而到了 2007 年，其他組織山歌歌唱班及推動客家歌曲的團體還包括客屬黃氏公會，以及芳林聯絡的客家歌曲合唱團等（黃賢強等，2007）。

雖然「客家歌謠觀摩會」的活動辦了幾屆後，就開始和馬來西亞、中國、臺灣各地有演出交流，日趨國際化的同時，如何吸引年輕一輩來參加，至今一直是個問題。假如說客家山歌在理想中，也是讓兒童以至青年學習客家話的一個途徑，山歌的唱法和內容無疑需要考量，比如描寫山村的生活，能否引起年輕人的共鳴，就是一個問題（同上，頁 225）。方言歌曲長期不能在電視和電臺播出的限制，也形成一大障礙，2007 年 1 月 19 日曾有客家山歌罕見地登上

電視螢幕，由四位山歌愛好者在《黃金年華》節目演唱，不過那年所有客語歌唱班的參加者平均年齡都在 50 歲以上（同上，頁 227），這個趨勢至今大致沒有改變。

　　另一方面，山歌活動的參與經常不限定於有客家籍貫人士，但各家會館內部如何看待這一現象，具體又如何處理會員的優先權等等，仍有待調查。2005 年 5 月由茶陽（大埔）會館主辦的「客家好歌大家唱」，特別邀請張昭英教唱兩首歌，吸引了多達 600 人，後來 2006 年 11 月由客屬張氏公會和另外 19 間客家會館聯辦的「第三屆客家歌謠演唱觀摩會」，更曾經公開宣傳開放給非客家人士。

　　以音樂形式和風格而言，「原生態」和美聲等唱法之間，也提供了不同的藝術選擇。比如南洋客屬總會早在 1989 年的一場「民歌民樂晚會」裡，以山歌為素材來呈獻《客家民歌組曲》等節目，1996 年的「客家文娛晚會」裡，則由合唱團呈獻男女聲合唱的《共建美好新家園》等歌曲。茶陽（大埔）會館在 2013 年 4 月，從原來的歌唱班成立「茶陽客家合唱團」，直到 2023 年重組，主要的一個嘗試，就是通過四聲部合唱的方式，來成功申請為新加坡合唱總會成員，並通過國際華文合唱節而在大音樂廳裡演唱客家歌曲。會館另外也在康樂股之下，同在 2013 年 4 月成立「客韻團」，活躍至今，團長李榮德是曾經留學臺灣的資深播音人和配音員，強調推廣和傳唱不同地區，不同曲風的客家歌，包括中國、臺灣的傳統及新創作曲目，以及流行曲風，還有新馬創作客家歌。

　　另外，強調「南洋特色」的客家山歌，也是新加坡山歌復興以來的一個趨向，比如豐順會館的張振興和茶陽會館的李榮德、謝世康，就曾和中國客籍作曲家黃有異合作，創作了《南洋月光光》、《新加坡姑娘》等新作品。但是否足以說新加坡有普遍受認同的「南洋客家山歌」一種流派，還是一個疑問，首先只能說是它符合新加坡政府和媒體所願意宣揚的一種「新加坡特色華族文化」（程琛，2015）。新加坡的跨國客家山歌活動，也可以詮釋為一種全球化趨勢的經濟理性下，一種「彈性」關係（柯朝欽，2017）。

伍、會館組織傳承文化的模式問題

　　新加坡以主要方言群劃分的宗鄉會館，作為傳承文化的首要機構，其實也間接反映了各大方言群失去原有其他文化空間，已經屬於弱勢的現實。如前述，以新加坡沒有客家鄉村持續下來，市內也沒有顯著客家街區的地理情況來說，傳承客家文化的空間更顯得有局限性。以下探討客家山歌「文化空間」背後的社會功能與物質條件問題。

　　從歷史發展的軌跡不難見到，會館組織的功能也是隨著華社所處在的政治結構、教育制度等社會環境的因素而改變。就教育事業而言，新加坡在英殖民時代，官方提供的是英文教育，但華社的各大方言群卻能夠在不受干預的情況下自主地辦學，中英源流兩者平行；1965 年獨立以後，官方主張中英教育合流，但在保障中文教育至少維持在第二語文水準的同時，1979 年的教育改革又將原有華校削減和轉型成為少量的雙語學校，供百分之八的優秀學生就讀。不少和會館或方言群掛鉤的華校就在 80 年代左右停辦或由政府接管。目前 11 間特選中學之中，屬於宗鄉會館附屬學校的只有福建會館的南僑中學，15 間特選小學只有 3 間福建會館附屬學校，以及 2 間分別為興化、福清族群所創辦或接管。雖說特選學校注重「雙文化」，但在總體不鼓勵方言的文化政策之下，新加坡絕大部分的校長都只能鼓勵讓學生學習念白比較接近華語的黃梅戲或京劇。

　　新加坡的客家大埔人曾有茶陽（大埔）會館於 1906 年創辦啟發學校，後來長期形成「館校合一」的格局，直到 1984 年將學校移交給教育部，又以捐獻新幣 10 萬元的方式而得以將一所新學校取名為啟發小學。舊校舍原址則發展為公寓，1995 年以公寓收入成立茶陽大埔基金會。

　　隨著政治效忠的改變，茶陽（大埔）會館章程裡的宗旨，從 1953 年的「溝通海內外聲氣」，已經改為 1975 年的「效忠本國、溝通內外聲氣」。而隨著教育功能的失去和產業管理的需要，會館任務又從 1975 年的「主辦啟發學校」等等，改為 1990 年的「主管經禧律 30 號之 34% 產業」等等，以至 1999 年的「為會員及賓客提供社交、休閒活動及設施」等等。

關於會館對於華文教育所扮演的角色，利亮時（2009）曾經以華商、會館、華校形成「三結合」機制的視角來分析新加坡茶陽（大埔）會館的案例。他首先引用顏清湟（1992）所言，華人的士階級在英文為主的社會裡處於劣勢，商人於是成為社會的中堅分子，再進而指出20世紀各大方言群的商人都通過會館領袖和學校創辦人的身分來鞏固自己的領導地位。可是，1965年獨立的新加坡，在人民行動黨領導下，教育政策以務實為本，配合島國作為區域經濟樞紐的發展，而在冷戰時代的歷史背景下，為了避免讓周邊國家視為「第三中國」，以及國內不同語文族群之間的猜疑，於是造就了培養英文教育人才為重的趨勢（利亮時，2009：49）。啟發學校在80年代因缺乏生源而停辦，主要可以說是這個大趨勢的結果。事實上，早在1964年，啟發已經積極增加英文教學的時間，比其他華校多出近一倍。啟發轉型為政府學校後，茶陽會館還從1994年開始，頒發獎學金給非華族學生。

雖然辦學不再是會館的任務，茶陽（大埔）會館在21世紀初仍通過新的方式來傳承文化。2002年12月，在會館重建的大樓設置了文物館和客家文化研究室，除了展示客家文物和蒐集書籍與資料之外，也和新加坡國立大學合作，推動客家文化的學術研究工作，如2012年推出的「客家文化研究叢書」。文物股主任兼客家文化研究室負責人何炳彪曾在受訪時表示，當初曾考慮或許由作為新加坡客家人總機構的南洋客屬總會來出面成立比較適當。原先是茶陽會館會長楊雙標在會館2000年進行重建時，正好七樓、八樓空著，提供了設立文物館的機會。何先生又想到組織一個委員會來推動客家文化研究，向客總提議卻「沒有結果」，後來決定由茶陽開辦研究室（黃賢強，2012）。

茶陽大廈重建後的物質條件，不久後也造就了客家歌曲觀摩會在那裡開先河。而客家山歌的意義和文化教育有多大關係，或者說對於文化傳承有多大作用，就是這裡需要進一步探討的問題。

客家族群有著在山地聚居的文化記憶，客家山歌在新馬作為文化認同的重要象徵，和這方面的聯想也有密切關係。但50年代的山歌對唱被指為傷風敗俗，當時新加坡客家族群的傳統聲樂，就剩下沿用「中州音韻」的漢劇。漢劇常被視為接近「國語」多過南方方言，自然也符合強調中原文化正統的

大敘事。畢竟羅香林「五大遷徙」的學說，就強調了以中原望族為先民的說法。1929 年成立的南洋客屬總會，早在戰前就表演漢劇，戰後直到新加坡獨立的 1965 年，也有常年表演，包括慈善表演。1960 年，又向新加坡潮州族群各大儒樂社看齊，將「國樂部」改為「儒樂部」，次年聯合潮州四家儒樂社，以「五儒」名義公開演出。

新加坡的漢劇、漢樂活動在 7、80 年代已經沒落，南洋客屬總會在 1982 年成立華樂團，1987 年再成立合唱團後，到了 2012 年又重新組合漢樂團。至於漢劇，就一直未見復興，這就和新加坡五大方言群之中，福建戲（歌仔戲）和福建南音、潮劇、粵劇、瓊劇仍有戲曲表演團體的情況成了對比。

必須指出的一點是，以客家幫群的主要會館組織來帶頭維持客家山歌活動，在新加坡不同方言群當中，其實是屬於一種比較特殊的模式。其他方言群自 80 年代以來，都是趨向由獨立團體專業化的模式來推廣戲曲或曲藝的活動，例如新加坡首要的福建南音團體為 1941 年成立的湘靈音樂社，雖然每年的觀音誕都按例在福建會館的廟宇天福宮表演，卻在 1993 年憑著已故社長丁馬成的支持，成立了一個文化藝術基金，之後獲得國家藝術理事會「主要輔助計畫」的支助，以實驗性及跨文化的表演著稱。潮劇方面，近年最受重視的是歷史追溯至 1963 年的南華潮劇社，2015 年獲准為慈善機構，2019 年進駐新加坡華族文化中心。粵劇方面，長期獲國家藝理會支持的是 1981 年才成立的敦煌劇坊，其主要演員及創作人在之前的 10 餘年都是在一家廣幫的岡州會館裡活動；廣幫多家會館 5、60 年代活躍於粵劇粵曲的盛況雖然到了 80 年代已少見，目前卻有不少非宗鄉性質的業餘粵劇團體。而海南族群歷來的瓊劇活動，也並非依賴作為瓊幫總機構的海南會館來推動。

新加坡的客家山歌活動，假如只能通過客籍會館的領導和支助來維持，這意味著在會館組織以外，即使不是缺乏愛好者，也顯然缺乏交流及活動的平台。以大眾傳媒來說，至今仍提供六種方言新聞的「958 城市頻道」，自 2020 年新加坡大選以來也播送大量方言歌曲，但仍以閩南歌、潮州歌、廣東歌為主，客家歌曲似乎是配合比較特定的時段或場合才聽得到。這其中的考量，第一也許是客家人口比較少，難以兼顧，第二則是客家歌曲不像閩南歌、廣東歌

一樣，有大量來自臺灣、香港的流行歌曲，早已在新加坡有一定的聽眾群。比較可見的例外是城市頻道有《方言不仿古》的節目，訪問參與方言文化的不同年輕人，其中也訪問過至少一位年輕的山歌團成員。

綜合以上提到的兩種方言文化平台，客家山歌在新加坡面臨的局限可以分成兩個層面，一方面，作為藝術活動，仍未有專業組織來經營，借助華族藝術節或國際音樂節等劇場節目來提升為一種廣受社會認可的高雅文化（high culture）；另一方面，以大眾傳媒來說，客家歌謠也缺乏作為流行文化（popular culture）的生態。新加坡一般客家山歌團的成員都以樂齡人士為主，其中也包括非客籍華族，但年輕人較少的情況已經可說是構成「傳承危機」（劉富琳，2020）。關於不同群體的觀感，或許仍需要通過更多的採訪來瞭解，但對於態度不同的一個最簡單解釋就是：對於年長的非客籍人士，客家山歌在新加坡無論是合唱或獨唱的表演形式，都和一般民歌民謠差別不大，屬於他們認可的業餘文藝活動；但對於4、50歲以下，語言背景偏向華語和英語的較年輕一代，新加坡的客家山歌活動，無論作為高雅文化或流行文化，都往往欠缺吸引力。

關於新加坡客家山歌在21世紀的「復興」，張倍瑜（2015）曾經根據50年代海邊唱山歌大多為勞工，而半個世紀後的參與者顯然是中產階級的對比，以及演出場所已經轉入正規劇場的觀察，來論說會館歌唱班的山歌表演，已經轉變為「純粹的藝術行為」。其中的論點，也指向法國社會學家布迪爾的「文化資本」理論。在她的分析中，會館通過資本支持，從國外請來美聲老師，為團員提供訓練，代表了一種藝術提升。

除了聘請專業音樂老師來提供訓練之外，客家合唱團採用多聲部、鋼琴伴奏等表演方式，部分目的也顯然在於爭取客家山歌能在濱海藝術中心一類國際級的場所裡表演。至於客家山歌的知識及技能是否足以在新加坡獲得認可，構成一種「文化資本」的問題，就需要考慮到：布迪爾的論述中，文化習性或美學品味代表著一種文化地位的區分，而且是取決於已有的階級背景或物質條件，是排外性的（Bourdieu, 1984: 53-57）。新加坡自2000年提出「文化復興城市」以來，國際化或西方化的藝術發展一直為首要，各大方言的華族戲曲，

相對於華樂或西方音樂劇而言，都是比較邊緣化的，未能在大專學府受認可，一般本土戲曲團體也難以走入大劇院。客家山歌的活動平台更加有限，它的想像族群主要限於以客家血緣為依據的會館團體，對外表演也等於代表客家會館身分。華族各大南方方言在新加坡都不像華語那樣在憲法下有所保障，而客家話又比閩南語、廣東話更加被邊緣化。客家山歌令人聯想到的，多為接近鄉村生活的情調或文化價值觀，而新加坡獨立以來則是強調都市化生活方式為典型社會進步的象徵；由此看來，若要以「文化資本」的角度言之，也屬於弱勢，處在一個不知是否該朝向西方古典形式轉型的兩難。

在此並不排除非客家人對客家山歌的喜好。2006 年，由客屬張氏公會主辦的第三屆客家歌謠演唱觀摩會吸引了約 80 人報名參加，也包括非客家人。而比賽結果，還有福建籍和廣府籍的參賽者得獎。但那是比較例外的一次觀摩會，後來並沒有將個人比賽作為例常的環節。2011 年，由永定會館主辦的第八屆客家歌謠觀摩會又有一個新的嘗試，分國內和國際兩場進行，也邀請中國永定、臺灣及馬來西亞柔佛、雪蘭莪的團隊。本來的構想是選拔最好的新加坡隊伍來參加兩個月後的國際觀摩會，等於是分了等級。後來決定讓所有本地隊伍在第二場上臺表演。

以客家歌謠觀摩會演變至今的活動模式來分析，它和市場商業運作的藝術活動有別。山歌表演在這裡的最大意義，或許取決於布迪爾所說的「社會資本」，或簡單說是社會網絡，多於所謂的「文化資本」，因為它難以向外界社會全面開放，所代表的品味也和布迪爾討論的，一般知識份子的審美觀抑或上流社會所追逐的階級優越感，都不是同一類典型。觀摩會的表演既然是以客籍會館為主辦和表演的單位，主要還是代表著新加坡華僑社會延續至今，注重血緣及地緣「宗鄉」關係的價值觀。體現出客家社群的身分認同與凝聚力之餘，也通過邀請中國、臺灣的歌手名家來表現跨國的客家認同。曲目除了有本土創作之外，還可以觀察到以突顯客家身分認同和會館使命為內容的現象，包括以地緣身分作為原創歌曲題材的曲目。比如 2023 年 5 月舉辦的第十三屆歌謠節，作為主辦單位的豐順會館表演了一首《涯系豐順客家人》，另有應和會館表演兩首歌名都強調應和身分的曲目。節目下半場更是通過各家團體合作，呈獻一

部用舞蹈和客家歌串聯起來的「客家歌舞劇」《他鄉·家鄉》，敘述「從中國南來的客家過番客，漂洋過海來到新加坡，通過會館的幫助找到工作和落腳處，……在新加坡落地生根，開枝散葉……」。最後，以一首世界客屬第 30 屆懇親大會主題曲《Hakka 客家》作為全場歡唱的歌曲。

或許可以說，這樣的活動，和一般宗鄉會館傳統上，每年舉行春秋二祭活動有點類似的儀式意義：一方面表達了儒家社會對祖先「慎終追遠」的精神，另一方面也確認現今宗族成員的身分。只是通過歌唱和舞蹈的形式，它也符合新加坡國族的意識，能夠很形象化地，再現了祖輩飄洋過海，南來定居，從華僑轉為公民的大敘事。與此同時，全場歡唱的主題曲，又符合了客家族群在懇親性質的文化活動裡，對於團結或友誼的表現，具有一種將身分認同從宗族和國家，提升到跨國地位的儀式意義。

這裡值得反思的是，由客商帶頭的客家會館組織來輪流主辦客家山歌活動，確保了有關活動能定期舉行，這同時也有利於會館組織的政商代表作為客家文化傳統「守護人」的地位。但客家山歌本身處在一個孤立的環境下，如何在新加坡多元社會裡獲得一個作為文化資產的定位，又是一個兩難。它若和代表其他方言群身分的傳統戲曲並列，在音樂形式上是截然不同，和新加坡所推崇的「新謠」創作歌曲相比，又因語言的界定而無法大力推廣。

陸、新加坡客家山歌的文化空間

案例一：應和會館客家山歌團

應和會館創立於 1822 年，是嘉應五屬移民社群在新加坡的總機構，也是新加坡兩間最早成立的客家會館之一。1905 年創辦應新學校，為一所最早的新式華文小學，1970 年代初停辦。應和會館會所右側一座「五城福地」於 1980 年因公路拓寬而遭拆除，剩下一幢三開兩進的兩層樓建築，正面有中西合璧的設計，1998 年列入新加坡國家古蹟而獲保留。

應和會館客家山歌團成立於 2002 年 8 月，初時稱為山歌班，學員不到 10 位，但負責指導的梁肇輝老師和學員自願到梅州和臺灣蒐集歌譜和光碟。2009 年提升為山歌團後，2012 年的人數多達 30 位，包括非客籍人士，宗旨為「推廣客家歌曲，傳承客家文化」。

山歌團現任負責人楊淳永先生接受訪問時，表示他們一團目前有約 20 位成員，年齡介於 60 至 80 多歲之間。自 7、8 年以前，由於位於市中心的應和會館附近有城市建設，危及會館的歷史建築，活動便改在離會館有 8 公里車程的雙龍山嘉應五屬義祠（1887 年創立）。起初有的團員由於義祠的地點相當於墳山，有所避忌而不願前去，後來總體已經習以為常。排練時間是每個星期六中午 11 點到 1 點。有的團員雖然現在年紀大，行動不便，還是照樣去排練。

團員每個月只需付 5 元新幣，音樂老師的教學費用則是由會館支付，月捐主要是供團員們聚餐、慰問之類的用途。若是出國參加歌謠節，會館會津貼部分交通費，但表演的服裝都是儘量節省，由團員自己出錢。他們和馬來西亞交流，如吉打、沙巴、吉隆玻、關丹。感覺那裡的客家人有不少年輕人參與，而且近年來進步很快。

但在新加坡，如何吸引年輕的團員，始終是一個挑戰。應和會館有大約兩千會員，但一般如何讓青年來傳承，已經是問題。年輕人若對客家歌曲沒興趣，如何招來，同樣是問題。山歌團唱的歌一向來自中國、臺灣，無論什麼來源，都改用梅縣話來演唱。團員之間也儘量多用客家話交流，但他們這一代，已經會習慣性轉用華語。

應和山歌目前的指揮是來自臺灣的林俐瑩老師，曾在義大利學音樂。2020 年發生疫情時，山歌團曾經在網上上課，那時她開始鼓勵團員自己作詞，由她作曲。

如今有原創的歌曲，每逢館慶或頒發獎學金的典禮，山歌團都會表演。自創歌曲方面，說到押韻還是個挑戰，林老師譜曲的時候也和楊先生一起斟酌如何對歌詞做出適當調整。歌詞的內容相對簡單，主要反映唱山歌的樂趣，還有反映客家原鄉的文化。

山歌團團員基本上都是華校生，包括應新學校校友，應和會館 5、60 年代

所辦。但楊先生本身小時卻不住在市區，而是住在新加坡北部的忠邦村，5、60 年代時，那裡有一間嘉僑同鄉會，家人經常去那裡活動。他在一所西山小學就讀，當時許多教師也是客家人。但忠邦村一帶顯然有不少廣東居民，所以不少客家人也會說廣東話。楊先生記得小時回家也自然而然說華語、廣東話、福建話，結果會被母親打，責備他「說別人的話」。但當時畢竟流行香港的粵劇電影，楊先生自認會唱幾首粵曲，甚至比唱客家山歌好。如今他表示，回去中國能用客家話交流，倍覺親切。他自己的孩子也多少聽得懂客家話，只是不愛說。

案例二：寶樹客家歌唱團

客屬寶樹謝氏公會在 1957 年創立，而屬下的客家歌唱團，則是 2012 年 5 月成立，目前有十餘位團員，年齡大致介於 60 至 80 歲之間。

會長謝世康先生表示，作為一個規模較小的會館，寶樹謝氏公會缺乏資產，也難有收入，所以歌唱團的活動也比較缺乏資源，目前並未聘請專業的音樂老師來提供訓練，額外費用也需要理事來承擔。但謝先生自 20 年前，就由於在茶陽（大埔）會館擔任總務而開始負責主辦客家山歌的活動，從中累積了不少經驗。謝先生表示，他歷來主張「唱客家歌，學客家話」，他曾見過福建人、海南人和廣府人參加客家山歌活動，也順便學些客家話。寶樹歌唱團不規定需要是會員，是客家人或是謝姓才能參加，參加寶樹歌唱團的會員也無需另付費。他說：「文化是沒有分領域，分國界的。新加坡客家人據說有二三十萬，但不等於大家都喜歡客家山歌。」

山歌活動以外，寶樹公會本身近年就招了非客籍和非謝姓的青年加入，主要是考慮到小會館的求存問題。客家山歌在新加坡無法視為傳承文化的必要管道，畢竟新加坡很多年輕人習慣用英語，對華語和一般中華文化已經生疏。他本身曾經去過臺灣參加客家山歌活動，但覺得一些傳統的唱法，以新加坡的語言環境，難以移植。

他相信要新加坡的年輕人對客家山歌提起興趣，就必須通過流行音樂。

柒、結論

　　客家歌謠活動在新加坡沒落了半個世紀後，又在 21 世紀初，通過宗鄉會館的網絡而蓬勃起來。和其他方言群會館在推廣戲曲活動的情況相比，表現出的是一個特殊的文化現象和歷史軌跡。近 20 年來，彙集各家會館客家山歌團或歌謠團的觀摩會活動，以及遠至馬來西亞、中國、臺灣的跨國交流活動或其他表演，可以視為一種建構「想像族群」身分認同，已經是例常，甚至帶有儀式意味的活動。然而，不同會館組織、不同個人，對於客家歌謠活動在文化意義、社會意義方面的詮釋，或是音樂形式的選擇方面，都可能有不同的理念。與此同時，客家歌謠活動的文化空間僅限於傳統模式的客家會館組織網絡，從活動宗旨來說，也自然形成一種局限。隨著新加坡 80 年代以來華人語言環境轉向英語和華語的大趨勢，客家歌謠團總的來說，又面臨團員年齡偏高，後繼無人的現象，所以目前看來，已經是非常令人擔憂，除非推動客家歌謠的模式和資源能有改變，情況並不樂觀。

參考文獻

王力堅（2012）。《新加坡客家會館與文化研究》。新加坡：新加坡國立大學中文系、新加坡茶陽（大埔）會館客家文化研究室、八方文化創作室。

利亮時（2009）。〈會館、華商與華校的結合體制：以新加坡茶陽（大埔）會館為例〉。《客家研究》，3（1）：35-56。

李志賢、林季華、李欣芸（2007）。〈新加坡客家與華文教育〉。收錄於黃賢強主編，《新加坡客家》，頁 155-178。桂林：廣西師範大學出版社。

柯朝欽（2017）。〈新加坡客家發展的文化政治：跨國連結、彈性關係與文化詮釋〉，《全球客家研究》，9：77-126。

曾玲（2019）。《新加坡華人宗鄉文化研究》。北京：中國社會科學出版社。

康格溫（2007）。〈客屬會館建築文化——以應和會館為例〉。收錄於黃賢強主編，《新加坡客家》，頁 179-194。桂林：廣西師範大學出版社。

莊仁傑（2017）。〈國家與客家：新加坡與南洋客屬總會為例〉。《客家研究》，10（2）：93-128。

程琛（2015）。〈客家山歌的淵源與傳承：具有新加坡特色的客家山歌的形成與發展〉。收錄於黃賢強、何炳彪主編，《跨域研究客家文化》，頁 121-134。新加坡：八方文化創作室。

張倍瑜（2015）。〈新加坡客家山歌：一個客家文化符號的在地化與全球化〉。收錄於黃賢強、何炳彪主編，《跨域研究客家文化》，頁 99-119。新加坡：八方文化創作室。

張翰璧（2011）。〈族群政策與客家產業：以新馬地區的典當業與中醫藥產業為例〉。收錄於蕭新煌主編，《東南亞客家的變貌：新加坡與馬來西亞》，頁 289-314。台北：中研院人社中心亞太區域研究專題中心。

麥留芳（1985）。《方言群認同：早期星馬華人的分類法則》。台北：中央研究院民族學研究所。

黃賢強、馮咪咪、郭美玲（2007）。〈新加坡客家山歌與客家菜〉。收錄於黃賢

強主編,《新加坡客家》,頁 218-236。桂林:廣西師範大學出版社。

黃賢強主編(2007)。《新加坡客家》。桂林:廣西師範大學出版社。

黃賢強(2011)。〈族群、歷史、田野:一個客家集團的跨域研究〉。收錄於《族群、歷史與文化:跨域研究東南亞與東亞》(上/下冊),頁 55-70。新加坡:新加坡國立大學中文系、八方文化創作室。

黃賢強(2012)。〈保留文化遺產,弘揚會館精神——茶陽(大埔)會館文物股主任何炳彪專訪〉。《茶陽之聲》,50:87-90。

黃賢強、賴鬱如(2013)。〈新加坡客家:研究機構和近年研究綜述〉。《全球客家研究》,1:185-214。

蕭新煌(2013)。〈從臺灣客家經驗論東南亞客家研究的比較視野〉。收錄於林開忠主編,《客居他鄉:東南亞客家族群的生活與文化》,頁 18-23。苗栗:客家委員會客家文化發展中心。

顏清湟(2017)。《海外華人世界:族群、人物與政治》。新加坡:八方文化企業。

〈南洋客屬總會支援推廣華語〉。《南洋商報》(1979/11/14 刊登)。引自 https://eresources.nlb.gov.sg/newspapers/digitised/article/nysp19791114-1.2.56.29

Bourdieu, P. (1984). *Distinction: A Social Critique of the Judgement of Taste*. Translated by Richard Nice. London: Routledge & Kegan Paul.

Heng, D. (2009). From political rhetoric to national narrative: bi-culturalism in the construction of Singapore's national hstory. In Derek Heng & Syed M. Khairudin Aljunied (eds.), *Reframing Singapore: Memory, Identity and Trans-Regionalism* (pp. 21-38). Amsterdam: Amsterdam University Press.

Speech by PM Lee Hsien Loong at launch of Speak Mandarin Campaign (2014, July 5). Prime Minister's Office Singapore. https://www.pmo.gov.sg/Newsroom/speech-pm-lee-hsien-loong-launch-speak-mandarin-campaign-2014

第 12 章
馬來西亞黃老仙師慈教研究：彭亨明加叻黃老仙師慈德廟為案例

林德順、鄒世娟

壹、前言

馬來西亞的客家社群傳承祖鄉文化，民間信仰領域也不例外。他們傳承了祖鄉多神、雜神的特徵，同時也是同個廟宇眾神祇可以相容共處（馬瑛、鄭庭河，2019）。客家人崇拜的神祇除了有跨越籍貫族群如觀音菩薩、媽祖、關公以外，也有客家人為主的崇拜神祇如三山國王、仙四師爺、譚公等等。在馬來西亞，隨著早期客家人因南來落腳與遷徙，他們崇拜的民間神祇也跟著信徒四方行腳，成為我們觀察客家人社群傳承與發展傳統文化的重要指標之一。

上文述及各種客家人崇拜的民間信仰以外，尚有一個源自大馬客家社群，卻較少為學界論及的民間信仰，黃老仙師慈教（以下簡稱慈教）。它與百年前由客家人從中國帶來的黃老仙師信仰有所區別，由客家人創辦，起初在客家新村傳開，現在大馬和新加坡境內有數十家廟宇，信徒亦已跨越客家族群，普及於其他方言群人士。本文以彭亨明加叻慈德廟為個案研究，嘗試以信仰圈角度探究其組織結構、信徒組成、資金來源、教義與修煉方式、活動與儀式，同時也探討它作為客家民系信仰如何在一個閩南社群存有。

貳、馬來西亞黃老仙師信仰探源

本土立宗的慈教成立之前，黃老仙師信仰早在百年前就隨著先民傳入馬來西亞。根據筆者所蒐集到的資料顯示，在 19 世紀末或更早。目前我們已確定

主祀黃老仙師的百年古廟有四座，散布在馬來西亞，都是早於慈教。

位於東馬砂拉越（Sarawak）最西部的倫樂（Pekan Lundu），有座建於 1889 年的黃老仙師古廟，相信是全馬第一座黃老仙師廟，目前還未發現有比其更早（國際時報，2009/07/29）。砂拉越還有另一座是黃老仙師宮，位於較為內陸的石隆門（Bau）（一廟一路網站，2012）。黃老仙師宮建於 1913 年之前，雖然較倫樂的黃老仙師廟足足晚了快 30 年，但它的歷史同樣超逾百年。兩座古廟的香火，據說更早前是供奉在西婆羅洲，是由客家礦工帶到砂拉越，而石隆門早期的金礦工人，多是來自陸豐，這意味著黃老仙師信仰，與客家人淵源頗深（王琛發，2006）。

檳城武拉必（Berapit）黃老仙師古廟，建於 1896 年，亦是南下的客家人帶來（光華日報，2019）。這座百年的黃老仙師廟曾一度香火旺盛，但隨著時代的變遷，古廟周遭的居民遷移城鎮，讓它一度近乎廢棄。所幸 21 世紀初始，新任理事會接管該古廟後，著手修復及翻新，讓這百年香火得以延續。

霹靂州務邊（Gopeng）的新咖啡山（Kopisan Baru）黃老仙師廟建於 1891 年，原址在舊咖啡山，隨著採礦及新村搬遷，村民在 1968 年將黃老仙師廟一同遷至新咖啡山。原初舊咖啡山的住民，多是廣東嘉應州客、四會人，相信黃老仙師信仰是他們帶來。起初黃老仙師在務邊的神職是醫療疾病，礦工生病時到寺廟求治。如今，務邊的錫礦業沒落，黃老仙師的功能反之擴大至幫助信眾解決任何疑難雜症（魏子婷、吳盛齡、符慈語，2013）。

以上四座黃老仙師古廟均由客家人傳入，但目前我們尚無法追溯黃老仙師信仰源自客家哪個原鄉。根據資料顯示，中國潮郡有座青龍廟供奉著黃幸三仙師，[1] 其神誕正是農曆六月初六，跟慈教的黃老仙師誕同天，恰巧創始人廖俊亦是來自潮州揭陽縣。我們推測當年廖俊創立的慈教是受青龍廟影響或啟發而產生的變種。這比起新加坡慈忠壇的信徒們根據黃老仙師降壇時的神示，找尋到

---

[1] 潮郡青龍廟供奉著黃幸三仙師。根據《汀州府志》載：「黃幸三仙師，上杭人。鐘寮場未立，縣前有妖怪、虎狼為害，黃七翁與其子及婿幸姓者三人，有異術，治之，群妖遂息。因隱身入石。」明代一位無名氏撰寫《繪圖三教源流三教搜神大全》時，把黃老仙師列為道教類神祇。

中國四川省灌縣（現為都江堰市）靈巖山黃老仙師二千年前的發源地的說法，相對來得可靠。

參、黃老仙師慈教溯源與發展

黃老仙師信仰在馬來西亞紮根數十年後，森美蘭州（Negeri Sembilan）馬口（Bahau）的廖俊（1901-1973，又稱廖聲俊，廣東潮安揭陽縣人）另闢出慈教信仰，王琛發將之稱為新興教派。還有數位學者如朱金濤、蘇慶華、石滄金、徐李穎和佐佐木宏幹曾以不同的角度敘述了慈教信仰在馬新的出現與發展，而筆者綜合學者們的研究成果，嘗試把慈教的歷史與發展重新分類和介紹。

根據《森美蘭知知港黃老仙師慈仁堂銀禧紀念特刊》（以下簡稱《特刊》）記載，慈教起源於森美蘭州馬口三十八碑農村[2]（特刊，1984）。1937 年廖俊因一時好奇嘗試學習降乩，竟得黃老仙師垂示，後開啟了修身弘道的生涯。基於當時交通不便和環境限制等問題，它並未擴展傳開。二戰期間廖氏為躲戰禍一度避居柔佛州的淡邊（Tampin）。1956 年農曆八月中旬，重返馬口的廖俊聲稱領獲黃老仙師意旨，要宣揚十大道理，還立下了教規，並敬奉齊天大聖、太上老君、黃老仙師為師父，至此開始廣收弟子。當時的規模只是設下神壇，未建廟。每逢做過法堂儀式則借用其他神廟或在露天進行。過後到了 1957 年 5 月 14 日，廖俊率一眾弟子在馬六甲的峇章（Bachang）建立第一座黃老仙師慈教廟，取名慈忠廟。

1958 年，兩名信徒朱順和李有譜記錄黃老仙師降壇神示，總結出 14 頁的《黃老仙師道理書》。該書提出十大道理，各以一字昭示：「慈、忠、信、義、禮、倫、節、孝、廉、德」，主要以傳統的儒家思想為核心，以廿四孝的故事

---

[2] 《森美蘭知知港黃老仙師慈仁堂銀禧紀念特刊》（1984）。森美蘭州馬口三十八碑農村這據點，因社會與社區的變遷，目前尚未能掌握其確實的地址。

為輔，充當弟子在世間修行的原則（彭松濤，1983）。慈教對外自稱是三教合一的宗教組織，配合上畫符、念訣、打法拳、道德說教等信仰文化意象，在大馬各地發展。一般慈教廟供奉三位主祀神的排位是固定的：齊天大聖居中；左為黃老仙師；右為太上老君。按慈教的內部資料解釋，這三尊神明分別是黃老仙師代表儒教，齊天大聖代表佛教，而太上老君則代表道教。各地慈教廟的廟名，多以慈教經典《十大道理》中的第一個道理「慈」字冠名，再與另外九個道理字配合，例如慈忠廟、慈義廟、慈德廟等。

1957-1959 年期間，廖氏先後推動創建七座慈教廟，分別是 1957 年馬六甲德林達軍營仙師廟、森美蘭日叻務吉打麟慈忠堂、柔佛永平慈忠堂；1958年森美蘭芙蓉沉香慈仁廟和柔佛麻坡峇吉裡新村慈忠宮；1959 年森美蘭知知港慈仁堂。可見這期間廖俊把慈教從發源地拓展到了森州其他城鎮、馬六甲和柔佛。

1960 年代，慈教廟的建立進入了全盛期，先是在客籍社區快速傳播，後來又擴展到非客家方言群社區。慈教廟擴展到了霹靂和雪蘭莪，還在 1960 年傳到新加坡，慈忠廟。1963 年，慈教組織發生人事糾紛。據佐佐木宏幹的記述，廖俊發現有些弟子未遵守《道理書》的教義，因此決定關閉五平山法門，另開龍華山法門（佐佐木宏幹，1991）。[3] 同期，繼廖俊後成為乩童的李有譜則宣稱自己已承接五平山法門，從此「過法堂」儀式，就不再只有廖俊獨當一面，而當時的廖俊和李有譜各有追隨者，還延伸出不同的派系。不過所謂的五平山法門與龍華山法門，只是後來者聽廖俊口頭提起，二者到底有何區別，目前尚無法確認。

到了 1970 年，慈教總共建立了 16 座的廟宇。[4] 新加坡 8 座慈教廟的成立也集中於 20 世紀 60 年代前後。1970 年以後，開始有弟子把慈教的香火引到

---

[3] 據廖俊一系的說法：有些弟子因缺乏自制能力，引起弟子之間互相爭議，促使了內部的分裂，甚至敵對者之間還互相鬥法比試，更有人圖謀自立門戶。

[4] 這 16 座廟宇包括了最早期的 7 座廟宇，其他的廟宇分別是柔佛峇林巴轄慈德廟、昔加挽慈忠堂；霹靂太平慈信廟；森美蘭芙蓉慈信堂、馬口慈忠堂；雪蘭莪浮羅吉膽仙師廟、巴生慈義廟；吉隆玻慈忠廟和慈德廟。

自己的家鄉，明加叻慈德廟即是一例。根據慈德廟的創辦人沈石榮回憶，1960年代中，他到吉隆玻蕉賴謀生。在朋友影響下，接觸到了慈教信仰，並產生了濃厚的興趣。後來他因工作關係回到家鄉明加叻，就把慈教信仰帶回，在1977年正式建立慈德廟。到了1990年，馬來亞半島和新加坡共有38個慈教組織，信徒估計超過14萬人（石滄金，2014）。

1992年，新加坡慈忠壇的乩童起乩，以黃老仙師口諭宣示其祖廟位於中國四川省灌縣（現為都江堰市），著信徒們去尋找。隨後他們再根據神示在靈巖山一處找到黃老仙師於二千年前的發源地，並在該處籌建了黃老仙師紀念館。[5] 1990年代末，有一位信徒在美國亞特蘭大（Atlanta）設慈孝忠中心。2001年10月15日，大馬黃老仙師慈字一家總會正式成立，旨在幫助其他慈教廟註冊為合法社團。當年全國各地共19家慈教廟響應總會的呼籲，向社團註冊局申請註冊，並於同年得到批准（中國報，2001/11/16）。

根據筆者通過網路所蒐集到的資料，再結合前人的研究後統計，截至2022年8月，馬來西亞目前有60個慈教組織，新加坡6個、中國2個、美國1個。

以下是馬來西亞各地的慈教廟數量及其創建年份：

表1：馬來西亞慈教廟數量及其創建年份

序	區名	廟名	年份	州名
1	峇章（Bachang）	慈忠廟	1957	馬六甲
2	德林達軍營（Kem Terendak）	仙師廟	1957	
3	巴淡籟汝（Bertam Ulu）	慈忠堂	1968	
4	野新甘文璐（Jasin）	慈忠宮	1977	
5	羅木支那（Lubok China）	慈倫廟	不詳	
6	巴都貝倫丹（Batu Berendam）	黃老仙師壇	不詳	
7	瑪琳再也（Malim Jaya）	黃老祖師仙佛堂	不詳	

---

[5] 摘自新加坡慈忠壇官方網站：http://cztemple.weebly.com/background.html 。

序	區名	廟名	年份	州名
8	芙蓉沉香（Temiang）	慈仁廟	1958	森美蘭
9	知知港（Titi）	慈仁堂	1959	
10	日叻務吉打麟（Jelebu）	慈忠堂	1957	
11	馬口平芭（Bahau）	慈忠廟	1962	
12	拉杭（Rahang）	慈信堂	1969	
13	蘆骨（Lukut）	慈德堂	1983	
14	新邦榴蓮（Simpang Durian）	慈德堂	1987	
15	蕉賴（Cheras）	慈德廟	1962	雪蘭莪
16	吉膽島（Pulau Ketam）	黃老仙師廟	1966	
17	巴生（Klang）	黃老祖師慈義廟	1968	
18	巴生港口直落昂（Telok Gong）	慈德堂	1988	
19	丹絨加弄（Tanjung Karang）	慈信壇	1987	
20	萬撓（Rawang）	黃老仙師拾理堂	不詳	
21	陳秀蓮路（Jalan Chan Sow Lin）	慈忠廟	1960	吉隆玻
22	沙叻秀（Salak South）	慈孝廟	1961	
23	甲洞（Kepong）	慈義廟	不詳	
24	增江（Jinjang）	黃老仙師慈樂緣	1991	
25	淡馬魯（Temerloh）	慈孝廟	1976	彭亨
26	明加叻（Mengkarak）	慈德廟	1977	
27	直涼（Triang）	師慈孝堂	1984	
28	關丹（Kuantan）	黃老仙師廟	1991	
29	文打（Benta）	黃老仙師壇	不詳	
30	文冬美律穀（Lurah Bilut）	黃老仙師拾理堂	2019	
31	太平峇都古勞（Batu Kurau）	慈心廟	1965	霹靂
32	怡保金嘉慶園（Taman Mas, Falim）	慈忠廟	1969	
33	怡保萬里望（Menglembu）	黃老仙師拾理堂	2019	
34	亞婁（Arau）	慈善廟	1985	玻璃市
35	美裡東姑村（Miri）	黃老仙師廟	不詳	砂拉越
36	麻坡峇吉裡新村（Kampung Baru Bakri）	慈忠宮	1958	柔佛
37	麻坡巴冬海口（Parit Jawa）	慈信廟	1986	
38	麻坡（Muar）	慈天宮	1971	
39	麻坡巴克力巴口（Bukit Bakri）	黃老仙師玄武堂	1996	

序	區名	廟名	年份	州名
40	麻坡土油棧（Taman Bakariah）	黃老仙師壇	1990 前	
41	永平（Yong Peng）	慈忠堂	1957	
42	永平（Yong Peng）	慈善堂	不詳	
43	笨珍龜咯港腳（Kukup Laut）	慈德廟	1970	
44	笨珍龜咯鹹水港（Pulau Kukup）	黃老仙師壇	不詳	
45	笨珍（Pontian）	黃老仙師壇	1971	
46	笨珍文律（Benut）	慈忠壇	1978	
47	士年納（Sedenak）	慈忠廟	不詳	
48	居鑾（Kluang）	慈信堂	不詳	
49	峇株巴轄（Batu Pahat）	慈忠廟	1990	
50	峇株巴轄峇（Batu Pahat）	仙師宮	1995 前	
51	峇株巴轄泵務（Punggur）	慈信堂	1997	
52	峇株巴轄（Batu Pahat）	黃老仙師忠義廟	不詳	
53	峇株巴轄（Batu Pahat）	黃老仙師廟	不詳	
54	豐盛港（Mersing）	慈信堂	1989	
55	東甲（Tangkak）	慈信堂	1990	
56	柔佛巴魯（Johor Bahru）	慈規堂	1994	
57	柔佛巴魯美家樂（Masai）	慈信堂	2006	
58	柔佛巴魯郊外嶺（Taman Desa Jaya）	儒家會閣慈規堂	不詳	
59	柔佛巴魯士姑來大學城（Skudai）	慈信宮	不詳	
60	柔佛巴魯烈光鎮（Ulu Tiram）	慈念堂	1996	

資料來源：筆者製表。

肆、黃老仙師信仰及黃老仙師慈教比較

對比黃老仙師信仰與慈教後，不難發現兩者之間有不盡相同之處。筆者就以下五個方面來闡述黃老仙師信仰及慈教的分別。

一、主祀神明

慈教廟的主祀神設置有三位，即黃老仙師、齊天大聖和太上老君，其他的配祀神明則有本山土地和拿督公。相比黃老仙師廟的主祀神，以新咖啡山黃老仙師古廟和石隆門黃老仙師宮為例，新咖啡山黃老仙師古廟的主神是黃老仙師、左神是關帝、右神則是觀音，下方就是土地公，其所崇拜的神明如同一般的華人神廟，均是多神崇拜，而石隆門黃老仙師宮的主座同樣是黃老仙師，其他的神明則有三山國王、趙太子祖師、老祖天師和地主公。由此可見，這兩座百年古廟中除了奉祀黃老仙師為主座外，也供奉其他的神祇。

二、經典與戒律

慈教在創立的隔年就自創一部《黃老仙師道理書》（以下簡稱《道理書》），作為弟子日常修行的依照。雖然《道理書》只有 14 頁，卻因此讓慈教組織與黃老仙師信仰組織做出明顯區別。

三、組織結構

一般民間信仰的共同祭祀組織，以頭家爐主的形式為多（林美容，1988）。但黃老仙師信仰與慈教兩者之間於祭祀組織結構上有個最大的區別在於，慈教的慶典或神誕摒棄了爐主頭家的機制，廟的祭祀儀式由本廟的乩童主持，不假手於外聘道士。行政組織結構方面，兩者都由選舉產生的理事會管理。只是慈教廟的理事會規定只限已經「過法堂」的入教弟子擔任，而黃老仙師廟的理事會成員則沒有這項條件限制。

四、信徒的組成

在傳統華人社會中，每個地方上的居民有參與神廟祭祀活動的義務（林美

容，1988），但慈教的信徒組成卻不同。只有自願參與慈教的入教儀式，即過法堂，方能以入教弟子的身分參與廟方的祭祀活動。一般信眾則平時可以到慈教廟去拜神問事，只是未能參與廟的內部祭拜儀式。因此過法堂直接把信眾和入教弟子區分開來。一旦信徒通過入教儀式，就可獲得練法的權力和訣竅。

五、慶典與儀式

一般民間信仰的祭祀儀式不外乎是廟誕慶典、遊神等，如新咖啡山黃老仙師古廟於每年農曆十月十五日的廟誕，熱鬧的廟會除了有大戲，還有卡拉OK表演，每五年盛大的做醮儀式，在那期間新咖啡山大部分的居民多會自發性茹素三日，理事會亦會請求市場裡的肉販休市（魏子婷、吳盛齡、符慈語，2013）。以明加叻慈德廟為例，他們的廟誕慶典相對低調，少有大事鋪張。慈教成立後擁有一套特定的內部儀式，而信徒圈內也流行著自己的信仰話語。慈教獨有的入教儀式，稱「過法堂」。過了「法堂」，就是入教弟子，便可以開始學習畫符、吃符，每年依時參加四季度法；學習打坐、打法拳，修煉隨心變化法等，黃老仙師信仰則無此類儀式。

綜上所述，黃老仙師信仰本屬於一般民間自發性對具超自然力量進行崇拜的民間信仰，經廖俊等人把黃老仙師信仰轉化為慈教信仰，使其更為組織化和系統化。雖然尚未臻至制度型宗教那般強固，卻可看出他們有意識到要朝這個方向發展。

伍、明加叻慈德廟

明加叻（Mengkarak）坐落於馬來半島東海岸彭亨州（Pahang）西部的百樂縣（Daerah Bera）的西南部，其地理位置介於直涼（Triang）和淡馬魯（Temerloh）的居中點。明加叻有個火車站，而慈德廟距離火車站不到200

米。慈德廟的現址為彭亨明加叻火車站路 57 號。

筆者曾經出席慈德廟於 2022 年 5 月 1 日的夏季度法和 2022 年 7 月 29 日的秋季度法。度法儀式過程中，也跟慈德廟的發起人、廟理事以及不同年齡層的信徒，共 15 人進行深度訪談，從中瞭解慈德廟的整體運作以及祭祀儀式的進行過程，進而探究慈德廟的信徒如何形成信仰圈結構，並且如何通過慈教信仰的教義、活動和祭拜儀式來維繫信徒與廟的關係。

一、隱形領導的註冊理事會

表面上，在社團註冊局註冊的合法組織是慈德廟理事會，它扮演著管理組織，著手處理廟的一切管理和行政事務，但根據慈德廟理事會主席康先生[6]的說法，廟中的大小事務都必須先請示三位主祀神後，方能行動。換言之，三位主祀神的乩童才是慈德廟的「實權領袖」（de facto leader），而三位主祀神乩童的首要任務就是充當起主神與廟理事會之間的溝通橋樑，以確保廟能夠順利運作。值得一提，慈德廟理事會的成員必須是入教弟子，即有過法堂的信徒才能成為理事會的一員。

慈德廟的組織結構與一般華人神廟有兩個不同之處：一、摒棄了爐主、副爐主、頭家等機制。該廟的主導者是三位主神乩童。大至廟的整修或擴建，小至供品的擺放方式，都必須通過乩童請示三位主神後，才能去執行。二、廟裡任何祭祀儀式的主持人只能是三位主神的乩童，而非道士。

從慈德廟組織結構的兩大特點來看，可見乩童的地位極高。但他們不能主持過法堂儀式。由於過法堂主持人是神明另外所選，目前為止馬來西亞國內被神明選中主持過法堂儀式的唯獨雪蘭莪蕉賴慈德廟主席黃海祥一人，因此他的地位對比慈德廟乩童來得更高。通過與信徒們的訪談所得，發現他們都非常敬仰黃先生。從這裡就可以看出慈德廟信仰圈中的信徒跟主神之間的關係很密切（方 A、方 B、賴、鄒、葉 A、蕭，2022/07/29）。

---

[6] 康，60 歲，小園主，加入慈教已超過 30 年，目前已連任 2 屆慈德廟主席。

慈德廟的理事會由主席、副主席、署理主席、正副秘書、財政、正副查賬，以及委員等職位組織而成。

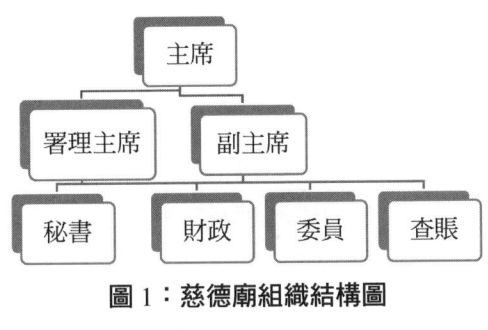

圖 1：慈德廟組織結構圖

資料來源：筆者繪圖。

慈德廟理事會每兩年改選一次，但近幾屆人員幾乎沒有變動。由於少了新血的注入，慈德廟面對青黃不接的情況，如主席康先生經已連任兩屆主席，而上一任主席張先生則已連任了好幾屆。此外，目前理事會成員的平均年齡介於 50 歲左右，這主要是因為所有的理事成員必須是入教弟子，普通信眾則無權參與選舉。根據康主席所述，慈德廟的過法堂儀式已停辦了逾十年之久，意味著慈德廟已超過十年沒有招募到新成員。筆者認為廟理事會必須對組織做出調整，方能吸引到年輕一代的加入。無可否認，現今這科技的社會，人人處於享樂的時代，而慈教信徒一旦過法堂後，他們的日常生活必須進行改變，要遵守嚴苛的戒律，這實難以吸引到年輕的一代，或許廟方應採取相應的措施，以讓新生代有更多機會接觸慈教信仰。

慈德廟也在 2001 年響應總會集體申請註冊而成為合法社團。

二、真正的信徒

林美容的信仰圈概論中，信仰圈的第二特徵為成員資格是志願性的。他們基於對主神的信仰，志願性地出錢出力，因而構成信仰圈的成立（林美容，1988）。本章節嘗試以慈德廟的信徒組成進行驗證。

慈德廟信徒組成結構可分為內外兩層：內層為信徒，而外層則是信眾。信徒，即是入教弟子，是完成過法堂儀式，成為慈德廟的正式會員；信眾，即地方上的普通信眾，沒參加過法堂儀式，可以到慈德廟上香問事，亦能出席廟誕和神誕，但就不能參與祭祀儀式。

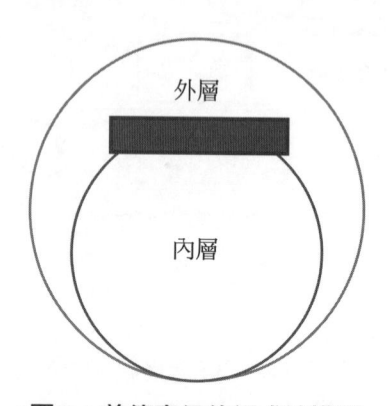

圖 2：慈德廟信徒組成結構圖

資料來源：筆者繪圖。

根據訪問結果與觀察，筆者整理出慈德廟信徒組成的四大特徵：

1. 廟內乩童作為內層信徒組織的精神領袖。
2. 信徒過法堂後，方是入教弟子。
3. 入教弟子要遵守《道理書》上的戒律。
4. 信徒組織中沒有性別歧視，男女平等。

乩童在慈教中地位頗高，不管是廟的慶典儀式，或是行政建設中都扮演著極其重要的角色。身為三位主神的乩童在慈德廟最能引領議題，並兼任主持廟的大小法事。在這人跟人的關係中，被神明選中的乩童因有了神力，故其在內層信徒組織中身分相對也提高了一級。慈德廟的內層信徒組織結構中，其精神

領袖組織是由三位主祀神的乩童所組成。[7]

慈德廟的三位乩童在其信徒組織中地位都相當高，當中較為年長，且行事作風都以黃老仙師的神示及《道理書》內容為依據的乩童，自然就成為精神領袖中的領袖，如慈德廟的陳姓乩童，信徒們在修煉方面上有任何問題都會請教於他，當然也會請教另外兩位乩童。

慈德廟的信徒因認同黃老仙師的靈力，志願過法堂成為慈教信徒，而過法堂儀式就是區分慈入教弟子與普通信眾的最佳途徑。《道理書》內容顯示，信徒們一旦過了法堂，必須遵守戒律，[8] 祭拜時要行四跪八拜禮，手中將香橫置[9]後合掌行禮。至於一般信眾，任何人都能到廟裡參拜，唯不拘於行四跪八拜禮，[10] 亦無需跟從將香橫置的持香方式。根據受訪者的說法，慈德廟的信徒組織結構裡是沒有性別歧視的，男女都一視同仁，這就有別於傳統民間信仰組織的性別模式，例如傳統的民間信仰組織一般較為忌諱女生經期，一旦信徒來月經就避免去觸摸祭祀祭品，或參與祭祀活動（鄒、陳，2022/05/01）。筆者從度法活動中觀察到，慈德廟所進行的儀式中，例如排隊入廟接受仙師授法時，採先到先進規律，有的男信徒還會讓年長女信徒先入。

---

[7] 這三位乩童分別是陳（羅裡運輸公司管工，72歲，黃老仙師的乩童）、謝（小園主，62歲，齊天大聖的乩童）、方（小園主，73歲，太上老君的乩童）。他們信奉慈教信仰已超過40年。

[8] 慈教戒律：信徒日常要遵循十大道理，於特定的日子進行齋戒，如每年農曆四月十六日眾仙下凡紀念日，和每月初一、十五等；六月初六日黃老仙師誕，七月初一日太上老君誕，八月十六日大聖佛祖誕，要舉行慶祝典禮；戒絕牛肉、狗肉及鴉片煙；拜神方式當用四跪八拜禮；凡師兄弟姐妹相見行禮，男性以左掌在上右掌在下，女性則以右掌在上左掌在下，雙手相握，拱手為禮。（引自《道理書》第11-13頁）

[9] 橫式置香：信徒雙手合十持橫香於胸前，祭拜時雙手由外向內，以逆時鐘的方式，手持橫香鞠躬。（引自《道理書》第11-13頁）

[10] 四跪八拜禮：第一拜，西天列位佛家，南海列位娘娘，上天列位仙人；第二拜，西天如來第一大佛祖，觀音娘娘，齊天大聖，燃燈大佛，準提道人，接引道人；第三拜，上天玉皇大帝，王母娘娘，六壬仙師，太上老君，華陀仙師，南斗星君，北斗星君，張良大師，華光大帝，黃老仙師，黃道仙師，五雷仙師，七姑仙娘，七姑仙姐，眾位八仙，眾位仙師，眾位佛家，眾位聖人，眾位聖母，眾位老母，眾位娘娘，眾位仙姑，眾位仙姐；第四拜，天地日月星，金木水火土，彌陀佛，陀佛，南無阿彌陀佛。（引自《道理書》第15頁）

三、資金自給自足

慈德廟的慶典儀式、平日祭拜的祭品都較為簡單，而且弟子們對於廟所提供的服務多是自發性的，加上慈德廟一貫低調的行事作風，慈德廟的所有收入扣除每年固定的費用，如水電、地稅、清潔、祭品等，大約維持在每年馬幣一萬五千左右。另外慈德廟尚有不少贊助方，特別是地方上的菜商、水果商、雜貨行，他們一般都是入教弟子，或是一些發心的商家，通常他們都是常年贊助慈德廟所需蔬果、物品（張，2022/05/01）。[11] 農曆每月初一、十五的蔬果，還有廟誕素宴的食材均由他們贊助，這為慈德廟節省不少花費。

慈德廟的資金主要來自入教弟子的自發捐款，而廟一般的建設經費和活動基金都避免向外募款。要是遇到廟需要大幅度維修或擴建，其經費會先由入教弟子志願承擔，少有向地方上的信眾募捐，但如有信眾知悉廟需要建設基金並要自動捐款，廟方則不會拒絕。任何較大規模的建設，一般都先由入教弟子自發捐款，要是款項未能達標，才會向村民募捐。建廟過程中，慈德廟理事會只有兩次因建廟基金嚴重不足才被迫向村民募捐，而後的幾次擴建都是入教弟子自發捐款。根據主席康先生的說法，理事會謹遵主神的教誨，行事務必低調，盡量不麻煩村民，因為慈德廟的成立是要為村民排憂解難。當然，慈德廟資金還是有其他來源，例如香油錢、村裡喜喪府捐贈、政府撥款等。每逢農曆每月的初一、十五，入教弟子及地方上的信眾都會到廟裡上香膜拜。他們向廟方購買香燭（一份馬幣3令吉）、添香油錢，都是廟的經濟來源。根據財政張宏莉的敘述，每月初一、十五所收到的香油錢只有馬幣100令吉左右，通常要在新春期間，或是初一、十五落在週末，那麼香油錢才會有所增加，皆因為明加叻村民人數逐年減少，年輕人選擇在城區生活，逢年過節才會回到家鄉。要是遇到農曆正月、四月、七月、八月的初一，香油錢也會增加，因為這四天是四季度法，會吸引不同區域的入教弟子回到慈德廟參加度法活動，出席者必須繳交馬幣2令吉的收費，這馬幣2令吉將納入當天的香油錢。2022年7月29日，

---

[11] 受訪者為慈德廟的財政，其對慈德廟的資金來源較為清楚，資料可信任及採用。

筆者出席慈德廟的秋季度法時，協助財政張女士點算該日的香油錢，加上一人馬幣 2 令吉的收費，當天香油錢所得，共馬幣 488 令吉。此外，每年 6 月 15 的廟誕當天，廟方會設下櫃檯向前來進香的信眾添香油錢，而這天的收入算是全年裡最好的一天。

馬來西亞華人社會的婚喪習俗中，較有能力的家庭通常會捐助地方上各個團體或機構，如學校、社團、慈善機構、宗教組織等。明加叻村民亦秉持著同樣的婚喪習俗，其所撥款捐助的對象多有包含慈德廟。根據星洲日報報導，明加叻村民康清水先生逝世舉殯，其後代居喪曾捐助慈德廟（星洲日報，2022/07/02）。另外，慈德廟於 2001 年開始已是合法註冊的廟宇，因此能享有政府非季節性的撥款，但政府撥款的次數少，且款項也不多，介於馬幣五千到一萬令吉不等。

總而言之，慈德廟整體的運作方式有別於一般的民間信仰的神廟，一切的祭典活動著重對該神明神力的信仰。這樣恰恰就符合了林美容的說法，其認為信仰圈基本上也是一種信徒組織，它和廟的管理組織、祭祀組織區互相分離（林美容，1988）。

從慈德廟的組織結構、信徒組成、資金來源這三方面看來，慈德廟的信徒基於對主神的信仰，把廟裡的乩童擺設在高端的位置，並以他們作為內層信徒的精神領袖，志願祭祀出錢出力，來建立信仰圈結構，並讓慈德廟信仰圈能夠保持著動態的運作。

四、典籍與教義

1958 年，慈教的兩名信徒朱順和李有譜整理黃老仙師降壇時通過乩童廖俊之口宣講各種的道理，最後總結出 14 頁的《黃老仙師道理書》（以下簡稱《道理書》），充當慈教教義，沿用至今。目前《道理書》由慈教廟自行印刷供信徒免費索取，並無正式出版。不過，《道理書》有英文版。

該書的主要內容大致如下：

表 2：《黃老仙師道理書》內容

章節	標題
第一章	十大道理
第二章	各大道理
第三章	敬拜黃老仙師之道理
第四章	拜後應遵守仙師之道理
第五章	四禮八拜、作符時念 每年四個重要誕辰

資料來源：朱順、李有譜（1958）。

　　《道理書》中的第一章是闡明「十大道理」：「慈、忠、信、義、禮、倫、節、孝、廉、德」，書中對每一個道理的解說被編成十組可以念誦的文句，讓信徒背誦，主要以儒家思想為核心，也以道德仁義、人倫忠孝為主，作為信徒為人處世的守則。書中對每一個道理都有進行解說，如慈德廟首字，慈字說：慈善為善心修道人。慈悲為修心行善人。慈心為好心敬奉人。慈仁為仁義信用人。慈愛為尊重和順人。慈敬為有上有下尊敬人。慈信為有仁有義信真人。慈孝為人敬天敬地敬父母心慈孝順人（朱順、李有譜，1958）。可見書中給慈善之人、慈悲之人、慈心之人等下定義。十大道理的定義卻沒有像一般詞典那樣解釋什麼是「慈」，只是配上其他詞彙讓信徒理解中華文化常識中「慈」的定義。相信這與當時的社會環境息息相關，當初南下的華人普遍上都是文化水準較為低下，為了配合信徒的普遍認知能力，或撰書者本身的文化水準亦不高，因此《道理書》的內容就相對較為簡單。

　　《道理書》的第三、四章，清楚描述成為慈教信徒的必經過程，入教後必須遵守的戒律，稱之為「仙師之道理」。細讀《道理書》，不難發現「仙師之道理」是教導信徒為人處世的道理，用以作為信徒修行的依據，以追求社會和諧。如文中提到千萬別輕視窮人，有錢人還是需要窮人來替自己工作。「一個人千萬不可以輕視人。不可見賤人。不可看輕窮人。就是自己有錢。也要窮人來工作。」（朱順、李有譜，1958）

　　由於早期的黃老仙師慈教廟多盛行於客家方言區，而黃老仙師的童身扶乩

時也是說客語的，因此其信徒所編寫《道理書》，先始亦是用客語來朗讀，但傳到明加叻這福建村後，並沒保留客語的朗讀，也沒有改用福建話朗讀，而是用華語朗讀。這便於慈教信仰在明加叻傳播。

慈教從創教初始就以儒教自稱，但其典籍與教義中，並不完全是儒家思想，明顯是包含了儒、釋、道的意象。例如：「慈」是佛教所提倡的；「信」是儒家所提倡的；「德」是道教所提倡的。總之，《道理書》的十大道理就是涵蓋了儒釋道的大體道理於一體，但卻用極為淺顯的文字來敘述，想必這與慈教發展的背景息息相關。慈教的信徒主要是居住在新村的居民，通常都是教育程度普遍不高的割膠工人，要是把其典籍教義撰寫得太深奧，恐怕他們就無法掌握《道理書》書中的奧妙了。不過，慈教以《道理書》教義來維繫信徒與廟的關係是非常有效的，入教弟子一般都會遵守教義，如四跪八拜禮、持橫香、信徒間以師兄姐相稱、嚴守戒律等，這樣也可以明顯地把入教弟子和普通信眾區分開來，增加他們對慈教的認同感和向心力。這符合了信仰圈以一神信仰為中心的特徵，一旦信徒認同了主神的靈力，那麼他們就會信守其教義，而且對其教義不會產生任何質疑。

五、修行法

慈教信仰中，「隨心變化法」當屬慈教最核心的部分，因其最讓信徒引以為傲，並深信只要用功修煉就會有無窮的法力。信眾「過法堂」後，將由三位主祀神的乩童傳授隨心變化法，即是符法、法水、法拳。在這變化法的修煉中，信徒都是在清醒的狀態下，念訣後自己就不由自主地動作起來。此外，隨心變化法還有文武科之分，符法、聖水屬文科，而法拳則屬武科。慈教的「隨心變化法」十分簡單，信徒能很快完成，並且能靈活運作在日常生活中。

根據慈教的內部說法，「隨心變化法」不但能造符施法、反制「降頭」，亦能隔空飛符治病，還能用以自衛護身、禦敵解危、降魔服妖、制煞驅邪、醫病救人、收魂制煞、收捉邪兵等。只要信徒做的是正義良善之事，都可以隨心變化。

「隨心變化法」的口訣及方法是通過三位主祀神降乩來傳授給入教弟子們，他們會獲得各自的功法，因此功法人人不同。得到功法後，入教弟子必須每晚至少一次練習隨心變化的符法和法水，要是家中沒有供奉慈教主祀神，那麼信徒可以隨處對著天空修煉變化法。

筆者認為單單這「隨心變化法」就能構成慈德廟信仰圈了，因為其完全符合了信仰圈的四大特徵：其成員因認同黃老仙師的信仰，不管他們身處任何區域，都志願性地隨時隨地修煉變化法，而且每隔一段時間就會回到廟裡，與主神保持了密切的關係。

六、符法、法水

所謂符法，即是入教弟子根據三位主祀神乩童所傳授的功法，自己用黃色和青色各一張的小號符紙來畫符。他們在畫符時，首先要雙手合十持橫香以逆時鐘的方式畫圈後放到胸前，接著誠敬地起心立念，而後隨心地在符紙上從上而下畫出符法，整個過程從下筆到收筆非常快速，有如神助，一氣呵成。信徒入教後，必須依照此規定來造練符法，按時自行畫符、吃符。吃符時，會配上一碗「聖水」。

所謂「法水」，則是指入教弟子通過念訣、手印等方法，賦予法力於碗中的清水，然後將所畫符和法水一起飲下。

七、法拳

所謂「法拳」，即是由黃老仙師降乩時傳授給入教弟子的武術。在乩童的帶領下，他們的身體會不由自主地耍出拳法。入教弟子練了「隨心變化法」後，就開始練武。根據《道理書》中所說：「凡有誠心堅持修煉者，自有成果，能自動練武、演武、用武、十八般武藝件件皆能，心靈相通，用之無窮。」（朱順、李有譜，1958）

關於「法拳」的神蹟傳說，至今仍在慈教信仰群體中流傳。在訪談的過程

中，康主席也提起：某次，廖俊請神降乩後，欲傳授幾位剛入教的弟子修練「法拳」。當時圍觀者當中有人上前要求比武，因此黃老仙師乩童派一位看似柔弱女弟子把他打敗。根據訪談結果，慈德廟的各個入教弟子所會的「法拳」都不一樣，名堂眾多，如太極、拳醉拳、猴拳等。[12]

八、儀式與活動

慈教自成立初始，就有一套獨特的內部儀式和活動。至於信徒，即入教弟子一旦入教後就必須得執行，但普通信眾就不必跟從。本章節將對慈教入教儀式「過法堂」、祭拜祭祀「四跪八拜禮」、常年活動「四季度法」來進行描述與分析。

（一）過法堂

慈教的「過法堂」，是普通信眾志願性申請入教需要通過慈教的特定儀式。過了法堂後，信徒才能學習慈教最核心的修行法。屆時，三位主神的乩童將以神明的名義，認可弟子練法的權力、授予練法的訣竅，以作為分別入教弟子及普通信眾的界線。

慈教的「過法堂」的儀式，首先用紅白相間的蠟燭圍成圈，欲入教的弟子洗淨雙腳後赤腳走進圈中，表示洗淨過往罪惡和過失。接著主持儀式的主事者念誦疏文，上告玉皇大帝說某某人已經入教。儀式後，信徒可以向廟方購買畫符用到的兩個印璽，即黃老仙師和玉皇大帝的印璽（朱金濤，1992）。此後他們開始學習畫符心法，就能自行畫符，並照著規定按時吃青、黃符。他們在特定時候遵守飲食禁忌，終身不吃牛肉、狗肉，禁酒、禁毒（朱順、李有譜，1958）。

根據訪談的結果，得知慈德廟的「過法堂」儀式已停辦逾十年，主因是村

---

[12] 筆者訪問了不同年份加入慈教組織的信徒，分別有張（加入慈教已超過 30 年）、鄒（加入慈教已超過 20 年）與張（加入慈教已超過 10 年），他們所修練的法拳都不一樣。

內年輕人大多離鄉到城區就業，慈德廟難再招收新會員。筆者也訪問了一位最後一批在慈德廟「過法堂」的張女士，她仔細敘述當年「過法堂」的過程。筆者將她的敘述內容與新加坡徐李穎的「仙師授徒度法儀式」對比，發現二者的儀式是一致的，並沒有因為時間和空間的改變而不同。

　　筆者觀察到慈教信仰有著極強的滲透力，一旦有人開始接觸到慈教，其家人多數跟著入教，但對主神的熱忱未必一樣。慈德廟的乩童方源松先生與妻子賴秀蘭女士二人信奉慈教信仰超過四十年。他們的孩子十多年前已入教，目前第三代也開始接觸慈教，不過新生代卻不如長輩那麼熱絡。但這就能應證林美容的說法，起初會員資格是自願性，後來是父子相承，但後續會員未必虔信。

（二）四跪八拜禮

　　慈教的活動和儀式，信徒都必須行四跪八拜禮。2022 年 5 月和 7 月筆者兩度出席了慈德廟的度法活動。在兩次活動中，筆者都觀察了信徒們在三位主神乩童的帶領下，對天公及三位神明進行四跪八拜禮的過程。他們雙手合十持橫香放到胸前，祭拜時雙手以逆時鐘的方式畫圈後，隨即向著神明鞠躬，接著才跪下，進行四跪八拜。敬拜後，信徒會敬上三杯清茶及米酒。對照慈教的過往研究成果，發現慈德廟完整地把四跪八拜禮保留下來。

（三）四季度法

　　四季度法是信徒每年須盡其能力出席的常年活動，共四次。據筆者出席所見，當天，信徒先在天神的供桌上設置高臺，燃燭焚香，齋醴果品。廟的大門入口處擺放兩道門，即「兇門」（左）和「吉門」（右）。[13] 信徒先用點燃的甘文煙繞場一圈，以示淨場。任何人過後不得入廟。

　　三位主祀神乩童首先率領信徒對著天宮行四跪八拜禮後，信徒們跪著迎接主祀神的降壇。主祀神降壇後，三位乩童就會進入廟中。他們從「兇門」進

---

[13] 這「兇門」意味著度法前需要經過的「鬼門關」，而「吉門」則是得法後得以進入的「天堂門」。意思是人會因為慾望而犯下錯誤，過「兇門」就是要為過去所犯下的錯贖罪，一旦得到了仙師的法，那就可以抵消了。

到廟，並對著「兇門」和「吉門」念咒、畫符、作法。三位乩童的座椅會朝大門的方向擺放，每張桌椅前放五張小桌子，桌上有一碗「法水」。廟門外的信徒則有次序地排隊入廟內接收三位乩童授法，每次五位信徒由「兇門」進到廟內，雙手合十跪在放有聖水的桌子前，接著三位乩童開始念咒，在空中畫符、度法。禮畢，五位信徒就捧起面前的聖水一飲而盡，再把碗拿到清洗處清洗後，重新盛上聖水，放回原位。過後五位信徒一起合十對三位乩童鞠躬，轉身輪流從「吉門」走出來。

根據訪談的結果，得知四季度法是主祀神對入教弟子考核方式。度法活動中，並非所有入教弟子都得到神明的度法，首先要看弟子本身領到的令，才能依令度法，讓他們更有能力朝醫病治邪的方向去救世。當中也有領不到令的弟子，那麼他們必須回去勤加修行，等待下一次度法，因為能夠得到令旗是信徒的最高榮譽。從這裡就能夠看到慈德廟以這項活動有效地維繫了信徒與廟之間的關係（方、賴，2022/07/29）。

九、神誕與廟誕

慈教中的神誕日在《道理書》裡，即每逢農曆四月十六日為仙師下凡誕，農曆六月初六日為黃老仙師誕，農曆七月初一日為太上老君誕，農曆八月十六日為齊天大聖誕（朱順、李有譜，1958）。這四個誕辰都必須進行祭祀活動，但規模不會像一般神廟的神誕那麼隆重。而慈德廟則在每年農曆六月十五舉行廟誕，屆時只設素宴招待信眾。

2022 年 7 月 4 日（農曆六月初六）為黃老仙師誕，信徒一早就來準備供品和烹煮素食。有素熟食、糕點、水果、茶、紅雞蛋、三牲禮等。慈教提倡素食，三位主祀神的供品都是純素，茶、水果、糕點、素熟食，一式三份依序排列在神案上。至於天公、本山土地和拿督公的供品，廟方會在茶、水果、糕點、紅雞蛋、素熟食等供品的後方放上三牲禮，一般是雞、魷魚和燒肉。根據當天準備供品者的說法，三牲禮是要犒勞天庭的天兵天將。這樣就比較像是民間信仰的色彩，不若慈教以儒教自稱的說法。

大約上午 11 時，主席康先生就率領信徒展開祭拜。一般三位主祀神的神誕慶典當天沒有扶乩活動，但主席會在神誕前先請示乩童，而乩童多會給理事們勸誡，如提醒他們甘願做，歡喜受，切勿吵吵鬧鬧，要上下齊心等。

筆者在這個神誕慶典上，發現慈德廟的一個可取之處，即他們的神誕不收取香油錢，卻有提供素熱食招待信眾。他們的慶典儀式較樸實無華，卻能吸引地方上的信眾，可見慈德廟於地方上有一定的地位，信眾接受和認同慈德廟主祀神的靈力，其在地方社會上是有著特定的功能。

十、問事

扶乩問事是慈德廟其中一個固定性的活動，每逢初一、十五廟裡都會進行。問事活動一般是三位主祀神輪流降壇，由乩童主持。根據訪談結果，乩童在降乩時會根據信眾不同的問題使用不同顏色的符紙，尊貴的事用黃色符紙、吉事用紅紙、普通情況用綠色符紙、白色為喪事、黑色為凶事。

2022 年 5 月 1 日，筆者全程觀看慈德廟的問事活動。當天的問事活動於晚上 8 時準時開始，有村民請黃老仙師童身為新居神像開光。完成後，黃老仙師童身就畫了三張大黃符給村民，並交代用法。

在這過程中，乩童扶乩時說客語，但身邊的義工都是不諳客語的福建人，卻能聽懂乩童所示，準確無誤地傳達給問事者。義工告知筆者，他們起初憑自身理解也有傳達不當的時候，當時乩童便會即時糾正他們。久而久之，他們就聽懂了（陳、康、張，2022/05/01）。

陸、結語

黃老仙師慈教信仰發展至今，已經跨越客家方言群的邊界，讓其他籍貫人士都被接受為信徒。究其因，應是慈教創辦初期並沒有族群之見，雖然信仰圈通用語是客語，但相信是諳客語者皆可加入，因此後來的信徒門檻設置如過法

堂規矩也沒有把方言族群身分列入，到了後來非客家信徒把慈教帶出非客家聚落，以華語為通用語，自然廣為流傳。本文以明加叻慈德廟為例，論證出慈教在非客家信徒崇拜下的發展，堪可作為在馬來西亞國內其他類似廟宇的借鏡案例。不過，與此同時，尚有多座處於客家新村的慈教廟的境況，未在本文探論的範疇內。目前的暫定假設把慈教廟宇按其客家信徒佔主導與否分為慈教客家廟和慈教非客家廟，未來將對國內更多的慈教廟進行探訪、資料蒐集和分析，論證兩者是否有明顯的分野。期待未來能對馬來西亞乃至於新加坡的慈教作更全面，更深入的研究和理解。

參考文獻

一、專書

林水檺、何啟良、何國忠等編（1998）。《馬來西亞華人史新編》。馬來西亞中華大會堂總會。

林美容（2006）。《媽祖信仰與台灣社會》。新北：博揚文化出版社。

林美容（2008），《祭祀圈與地方社會》。新北：博揚文化出版社。

劉崇漢（1992）。《彭亨華族史資料彙編》。彭亨華團聯合會。

劉崇漢主編（2014）。《走進巴生神廟──巴生港口班達馬蘭新村廟宇文化初探》。新紀元大學學院。

駱靜山編（1985）。《宗教與禮俗論集》。馬來西亞雪蘭莪中華大會堂。

彭松濤主編（1982）。《新加坡全國社團大觀》。文獻出版公司。

蘇慶華（2004）。《馬新華人研究──蘇慶華論文選集》。馬來西亞創價學會。

蘇慶華（2009）。《馬新華人研究──蘇慶華論文選集（第二卷）》。聯營出版（馬）有限公司。

王琛發（2006）。《馬來西亞客家人的宗教信仰與實踐》。馬來西亞客家公會聯合會。

曾衍盛（2011）。《青雲亭個案研究：馬來西亞最古老廟宇》。羅印務有限公司。

朱順、李有譜（1958）。《黃老仙師道理書》。（無出版資料）

Tan Chee Beng (2018). *Chinese Religion in Malaysia: Temples and Communities*. Netherlands: Brills.

二、期刊論文

石滄金（2014）。〈原鄉與本土之間：馬來西亞客家人的民間信仰考察〉。《八桂僑刊》，4：23-29。

朱金濤（1992/93）。〈吉隆玻華人寺廟之研究〉。《南洋學報》，67：47-48。

任桂香（2008）。〈祭祀圈、信仰圈、文化圈之芻議〉。《黑龍江史志》，11：52-53。

佐佐木宏幹（1991）。〈憑靈和道理——馬來西亞黃老仙師慈教再論〉。收錄於杉木良男編，《傳統宗教與知識》，頁 251-256。南山大學人類學研究所。轉引自王琛發（2009）。〈黃老仙師慈教的興起與演變——觀察在馬來亞緊急動態時期創教的一個客家教派〉。嘉應學院國際人類學與民族學聯合會（IUAES）第 16 屆世界大會「解讀客家歷史與文化：文化人類學的視野」專題會議。

何啟才（2020）。〈從管制到自治：簡論馬來西亞華人新村的發展與現況〉。《馬來亞大學華人文學與文化學刊》，8（1）：46-65。

林美容（1986）。〈由祭祀圈來看草屯鎮的地方組織〉。《中央研究院民族學研究所集刊》，62：53-114。

林美容（1988）。〈從祭祀圈到信仰圈：台灣民間社會的地域構成與發展〉。《第三屆中國海洋發展史論文集》。台北：中央研究院三民主義研究所。

徐李穎（2011）。〈新加坡的道教與民間教派、「信仰群」——以黃老仙師信仰為例〉。《宗教學研究》，4：35-44。

孫振玉（2002）。〈台灣民族學的祭祀圈與信仰圈研究〉。《中南民族大學學報》，22（5）：32-36。

馬瑛、鄭庭河（2019）。〈馬來西亞客家民間信仰的傳承與發展〉。《馬大華人文學與文化學刊》，7（1）：104-116。

張宏明（2002）。〈民間宗教祭祀中的義務性和自願性——祭祀圈和信仰圈辨析〉。《民俗研究季刊》，1：54-62。

許嘉明（1973）。〈以祭祀圈的概念來研究彰化平原福佬客地域組織的形成和範疇〉。《中央研究院民族學研究所集刊》，36：165-190。

三、特刊

特刊編輯小組（1984）。《森美蘭知知港黃老仙師慈仁堂銀禧紀念特刊》。森美蘭知知港黃老仙師慈仁堂。

＿＿＿＿（2009）。《馬來西亞黃老仙師慈字一家總會 9 週年紀念特刊》。馬來西亞黃老仙師慈字一家總會。

_____（2010）。《吉隆玻黃老仙師慈忠廟金禧紀念特刊》。吉隆玻黃老仙師慈忠廟。

_____（2011）。《雪蘭莪黃老仙師慈德廟50週年紀念特刊》。吉隆玻蕉賴慈德廟。

四、報章

《中國報》（2001年11月16日）。〈黃老仙師廟總會成立〉。

《光華日報》（2019年3月8日）。〈隱藏武拉必山林122年 黃老仙師古廟翻新〉。

《南洋商報》（2022年5月4日）。〈馬口黃老仙師慈忠廟60週年廟慶鬧哄哄〉。

《星洲日報》（2022年3月16日）。〈德林達軍慶軍人節〉。

《星洲日報》（2022年5月9日）。〈石隆門廟宇近百間 黃老仙師廟聞名遐邇〉。

《星洲日報》（2022年7月2日）。〈康清水逝世舉殯 喪府節約4800捐公益〉。

《通報》（1992年12月21日）。〈第十四屆全馬慈宗一家大會〉。

《國際時報》（2009年7月29日）。〈倫樂百年古廟〉。

五、網路資料

魏子婷、吳盛齡、符慈語。〈務邊黃老仙師廟〉。《青梅竹馬・愛在大馬》（2013年7月16日）。https://nthu-malaysia-volunteer.weebly.com/4064332769201852410724287.html

〈黃老仙師慈教成立背景〉。《慈忠壇》。http://cztemple.weebly.com/background.html

〈砂拉越古晉黃老仙師宮 Sarawak Kuching Bau Wan Lau Seng Temple〉。《一廟一路》。http://www.angkongkeng.com/malaysia/79-sarawak/516-wan-lau-seng-temple

〈霹靂新咖啡山黃老仙師建醮熊熊烈火精見古人〉。《悅看人生》（2016年9月28日）。https://www.ilifepost.com

六、訪談

鄒。2022 年 3 月 12 日、2022 年 5 月 1 日、2022 年 7 月 29 日。
　　地點：慈德廟。
康。2022 年 4 月 18 日、2022 年 5 月 1 日、2022 年 7 月 29 日。
　　地點：慈德廟。
蔡。2022 年 5 月 1 日、2022 年 7 月 29 日。地點：慈德廟。
方 A。2022 年 5 月 1 日、2022 年 7 月 29 日。地點：慈德廟。
方 B。2022 年 5 月 1 日、2022 年 7 月 29 日。地點：慈德廟。
沈 A。2022 年 5 月 20 日、2022 年 6 月 13 日。地點：慈德廟。
沈 B。2022 年 5 月 1 日、2022 年 7 月 29 日。地點：慈德廟。
陳 A。2022 年 5 月 1 日、2022 年 7 月 29 日。地點：慈德廟。
陳 B。2022 年 5 月 1 日、2022 年 7 月 29 日。地點：慈德廟。
張 A。2022 年 5 月 1 日、2022 年 6 月 18 日、2022 年 7 月 29 日。
　　地點：慈德廟。
張 B。2022 年 5 月 1 日、2022 年 7 月 29 日。地點：慈德廟。
葉 A。2022 年 5 月 1 日、2022 年 7 月 29 日。地點：慈德廟。
葉 B。2022 年 5 月 1 日、2022 年 7 月 29 日。地點：慈德廟。
賴。2022 年 5 月 1 日、2022 年 7 月 29 日。地點：慈德廟。
蕭。2022 年 5 月 1 日、2022 年 7 月 29 日。地點：慈德廟。
謝。2022 年 5 月 1 日、2022 年 7 月 29 日。地點：慈德廟。

第三篇

客家研究的新區域

第 13 章

Hakka Imprints in Cuba[*]

Kathleen López（羅凱娣）, Mitzi Espinosa Luis（呂美枝）

A Chinese captain who fought for Cuban independence from Spain, a doctor who popularized traditional Chinese medicine, a prominent businessman and philanthropist who maintained transnational ties to China, a minister who defended Chinese immigrant interests, and a Cuban general: These individuals are among the Hakkas who contributed to the broader Chinese community in Cuba and development of the Caribbean nation.

As the system of African slave labor in the Americas gradually came to an end over the course of the nineteenth century, planter and industrial elites turned to Asians as a low-cost replacement to fuel economic growth. While Chinese laborers were recruited to Latin America and the Caribbean as part of this massive migration, their experiences diverged according to emigration structures, local political and economic context, and geographical settlement patterns. Due to migration networks, the Hakka presence in Cuba is less pronounced than in countries such as Jamaica and Peru. However, a Hakka presence dates back to the first shiploads of Chinese brought to the Spanish-controlled island in the mid-nineteenth century and has left deep imprints through today.

---

[*] I thank Global Hakka Studies (GHAS) for the invitation to contribute to expanding our collective knowledge on Hakka migrations worldwide. The historical context for this essay is from López, 2013.

Tracing the Hakka Presence in Cuba

An extensive body of scholarship focuses on the indentured labor system that brought tens of thousands of Chinese to Cuba and Peru between 1847 and 1874. My investigation into the history of the Chinese in Cuba began with a question: What happened to those who survived their contracts? For my book research (López, 2013), I drew on plantation correspondence, notarial records, birth, marriage, and death certificates, newspapers, local histories, and memoirs. I supplemented these records with fieldwork and oral histories conducted in sugar-producing towns in central Cuba and emigrant-sending villages in Guangdong, China. I followed Chinese migrants as they transitioned from indentured to free workers in the Spanish colonial slave society, took roles as citizens in the formation of the emerging Cuban republic after independence from Spain, and developed transnational and diasporic communities linked to hometowns in China.

By the early twentieth century, Cuba drew mostly Cantonese-speaking immigrants from the Pearl River Delta region of Guangdong. They came from the "four counties" of Taishan (台山), Xinhui (新會), Kaiping (開平), and Enping (恩平), the "three counties" of Panyu (番禺), Nanhai (南海), and Shunde (順德), as well as Zhongshan (中山) and other outlying districts that were home to both Punti and Hakka. Thus, tracing the minority Hakka presence in Cuba is challenging. Colonial documents categorize Chinese as "asiático" (Asian), and Chinese names are romanized or rendered into Spanish for individuals baptized into Catholicism. Rather than home village or county, "Cantón" (Guangdong) is often listed as place of birth. Moreover, Hakka fear of persecution within a larger Cantonese community likely prompted them to subsume their ethnic identification.

Local and community histories provide anecdotal details that, while at first glance seem insignificant, testify to the Hakka presence in Cuba. In 1927 Antonio Chuffat (趙發) Latour, who was born in Cuba to a Chinese merchant father and an African-descended mother, published the first community history of the Chinese in Cuba. Chuffat operated in a multi-faceted world as a journalist and translator, leader of a Chinese fraternal organization, sanitation officer, and defender of Cuban sovereignty during the early-twentieth-century U.S. occupations. He personally knew many of those whose lives he detailed, including some prominent Hakka. Printed in Spanish, the book has remained a foundational source for subsequent scholarship by Cuban and international researchers alike. These historical accounts, along with newspapers, popular magazines, and journals from the time, reveal traces of the Hakka imprint in Cuba during the transition from colony to nation.

Beyond combing through documentary sources, collaboration with Cuban colleague Mitzi Espinosa Luis has potential for further expanding our knowledge of the Hakka presence in Cuba. Espinosa is the granddaughter of a Chinese immigrant from Xinhui who is trained in library and archival studies and participates in the recovery of history and traditions within the Chinese Cuban community. She is researching the Hakka presence in Cuba under the auspices of the New York Hakka Conference and has compiled preliminary findings (Espinosa, 2021).

Chinese immigrants left a social, cultural, and economic imprint in Cuba through three main processes: participating in the Cuban struggles for independence from Spain, developing community organizations and businesses, and forming multiracial Chinese Cuban families. In their new setting, Hakkas became integrated into larger Cantonese-speaking communities as well as local Cuban society. This essay examines the Hakka presence in Cuba within the broader context of Chinese migration to the island and throughout Latin America and the Caribbean.

Historical Context: Chinese Indentured Labor in Cuba and Peru

Beginning in 1847, men from the southeastern coastal provinces of China were recruited to work primarily on plantations in Cuba and Peru. Most Chinese who came to Cuba as indentured laborers were Hakka, Hokkien/Hoklo, and Punti from southern China (Martín 1939: 16-19). Although the region had a long-standing tradition of emigration, new developments in the mid-nineteenth century ensured a steady stream of Cantonese motivated to leave their villages. Foreign penetration, overpopulation, natural disasters, and Hakka-Punti conflict generated dislocation. The millenarian Taiping Rebellion (1851-1864) nearly toppled the Qing dynasty and further propelled migration, both internal and overseas. Rebels escaped capture by boarding ships bound for Southeast Asia, the Americas, and Hawaii. Local Qing authorities also used the infamous "coolie trade" to rid themselves of thousands of Taiping rebels.

The labor trafficking system initially operated out of the treaty port of Amoy (Xiamen 廈門), and men were recruited from Hakka areas in western Fujian such as Yongding (永定) and Zhao'an (詔安). On June 3, 1847, the Spanish ship *Oquendo* docked in Havana with 206 Chinese (six had died), and several days later, the English ship *Duke of Argyle* disembarked 365 Chinese (twenty-five had died). Accounting for those who perished on the voyage, about 125,000 Chinese arrived in Cuba and 92,000 in Peru during the twenty-seven years of the trade. Once in the Spanish colony of Cuba, Chinese indentured laborers worked alongside enslaved Africans in the sugar, railroad, mining, and construction industries. In the newly independent republic of Peru they were concentrated on coastal sugar and cotton plantations and guano pits (mounds of seabird dung exported as fertilizer) beginning in 1849.

During the first few years when the coolie trade was centered in Amoy, Hakka men were the predominant recruits. Additionally, some Hakka originally from Fujian came from the Philippines, another Spanish colony, and were known as "chinos de Manila." They were already familiar with the Spanish language and in a better situation to defend their interests (Martín, 1939: 19).

Shortly after the first boatloads of Chinese arrived in Cuba, the Spanish colonial government suspended the trade. Planters had reported negative experiences with indentured laborers. Moreover, slave traders resented competition from this new traffic in Chinese while the economy relied on enslaved Africans through final abolition, which was not until 1886. By 1853, recruitment resumed and shifted to the Portuguese colony of Macao off the south China coast. That year, a total of fifteen ships with 4,300 indentured Chinese arrived in Havana. Once Macao became the center of operations, a steady stream of men from the Pearl River Delta region went to Cuba.

Whether they signed contracts voluntarily or by force, nothing could prepare those who boarded ships for what lay ahead. Chinese were crammed below deck in the hold of the ship, usually for the duration of the journey. Approximately 17,000 of those who left for Cuba died on the journey due to sickness, thirst, suffocation, cruel treatment, and suicide. Mortality rates on the "floating coffins" to Cuba reached as high as nineteen percent in a single year. Once in Cuba, planters and overseers blatantly disregarded the contract provisions, and Chinese were beaten, chained, deprived of food, and forced to work under inhuman conditions. The wages that supposedly distinguished immigrant contract laborers from slaves were routinely withheld. Those who completed an eight-year term were forced to recontract.

News of the abuse reached the Qing government, which sent an imperial mission to investigate and collect testimony from Chinese working on sugar plantations. The resulting Cuba Commission Report of 1876 is one of the most important sources for excavating the experiences of thousands of Chinese indentured laborers in Cuba. The testimony contains the full names (both romanization and

Chinese characters) of individuals and often refers to their district or village. Throughout the report, references to Cantonese, Hakka, and Fukienese appear. Many of the indentured laborers died prematurely, due to injuries from punishment, harsh climate and work conditions, and suicide. Chinese who testified before the commission reported witnessing hundreds of instances of suicide, and in several cases specifically mentioned Hakka: Ma Tsai (馬仔) and another unnamed Hakka committed suicide by hanging, Lin Ch'iao (林橋) by drowning, and an unnamed Hakka by poisoning himself with opium. Countless more Hakka were among the thousands who died from other causes, although they are not singled out by ethnicity (China, 1876: 70, 74, 76, 78).

The international investigation led to the cessation of the coolie traffic in 1874 and the end of Chinese indenture in Cuba by the 1880s. Like enslaved Africans, Chinese indentured laborers protested the regime through resistance and rebellion, utilizing the legal system, forming interracial alliances, and establishing their own mutual aid associations (會館). However, the coercion and brutality of the system left little possibility for them to return home.

Early Chinese Businesses and Mutual Aid Associations in Cuba

Those who managed to survive indenture in Cuba remigrated elsewhere in the Americas or settled into local societies as agricultural and urban workers, artisans, and labor contractors. Former indentured laborers laid the foundations for the later development of Chinese communities throughout the island. As early as 1858, Chinese entrepreneurs established the beginnings of Havana's Barrio Chino, or Chinatown. Luis Pérez (Chung Leng) opened a café offering Chinese food on the corner of Zanja and Rayo Streets, Abraham Scull (Lan Si Ye) a fruit and fried food stand on Zanja, and Pedro Pla Tan (Chi Pan) a grocery on Calzada del Monte. Peddlers also moved through the neighborhood with vegetables, meat, and trinkets. Other Chinese businesses followed on the main artery Zanja, near the railroad.

Throughout the Americas, the Chinese sold goods and provided services in contact zones between Black and White neighborhoods. In Cuba, the Chinese gradually established themselves on the outskirts of the colonial core known as Old Havana, north of a Black working-class neighborhood and south of an emerging White residential zone. Proximity to frontier land and water as well as a large central market proved conducive to truck farming. This pattern repeated in the provinces, where Chinese settled just beyond town centers and near railroads.

As in other diasporic communities, former indentured laborers and new immigrant arrivals founded ethnic associations and theaters in Cuba. In 1867, a group of five Cantonese in Havana established the first Chinese association Kit Yi Tong (La Unión, or The Union), with the mission of uniting Chinese residents of Havana. Shortly afterward, at the beginning of 1868, another group established Hen Yi Tong (Los Hermanos, or The Brotherhood) on Estrella Street between Campanario and Manrique, for the first time bringing together both indentured and free Chinese. Members pooled money to assist those who were finishing their term of indenture and pressured into recontracting. Migrants came to the Americas with knowledge of secret societies and sworn brotherhoods in southern China, and these early tongs (堂) were likely connected to organizations in their homeland. However, once in nineteenth-century Cuba, the organizations turned their attention to mutual aid—confronting the oppression of the contract system and discrimination within Spanish colonial society, arranging burial, and assisting new immigrants with housing and work.

Despite their small numbers, in the nineteenth century Hakka Chinese nonetheless formed their own association, Yi Seng Tong (Segunda Alianza, or Second Alliance) on Maloja Street in Havana. Its founders had arrived in Cuba on the first two boatloads of coolies in 1847, and Chuffat (1927) provides a list of its first members:[1]

> Sava Chung 鍾
> Benito Chung 鍾
> Salustiano Chung 鍾
> José Lo Pan 羅班
> Pefecto Díaz (Ja Mot) 客莫
> Arturo Fu-Fon 福方
> Carlos Li Sang 李生
> Antonio Ayi 亞余
> Desiderio Loy Tak 羅德
> Juan Lau Sen 劉成
> Rafael Shiu Men 趙明

By the time Chuffat published his community history of the Chinese in Cuba, he was aware that the Hakka presence had diminished with the passing of the first arrivals. Out of respect, he dedicated a few paragraphs to the Hakka and named those who he personally remembered for their contributions to the island and fraternity with Cubans, so that they would not be forgotten:

> Paulino Sen
> Carlos Chang
> Roberto Wong
> Juan Lau
> Pedro Li
> Antonio Tang

---

[1] Rolando Chiong Chang (蔣祖廉), president of the Min Chih Tang in Cuba from 2011 to 2018, provided the Chinese characters for these historic surnames.

Faustino Cuan

Arturo Yiong

Pedro Lau

Chuffat reminded readers that the Hakka and Punti had been enemies in China. He then extols the Hakka: "They are respectful and upright men in all of their actions. Few of them came to Cuba, and this reduced number served as a model of virtue and honor for their compatriots, being enemies of drugs, vice, and gambling" (Chuffat, 1927: 19). He emphasizes that the authorities never had to intervene in the Hakka association because of opium or gambling. By naming individuals and using a language of praise, this community historian highlights the foundational Hakka presence in Cuba, one that in the early twentieth century had already become invisible.

By the 1870s, an influx of Cantonese merchants and craftsmen from California and China joined the emerging Chinese communities in Latin America and the Caribbean in response to economic opportunities. These new immigrants altered the social and class structure of the existing communities. They established institutions typically associated with Chinatowns: transnational businesses, banks, theaters, ethnic associations, and newspapers. Chinese merchants with capital and commercial networks in Hong Kong and San Francisco established branches of transnational firms for importing food and luxury goods from China. They also became involved in the sale and distribution of local products in Cuba, and in neighboring Jamaica, Hakka Chinese came to dominate the retail trade by the early twentieth century.

Chinese in Cuban Independence Wars

Chinese migration to Cuba coincided with the nineteenth-century struggles for independence from Spain, which took place over thirty years from 1868 to 1898. Thousands of enslaved Africans joined rebel armies in the hope of ending their bondage. The independence movement advocated for the abolition of slavery and embraced Afro-Cubans as part of the emerging nation. Intellectuals and activists forged a conception of a raceless Cuban nationality as the ideological foundation of the movement, one that also included Chinese. To this day, Chinese are remembered for their participation in the Cuban independence movement.

In the Ten Years' War from 1868 to 1878, hundreds of Chinese indentured laborers joined former slaves in supporting the insurgency, either as combatants or in auxiliary roles, and were promised freedom in return. Hakkas were among them. For example, about 500 Chinese fought in key battles in Las Villas province in 1869, most of them Hakkas from Fujian. Their leader Lam Fu Kin（林福建）, known locally as Captain Juan Sánchez, had fought in the Taiping Rebellion. Antonio Chuffat records that Lam Fu Kin "knew about war" (he was an experienced fighter) (Chuffat, 1927: 28; García and Eng, 2009: 5).

During the final war for independence from 1895 to 1898, Spain instituted a "reconcentration" policy of relocating rural Cubans to barricaded towns to prevent them from providing food and supplies to rebel armies. The practice produced misery and starvation in urban centers on a massive scale and contributed to the U.S. decision to intervene in the war in 1898. During this time, Carlos Cartaya Chung, a prominent Hakka merchant, set up a canteen to provide 800 bowls of soup every morning and evening for those who were contained in the towns and deprived of resources (García and Eng, 2009: 22).

It is worth noting that Chinese in Peru were also pulled into an international dispute between Latin American nations Chile, Peru, and Bolivia over boundaries and mineral-rich coastal territory (known as the War of the Pacific from 1879 to 1883). Indentured laborers felt no loyalty to Peruvian landholder elites, whose continued wealth and privilege came at the expense of their own toil. About one thousand Chinese agricultural workers in the Cañete Valley joined the Chilean army. As the battle progressed, popular classes in Peru turned their wrath on White landowners and Chinese. In contrast to Cuba, Peruvians came to know the Chinese as "traitors" who supported the enemy (López, 2014).[2]

Chambombián: A Nineteenth-Century Hakka Doctor in Cuba

In addition to "freedom fighters," Chinese herbal practitioners are a well-known part of Cuba's history. Chinese doctors were recruited to attend to indentured laborers during the grueling voyage and on plantations. However, once in Cuba, they were denied documents of accreditation and forced to practice "underground" in provincial towns. During the independence struggles, those with knowledge of herbal cures came to the aid of Cuban soldiers, and Chinese medicine proved effective in stemming the cholera epidemic of 1871. From the moment of their arrival in Cuba, Chinese doctors were regularly featured in the Spanish press (Chuffat, 1927: 42-43; Martín, 1939: 19-20; García and Eng, 2009: 63-71).

Among these herbalists was the famous Hakka known as Chambombián, or simply "the Chinese doctor." Cubans extolled him for his ability to cure even the most hopeless cases and his willingness to provide services to the poor at no charge. Chang Pon Piang arrived in Havana in 1854 as a doctor on a ship of contracted laborers. He acquired knowledge of the properties of Cuban roots and plants, which he applied to patients along with imported medicine from Chinese pharmacies. He operated from his home in Havana's Chinatown, where Cuban neighbors began to

---

[2] Tinsman (2018) provides an in-depth analysis of the role of sworn brotherhoods in Chinese resistance to the coolie system during the War of the Pacific.

call him Chambombián, and he adopted the first name "Juan." On November 29, 1860, Juan Chambombián solicited Spanish citizenship.

Figure 1: Portrait of Juan Chambombián, famous Hakka doctor, in National Library of Cuba (Photo: Courtesy of Mitzi Espinosa Luis)

As Chambombián gained a following, he drew the ire of Spanish doctors who accused him of practicing medicine illegally. On October 26, 1863, for example, an attorney for two Spaniards filed a complaint against him for receiving a shipment of medicine from a Chinese firm in San Francisco without a proper license. A page of the February 1863 shipping manifest reveals the contents: medicinal plants and herbs as well as dried shrimp and fish.[3] To evade persecution, he hid at the home of a fellow Chinese in Havana's Chinatown. He later presented himself to the authorities and declared that his business was importing from China and selling clothing, not practicing medicine. But Chambombián's reputation for miracles preceded him, and when the judge asked if had indeed cured so many people, he admitted to being

---

[3] Harry Lee (Toronto) translated the document for Mitzi Espinosa Luis.

a healer, with only good intentions and charity in mind (Peñalver, 1981). Between 1864 and 1865 Chambombián moved to the city of Matanzas, where he lived on Mercaderes Street, by the Chinese theater and the residence of an illustrious local family. Again in 1872 he moved to Cárdenas, where he opened an apothecary on Sixth Avenue and drew a clientele among people of all classes and conditions. As an agricultural zone, Cárdenas was home to large numbers of Chinese indentured workers. With Cárdenas as a base, he moved from place to place treating people of all classes. He was known to only collect payment from those who could afford it (Portell, 1928).

The local press made frequent mention of the Hakka doctor. A Matanzas newspaper published an announcement that he had developed a treatment for rheumatism and would be available for consultations, as well as a birthday poem from a group of admirers (García and Eng, 2009: 68). A popular satirical magazine also featured Chambombián as a character in a graphic chart of different types of whiskers, sideburns, and beards that included the doctor's unique style of facial hair (El moro muza, 1863). Another cartoon featured a morose scene of a Western doctor standing outside a room with an ill patient, claiming it is too late for a cure, while "our ancient friend" Chambombián, dressed elegantly in a Western suit and top hat, takes the patient's pulse and declares that the recovery will not be long (El moro muza, 1868).

Chambombián died suddenly under mysterious circumstances. Into the twentieth century, local residents speculated that he accidentally administered a toxic substance while researching medicine, or that he was poisoned by others who envied his fame. He is buried in a humble tomb in the Chinese cemetery. Today, Cubans owe the expression "A ése no le cura ni el médico chino" (Not even the Chinese doctor can fix it) to him, referring to an incurable illness or a situation without a solution. Cubans across the island are familiar with the phrase. In fact, in 1928 a debate about its origins developed in the folklore journal published by esteemed anthropologist Fernando Ortiz. Ortiz expressed doubt that the phrase originated in Cárdenas since it was also commonly heard in Havana, where the doctor had patients, and put out an open call for the question to be investigated. In response, the Cuban historian Herminio Portell Vilá devoted an entire essay dedicated to the doctor's life in Cárdenas and enduring legacy, including the derogatory verses that children chant while playing in the streets of Cuba: "Chino manila / Cham Bom-Biá / Cinco tomates / Por un *reá*." (Chinese from Manila / Cham Bom-Biá / Five tomatoes / For a *real*) [4] (Portell, 1928: 158).

The Hakka doctor continues to pervade the Cuban imaginary. In 1981, a reporter for the popular magazine *Bohemia* further investigated his life. Using a phone book, the reporter contacted a Victoria Chambombián, and when she confirmed that the doctor was her grandfather, the media team descended upon her home for an interview. They captured a photograph of the 73-year-old Victoria, her sons Fernando and Ignacio, her granddaughter María Elena, and her great-grandson Fernandito: "four generations of the illustrious Asian" (Peñalver, 1981: 12).

Victoria related that she grew up hearing anecdotes about Chambombián from her father, Manuel. Chambombián passed his surname on to his eight sons, who ranged "from blond with blue eyes to mestizos like us." As a result, his descendants today are numerous. Victoria lamented that the only photo she had of Chambombián perished along with other family memorabilia in a cyclone in 1926. Despite his fame, Victoria never had interest in identifying herself publicly as the granddaughter of "the Chinese doctor." She reminded the reporters of Cuba's tradition of *choteo* (a longstanding form of Cuban humor marked by mockery): "I remember that when I was a girl it occurred to me to say at school that I was the granddaughter of the 'Chinese doctor,' and the other children began to laugh at me. I had to say later that it had been an invention. Nevertheless, I always have felt a certain pride at having

---

[4] The *real* was a unit of Spanish silver currency.

had a grandfather with those characteristics..." (Peñalver, 1981: 12).

In 2020, in the midst of the global pandemic that shuttered Chinese associations and restaurants, Mitzi Espinosa Luis picked up on the trail left by the magazine reporters decades earlier. She began searching for more descendants of Chambombián by flipping through a telephone directory for the unique surname. After locating several "Chambombiáns," she conducted telephone interviews with them. Today, Chambombián's descendants can be found spread across Havana and Pinar del Rio in Cuba and Miami in the United States.

Figure 2: Tombstone of descendant of Hakka doctor Juan Chambombián

in Miami, Florida (U.S.)

(Photo: Find A Grave)

Liao Ngantow: A Chinese Minister in Cuba

After the end of the coolie trade, the Qing government established consular representation throughout the Americas—including offices in four Cuban cities—to enforce treaties and defend Chinese overseas interests. The emperor appointed Liao Ngantow (廖恩燾) (1864-1954) as consulate in Matanzas, a major center for Chinese economic and cultural activity, from 1884 to 1894. At the dawn of the new Cuban republic, Liao served as Chinese minister from 1903 to 1908, 1915 to 1917, and again from 1927 to 1929.[5] According to his great-granddaughter Evelyn Ch'ien, Liao came from a Hakka lineage with ancestors from Huiyang (惠陽). His father, who was based in San Francisco for several years, spoke Mandarin, Hakka, Cantonese, and English, a multilingualism that passed down to later generations. Liao Ngantow also acquired some Spanish, Japanese, French, and Shanghainese as he traveled as a diplomat. Bridging the transition from the late Qing empire to the early Chinese republic, Liao represents the last generation of Chinese scholar-officials, for whom literary and humanistic knowledge was a prerequisite to professional success. In an introduction to a collection of Liao's literary works, Ch'ien states, "His writings include humor, limericks, poems about past dynasties, and provide a personal view of official life from the Qing regime to the Communist takeover" (Ch'ien, 2016: 14).

As the first minister of the new Cuban republic, Liao occupied a luxurious two-story seaside villa in Havana with a garret. A photo of the mansion appears in a 1909 publication by a steamship line with a description: "The grounds are laid out with tropical plants and flowers, and the chief attraction is a Chinese boat house, surrounded by an artificial lake and a rustic bridge and grotto beyond, with a passage

---

[5] I thank Evelyn Ch'ien for providing the dates of Liao Ngantow's positions in Cuba from Chinese diplomatic records.

Figure 3: Portrait of Liao Ngantow, Chinese Minister in Cuba

(Photo: Chuffat [1927])

leading to the dining room. The boat house is luxuriously furnished in teakwood inlaid in mother of pearl, and there are handsome panels in Chinese script, original compositions of Mr. Liao, who is a poet" (*The Cuba Review*, 1909: 25). Another popular magazine also devoted a full article to describing an extravagant Chinese banquet hosted by the minister (Zayas, 1905).

Liao Ngantow is featured prominently in Antonio Chuffat's catalog of Chinese of social standing in the Cuban republic, alongside references to a recent period of difficulty and praise for the minister's tireless work on behalf of the Chinese community (Chuffat, 1927: 127-128). When the United States occupied Cuba in 1899, it applied its own anti-Chinese exclusion laws to the island as a condition for withdrawing troops. Despite their role in the Cuban independence movement, policies against the entry of immigrants from China were implemented at the dawn of the Cuban republic in 1902. Chinese transnational merchants, who depended

Figure 4: Havana residence of Liao Ngantow, Chinese Minister in Cuba

(Photo: *Cuba Review* [1909])

on the ability to come and go, relied on the intervention of Chinese diplomats. On September 9, 1907, Liao Ngantow petitioned for a group of Chinese merchants who were detained with trachoma (an eye disease) to be permitted to disembark. In his detailed letter, Liao referenced medical experts and more flexible U.S. quarantine regulations to argue for reconsideration of the status of the merchants (Liao, 1907).

By the early twentieth century, a nativist-inspired Sinophobia spread throughout Latin America and the Caribbean in response to economic competition. When a Chinese diplomatic representative petitioned for lifting restrictions on Chinese entry to Cuba in 1909, the Cuban commissioner of immigration claimed that "differences of language, religion, and customs…impeded the assimilation of the Chinese element" into local society. Rather than assimilating, the Chinese clustered in the suburbs of major population centers, "forming colonies where they live a semisavage existence, engaging in all kinds of vice, and constituting centers of infection." Furthermore, he emphasized, Chinese who did form unions with Blacks, *mulatos*, and even Whites, "produce rickety descendants" who were physically and morally weak (Menocal, 1909).

Anti-Chinese discourse emphasized the debilitating effect that racial mixing of local women with Chinese men would have on a nation's purity. Yet, from the nineteenth century onward, Chinese planted roots in society and lived and worked alongside local women, producing later generations of multiracial descendants. In Cuba, former indentured laborers generally entered into common-law unions with slaves and former slaves, and in coastal Peru, with Indigenous and to a lesser extent Afro-Peruvians. Wealthier merchants with capital were able to marry into the upper classes (López, 2014).

Perfecto Díaz (Ja Mot): A Hakka Leader in Jovellanos

One of the first Hakkas to come to Cuba became a prominent merchant and leader of the Chinese community in Jovellanos, Matanzas province. Perfecto Díaz (Ja Mot) was a founding member of the Hakka association established in Havana in 1868, and by the 1880s he established a bank in Jovellanos that held 30,000 to 40,000 pesos in Chinese deposits (Chuffat, 1927: 36).

In July 1881, the Chinese of Jovellanos established their own association. Its president was Agustín Chuffat (a Chinese merchant and relative of Antonio Chuffat Latour), and its vice president was Perfecto Díaz. Local authorities, a representative from the Chinese Consulate General, and delegates from all Chinese associations in Cuba attended the grand opening, marked by and festivities with "excessive pomp" over four days. For the inauguration, a Chinese priest led the solemn rite of Guan Gong. Chuffat describes the scene: "The Chinese knelt down with a profound silence, tilting their heads toward the ground" in honor of the god of the earth. On the second day, the local parish priest declared a ban on religious ceremonies in the Chinese association unless they were Roman Catholic. The president Agustín Chuffat defiantly responded, "We are Buddhists, of the religion of Confucius, which is that of my country, and besides, in Cuba there is freedom of worship for all foreigners." Believing the Chinese assembled were still indentured, the priest threatened to close the association, inciting a public conflict. The Chinese association ultimately triumphed with the assistance of the municipal mayor, who convinced the parish priest that times have changed and China is now a friend of Spain. The festivities continued, and the Chinese applauded the mayor with cheers and fireworks (Chuffat, 1927: 91-92).

Carlos Cartaya Chung: A Hakka Philanthropist in Camajuaní

Perhaps the most well-known Hakka merchant in Cuban society was Carlos Cartaya Chung Yuen (鍾英) who a prominent Cuban journalist described as an "exemplary Chinese citizen, benefactor of Cubans" (Tejeiro, 1947). Cartaya Chung was born in 1847 in Guangdong and arrived in Cuba as a young man in 1868. By 1870 he moved to the town of Camajuaní in Santa Clara province, where for the next fifty years he contributed to the region's economic and cultural development. As mentioned above, during the final war for independence from Spain, he provided daily food rations to Cubans.

In Camajuaní, Cartaya Chung established a provisions shop on Comercio Street, a restaurant, and a currency exchange business. He married a Cuban woman,

Flora Abreu, and together they had four children, Flora, Carlos, Amado, and Juana, who were sent back to China for education. The strategy of immersing Cuban-born children in Chinese language and culture enabled them to operate in two worlds. His son Amado eventually became administrator of a Chinese bank.

Figure 5: Portrait of Carlos Cartaya Chung in museum of Camajuaní
(Photo: Courtesy of Nery Xiomara García)

After the end of the coolie trade, a Chinese consular office was established in the neighboring town Remedios to represent the provinces of Santa Clara and Camagüey. Cartaya Chung was named an honorary consul as well as president of the Chinese association in Remedios. Through these positions he served as a bridge between the Cuban and Chinese governments and supported the interests of Chinese in Cuban society.

Carlos Cartaya Chung died on January 21, 1920, and afterward his Chinese association ceased to operate. However, another prominent Chinese association was established with new leadership. The association name, Chacaillen, suggests that it served as a regional association for migrants from Chak Kai (or Chixi 赤溪), a Hakka district in Guangdong. Thus, by the early twentieth century, while the Hakka presence in Cuba had diminished, Hakka migrants continued to find support abroad through network-based migration and organizations.

Today, at the site of Cartaya Chung's residence in Camajuaní (No. 10 General Naya Street), one can find a marble plaque dedicated to his memory. In 1945, the municipality, the Lion Club, and the Rotary Club formally honored his contributions in the presence of his descendants and local officials. He is fondly remembered as a founder and benefactor of the town and province (Chuffat, 1927: 112; Martínez-Fortun y Foyo, 1943, Book Two: 14; Tejeiro, 1947; García and Eng, 2009: 22).

Figure 6: Plaque erected in memory of Carlos Cartaya Chung in Camajuaní (January 6, 1945)
(Photo: Courtesy of Nery Xiomara García)

Mitzi Espinosa Luis followed the trail further by contacting the municipality cultural office, which today is located in Cartaya Chung's former home. She learned that he was an important figure in promoting Las Parrandas of Remedios, a festival dating back to 1820 that remains a popular regional celebration. Communities in central Cuba compete with each other through song and dance, floats and costumes, and decorations.[6] By the 1950s the lion dance, drums, and cymbals had become a regular feature of Cuban carnival in Havana. Fermín Huie Ley—known as "the Chinese of the carnival"—regularly danced the conga along Havana's main boulevard. The revelation that even earlier Cartaya Chung was an integral part of Las Parrandas, a celebration of regional identity that occupied the town's residents during months of preparation, offers further evidence of Hakka imprint on Cuban society.

Figure 7: Parrandas festivities in Camajuaní, near former residence of Hakka Carlos Cartaya Chung

(Photo: flickr [lezumbalaberenjena])

---

[6] A photographer (username lezumbalaberenja) captured the 2023 Parrandas festivities: https://www.flickr.com/photos/lezumbalaberenjena/albums/72177720309799350/

Chinese Cuban Communities and Cultural Syncretism in the Twentieth Century

Another major wave of Chinese migration to Cuba began in the wake of World War I, when laborers were recruited to boost sugar production and restrictions to entry were temporarily lifted. This time, Chinese migrants were no longer indentured laborers, bound by contracts and given Spanish surnames upon baptism. Rather, they came as free men who may have initially worked in the sugar industry, but quickly moved into other occupations. As in the nineteenth century, most Chinese migrants to Cuba continued to come from the Pearl River Delta region of Guangdong Province, and more than half were from a single county (Taishan).

Chinese Cuban practices and institutions rooted in the nineteenth century continued to develop. Havana's Barrio Chino became one of the best-known Chinatowns in the Americas. Six blocks were lined with restaurants, bodegas, laundries, shoe and watch repair shops, bakeries, photography studios, and pharmacies. Ethnic institutions included dozens of mutual aid associations, theaters, four newspapers, a cemetery, two bilingual schools, a hospital, and a residence for the elderly. A typical Chinese immigrant belonged to a Chinese fraternal organization, read Chinese newspapers, donated to China's resistance against the Japanese occupation in World War II, and attended Cantonese opera performances.

The 1930s was a period of intense nativist politics across Latin America, with anti-Chinese immigration laws and nationalization of labor policies directed at all foreigners. In response, the Chinese retailers association in Cuba founded the magazine *Fraternidad* (聯合). It promoted an image of the Chinese as essential to Cuban economic progress and national identity. The magazine had a section in Spanish to reach locally-born descendants of Chinese who were unable to read Chinese characters as well as the broader Cuban society. The Spanish section featured prominent Chinese and Cubans in the society pages, including weddings to

Cuban women and baptisms of their children.

Syncretic processes also developed in the cultural arena. In the 1940s a unique Chinese Cuban opera troupe developed through the training of mixed Chinese and even non-Chinese girls. These Cuban performers of Cantonese opera remain a hallmark of the imprint of Chinese culture in Cuban society. Expressions of history, memory, and identity surface in the work of Cuban-born artists of Chinese descent such as Flora Fong and Pedro Eng Herrera. In a painting housed at the Museum of Regla, the port where Chinese indentured laborers first docked, Eng portrays the first shipload of Chinese indentured laborers into a Cuban landscape that incorporates indigenous, Black, Asian, and European elements. Syncretic religious practices also developed, combining Chinese devotion to Guan Gong or Guanyin with Afro-Cuban *orishas* and Catholic saints in a process Martin Tsang (2020) calls "interdiasporic cross-fertilization."

Figure 8: Chinese Cuban opera performers
(Photo: Collection Caridad Amarán, Courtesy of Mitzi Espinosa Luis)

A major challenge for Chinese immigrants and their families was how to balance the preservation of cultural heritage with the desire to assimilate into Cuban society. Associations were key to this balance by organizing bands, dance groups, and martial arts teams for second-generation youth, many of whom were of mixed descent. Community schools also led the way in negotiating the position of Chinese immigrants within Cuban society.

Chinese Schools and Language Preservation: A Comparative View of Cuba and Jamaica

Across Latin America and the Caribbean, associations, schools, publications, and other institutions became the focal point of debates about language and culture that reflected changes within Chinese communities across generations. One strategy for preserving language among Chinese diasporic communities was to send children (especially eldest sons) back to Guangdong or Hong Kong for school. Some went to prestigious schools such as Canton Christian College, which was founded in 1888 by American missionaries in Guangzhou. The school's objectives were to train Chinese youth to become Christian leaders, teachers, statesmen, doctors, and businessmen "who will come forward to the building of the nation, armed with a complete understanding of the old China" (Cheung, 1923: 2). From the perspective of their immigrant parents, children would be culturally Chinese, but with a Western outlook, and trained to operate in both worlds.

After World War II, the pattern of sending children back to China diminished, as immigrant communities turned to language schools established throughout the diaspora. These schools became focal points for community debates on the education of Chinese youth and integration into local societies. In 1936, the Casino Chung Wah (中華總會館) in Havana established a school with 150 students, including some Cubans who were not of Chinese descent. But such schools eventually closed due to lack of funds and poor enrollments.

Figure 9: Chung Wah School (Colegio Chung Wah), Havana
(Photo: Collection Caridad Amarán, Courtesy of Mitzi Espinosa Luis)

Unlike Cuba, neighboring Jamaica, a British colony until 1962, maintained a significant Hakka population and higher percentage of locally-born Hakka children. To stem the tide of intermixing with the local population, in the 1920s British colonial officials promoted the immigration of wives and fiancées of Chinese men on the island. By 1943 the census recorded 6,886 ethnic Chinese, almost 60% of whom were locally born, and an additional 5,508 "Chinese colored," a category comprising those of mixed African and Asian descent (Bryan, 2004: 16).

The higher numbers of locally-born Chinese in Jamaica led to the establishment of a school for preserving Hakka language. The Chinese Public School in Kingston was founded in 1924 and counted with robust enrollments of over 300 students and ten teachers. A traditional Western curriculum of history, English, math, painting, and music was taught alongside Chinese language and culture. By the 1950s—a full generation later—the community was divided on the role of Hakka language in the curriculum.

A member of the school board of directors described the debate: The first group aims "to train our children into one hundred percent Chinese," while the second group recognizes "the fact that the Chinese community is part and parcel of the Jamaican community and as such, we must fit into our surroundings. They believe that the teaching of English should take the dominant role, with the teaching of Chinese occupying a supplementary position" (Chinsee, 1956: 9). This latter opinion ultimately triumphed. Parents thought it would be too difficult for their children to balance learning Chinese alongside English. Moreover, competency in English was necessary for students to enter Jamaican secondary schools or begin careers. The school leadership decided to teach but not prioritize Hakka, while urging children to learn about their cultural heritage.

In 1957 the school announced an opportunity for learning Hakka on Saturday evenings. The social column of *Pagoda*, a magazine published in English for Chinese Jamaicans, reported: "The class in Chinese for English speaking students interested in learning the spoken and written Hakka began two weeks ago at the Chinese Public School. The class has been gradually expanding but there is still a number of vacancies left" (The Pagoda Magazine, 1957: 7). Ultimately, support for Hakka language instruction dwindled, and in 1961 it was dropped altogether from the Chinese Public School curriculum. With no language instruction, the need for a school catering to the Chinese community in Jamaica decreased, and in 1965 a lack of funds forced it to close.

Revolution and Remigration

Revolutions in China in 1949 and Cuba in 1959 transformed both societies and the fabric of transnational Chinese migrant communities. Refugees from China who came to Cuba after 1949 faced a similar political upheaval over the next decade. The 1959 Cuban Revolution initially had widespread support for its foundational pillars of social and economic equality, including among some Chinese immigrants and second-generation youth. Growing up alongside Cubans, locally-born Chinese identified with struggles against U.S. imperialism and racial and class discrimination, more so than with an ethnic heritage.

According to the 2023 World Hakka Expo in Taoyuan, Taiwan, the Cuban general Moisés Sío Wong (邵黃正和) (1939-2010) is a descendant of Hakka Chinese.[7] In 1895 his father emigrated from Xintang (新塘) in Zengcheng (增城) district, Guangdong, with a wife and five children. After his first wife died, Santiago Sío (邵東南) married another Chinese immigrant, and together they had nine more children, among them Moisés Sío Wong. The family of Santiago Sío and Julia Wong are featured prominently in Antonio Chuffat's community history. Sío Wong and his siblings grew up in Matanzas, where their father had a grocery, and after his father suffered a stroke, the family moved to Havana. In a memoir of three Chinese Cuban generals, Sío Wong describes resentment at having to work long hours for his Chinese brother-in-law without pay while growing up. Memories of this common Chinese immigrant strategy influenced his decision to embrace socialism. As a student in Havana, he became involved in revolutionary activities and led a youth brigade, eventually joining the rebels in the Sierra Maestra mountains under Fidel Castro in 1953 and later serving as Brigadier General for the Cuban

---

[7] We were unable to corroborate Moisés Sío Wong's Hakka ancestry with colleagues and family in Cuba or any of the publications about his life. His father worked among the majority Cantonese-speaking population, and the general himself grew up speaking Spanish.

Revolutionary Armed Forces from 1976 to 1996. Recently, Sío Wong led the Cuba-China Friendship Association in efforts to improve Havana's Chinatown as a site for cultural heritage and tourism (Choy et al., 2005).

By 1968, the Cuban government's nationalization of small businesses devastated Chinese shopkeepers, and large numbers left for cities such as Miami and New York. With no substantial new migration since the revolution, the Chinese Cuban community fell into decline. After the collapse of the Soviet Union in 1991 and the end of subsidies, the Cuban government turned to tourism to generate hard currency. Chinese Cubans, mostly mixed descent, undertook initiatives to revitalize the Barrio Chino and the community's cultural traditions, such as a language and cultural center and a martial arts academy. The remaining *huiguan* were permitted to open restaurants in former meeting rooms.

A growing relationship between China and Cuba has been accompanied by small flows of students, tourists, and entrepreneurs. Evelyn Hu-DeHart (2017) notes that individuals with capital may follow Chinese state-sponsored investment in Cuba, a pattern already established elsewhere in Latin America and Africa. Already some new immigrants and Chinese Cubans have positioned themselves as intermediaries to take advantage of any future reforms to the restrictions on foreign investment and property ownership.

Chinese in Cuba Today and Future Research

Today in Cuba, it is rare to find native Cantonese speakers, let alone Hakka speakers. Among those remaining, Mitzi Espinosa Luis learned about one Hakka through the Min Chih Tang（洪門民治黨）in Havana. Luis Chong Wong was born in Guangdong on March 23, 1928 and died in Havana on September 14, 2017. For decades he ran a business in heart of the Barrio Chino, and he is survived by a sister in Hong Kong. During his final years, he spent time socializing and reading newspapers at the Chinese association.

Figure 10: Hakka Luis Chong Wong reading newspaper in Chinese association in Havana

(Photo: Courtesy of Mitzi Espinosa Luis)

Cantonese communities in Cuba never grew beyond a small percentage of the total population. But through their businesses, restaurants, families, and cultural expressions—as well as their resistance to oppression and participation in Cuban revolutionary movemements—they have left a deep imprint. These processes began in the nineteenth century and continued through subsequent migrations and later generations of Chinese Cuban children. Still, Chinese immigrants remain outside of national narratives in Latin America and the Caribbean, and the particularities of the

Hakka experience are even more difficult to excavate, especially in Cuba.

Even with the scarcity of sources on Hakka in Cuba, it is worthwhile to consider future research directions. Toward this end, participants in the New York and Toronto Hakka conferences have partnered with Mitzi Espinosa Luis to generate a database for the Chinese cemetery in Havana and further historical research and interest on Hakka in Cuba. Through her local networks, Espinosa contacted Alejandro Batista López of the Camajuaní municipal cultural center, which is the location of the former residence of Hakka Carlos Cartaya Chung. They have discussed co-hosting a cultural and educational tour, including a visit to Camajuaní during the Parrandas festival in the spring, Cartaya Chung's tomb, the plaque of recognition for his contributions, and other important markers of the Hakka presence in Cuba.

Since the 1990s, despite an ongoing economic and political crisis in Cuba, descendants of Chinese have been interested in learning about their family and connections to China. Conferences and cultural festivals take place annually in Havana and increasingly in the provinces. Research by Cuban academics on different aspects of the history of Chinese immigration to the island has grown exponentially. A multi-pronged approach combining tourism, community outreach, and collaborative academic research is a potential starting point for expanding Hakka studies in Cuba (and more generally in Latin America and the Caribbean).

References

Bryan, P. (2004). The settlement of the Chinese in Jamaica: 1854-c.1970. *Caribbean Quarterly*, 50(2): 15-25.

Cheung, K. L. (1923). Why should we come back to China to study. 南大與華僑, 1(1): 1-12.

Ch'ien, Evelyn Nien-Ming. (2016). Introduction. 蔺永堅, 錢念民主編, 廖恩熹詞箋注, 第 1 版 (pp. 14-30). 廣州人民出版社.

China. (1876). *Chinese Emigration: Report of the Commission Sent by China to Ascertain the Condition of Chinese Coolies in Cuba, 1874*. Imperial Maritime Customs Press.

Chinsee, R. (1956). How to improve our school. *The Pagoda Magazine*, 17(8): 9.

Choy, A., Chui, G., & Sío Wong, M. (2005). *Our History is Still Being Written: The Story of Three Chinese-Cuban Generals in the Cuban Revolution*. Pathfinder Press.

Chuffat Latour, A. (1927). *Apunte histórico de los chinos en Cuba*. Molina y Cia.

El moro muza. (1863). Variedades. *El moro muza: Periódico satírico, económico y literario*, 5(1): 5.

El moro muza. (1868). Variedades. *El moro muza: Periódico satírico, económico y literario*, 5(23): 5.

Espinosa Luis, M. (2021). Presencia jakka en Cuba: El médico Cham Bom-biá y el comerciante Carlos Cartaya Chung [Unpublished paper].

García Triana, M., & Eng Herrera, P. (2009). *The Chinese in Cuba, 1847-now* (G. Benton, Trans.). Lexington Books.

Hu-DeHart, E. (2017). The Chinese presence in Cuba: Heroic past, uncertain present, open future. In M. Zhou (Ed.), *Contemporary Chinese Diasporas* (pp. 349-368). Palgrave Macmillan.

Liao, Ngantow. (1907, September 9). [Letter to acting head, department of state]. Secretaría de la Presidencia (legajo 121, expediente 39). Archivo Nacional de Cuba, Havana, Cuba.

López, K. (2013). *Chinese Cubans: A Transnational History*. The University of North Carolina Press.

López, K. (2014). In search of legitimacy: Chinese immigrants and Latin American nation building. In N. Foote & M. Goebel (Eds.), *Immigration and National Identities in Latin America 1850-1950* (pp. 182-204). The University Press of Florida.

Martín, J. L. (1939). *De dónde vinieron los chinos de Cuba: Los jaca, los joló, los puntí y los amoyanos, en la vida cubana*. Editorial Atalaya.

Martínez-Fortun y Foyo, J. A. (1943). *Apuntes históricos de Camajauní*. La Habana.

Menocal, F. E. (1909, September 1). [Letter to secretary of the treasury]. Secretaría de la Presidencia (legajo 121, expediente 83). Archivo Nacional de Cuba, Havana, Cuba.

Peñalver Moral, R. (1981). Juan Chambombián: El médico chino. *Bohemia*, 73(28): 10-12.

Portell Vilá, H. (1928). Cham Bom-Biá, el médico chino. *Archivos del folklore cubano*, 3(2): 155-159.

Tejeiro, G. (1947). *Historia ilustrada de la colonia china en Cuba*.

The Cuba Review. (1909). Seaside villa in Vedado of Mr. Liao Ngantow, ex-minister from China to Cuba. *The Cuba Review*, 7(8): 25.

The Pagoda Magazine. (1957). Hakka classes at Chinese school. *The Pagoda Magazine*, 18(2): 7.

Tinsman, H. (2018). Rebel coolies, citizen warriors, and sworn brothers: The Chinese loyalty oath and alliance with Chile in the War of the Pacific. *Hispanic American Historical Review*, 98(3): 439-469.

Tsang, M. (2020). La Caridad, Oshún, and Kuan Yin in Afro-Chinese religion in

Cuba. In J. Borup, M. Q. Fibiger, & L. Kühle (Eds.), *Religious Diversity in Asia* (pp. 271-279). Brill.

Zayas, L. (1905). Una excursión a China. *El Fígaro*, 21(4): 39.

第 14 章

The Hakka of Timor-Leste: A Short History through Community Buildings

Douglas Kammen, Jonathan Chen

In the year 1800, there were perhaps no more than two hundred people of Chinese origin on the island of Timor, two-thirds of whom were in the Dutch-held western half of the island and only one-third in the eastern half of the island claimed by Portugal. East and west, the vast majority of "Chinese", it would seem, were Hokkien-speakers. One hundred and seventy-five years later, as Lisbon's rule was coming to an end, the *comunidade Chineza* – the Chinese community – in Portuguese Timor numbered about 10,000 people; and of these, an estimated 90 percent were Hakka. Nearly half a century later – following the brutal Indonesian occupation (1975-1999), the UN-supervised referendum and transition to independence (1999-2002), and two decades of independence (2002-present) – the number of Timorese Chinese has fallen significantly – to an estimated 2,000 – but Hakka are still the largest bloc within the ethnic Chinese community. How the Hakka came to be the dominant speech-group in Portuguese Timor (and, subsequently, in independent Timor-Leste) is far from obvious. Elsewhere in colonial Southeast Asia, the dominant Chinese speech-groups were typically Hokkien (in the Philippines, Java and much of the Netherlands Indies, etc.), Teochew (in Thailand, and in French Cambodia), or Cantonese (in Cochinchina). Reflecting their origins in mountainous areas of China, and especially the Jiaying/Meixian 嘉應/梅縣 region in northeast Guangdong, Hakka often carved out niches in more remote and ecologically challenging regions in Southeast Asia, which were often beyond the effective reach of colonial states. This pattern is particularly apparent in island Southeast Asia, where the Hakka became the dominant speech-group in Aceh, in West Kalimantan, on the island of Timor (including both Dutch West Timor and Portuguese Timor), and in Dutch-held Papua.[1]

Although the overseas Chinese historically played a prominent role in economic life in Southeast Asia, it was not until the 1950s, with decolonization and the establishment of newly-independent states, that serious scholarship on the overseas Chinese first emerged. Commenting on the study of the overseas Chinese in the Netherlands Indies/Indonesia, the anthropologist G. William Skinner noted the high "operative barriers" to the subject: "the scholar must bring to his research a familiarity with Chinese as well as Indonesian culture and, in most cases, a working knowledge of the Indonesian and Dutch languages in addition to Chinese" (Skinner, 1961: 353). Since the 1960s, scholarship on the overseas Chinese has proliferated. It has also undergone significant change in the hands of scholars from new generations and a wide diversity of backgrounds, including scholars who are overseas Chinese themselves. But the field is far from uniform. We know a great deal about the history of the ethnic Chinese in Luzon in the Philippines, Java in Indonesia, and central Thailand, but far less about about the Chinese in more out of the way places. Furthermore, as the field of study grew there was a natural process of specialization. The early studies of entire communities (e.g. Willmott 1960 on the Chinese of Semarang) gave way to in-depth studies of specific topics such as religion and temples, overseas Chinese literature (including in Southeast Asian vernaculars), family and kinship, histories of violence and human rights abuses, and a variety of other sub-fields.

This chapter sketches the history of the ethnic Chinese, and especially the emergence of the Hakka as the majority speech-group, in Portuguese Timor from

---

[1] All four of these locations were the sites of armed rebellions against Suharto's military regime (1966-1998), and the conflict in Papua between pro-independence forces and the Indonesian government continues to the present.

第 14 章　The Hakka of Timor-Leste: A Short History through Community Buildings | 347

early nineteenth century until 1975. Writing the history of such a small "community" in a relatively underdeveloped colonial setting poses a number of challenges that, while not unique, are more pronounced than in places where the Chinese population was larger. The most obvious challenge stems from the availability of source material. Archival sources are limited not simply because the absolute number of ethnic Chinese was small and the Chinese produced little documentation of their own, but also because of the particularly acute history of violence that wracked Portuguese Timor. Furthermore, documentation was lost when the Portuguese archive in Dili went up in fire (that originated in the Chinese quarter!) in 1866, during the brutal Japanese occupation of 1942-1945, and again during the long Indonesian occupation from 1975 until 1999. But size also matters in another way. The best studies of overseas Chinese consider the structure of communities, their organization and leadership, economic activities, family and kinship, religion, political aspirations, and even cultural production. When we are dealing with nineteenth and early twentieth century Portuguese Timor, however, the paucity of information means that these analytical categories collapse in on one another, leaving the researcher with fragments – often quite tantalizing – but little possibility of in-depth analysis. With this as a warning, the strategy adopted in this paper is to focus on the changing character of associational life among the ethnic Chinese in Portuguese Timor and the corresponding emergence of a Hakka and staunchly pro-Kuomintang majority during the twentieth century. More specifically, we want to focus on the origins and significance of the Mazu temple in the late nineteenth century, the appearance of a "reading club" at the time of the overthrow of the Portuguese Monarchy and Qing dynasties, and the subsequent establishment of modern Chinese schools.

Origins

Chinese trade with Southeast Asia dates back more than a millennium. From earliest times, Timor was of particular interest to Chinese explorers, traders and chroniclers because the island was known as one of the main sources of valuable sandalwood. As early as the thirteenth century, Chinese documents identified more than a dozen trading ports on the island of Timor (Ptak, 1983; Ptak, 2004). Trade between China and Timor was conducted both directly from Fujian province and via intermediary ports such as Makassar, the seat of the joint Gowa-Makassar Sultanate, and the great emporium of Malacca. This trade involved a variety of products. Chinese ships brought ceramics, Chinese silks and Indian trade textiles, beads, and other manufactured goods that were traded for sandalwood and a variety of products from the interior (beeswax and honey) and the sea (tortoise shell, trepang [sea cucumber], etc.).

In the sixteenth century, two dynamics greatly altered the Chinese presence in the greater Timor zone. The first of these was the arrival of Portuguese explorers/traders, who reached Timor around 1515, and soon after the arrival of Spanish competitors, especially to the north in Tidore, Ternate, and Manado. Both the Portuguese and Spanish were keen to gain control over the trade of cloves, mace and nutmeg from the famed "spice islands" (the Moluccas) and sandalwood from the Lesser Sunda islands (where the islands of Timor and Sumba were the primary sources). To resolve competing Portuguese and Spanish claims in the Americas, Pope Alexander VI brokered a treaty in 1498 that granted Spain control over lands to the west of an imaginary meridian (Mexico, Columbia, Peru, etc.) and Portugal control over those lands to the east (Brazil); three decades later, the Treaty of Zaragoza established a corresponding meridian in Asia that, in theory, granted the Philippine islands to Spain and the Moluccan Islands and the Timor zone to the Crown of Portugal. Claims over trading rights in island Southeast Asia were further complicated, however, by the arrival of the Dutch in the early seventeenth century. Together, the Europeans stifled what had once been vibrant Chinese shipping in maritime Southeast Asia. The second major change came from China itself, where the long period of Ming engagement with Nanyang 南洋 (the Southern Seas) abruptly ended in the fifteenth century when Ming rulers instituted a series of bans on sea travel. While there were still private traders from the Middle Kingdom operating in Southeast Asia, the volume of direct trade clearly decreased.

Despite the long history of Chinese trade with Timor, the Chinese presence on Timor and in what we can think of as the greater Timor zone was extremely limited during the sixteenth and seventeenth centuries. William Dampier, whose ship stopped in the Portuguese settlement of Lifau, on the north coast of Timor, in 1699, noted "a few Chinese living here" (Ormeling, 1956: 101), but he apparently learned nothing about where they were from or how long they had resided on the island, let alone their self-identification. Nearly a century later in the 1770s, Portuguese officials commented on the presence of individual Chinese men in Dili and Manatuto (Castro, 1867: 251-255; Lombard-Jourdan, 1982: 98; Kammen and Chen, 2019: 16). There are also a few Chinese sources that note the presence of Chinese traders operating in and around the island of Timor (Hägerdal, 2012: 265-269; Liu and Zhang, 1999: 640). But it was not until roughly 1800 that Chinese traders appear as permanent residents who formed a distinct community on the island of Timor. The principle Chinese settlement on Timor was Kupang, the small Dutch base at the western end of the island (Hägerdal, 2010: 25). From there, Chinese traders imported cloth, metal goods, ceramics, beads, and guns and gunpowder, and exported sandalwood and other products that could be sold in regional markets or back in China itself.

From the early base in Kupang, Chinese traders ventured along the north coast to trade, and at times into the mountainous interior of the island in search of opportunities. The general pattern seems to be that Chinese traders sought trading ports that were beyond the reach of Dutch and Portuguese officials, and hence where they could engage in "free" trade. As a result, individual Chinese traders, who were often younger members of a family already established in Kupang, settled in Portuguese Lifau, in the tiny independent port of Atapupu, in the Portuguese garrison at Batugade, in Dutch-held Maubara, in the newly established Portuguese capital of Dili, and further east in Manatuto.

The number of "Chinese" on Timor in the early nineteenth century was extremely low. In 1817, the Frenchman Jacques Arago, who visited on a voyage around the world, estimated that there were no more than 300 Chinese on the entire island. By the 1830s, several sources suggested that there were perhaps 300 Chinese families (though presumably most were the result of "mixed" marriages) on the island (Müller, 1857; Ormeling, 1956; Hägerdal, 2012: 275). But who were these "Chinese"? The only real window into the identity of these early settlers from the Middle Kingdom comes from the French scholars Lombard-Jourdan and Claudine Salmon (1998), who examined the early graves in the Chinese cemetery in Kupang. Of the limited number of gravestones for which an identity and place of origin could be determined, they concluded that most were Hokkien speakers from Fujian province, though there was also at least one Hakka among the early residents of Kupang. As was the case in Java and other parts of insular Southeast Asia, most sojourners from China were men. Whether they were single or had left a wife and family at home in China or some other port, these men tended to enter into relationships with indigenous women, resulting in creole offspring who often spoke local languages and developed relations with local Timorese powerholders. These rather meagre beginnings provide the backdrop for understanding the diverse origins of the Chinese community that developed in Portuguese Timor, out of which the Hakka were to emerge as the socially and politically dominant group.

Chinese social organization on Timor in the 19th Century

If the Chinese on Timor in the early nineteenth century were overwhelmingly Hokkien-speakers who, over the next generation or two, often fathered children with non-Chinese women (either from the island of Timor or elsewhere in the archipelago), how were the communities in the towns of Kupang and Dili organized? The first feature of the Chinese in both towns was the presence of a Chinese "captain". This system, which had its origins in indigenous states such as Malacca, on the Malay peninsula, and Majapahit, on the island of Java, was adopted by the Portuguese and other European powers; and it persisted through the late colonial period. The Chinese captaincy system typically combined two functions: on the one hand, keeping order within the Chinese community itself; on the other hand, responsibility for foreign trade and the collection of taxes. The individuals selected to serve as "captain" were usually among the wealthiest businessmen, but were also men on good terms with the colonial authorities. The earliest reference to a Chinese captain in Dili is in 1861, when Governor Affonso da Castro ordered the captain of the Chinese community "to arm all Chinese, their children, and their slaves" (Gunn, 1999: 162). Three years later, another source identifies a "Lieutenant Colonel Baba", suggesting there may have been more than one Chinese man with a Portuguese military title (Oliveria vol. 2, 2004: 106). Even without direct evidence, it is almost certain that the position of Chinese captain existed in Dili by the first decades of the nineteenth century, and in all likelihood had begun even earlier in the Dutch outpost of Kupang.

The second feature of the Chinese communities in Timor, and the one of greatest importance to the concerns of this paper, was the existence of places of worship – including both deities and commemoration of the dead. Based on the visit of the French Captain Louis de Freycinet in 1816, we know that there was

Image 1: Jacques Arago's drawing of the interior of the Mazu Temple in Kupang

both a Chinese temple and a Chinese cemetery in Kupang. This temple, according to one of the ship's officers (Arago, 2013), was dedicated to a certain "gnogna deos" – a curious combination of the Malay word *nyonya*, meaning female, and the Portuguese *deos*, meaning god. In fact, the captain of the Chinese community in Kupang informed Freycinet that the actual name of the deity was "matcheou-po", a rough transliteration of the Hokkien "Ma Cho Po", better known in Manadarin as Mazu 媽祖 .[2] The deity Mazu was a prominent figure of veneration among Hokkien-speakers, particularly merchants and navigators who swore by her divine protection against the dangers of the sea.[3] Jacques Arago, who accompanied Freycinet on

---

[2] An older temple reportedly was destroyed in an earthquake in 1793 (Lombard-Jourdan and Lombard-Salmon, 1998: 415).

[3] Elsewhere in the eastern part of the archipelago, a Mazu temple was erected in Makassar in the

第 14 章　The Hakka of Timor-Leste: A Short History through Community Buildings 353

Image 2: Chinese temple in Kupang, ca. 1865

(Photograph from KITLV)

his voyage, sketched the interior of the Mazu temple in Kupang, revealing a high-ceilinged inner hall with a stylized statue of a seated female deity perched on a rectangular altar in the middle, behind a large table of offerings where smaller ornate statues and an incense burner. On the left side of the hall there was a smaller altar with a tablet and incense burner, perhaps dedicated to a lesser deity.

This description of the Mazu temple in Kupang is complicated, however, by additional sources that state that in the 1860s a Lay clan house was established in Kupang. (See image 2) Although not spelled out in the available sources, it seems likely that the Lay clan house and the Mazu temple were in the same compound –

---

eighteenth century (Lombard-Salmon, 1969), and there may have been an Mazu temple further east in Ambon.

the temple in the main hall and the clan association in one of the side halls. The Lay name adds a further wrinkle to the story of Chinese organization in Kupang. Lay is the common transliteration of the Hakka surnames 黎 and 賴, suggesting that by the 1860s Hakka-speakers in Kupang had somehow inserted themselves into a Hokkien-built temple. But until further documentation can be found, there is no way to know if the Lay clan shrine was only established in the 1860s or dates back to the time that the temple was first erected, or even earlier. Nevertheless, we are left with the strong likelihood that the Chinese temple compound in Kupang had a dual purpose – serving both a religious function and, at least by mid-century, as the host to a prominent clan association.

Turning our gaze to the Portuguese controlled eastern half of the island, we learn that a sister temple, also dedicated to the goddess Mazu, was constructed in Dili sometime in the second half of the nineteenth century. Curiously, there are no references to this temple in the Portuguese colonial gazette or books authored by Portuguese colonial administrators. We only learn of the existence of this temple from three quite different sources. The first of these is Jamie do Inso, a Portuguese visitor to Dili in 1912 who wrote that the Chinese community was well organized, including not only a Chinese chamber of commerce but also a clubhouse, a school, and a Buddhist temple (Inso, *Timor – 1912*, quoted in Gunn, 1999: 177). In fact, as far one can tell, the temple was not Buddhist, but rather dedicated to the goddess Mazu. The second source from which we learn of the existence of the Chinese temple in Dili is the Taiwanese scholar Wu Fan 巫範, who visited Portuguese Timor on behalf of the Republic of China in the 1950s with the task of writing a report on the organization of the Chinese community, and especially its school system. Wu Fan, who based his work on interviews with leaders of the Chinese community in Dili, explicitly noted that the temple was dedicated to the deity Mazu. The third, and in many respects most remarkable, source on the temple comes from the visit of an Argentinian naval training vessel that stopped in Dili in 1901, and whose crew took a photograph of the temple, located near the waterfront in the Lecidere neighbourhood.[4] (See image 3)

Image 3: Mazu temple in Dili, 1901
(Photographed by the crew of the Argentinian naval ship Sarmiento)

What, then, does the construction of the Mazu temple in Dili tell us about the Chinese community? First, and of greatest importance, it is apparent that the associational life of the "Chinese" community in Dili can only be understood in relation to, and as an extension of, that found in Kupang.[5] The architecture of the

---

[4] This photograph under "Los Viajes de la Sarmiento, 1900-1901", posted at http://www.histarmar.com.ar/Armada%20Argentina/FragataSarmiento/Viaje02-1901-2/04-Melbourne-Sidney-Brisbane-ThursdayIs-Timor/Timor-Dilly-Templochinox10.jpg

[5] As Agni Malagina (2011) has noted, prior to the construction of the temple in Dili, members of the Lay clan (and perhaps other Chinese) residing in Dili may have travelled to Kupang to pay respects to a common ancestor.

two temples is virtually identical. That the temples in Kupang and Dili were both dedicated to Mazu indicates that Hokkien-speakers, or at least individuals with Hokkien origins, played leading roles in the Chinese communities. These men must have held the position of "captain" (*kapitan* in Dutch, *capitão* in Portuguese), tasked with overseeing/policing their own community and mediating between the nascent colonial states and Chinese traders. But this raises a second question: what was the motivation for the construction of these temples and what functions did these temples serve? It is all too easy to assume that a temple was simply a place of religious worship. In fact, Chinese temples in Southeast Asia were not simply attempts to recreate the trappings of places of origin in China; nor were they simply religious in function. Temples were also focal points for a range of activities beyond worship that included remembrance of ancestors (often through an ancestral hall and an associated Chinese cemetery) and the provision of social services (including caring for the poor providing for new Chinese arrivals, and celebrations). Furthermore, organizing, or even financing, the construction of a temple was a means for wealthy individuals to display their social status.

Although documentation is thin and identification is by no means certain, the key individual in Dili may have been a man named Lie Honseng, who was almost certainly of Hokkien origin. In 1887, a year after Portuguese Governor Maia was brazenly assassinated in the streets of Dili, the Ministry of State for Maritime and Overseas Trade conferred "the military order of Villa Viçoso to Tong Athing and the military order of Our Lord Jesus Christ to Lie Honseng, both were Chinese merchants resident in Dili." [6] Around the same time, Lie Honseng is known to have contracted for a Dutch steamship to make regular calls in Dili, presumably to facilitate trade (something the Portuguese authorities were grossly incapable of doing). More than a decade later, at the start of the twentieth century, Lie Honseng

---

[6] *Boletim da Província de Macau e Timor*, 33(3) (February 10, 1887): 34.

again appears in the records, now as president of the Chinese Chamber of Commerce in Dili, and with the accompanying information that he had been born in Kupang. He was, by all appearance, the most prominent Chinese man in Dili during the final decades of the nineteenth century and the first decade of the twentieth century. It is likely that his influence extended into the colonial state. We know, for example, that the Portuguese colonial state was often short of funds, so relied on loans from the major Chinese merchants to pay the monthly salaries of the small number of white officials and larger number of colonial troops brought from Portugal's African colonies. In sum, there was a symbiotic relationship between the leaders of the *communidade Chineza* and the Portuguese state, with military service and credit extended by Chinese leaders in return for protection (or just non-interference) in trade, and even the granting of state honors.

Thus far, we have seen that presence of a settled Chinese community on the island of Timor most likely dates from the late eighteenth century, first in Kupang and then spreading eastward to the Portuguese side of the island. These early settlers were overwhelmingly Hokkien-speakers (or at least of Hokkien descent), though through marriage came to be at least partially acculturated and at least some were referred to as Baba. But by the late nineteenth century, as we will see, the demographic make-up of the Chinese on the island of Timor was changing rapidly, and with it the forms of associational life and wider solidarities that extended well beyond the island itself.

Hakka migration and modernism: the Dili reading club

From the 1820s onwards, Portuguese officials in Dili and in Macau periodically proposed sending Chinese migrants to Timor in an effort to stimulate the colony's woeful economy (Kammen and Chen, 2019: 34-35). The few efforts to follow-through on these proposals bore little fruit, however. Instead, the real force driving Chinese emigration came from within China itself. In the 1840s, the combination of the Opium War, natural disasters, and the Taiping Rebellion spurred massive waves of emigration, especially from Guangdong Province. Some of these migrants were individuals traveling on their own, but many more were part of the infamous coolie trade, involving work contracts for a specified period of time. Although never a primary destination, during the second half of the nineenth century Portuguese Timor did receive a growing trickle of Chinese migrants, some coming directly from Macau, others traveling via Singapore or the Netherlands Indies. Some had selected Timor as a destination, but for others it was merely a stepping stone on the way to Australia, which was seen to offer far more opportunities, though where racist immigration policies made it difficult for Chinese to enter.

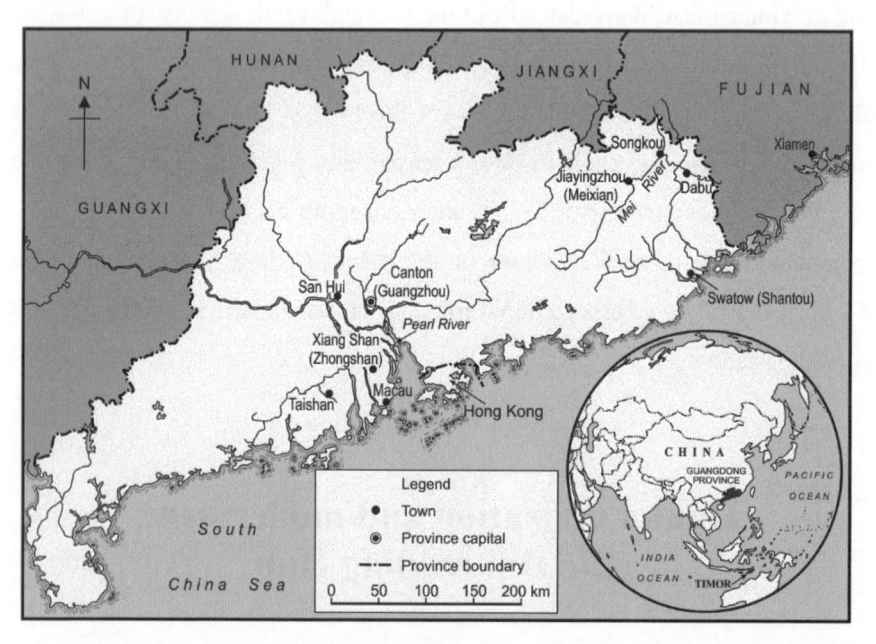

Map 1: Guangdong province, showing places of origin of Hakka migrants to Portuguese Timor

第 14 章　The Hakka of Timor-Leste: A Short History through Community Buildings

In the middle of the nineteenth century Chinese migrants to Timor included a small number of Hakka-speakers from Xiangshan 香山 (Zhongshan 中山), located to the north of Macau. Bringing agricultural and mining skills, but lacking language or religious connections to the established Hokkien-Baba community in Dili, some of the newly arrived Xiangshan Hakka seem to have gravitated beyond Dili to upland areas in Timor, often beyond the reach of the Portuguese state. For example, a man named Lay Anyi, who may have arrived in Timor in the 1850s, married the daughter of the ruler of Maubara (then still under Dutch rule) and helped to introduce coffee cultivation. Beginning in the 1860s, a second, larger wave of Hakka migrants from the greater Jiayingzhou 嘉應州 region, on the Mei river 梅江, began to reach Portuguese Timor. By the first decade of the twentieth century, the Jiayingzhou Hakka – identified in the colonial gazette as coming from "Ca-Hen-Chu" – had become the largest Chinese speech-group in Timor, numbering perhaps as many as 250.[7] These newcomers generally went into retail trade or the skilled trades, first in Dili, and soon after in the small district towns and even smaller sub-district posts, where a single Portuguese official presided. As the Chinese population in coastal towns such as Aipello, Liquica, Maubara, and Manatuto grew, and as their entrepreneurial activity increased, the Portuguese government established municipal chambers of commerce to which the most successful Chinese businessmen could be appointed. But to fully understand the impact of the Meixian Hakka on the Chinese community in Portuguese Timor, we need to turn to political change in Jiayingzhou itself.

Hakka migrants who made the trip via the Mei river tributary to the ports of Swatow and then Macau for the long journey to Portuguese Timor would have

---

[7] The earliest attempts by the Portuguese colonial state to conduct censuses of the territory were in the late 1890s, but it was not until 1907 that a full count was actually made. This found a total of 534 Chinese in Portuguese Timor. (Note that the census category for Chinese was the racist term "amarello" – meaning yellow.)

been exposed to a range of new and often revolutionary ideas. Songkou district, in particular, served as an important port-of-call for Tongmenghui 同盟會 (Chinese United League) revolutionaries since the 1890s. In 1893, a modern newspaper was established in Songkou 松口 (Chen, 1991: 34). By early 1905, the Tongmenghui had established a branch in Songkou, and the following year established the Songkou Public School (松口公學), which rejected the imperial examination system in favor of a "modern", western-style, curriculum. In 1907, Tongmenghui members set up the Songkou Sports Institute (松口體育學堂) with the intention of providing military training to new recruits. Just as they had been at the forefront of the Taiping Rebellion in the mid-nineteenth century, Hakka were also prominent – and indeed over-represented – in anti-Qing radicalism at the turn of the twentieth century.

The Jiayingzhou region, and especially Songkou, became a hotbed for a range of fierce ideological battles, among which was the nation-wide "confiscate temples to build schools" movement (廟產興學).[8] New ideas generated by schools posed challenges to old ways of life and directly threatened existing power configurations. The Songkou Public School, which many saw as a model of enlightenment and progress, was at the center of these disputes. Constructed next to the centuries-old Ningfeng Taoist Temple (寧豐寺), animosity was high when the Public School added a new boarding house in 1908. Incensed that their physical space had been infringed upon, temple authorities appealed to the local courts. When the courts failed to rule in favour of the temple, a mob ransacked the school premises, assaulted students and teachers, and set the building on fire (Li, 1990: 88-89). In the confusion, the statue of the deity housed within the Ningfeng Temple reportedly was removed and destroyed, and the inner hall of the temple was razed to the ground (Xing, 2013). Hakka sojourners who passed through the town of Songkou on their way to foreign

---

[8] For late-Qing and early Republican debates over "religion" versus "superstition", see Goossaert (2008: 209-233).

destinations, including Timor, would have likely seen, heard and felt these tensions between the old and new, the traditional and the revolutionary.

Even greater upheavals lay just ahead. In 1907, republicans in Portugal assassinated Portuguese King Carlos I and his son in Lisbon; and three years later, the Portuguese monarchy was overthrown and a republic established. The following year, decades of underground Chinese republic activity culminated in the Wuchang uprising within the New Army, and on January 1, 1912, the declaration of the Republic of China. These events were accompanied by or directly produced three major dynamics within Portuguese Timor. First, in 1908, the colonial state introduced an onerous head tax (*imposto de capitação*) on all adult Timorese men. This was not simply a burden on the male population, but also placed the lower ranks of the Timorese elite, tasked with collecting the tax, in an extremely awkward position. This also helped to fuel the expansion of Chinese merchants into the *postos* (sub-districts), where they were the crucial intermediaries in the conversion of agricultural produce into cash required for payment of the tax. Second, the declaration of the Portuguese republic was a direct threat to Timorese "kings" (called *liurai* in Tetum, and *rei/regulo* in Portuguese). Together, the new head tax, the distant attack on monarchism, and new pressures brought to bear on village and hamlet heads led in 1911 to the outbreak of rebellion, first in Manufahi District, and then in many other parts of the colony (Gunn, 1999: 175-189).

In the midst of the Xinhai Revolution and political upheaval in Timor, two Hakka revolutionaries from Jiayingzhou – Lin Jizhen (林激真) and Xu Yanqun (徐演羣) – arrived in Dili. They were, in fact, Tongmenghui members who had fled from the Second Guangzhou uprising in April 1911 and had been assigned to travel to Timor to solicit donations, recruit members and spread Sun's "Three Principles of the People 三民主義 " among the Chinese community (Wu, 1958: 10). They recruited Yang Weixin (楊維新 ; Hakka name/pronounciation not known), a Hakka Chinese residing in Dili, and together established a "reading club", located within the old Mazu temple located in Lecidere. The new "reading club" was registered with the Portuguese colonial authorities as *Club Chun Fa Hok Tong Su Po Sa* (中華學堂書報社). The redundancies in the name – "club" in Portuguese, "school" (Hok Tong) in Hakka, and "su po sa" (reading club) in Hokkien – suggest that the founders were registering what they intended to be a genuine school and perhaps even a secret party branch as a single entity, but that they called it a club to avoid scrutiny from the colonial state. Furthermore, it is worth noting that the "school" component (Chun Fa Hok Tong, which is the Hakka version of the Hokkien Tjong Hoa Hwe Kuan), was most commonly associated with Qing state-sponsorship, while the "club" element (su po sa) was most common associated with underground anti-Qing republicanism. The club's statute, published in the colonial gazette in 1914, indicates the multiplicity of aims: "To promote the instruction of members and children through conferences and other instructive means such as schools, a library and the neighborhood", and "at the same time, to provide members and their families with entertainment, such as theatrical performances, dances, lawful games, newspapers, books and concerts, etc." [9] By March 1912, the main hall of the Mazu Temple had been converted into a make-shift classroom for its first batch of 40 students. The club also held regular meetings, sponsored lectures on political developments and distributed radical reading material – all within the premises of the Hokkien Mazu Temple.[10]

Although the "reading club" was, as we will see, a temporary interlude between the old Mazu temple and the establishment of a modern school, it is revealing of the political forces bearing down on Portuguese Timor from afar. In particular, it

---

[9] See "Estatutos do Club Chun Fá Hok Tong Su Pó Sá em Timor," *Boletim Oficial do Governo da Província de Timor*, 15(4) (24 January, 1914): 24.

[10] For confirmation that the new school was established on Avenida da Praia Grande, the site of the Mazu temple, see "Comissão das Terras," *Boletim Oficial do Governo da Província de Timor* 16, supplement 20 (May 15, 1915): 162.

helps to highlight the influx of Jiayingzhou Hakka and their strongly anti-Qing and pro-Republican sentiments. These men (and occasional women) had no attachment to the deity Mazu or reason to be particularly concerned about the protection of seafarers. Nor, for that matter, do they appear to have had much reverence for the Hokkien speaking pioneers on Timor. They and the Tongmenghui cadres who arrived in Timor were committed to the modernization of China through education and democratic governance, and were determined to make that modernity a reality on distant Timor as well.

Hakka Republicanism in full bloom: the Chun Fa Hoc Tong School

The overthrow of the Qing dynasty and establishment of the Republic of China opened the door for new forms of Chinese associational life across Southeast Asia. In some parts of Southeast Asia – including Siam and Java – newly emerging ideological differences mapped on to longstanding competition, often patterned by economic specialization, between speech-groups. In Portuguese Timor, by contrast, three factors led to a remarkable degree of ideological conformity. First, the Chinese community in Portuguese Timor remained extremely small: there were fewer than 500 Chinese in 1900 and 806 Chinese in 1916. While the Chinese Revolution led to a rapid increase in migrants, the figure was still only 2,270 Chinese in 1931. Second, approximately one third of the Chinese population lived in Dili, where community leadership was based. Third, and of greatest significance, was the rapid influx of Jiayingzhou (now, renamed Meixian) Hakka.[11] The emblems of this ideological

---

[11] We estimate that in 1900 between 20-25 percent of the Chinese were Hokkien-Baba, 50-55 percent were Hakka (including both those from Xiangshan and Meixian), and up to 25 percent were Cantonese. By 1940, these figures are estimated to have shifted to 10 percent Hokkien-

conformity were the establishment of three interlocking institutions: a modern school, a Chinese Community Association, and a branch of the Kuomintang 國民黨.

In 1914, leaders of the Chinese community in Dili made the momentous decision to raze the (Mazu temple so that a proper school could be built on the site. The key figure behind this decision was a man named Lay Te Sung (賴澤春), a Jiayingzhou Hakka, who was an influential donor and chairman of the *Club Chun Fa Hok Tong Su Po Sa*. Known to be "a progressive figure and not at all superstitious", he is reported to have removed the Mazu statute from its altar and hurled it into the sea in order to demonstrate his resolve to break away from superstitious thinking (shen quan 神權).[12] The main hall of the Mazu temple was decommissioned and promptly turned into a school. From this point onwards, the ambiguously titled club/xue tong/su po sa was unequivocally renamed the Chun Fa Hok Tong – the Chinese Association School. From this daring beginning, a network of schools slowly emerged across the district towns (and even a few of the sub-districts) of Portuguese Timor. Elementary schools were built in Baucau in 1915, Aileu in 1917, Liquica in 1918, Maubara in 1923, and Ermera in 1924, while the "mother" school in Dili was soon upgraded to include a middle school and eventually a senior high school (Wu, 1958: 3-5; Kammen and Chen, 2019: 87-88, 126-134).

The second pillar of the emerging Hakka-dominated community in Portuguese Timor was the Chinese Chamber of Commerce 中華商會. In an effort to align the foreign entrepreneurial efforts to the aims of the colonial state, in 1896 Governor

---

Baba, 70 percent Hakka, and 20 percent Cantonese (most of whom were convicted criminals sent to Portuguese Timor after 1911).

[12] According to Wu Fan's (1958: 12) informants in the 1950s, Lay's action amounted to an act of desecration that angered the deity. In his later years, many members of the Chinese community believed that Lay's loss of sight and the failure of his business were due to the deity enacting revenge. Lay, however, remained steadfast and convinced of the rightness of his actions until his death.

第 14 章　The Hakka of Timor-Leste: A Short History through Community Buildings | 365

Celestino da Silva mandated the establishment of separate chambers of commerce for the Chinese and Arab communities. The Chinese chamber of commerce was dominated by the same four men during the first decade of the twentieth century, with Lie Honseng as president and Lay Te Sung one of the board members. In 1915, the Chinese Chamber of Commerce was replaced by a new Chinese Community Association (*Comunidade Chineza*), which was responsible for not only overseeing business activities and collecting taxes, but also a variety of self-help activities. There are indications that the leadership was selected so as to ensure representation of the three major constituencies that made up the community: Lay Te Sung and board member Lay Coang Lim were Jiayingzhou-born Hakka; Lie Luk Nhang was a Kupang-born Chinese who, with his brothers, owned Toko Baroe in the eastern part of Bidau neighbourhood; Lay Afong was born in Canton (location not known); and a man named Ameang (known as "Amanco"), for whom the suffix -co indicates likely Hokkien ancestry.

The third, and ultimately the most critical, pillar of the Hakka community in Portuguese Timor was the political party. There are indications that Sun Yat-Sen's Tongmenghui enjoyed support within the Chinese community in Portuguese Timor as early as 1900. With the overthrown of the Qing Dynasty and declaration of the Republic of China in 1912, underground activity across Southeast Asia emerged into public view – at least for those who knew what to look for. In Dili, Sun's supporters had been behind the establishment of the reading club in 1911-12 and the Tong Fa Hok Tong school a few years later. In 1919, Sun formally established the Nationalist Party of China (Kuomintang), and five years later, at a national congress, representatives from Southeast Asia called for a clear policy on overseas Chinese affairs. As a result, a local branch of the Kuomintang was established in Dili in (or around) 1925.[13] A flurry of correspondence between the Dili branch and the party

---

[13] This, in turn, led to the establishment of a new Chamber of Commerce of the Chinese of Timor

apparatus in China followed, culminating in calls for the establishment of a Republic of China consulate (though this would not be realized until 1946). In 1933, an article in the KMT magazine *Overseas Monthly* reported:

> The [Dili] branch is directly under the aegis of the Kuomintang central authority. There are about five to six hundred party affiliates, while party members number over two hundred. Most of the members are very supportive of the party and observe party discipline strictly. If there is any clash of opinions, the issue is brought up at the party meeting. Propaganda work is of utmost importance to the party. Apart from making speeches, there have also been attempts to spread the message via pamphlets. (Lai, 1933)

Beginning in the 1910s, the three main pillars of the Chinese community in Dili – school, Chinese association, party branch – were dominated by Jiayingzhou Hakka. This was not simply a function of their rapidly growing numerical dominance; it was also a result of the same individuals holding positions in multiple organizations. This was true in the 1920s, and remained the case in the post-World War II era (for which, see Figure 1). Interlocking leadership of the Chinese community, the Chinese school system, and the Kuomintang, along with a number of affiliated organizations, ensured political and ideological conformity within the upper reaches of the Chinese community, and facilitated its spread to the community as a whole.

(Associação Comercial Chineza de Timor) in 1928, although it was not formally recognized by the Portuguese colonial state until 1930.

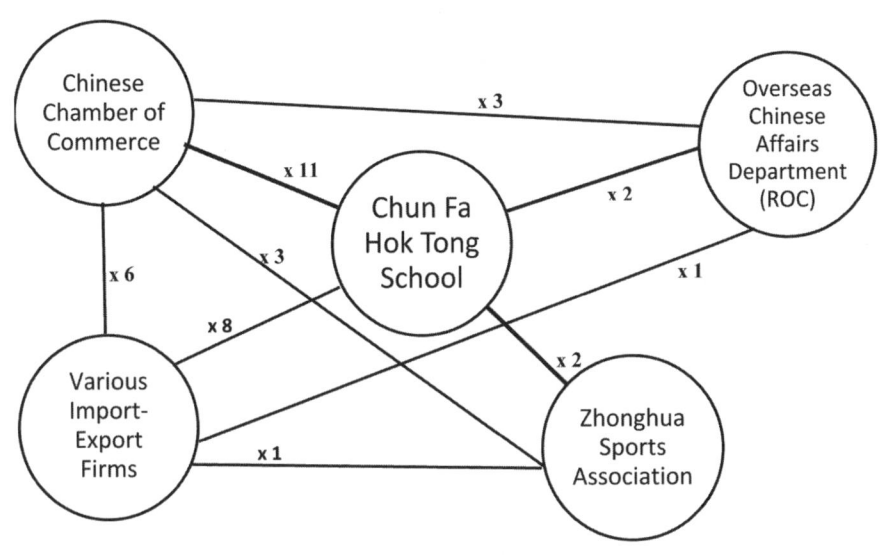

第 14 章   The Hakka of Timor-Leste: A Short History through Community Buildings | 367

Figure 1: Interlocking directorates of the main Chinese organizations in Dili, 1960[14]

But relative Hakka and republican dominance in Portuguese Timor was never fool proof, and cracks did emerge from time to time. The most obvious of these cracks in the façade of unity came from the several hundred criminals deported from Macau to Portuguese Timor in the 1910s and 1920s. These individuals were, as far as we can tell from the records, virtually all Cantonese speakers from the Pearl River Delta, and were sent to Timor with sentences that ranged from as little as four years for theft to as many as twenty-four years for murder. Some were required to perform labor services for the state while others were free to pursue a livelihood as laborers in Dili or, with permission, to move to the districts and engage in trade. Ostracized for their criminal histories and shunned by the Hakka majority, these men had little hope of finding a Chinese wife, so tended to form relationships with

---

[14] This is based on a list produced for the "13th Gathering of the Directors and Supervisors of the Chinese Chamber of Commerce in Portuguese Timor" (1960), NARA ROC, Doc. 0049/001399/52/0001/042. The numbers indicate the layers of connection between each organization that directors were affiliated with.

Timorese women and fathered Chinese-Timorese children who were less likely than their Hakka counterparts to learn Chinese languages or attend the Chinese schools. Along a second dimension, the rise of the Kuomintang branch in Dili brought with it concern that bad influences may be circulating with the community. At times this merely meant the tendency to smoke opium or gamble. But there were periodic attempts to identify Chinese communists both in Portuguese Timor and even in neighboring Dutch Timor.

Conclusion

This paper has used buildings – first the early Mazu temples in both Kupang and Dili, then in the twentieth-century the establishment of a reading club, and the construction of proper schools – to trace the history of the "Chinese" community in Portuguese Timor. Our brief historical reconstruction highlights two main points. The first of these is the transition from a small Hokkien-Baba trading community in the nineteenth century to the dominance of Jiayingzhou Hakka in the twentieth century. Second, and of equal importance, we have stressed the changing forms of community organization. Among the Hokkien-Baba, Mazu temples served a religious function in an era characterized by irregular and at times dangerous trade, whereas by the early twentieth century vastly improved transportation and communication allowed the newly dominant Jiayingzhou Hakka to organize around education and Republican ideals, and to emphasize their role within a much wider world of Chinese nationalism and modernity. Emblematic of this was the dramatic destruction of the old Mazu temple. In its physical place, a modern Chinese school was constructed, while on the southern edge of the city a very different form of commemoration appeared: a funeral hall with massive metal doors and a pediment at the top bearing the Kuomintang twelve-pointed sun.

Our discussion of buildings and Chinese identities in Portuguese Timor would not be complete without considering one more structure. In 1936, Cantonese speakers from Macau took the initiative to construct a new temple in Dili on Rua Formosa (Huber, 2021: 66, 73). This was dedicated to the Chinese god of war Guandi (關帝)[15] Often confused with the historic Mazu temple, the Guandi temple (popularly known in Dili as "Maromak China") survived the Japanese occupation and allied bombing of Dili in 1942-1945, the long Indonesia occupation (1975-1999) and finally the pro-Jakarta militia rampage. What a Guandi temple meant to Hakka Republicans and why there is no social memory of the original Mazu temple that preceded it are questions that remain to be investigated.

---

[15] Interestingly, the commemoration plaque within the temple lists individuals with Portuguese names as founders and beneficiaries of the temple in 1936. These may have been a mix of Macanese and Chinese who had adopted Portuguese names for the purposes of social advancement.

References

Primary sources

Boletim da Província de Macau e Timor

Boletim Oficial do Governo da Província de Timor

"13th Gathering of the Directors and Supervisors of the Chinese Chamber of Commerce in Portuguese Timor" (1960), NARA ROC, Doc. 0049/001399/52/0001/042.

"Los Viajes de la Sarmiento, 1900-1901", posted at http://www.histarmar.com.ar/Armada%20Argentina/FragataSarmiento/Viaje02-1901-2/04-Melbourne-Sidney-Brisbane-ThursdayIs-Timor/Timor-Dilly-Templochinox10.jpg

Articles and books

Arago, J. (2013) [1823]. *Narrative of a Voyage Round the World: In the Uranie and Physicienne Corvettes, Commanded by Captain Freycinet, During the Years 1817, 1818, 1819, and 1820.* Cambridge, UK: Cambridge University Press.

Castro, Affonso de. (1867). *As Possessões Portuguesas na Oceania.* Lisbon: Impresna Nacional.

Chen, B. (1991). Tongmenhui zai Songkou de geming huodong jilue [Records of the Revolutionary Activities of the Tongmenhui in Songkou]. In *Meixian wenshi Ziliao*. Meixian: Zhongguo renmin zhengzhi xieshang huiyi Guangdongsheng Meizhoushi weiyuanhui wenshi ziliao weiyuanhui.

Goossaert, V. (2008). Republican church engineering: The national religious associations in 1912 China. In *Chinese Religiosities: Afflictions of Modernity and State Formation.* Berkeley: University of California Press.

Gunn, G. (1999). *Timor Loro Sae: 500 Years.* Macau: Livros do Oriente.

Hägerdal, H. (2010). The slaves of timor: Life and death on the fringes of early colonial timor, 1600-1800. *Itinerario*, 34(2): 19-44.

Hägerdal, H. (2012). *Lords of the Land, Lords of the Sea: Conflict and Adaptation in Early Colonial Timor, 1600-1800*. Leiden: KITLV Press.

Huber, J. (2021). At the periphery of nanyang: The Hakka community of timor-leste. In S*inophone Southeast Asia* (pp. 52-90). Brill.

Kammen, D., & Chen, J. (2019). *Cina Timor: Baba, Hakka, and Cantonese in the Making of Timor-Leste*. New Haven, CT: Yale University Council on Southeast Asia Studies.

Lai, Yuming. (賴裕明). (1933). Pushu Diwen Lili Huaqiao gaikuang (葡屬渧汶叻唎華僑概況) [The circumstances of the Chinese in Timor's Dili]. Haiwai yuekan (海外月刊), 12 August: 14-31.

Li, Xibo. (黎錫波). 1990. *Mei Xian: Songkou Zhen Zhi* (梅縣：鬆口鎮志) [Meixian: Songkou Annals]. Songkou Zhen zhi bian zuan ban gong shi (鬆口鎮志編纂辦公室), 88-89.

Liu, Fangji. (劉芳輯) and Zhang, Wengqian (章文欽). 1999. *Putaoya dongbota danganguan chang Qingdai Aomen Zhongwen dangan huibian (xia)* (葡萄牙東波塔檔案館藏清代澳門中文檔案彙編 [下]) [Collection of Chinese archives on Qing-era Macau in the Arquivo Nacional da Torre do Tombo, Portugal (vol. 1)]. Macau: Macau Foundation.

Lombard-Jourdan, A. (1982). Une memoire inédite de F.E. Rosily sur l'Isle de Timor. *Archipel*, 23: 81-104.

Lombard-Jourdan, A., & Lombard-Salmon, C. (1998). Les Chinois de Kupang (Timor), aux alentours de 1800. *Archipel*, 56: 415.

Lombard-Salmon, C. (1969). La communauté chinoise de Makasar. Vie religieuse. *T'oung Pao*, second series, 55(4/5): 247-257.

Malagina, A. (2011). Cap Gomeh di Tanah Timor: Meramu Kesadaran Menciptakan Harmoni Multikultur. Posted at https://staff.blog.ui.ac.id/agni.malagina/2011/07/11/cap-gomeh-di-tanah-timor-meramu-kesadaran-menciptakan-harmoni-multikultur

Müller, S. (1857). *Reizen en Ondersoekingen in den Indischen Archipel: Gedaan tusschen de Jaren 1828 en 1836*. Amsterdam.

Oliveira, Luna de. (1999 and 2004). *Timor na História Portugal*, vols. 1-4. Lisbon: Fundação Oriente.

Ormeling, F. J. (1956). *The Timor Problem*. Groningen: J.B. Wolters and Martinus Nijhoff.

Ptak, R. (1983). Some references to Timor in old Chinese records. *Ming Studies*, 17: 37-48.

Ptak, R. (2004). Macau: Trade and society, circa 1740-1760. In Wang Gungwu and Chin-Keon Ng (eds.), *Maritime China in Transition, 1750-1850* (pp. 191-212). Wiesbaden: Harrassowitz Verlag.

Skinner, G. W. (1958). *Leadership and Power in the Chinese Community of Thailand*. New York: Cornell University Press.

Wilmott, D. (1960). *The Chinese of Semarang: A Changing Minority Community in Indonesia*. Ithaca, NY: Cornell University Press.

Wu, Fan (巫範). (1958). *Pushu Diwen huaqiao jiaoyu* (葡屬帝汶華僑教育) [Overseas Chinese Education in Timor Portugues]. Taipei: Overseas Publication Service.

Xing, Zhaohua (邢照華). (2013). *Zhong Xi Jiao Liu Xia De Qing Mo Min Chu Guangzhou She Hui Bian Qian* (中西交流下的清末民初廣州社會變遷) [Western Influence and Societal Changes in Guangzhou during the late-Qing early Republican Period]. Song Bo Chu Ban Shi Ye You Xian Gong Si (松博出版事業有限公司).